Rita Bake, Kirsten Heinsohn

# „Man meint aber unter Menschenrechten nichts anderes als Männerrechte“

*Theodor Gottlieb von Hippel, 1793*

## Zur Geschichte der Hamburger Frauenbewegung und Frauenpolitik vom 19. Jahrhundert bis zur Neuen Hamburger Frauenbewegung Ende der 1960er Jahre

Rita Bake, Kirsten Heinsohn

# „Man meint aber unter Menschenrechten nichts anderes als Männerrechte“

*Theodor Gottlieb von Hippel, 1793*

## Zur Geschichte der Hamburger Frauenbewegung und Frauenpolitik vom 19. Jahrhundert bis zur Neuen Hamburger Frauenbewegung Ende der 1960er Jahre

Landeszentrale
für politische Bildung
Hamburg

Freie und
Hansestadt Hamburg
Behörde für Schule und Berufsbildung
Amt für Weiterbildung
Landeszentrale für politische Bildung

Die ***Landeszentrale für politische Bildung*** ist Teil der Behörde für Schule und Berufsbildung der Freien und Hansestadt Hamburg. Ein pluralistisch zusammengesetzter Beirat sichert die Überparteilichkeit der Arbeit.
Zu den Aufgaben der Landeszentrale gehören:

- Herausgabe eigener Schriften
- Erwerb und Ausgabe von themengebundenen Publikationen
- Koordination und Förderung der politischen Bildungsarbeit
- Beratung in Fragen politischer Bildung
- Zusammenarbeit mit Organisationen und Vereinen
- Finanzielle Förderung von Veranstaltungen politischer Bildung
- Veranstaltung von Rathausseminaren für Zielgruppen
- Öffentliche Veranstaltungen

Unser Angebot richtet sich an alle Hamburgerinnen und Hamburger. Die Informationen und Veröffentlichungen können Sie während der Öffnungszeiten des Informationsladens abholen. Gegen eine Bereitstellungspauschale von 15 € pro Kalenderjahr erhalten Sie bis zu 5 Bücher aus einem zusätzlichen Publikationsangebot.
Die Landeszentrale für politische Bildung Hamburg arbeitet mit den Landeszentralen der anderen Bundesländer und der Bundeszentrale für politische Bildung zusammen. Unter der gemeinsamen Internet-Adresse www.hamburg. de/politische-bildung werden alle Angebote erfasst.

Die Büroräume befinden sich in der Dammtorstraße 14, 20354 Hamburg;
Ladeneingang Dammtorwall 1
Öffnungszeiten des Informationsladens:
Montag bis Donnerstag: 12.30 Uhr bis 17.00 Uhr,
Freitag: 12.30 Uhr bis 16.30 Uhr

Erreichbarkeit:
Telefon: (040) 428 23-48 08
Telefax: (040) 428 23-48 13
E-Mail: PolitischeBildung@bsb.hamburg.de
Internet: www.hamburg.de/politische-bildung

Die Verfasserinnen/Verfasser dieser Publikation haben die Bildrechte eingeholt. Sollte dies nicht in allen Fällen möglich gewesen sein, bitten wir die Rechteinhaber, sich an die Landeszentrale zu wenden.



Illustrationen: Dr. Birgit Kiupel
Gestaltung und Herstellung: Andrea Orth
Druck: Schüthedruck Hamburg

ISBN: 978-3-929728-80-4

# Inhalt

Rita Bake

Teil 2

# Grußwort

Wann begann die Frauenbewegung in Hamburg? Die vorliegende Publikation der Landeszentrale für politische Bildung greift diese Frage auf und skizziert die Anfänge der Gleichstellungsbewegung in der Freien und Hansestadt Hamburg – leicht zu beantworten ist sie aber nicht. Je nach Standpunkt und Betrachtungsweise dürften die Antworten recht unterschiedlich ausfallen. Genauso wie heute manche meinen, die Emanzipation sei längst abgeschlossen, während sie für andere noch allgegenwärtig ist.
Bereits 1813 gründete sich in Hamburg der „Hamburger Frauen-Verein von 1813", der sich vor allem wohltätigen Aufgaben widmete – wie viele der Frauenvereine, die sich bis Ende des 19. Jahrhunderts etablierten. Unserem heutigen Verständnis von gleichstellungspolitischem Engagement kommen Emilie Wüstenfeld und Charlotte Paulsen da schon näher. Beide Frauen setzten sich ab Mitte des 19. Jahrhunderts für eine bessere Bildung von Mädchen und die Betreuung von Kindern berufstätiger Mütter ein und rückten damit als Erste die Interessen von Frauen in der Hansestadt ins Blickfeld. Beide Frauen haben in Hamburg Spuren hinterlassen, was sich leider längst nicht von allen Frauen sagen lässt, die ebenfalls Großartiges geleistet haben. Noch heute sind zwei Schulen in Hamburg nach Emilie Wüstenfeld und Charlotte Paulsen benannt und beide gehören zu den ganz wenigen Hamburgerinnen, denen mit der Frauensäule im Hamburger Rathaus ein Denkmal gesetzt wurde.
Viele Verdienste von Frauen sind im Laufe der Jahrhunderte nicht wahrgenommen, und wenn, dann häufig geringer geschätzt worden als die der Männer. Ein Phänomen, das auch heute noch beispielsweise in der Unterteilung typisch „männlicher" und „weiblicher" Berufe oder den gravierenden Gehaltsunterschieden zum Ausdruck kommt. Frauen, deren Leistungen nicht anmessen gewürdigt werden, werden auch nicht sichtbar, weder zu Lebzeiten noch nach ihrem Tod. Hier gilt es einiges nachzuholen, etwa durch die Benennung von Straßen und Plätzen, wie Emmy Beckmann oder jüngst Paula Karpinski geschehen.
Dr. Rita Bake beschäftigt sich seit vielen Jahren mit der Geschichte der Hamburger Frauen, der Frauenbewegung und ihrer Sichtbarmachung. Für diesen unschätzbaren Verdienst soll ihr an dieser Stelle ausdrücklich gedankt sein.

Als Senatorin, die für die Gleichstellung der Geschlechter zuständig ist, freue ich mich sehr über dieses Buch, denn es trägt dazu bei, unsere Vorkämpferinnen in Hamburg nicht zu vergessen, sich an sie zu erinnern oder sie überhaupt erst kennenzulernen.

Bleibt die Frage: Wann endet die Frauenbewegung? Die Antwort ist leicht: Noch lange nicht.

Jana Schiedek, Dezember 2012
Senatorin der Behörde für Justiz und Gleichstellung

# Vorwort

Im März 2011 jährte sich der Internationale Frauentag zum 100. Mal. In vielen Städten Deutschlands, so auch in Hamburg, wurde er mit verschiedenen Veranstaltungen begangen. Unter dem Motto „Emanzipation Macht Gerechtigkeit" hatte unter der Koordination des Landesfrauenrates Hamburg eine Vielzahl von Frauenorganisationen diesen Tag im Hamburger Rathaus und in der gleich nebenan liegenden Handelskammer gestaltet und durchgeführt. Die Veranstaltungsthemen waren häufig die seit Jahrzehnten bekannten. Aber dies musste so sein; denn: nach wie vor sind Frauen im stärkeren Maße von Armut und Altersarmut bedroht als Männer, sind Kinder eine „Armutsfalle" für alleinerziehende Mütter; nach wie vor entscheidet sich eine Vielzahl von Mädchen z. B. für Berufe, die als weniger qualifiziert als vergleichbare so genannte Männerberufe bewertet und deshalb geringer entlohnt werden; nach wie vor erhalten Frauen für die gleiche Berufsarbeit weniger Lohn als Männer, und nach wie vor kommen Frauen in Führungspositionen immer noch zu wenig vor.

Angesichts dieser Tatsachen möchte diese Publikation einen Überblick über die Geschichte der Hamburger Frauenbewegung von seinen Anfängen im 19. Jahrhundert bis zur Neuen Hamburger Frauenbewegung Ende der 1960er geben und damit den Ursachen der Frauendiskriminierung nachspüren, den Kampf um gleiche Rechte aufzeigen und damit Argumente für eine tatsächliche Gleichstellung der Frau in der Gesellschaft, so wie es im Grundgesetz verankert ist, untermauern.

Doch in diesem Buch sollen auch die Errungenschaften der Hamburger Frauenbewegung aufgezeigt und der Einfluss der Frauenbewegung auf die gesellschafts-politische Entwicklung deutlich gemacht werden.

Nachdem 1949 der Gleichberechtigungsartikel (Artikel 3 Absatz 2) im Grundgesetz verankert wurde, wurden die deutschen Gesetzestexte allmählich dem Gebot der Gleichstellung der Geschlechter nach überprüft und verändert.

Doch Gesetze sind nicht alles. Sie allein können nicht der Garant für eine Gesellschaft sein, in der Frauen und Männer gleichberechtigt miteinander umgehen. Dies wird immer wieder offensichtlich. Es gibt zwar Erfolge, die unsere Großmütter niemals für möglich gehalten hätten. So ist die Chancengleichheit in der Bildung weitgehend durchgesetzt. Junge Frauen machen häufiger als junge Männer Abitur, studieren stringenter und erzielen die besseren Abschlüsse. Immer mehr Frauen werden berufstätig; immer mehr üben qualifizierte Tätigkeiten aus und immer mehr Frauen haben viele der ehemals reinen Männerdomänen erobert. So erhielt 1950 die erste Notarin in Hamburg ihre Zulassung, am 1.4.1953 begann Hamburgs erster weiblicher Bäckerlehrling mit der Ausbildung. 1960 wurde die erste Frau Chefärztin und es gab erstmals eine erste Vorsitzende Richterin am Landgericht Hamburg. 1968 wurden auch Frauen zum Pfarramt zugelassen. Doch trotz dieser weiblichen Eroberung der ehemals männlichen Arbeitswelt bestätigt sich gerade im Erwerbsleben die Alltagsweisheit: „Einmal ist kein Mal." Schon 1948 forderte der Deutsche Gewerkschaftsbund: gleichen Lohn

'Was macht die Frau zur Frau?"

für gleiche Arbeit. Doch auch heute zeigen die alljährlichen Statistiken deutlich, dass Frauen im Durchschnitt ein Drittel weniger verdienen als ihre männlichen Kollegen – bei gleicher Qualifikation. Denn Karriere ist unverändert männlich: Nur fünf Prozent aller Führungspositionen sind mit Frauen besetzt. Dafür ist die Teilzeitarbeit nach wie vor weiblich. Die Sorge um die Familie bleibt weitgehend den Frauen überlassen. Allerdings ist die ungelöste Frage der Kinderbetreuung nicht das einzige Karrierehemmnis. Auch Frauen ohne Familie kommen nur mühsam voran. Während Männer bevorzugt Männer einstellen, fehlt es Frauen an Seilschaften und Netzwerken. Sich Instrumente der Macht zu schaffen und zu nutzen – dies ist immer noch eine große Herausforderung für die Frauen.

*Dr. Rita Bake*

Kirsten Heinsohn

# Die Frauenfrage –

# ein Problem der Moderne

Anonym, französisch. Die Vorhut der Frauen auf dem Marsch nach Versailles, 1789

„*Es ist schwer zu begreifen, warum es an Plänen zur bürgerlichen Verbesserung des schönen Geschlechts gefehlt hat, da man jetzt allgemein von Menschenrechten und bürgerlicher Freiheit spricht […]. Man meint aber unter Menschenrechten nichts anderes als Männerrechte.*“

*Theodor von Hippel, 1793*

Mit der im 18. Jahrhundert aufkommenden europäischen Aufklärung war eine neue Idee des Menschen und seiner sozialen wie politischen Stellung in der Gesellschaft entstanden. Diese Idee besagte, die Menschen seien von Natur aus gleich in ihren Anlagen und Möglichkeiten. Das Postulat der Gleichheit der Menschen und ihrer ungeteilten Rechte, das sich die Französische Revolution 1789 auf ihre Fahnen geschrieben hatte, brachte aber ein Problem mit sich: Sollte dies auch für die Frauen gelten? Oder blieben die als „natürlich“ angesehenen Unterschiede zwischen den Geschlechtern eine unabweisbare Legitimation für die Aufrechterhaltung von Ungleichheit und rechtlicher Differenz? Die englische Schriftstellerin ***Mary Wollstonecraft (1759–1797)*** wies 1792 auf die bestehende Ungleichbehandlung der Geschlechter hin, die der Idee der republikanischen Bürgerschaft widerspreche: „Wer daher in seinen Schlüssen folgerecht verfahren will, der muss den Satz: dass beyde Geschlechter nur ein und dasselbe Ziel unverrückt vor Augen behalten müssen, mit eben dem Nachdrucke behaupten, mit dem er die Wahrheit bekennt, dass es einen Gott giebt. […] Wollen sich nur die Männer großmüthig entschließen, unsre Ketten mit einemmale zu zerbrechen, und, anstatt sklavischen Gehorsam von uns zu erpressen, sich mit einer vernünftigen Gleichheit zu begnügen – o gewiss, sie würden dann in uns ehrerbietigere Töchter, zärtlichere Schwestern, treuere Gattinnen, vernünftigere Mütter, mit Einem Worte, bessere Bürgerinnen finden.“[1]

Auch der Königsberger Bürgermeister und Polizeidirektor ***Theodor Gottlieb von Hippel (1741–1796)*** sah hier ein Problem. Er äußerte sich vier Jahre nach der Revolution in Frankreich kritisch über deren Ziele: „Es ist schwer zu begreifen, warum es an Plänen zur bürgerlichen Verbesserung des schönen Geschlechts gefehlt hat, da man jetzt allgemein von Menschenrechten und bürgerlicher Freiheit spricht […]. Man meint aber unter Menschenrechten nichts anderes als Männerrechte.“[2]

Die Idee der Gleichheit war also in der Welt, aber wie diese in der gesellschaftlichen Ordnung umgesetzt werden sollte und welche Folgen dies alles haben würde – das war eine der großen europäischen Fragen, die im 19. und 20. Jahrhundert als „Judenfrage“, „Arbeiterfrage“ und auch als „Frauenfrage“ diskutiert wurden. Ein großes deutsches Lexikon führte 1908 zu dem Stichwort „Frauenfrage“ aus: „Frauenfrage ist die Frage, wie die Stellung der Frau im Gesellschaftsorganismus zu regeln ist. […] Eine eigentliche Frauenfrage kennt erst die Neuzeit. Sie ist das Resultat einerseits der individualistischen Ideen, die sich seit dem 18. Jahrhundert entwickelt haben, andererseits die Rückwirkung, welche die völlige Umgestaltung der wirtschaftlichen und sozialen Verhältnisse seit dem Ende des Mittelalters auf die Lage des weiblichen Geschlechts ausübte. In der Frauenfrage offenbart sich das Bewusstsein von dem Vorhandensein eines Widerspruchs zwischen den Ansprüchen, welche die Frauen an die Gesellschaftsordnung zu stellen wirklich oder vermeintlich berechtigt sind, und der Stellung, die ihnen tatsächlich zugewiesen ist. Sie berührt alle Seiten der weiblichen Existenz, die rechtliche, wirtschaftliche, sittliche und politische."[3]

Erste Äußerungen dazu, welche Rechte und Pflichten einer Frau in der modernen Gesellschaft zustehen sollten, wurden schon in der Aufklärung und der Französischen Revolution gegeben. ***Olympe de Gouges (1748–1793)*** hatte 1791 in Frankreich „Die Erklärung der Rechte der Frau und Bürgerin" publiziert, um auf die Einseitigkeit der in der Französischen Revolution verbreiteten „Erklärung der Menschen- und Bürgerrechte" aufmerksam zu machen. In ihrer „Erklärung", die der Französischen Nationalversammlung vorgelegt werden sollte, hieß es: „Die Frau ist frei geboren und bleibt dem Manne gleich in allen Rechten. Die sozialen Unterschiede können nur im allgemeinen Nutzen begründet sein."[4] Olympe de Gouges wurde für ihre frauenrechtlerischen Positionen vor das Revolutionstribunal gestellt: Ihr Leben endete 1793 auf dem Schafott.

Der Kulturhistoriker ***Wilhelm Heinrich Riehl (1823–1897)*** beantwortete die Kernfrage nach den sozialen Unterschieden anders. Er schrieb in seiner einflussreichen und viel gelesenen dreibändigen „Naturgeschichte des Volkes als Grundlage einer deutschen Social-Politik" zum Thema „Familie": „In dem Gegensatz von Mann und Weib z. B. läßt sich erst die sociale Ungleichheit als ein ewiges Naturgesetz im Leben der Menschen erweisen."[5]

Riehl versuchte in seinen Schriften, die soziale Ungleichheit als ein gottgegebenes „Naturgesetz" darzustellen und damit der willentlichen Veränderung durch gesellschaftliche Übereinkunft zu entziehen. „Wer Mann und Weib nicht wieder zur Geschlechtseinheit zurückführen kann, der vermesse sich auch nicht, das Menschengeschlecht zur socialen und politischen Einheit und Gleichheit zu führen", forderte Riehl. In dieser Logik, die von der Mehrheit seiner Zeitgenossen geteilt wurde, gehörte die Ungleichheit der Geschlechter zu den naturgegebenen und vor allem notwendigen Bedingungen zur Aufrechterhaltung der patriarchalisch ausgerichteten Geschlechterordnung. Fundament der Gesellschaft war nach dieser Logik die Familie und nur in dieser befindet sich der „rechte Wirkungskreis" der Frau: „Die Familie setzt nur das Individuum voraus; Staat und Gesellschaft aber setzen bereits die Familie voraus, und haben es darnach im Allgemeinen nur mit dem öffentlichen Stellvertreter der Familie zu thun, mit dem Manne. [...] In der That, die Frauen könnten sich beschweren darüber, dass man sie vergißt im öffentlichen Leben. Ich bin ein Mitkämpfer für die verrufene ‚Emancipation der Frauen', indem ich kämpfe für eine bedeutend erweiterte Geltung und Berücksichtigung der Familie im modernen Staat. Denn in der Familie stecken die Frauen. Sie sollen wirken für das öffentliche Leben, aber man soll ihrer dabei nicht ansichtig werden, denn sie sollen zu Hause bleiben."[6]

Die Polemik in diesen und vielen anderen Passagen mag sich heute antiquiert anhören, aber der Text ist ein angemessener Ausdruck dafür, wie im 19. Jahrhundert über die

Olympe de Gouge:
*„Die Frau ist frei geboren und bleibt dem Manne gleich in allen Rechten. Die sozialen Unterschiede können nur im allgemeinen Nutzen begründet sein." (1791)*
*Erklärung der Rechte der Frau und Bürgerin, 1791*

„Frauenfrage“ diskutiert wurde: als eine Frage nämlich, in der die Individualität der Frau über ihre Aufgaben in der Familie definiert wurde, bzw. in der die Individualität der Frau überhaupt zur Diskussion stand. Denn während Männer als Vernunftwesen, von rationalen Überlegungen geprägt, auf die Außen- und Arbeitswelt bezogen charakterisiert wurden, galten Frauen als Geschlechtswesen, als irrational und vor allem emotional agierende Wesen, deren gesellschaftliche Aufgabe als von der Natur und von ihrem Körper vorgegeben definiert wurde, nämlich Ehefrau, Hausfrau und Mutter zu sein. Ehe und Familie waren auch für den Mann wichtig, doch seine persönliche Identität wie seine soziale Position fand er – wie ***Friedrich Hegel (1770–1831)*** formulierte – in seinem „wirklich substantiellen Leben im Staate, der Wissenschaft und dergleichen, und sonst im Kampfe und der Arbeit mit der Außenwelt und mit sich selbst“[7]. Frauen dagegen fanden nach dieser vorherrschenden Meinung ihre soziale Position und ihre Identität nur in der Familie oder in der Ausgestaltung ihrer weiblichen Anlagen in weiblichen Berufen, wie etwa der Kinderpflege oder der Erziehung von Mädchen. Diese grundlegende Idee vom weiblichen Geschlechtscharakter, der dem des Mannes diametral entgegen gesetzt war, prägte das Gesellschaftsbild aller europäischen Staaten des 19. Jahrhunderts ausgesprochen tief und sie wirkt bis heute fort.

Nun war selbstverständlich auch den Zeitgenossen bewusst, dass diese Ordnung der Geschlechter eine idealtypische war und keineswegs eine angemessene Beschreibung der realen sozialen Verhältnisse wiedergab. Zudem wurde die Diskussion seit den sechziger Jahren des 19. Jahrhunderts besonders brisant, da immer offenkundiger wurde, dass sich im Zuge der ökonomischen und technologischen Umwälzungen durch die Industrielle Revolution die Lebensformen in den Familien immer mehr veränderten. Waren bereits in der vorindustriellen Zeit die meisten Frauen aus der Unterschicht, z. B. als Manufaktur-, Heim- und Landarbeiterinnen, als weibliches Gesinde und als im Handwerk tätige Hilfsarbeiterinnen, erwerbstätig gewesen und hatten sich somit nicht ausschließlich um die Familie kümmern können, wurde im 19. Jahrhundert ganz offensichtlich, dass dem in dieser Zeit forcierten bürgerlichen Idealbild der Frau nicht nur die Unterschichtsfrauen, sondern auch ein Großteil der bürgerlichen Frauen nicht entsprachen. Für Letztere waren hierfür vor allem zwei Faktoren ausschlaggebend: Erstens heirateten nicht alle Frauen (und Männer) und zweitens konnten sich selbst nur die wenigsten bürgerlichen Hausfrauen den demonstrativen Müßiggang der idealen bürgerlichen Hausfrau leisten: Die meisten verrichteten nach wie vor selbst wichtige Arbeiten im Haushalt, in der Kindererziehung, bei der Pflege von Angehörigen, als mithelfende Familienangehörige in der Landwirtschaft, im Handel und im Handwerk. Und ein Großteil der ledigen Frauen arbeitete auch außerhalb des Hauses.

Es gab also eine grundlegende Diskrepanz zwischen den zeitgenössischen Vorstellungen über Rolle und Aufgaben der Geschlechter in der Gesellschaft einerseits und den realen Gegebenheiten andererseits. Diese Diskrepanz brachte den ersten wichtigen Impuls für die „Frauenfrage" hervor, und zwar als eine soziale Frage des Bürgertums in Bezug auf die eigenen Töchter und weiblichen Verwandten: Was sollte geschehen, wenn eine Verheiratung und damit eine gesicherte Versorgung nicht gelang? Musste man nicht doch für Ausbildungen sorgen, damit die Töchter sich mit einer standesgemäßen Berufstätigkeit selbst versorgen konnten? Wie konnte man aber dennoch sichern, dass eine Ausbildung zur Hausfrau dabei nicht vernachlässigt wurde?

Der zweite zentrale Impuls für die Frauenfrage entstand aus der Tradition der Aufklärung und der Menschenrechte, die zumindest theoretisch auch Frauen als Individuen mit sozialen und politischen Rechten anerkannte. Diese „Frauenfrage" wurde vor allem von gebildeten Frauen und Männern gestellt, die die ideologische Reduktion der Frau auf ein reines Gattungswesen kritisierten. Eine zusätzliche Dimension bekam die Frauenfrage dann aber vor allem durch die Aktivitäten von Frauen und den von ihnen gegründeten Vereinen, die sehr konkrete Projekte zur Berufsausbildung und zur verbesserten Schulbildung für junge Mädchen initiierten und damit Alternativen zum Warten auf den Ehemann bereitstellten.

Diese neue Dimension wurde von aufmerksamen Beobachtern registriert. So äußerte sich Wilhelm Heinrich Riehl 1856 in seinem Werk „Die Familie" deutlich ablehnend gegenüber den Bestrebungen bürgerlicher Frauen, eigene Vereine zu gründen. Bemerkenswert ist aber, dass Riehl, trotz seiner kritischen Haltung, den Frauenverein immerhin als eine standesgemäße Beschäftigung für alleinstehende bürgerliche Frauen gelten ließ: „Wenn eine wohlhabende Frau einsam steht, dann soll sie sich vorerst umschauen, ob in ihrer Sippe keine Familie ist, bei der sie als ‚alte Tante' einziehen kann und mitarbeiten im Hause. Es ist dies immer noch ein stolzerer und weiblicherer Wirkungskreis denn Präsidentin mehrerer Frauenvereine zu sein […] Kann sie nicht alte Tante werden, dann gibt es vielleicht ein Kloster, wo sie arme Kinder erziehen und in einem großen Hause mit anderen Nonnen zusammenleben und wirken kann. Schickt es sich aber auch mit dem Kloster nicht, dann möge sie in Gottes Namen Frauenvereine gründen und leiten."[8]

Eine ganze Reihe von Frauen hat zwischen 1865 – dem Gründungsjahr des Allgemeinen Deutschen Frauenvereins in Leipzig – und 1933 – als der NS-Staat alle unabhängigen und parteigebundenen Frauenorganisationen zur Auflösung oder Einordnung in den NS-Staat zwang – diese Möglichkeit genutzt: Sie gründeten eine Vielzahl von regionalen und nationalen Vereinen, sie kämpften als einzelne Streiterinnen gegen gesellschaftliche Vorurteile, sie vernetzten sich mit anderen Frauengruppen auf internationaler Ebene und ein kleiner Teil von ihnen ging auch im persönlichen Lebensbereich neue Wege. Um 1913 waren immerhin rund eine halbe Million Frauen in Deutschland im Bund deutscher Frauenvereine organisiert – das war natürlich nicht die Mehrheit der etwa 32 Millionen Frauen und Mädchen und weiblichen Babys, aber welche soziale Bewegung weiß schon die Mehrheit hinter sich?

Es ging in dieser Bewegung um zentrale Probleme jeder modernen Gesellschaft: Organi-

*„Wenn eine wohlhabende Frau einsam steht, dann soll sie sich vorerst umschauen, ob in ihrer Sippe keine Familie ist, bei der sie als ‚alte Tante' einziehen kann und mitarbeiten im Hause. Es ist dies immer noch ein stolzerer und weiblicherer Wirkungskreis denn Präsidentin mehrerer Frauenvereine zu sein."*

*Wilhelm Heinrich Riehl, 1856*

sation der Arbeit, Zugang zu Bildung, Gewährung persönlicher Freiheit. Dafür waren strukturelle Veränderungen notwendig, etwa die Zulassung von Mädchen und Frauen zu höherer Bildung oder eine Veränderung der Rechtsstellung, und diese sind ohne Zweifel ein Resultat der Frauenbewegung gewesen. Zugleich bewirkten diese strukturellen Wandlungen aber auch eine Wandlung im individuellen Leben: war es für die meisten Frauen um 1865 noch fremd, dass Mädchen studierten, so war dies am Ende der ersten Frauenbewegung 1933 zwar noch nicht selbstverständlich, aber doch gesellschaftlich eher akzeptiert. 1919 konnten Frauen in Deutschland erstmals wählen und sich wählen lassen. In den 1920er Jahren war eine neue Schicht von weiblichen Erwerbstätigen entstanden, die es nur fünfzig Jahre früher so nicht gegeben hatte: die Angestellten. Es ist keineswegs „natürlich“, dass diese neuen Angestellten oft Frauen waren – dies war vielmehr eine Folge von demographischen und ökonomischen Entwicklungen, von sozialen Aufstiegsmöglichkeiten und auch einem kulturellen Wandel, an dem die Frauenbewegung sehr aktiv mitgearbeitet hatte – durch Wort und Tat sozusagen. Mit anderen Worten: Die Frauenbewegung war eine gesellschaftliche Erscheinung, die erheblich zum Wandel der Lebensmöglichkeiten von Frauen im 19. und 20. Jahrhundert beigetragen hat und die versuchte, Antworten auf eine zentrale Frage der Moderne, nämlich die „Frauenfrage“, zu geben.

*„Mulier tacaet in ecclesia“ – „Das Weib schweige in der Gemeinde“: Selbst der Rückgriff auf kirchliche Regeln konnte die Frauen nicht mehr davon abhalten, ihre Forderungen zu wiederholen, lauter zu werden und sich dafür auch zu organisieren.*

# 1848: Beginn der Frauenbewegung – auch in Hamburg

Versammlung in der Paulskirche zu Frankfurt am Main, 1848. – Die Frankfurter Nationalversammlung, die vom 18.5. 1848 bis zum 31.3.1849 in der Paulskirche tagte, war das erste frei gewählte Parlament für die deutschen Nationalstaaten des „Heiligen Römischen Reichs deutscher Nation". Frauen gehörten diesem Parlament „von Rechts wegen" nicht an. Sie durften aber bei den öffentlichen Sitzungen zusehen. Das erste Parlament räumte den Frauen ca. 200 Plätze in den Zuschauerreihen auf der Galerie der Paulskirche ein. Viele Frauen interessierten sich für Politik, und so waren die Plätze stets gut besetzt.

Wann aber begann die Frauenbewegung? Diese Frage ist nicht einfach zu beantworten. Nach einem bekannten Aphorismus der österreichischen Schriftstellerin ***Marie von Ebner-Eschenbach (1830–1916)*** trat die Frauenfrage in die Welt, als eine Frau lesen lernte – das wäre dann wohl schon in der Antike der Fall gewesen. Die moderne Frauenfrage und die aus ihr resultierende Frauenbewegung entstanden aber nicht aus einem solchen individuellen Bildungserlebnis, sondern aus gesellschaftlichen Wandlungsprozessen, in deren Folge alte Gewissheiten hinterfragt wurden. Die Jahre der ersten reformorientierten politischen Debatte im Vormärz sowie die revolutionäre Erhebung in Deutschland 1848 waren daher auch gleichzeitig Ansätze für eine politische Bewegung der Frauen.

Zu diesem Zeitpunkt gab es in vielen Teilen Deutschlands allerdings schon Frauenvereine, die sich um soziale und patriotische Belange kümmerten. In Hamburg war bereits 1813 der „Hamburger Frauen-Verein von 1813" gegründet worden, der sich der Unterstützung von bedürftigen Soldatenfamilien während der napoleonischen Kriege widmete und nach 1815 eine eigene Dienstmädchenschule ins Leben rief. Dieser Verein zeigte deutlich zwei besondere Charakteristika der frühen Vereinsbewegung: Zum einen handelte es sich bei allen Vereinen um wohltätige Institutionen, zum anderen kam der Impuls für diese Tätigkeit aus einem patriotischen Bewusstsein, das sich gegen die Besetzung der eigenen Stadt durch napoleonische Truppen wandte. Aus diesen kleinen Vereinen entstanden im Laufe der folgenden Jahrzehnte immer neue Organisationen in der sozialen Hilfe; sie bildeten ein breites Fundament für eine Frauenbewegung.

## „Hamburger Frauen-Verein von 1813"

Der erste soziale Frauenverein Hamburgs hatte seinen Sitz direkt bei der Katharinenkirche am Katharinenkirchhof Nr. 30.

Wohltätigkeit praktizierende Frauen sind in Hamburg schon seit dem Spätmittelalter bekannt. Da es in der Oberschicht zum guten Ton gehörte, sich wohltätig zu erweisen, hatte diese Beschäftigung nicht immer etwas mit einem uneigennützigen Dienst am Nächsten zu tun. Frau und Mann erwiesen sich mit ihrem sozialen Engagement auch einen Dienst am eigenen Ich. Für viele Frauen der Hamburger Oberschicht bot die Wohltätigkeit ein Betätigungsfeld zur gesellschaftlich legitimierten Selbstbestätigung. Der gesellschaftliche Status quo wurde dabei nicht angetastet, das gesellschaftspolitische System nicht hinterfragt.

Für viele Frauen des Bürgertums war der Patriotismus eine treibende Kraft, sich sozial zu engagieren, insbesondere in Kriegszeiten, zum Beispiel im Zeitalter Napoleons. Gerade Frauen entwickelten eine eigene Form von Patriotismus. Sie richteten Lazarette ein, gründeten zu diesem Zweck Vereine und trugen, ob gewollt oder nicht, dadurch zur Verherrlichung von Kriegen bei.

Auch für die Gründung des „Hamburger Frauen-Vereins von 1813" war „weiblicher Patriotismus" der Beweggrund gewesen. „Als der Friede auch in unsere Vaterstadt zurückgekehrt war, wirkte dieser Verein für verschiedene wohlthätige Zwecke fort, arme Kranke wurden verpflegt, ihnen Arznei, Speisen, Kleidung gereicht; ein angemessener Vorschuss an Geld denen gegeben, die, durch die Zeitumstände zurückgekommen, ein neues Gewerbe anzufangen wünschten. Seit geraumer Zeit hat er seine Thätigkeit ausschließlich auf eine Mädchen-Schule beschränkt, welche bis auf den heutigen Tag in höchst gedeihlicher Wirksamkeit fortgesetzt ist. Das Nöthige zu ihrer Unterhaltung liefert ein jährlicher Beitrag der Mitglieder des Vereins, die willkührliche Sammlung derselben und der Ertrag der in der Schule verfertigten Näh- und Strick-Arbeiten", war im „Hamburger Adressbuch" von 1842 zu lesen.

Dreißig „Töchter armer, rechtlicher Bürger dieser Stadt" erhielten in dieser Schule Unterricht in Religion, Weißnähen, Stopfen und Stricken.

*Rita Bake*

Damit aber aus Vereinsgründungen eine Frauenbewegung werden konnte, musste noch ein weiteres Element hinzukommen: die Politik oder genauer, das Interesse, sich für die Belange von Frauen einzusetzen. Damit ist gemeint, dass Frauen sich gezielt und organisiert für die Verbesserung der rechtlichen, sozialen, politischen und kulturellen weiblichen Lebensbedingungen engagieren wollten. Dieses Motiv trat in Deutschland erstmals im Vormärz und in der bürgerlichen Revolution von 1848 auf. Im Mai 1848 war in der Frankfurter Paulskirche von einer frei gewählten Vertreterversammlung die demokratische Neugestaltung Deutschlands proklamiert worden. Diese Versammlung bestand allerdings nur aus Männern, denn Frauen hatten nicht das Recht zu wählen oder sich wählen zu lassen. Dennoch bewirkten die politischen Diskussionen im Jahr 1848, dass mehr Frauen über ihre gesellschaftliche Stellung nachdachten und auch aktiv wurden.

Diese Frauen kamen fast ausschließlich aus dem liberalen, demokratisch gesinnten Bürgertum. Einige von ihnen publizierten eigene Zeitungen und gründeten demokratische Vereine.[9] Eine dieser Frauen, die Schriftstellerin ***Louise Otto (1819–1895)***, antwortete 1843 auf einen Artikel, der das Thema „Die Teilnahme der weiblichen Welt am Staatsleben" behandelte, mit der Aufforderung: „Die Teilnahme der Frauen an den Interessen des Staates ist nicht allein ein Recht, sie ist eine Pflicht der Frauen."[10] Sie formulierte damit das Gründungsmotiv für die sich entwickelnde bürgerliche Frauenbewegung bis hinein ins 20. Jahrhundert: Frauen sollten gleichberechtigt an allen öffentlichen Fragen und Angelegenheiten beteiligt sein und dies sowohl als ein natürliches Recht wie als staatsbürgerliche Pflicht ansehen. Jetzt wurde die rechtliche Gleichstellung von Mann und Frau, der Ausbau des Bildungswesens für Mädchen und die gemeinsame Verantwortung von bürgerlichen Frauen und Männern für die Lösung der sozialen Missstände gefordert. Die nun entstehende Frauenbewegung konnte dabei auf vorhandene Erfahrungen mit wohltätigen Frauenvereinen zurückgreifen[11]; die Organisation in Vereinen war somit nichts Neues oder Revolutionäres. Neu war dagegen die Absicht einiger freireligiöser Vereine, gemeinsame Organisationen für Frauen und Männer zu schaffen.[12] Gesellschaftliche Brisanz erhielten die Aktivitäten bürgerlicher Frauen jedoch vor allem durch den eindeutigen Bezug auf liberale und demokratische Forderungen und aufgrund ihres Anspruches, als Frauen politisch zu agieren – denn Politik galt als dem weiblichen Geschlechtscharakter geradezu entgegengesetzt. Eine Frau, die Politik betreiben wollte, geriet in den Verdacht, die natürliche Ordnung der Dinge in Frage zu stellen.

In Hamburg ging es um 1848 in der allgemeinen demokratischen Bewegung auch um die Gleichheit der Menschen und eine neue politische Verfassung, aber vor allem um zwei Dinge: um Toleranz und Religionsfreiheit einerseits, eine verbesserte Bildung für Mädchen andererseits. Diese beiden Themen bildeten die zentralen Forderungen der entstehenden Frauenbewegung in Hamburg.

Dass der Männerwelt politisch agierende Frauen suspekt war, zeigt diese französische Karikatur unter dem Titel „Politischer Damenclubb"; Lithographie von Wilhelm Völker (1812–1873), gedruckt von Eduard Gustav May, Frankfurt am Main, 1848.

Die wichtigste Vertreterin der 1848er Rebellinnen war ***Emilie Wüstenfeld (1817–1874)***, Ehefrau eines Kaufmannes und tatkräftige Förderin der demokratischen Bewegung.[13]

Emilie Wüstenfeld beklagte die religiöse Intoleranz in Hamburg, die sich auch in den Frauenvereinen zeigte: So wurden in den „Weiblichen Verein für Armen- und Kranken-

Für die Senatorentochter Amalie Sieveking bedeutete Demokratie „Anarchie".

pflege", gegründet 1832 von ***Amalie Sieveking (1794–1859)***, nur solche Frauen aufgenommen, die sich der strengen protestantischen Moral unterordneten. Emilie Wüstenfeld dagegen verstand Religion als Grundlage der Humanität, forderte religiöse Toleranz und wollte diese auch zur Grundlage von Frauenvereinen machen.[14] Sie gründete mit anderen im Dezember 1846 einen Frauenverein zur Unterstützung der deutsch-katholischen Gemeinde, einer Vereinigung von Männern und Frauen, die sich gegen die kirchlichen Autoritäten und für ein selbstbestimmtes Gemeindeleben mit vollständiger Gleichberechtigung der Frauen einsetzte. Der Frauenverein hatte zunächst einmal sehr praktische Ziele: Er wollte Geld beschaffen, um die freireligiöse Gemeinde in Hamburg zu unterstützen. Diesem Ziel kam der Verein in den ersten beiden Jahren seines Bestehens sehr erfolgreich nach, unter anderem durch erhebliche Mittel, um einen eigenen Prediger zu finanzieren. Einen weiteren wichtigen Einsatz absolvierte der Verein um Emilie Wüstenfeld mit Blick auf die Emanzipation der Juden. Im Zuge der demokratischen Bewegung schien nun endlich auch die Gleichstellung von Juden und Christen erreichbar zu sein. Der Frauenverein beteiligte sich deshalb 1848 an der Gründung einer neuen Assoziation, dem „Sozialen Verein zur Ausgleichung konfessioneller Unterschiede". In diesem Frauenverein versammelten sich Christinnen wie Emilie Wüstenfeld, ***Charlotte Paulsen (1797–1862)*** oder ***Bertha Traun (1818–1863)*** mit Jüdinnen wie ***Emma Isler (1816–1886)*** oder ***Johanna Goldschmidt (1806– 1884)***[15], um religionsübergreifend soziale Kontakte zu pflegen. Der Verein hatte keinen offensiven politischen Anspruch, aber seine praktischen Ziele, sich gegenseitig kennen- und schätzen zu lernen, entfalteten eine politische Kraft für weitere Unternehmungen. Anlässlich des Rats- und Bürgerschaftsbeschlusses im Februar 1849, die bürgerliche Gleichstellung der Juden zu gewähren, feierte der Verein ein Fest, auf dem auch beschlossen wurde, weitere gemeinsame „humane" Tätigkeiten in die Wege zu leiten.

Hier und an anderen Stellen wurden immer wieder auch die eigenen Interessen der Frauen offenbar. Das tätige Wirken für Religionsfreiheit – und damit für die „Geistesfreiheit" – habe jeder einzelnen Frau im Verein geholfen, ebenfalls freier zu werden, hieß es im Jahresbericht des Vereins 1849. Und: Je mehr diese geistige Freiheit erkannt wurde, desto stärker wurde der Wunsch geäußert, „für das geistige und materielle Wohl unseres Geschlechtes zu wirken".[16]

Dieses „geistige und materielle Wohl" von Mädchen und Frauen sollte durch eine gute Ausbildung gefördert werden. Die Förderung von Bildungseinrichtungen wurde deshalb zum zweiten wichtigen Kristallisationskern der ersten Frauenbewegung in Hamburg – und auch hier wirkte Emilie Wüstenfeld tatkräftig mit. Ausgehend von beiden Frauenvereinen gründeten Wüstenfeld und ihre Mitstreiterinnen eine neue Assoziation, den „Hamburger Bildungsverein deutscher Frauen", der sich zum Ziel setzte, eine „Hochschule für das weibliche Geschlecht" einzurichten, in der junge Mädchen die Grundlagen der Fröbel'schen Pädagogik sowie einige Elementarfächer erlernen sollten. ***Friedrich Fröbel (1782– 1852)*** war ein bekannter Pädagoge, der eine sozial übergreifende, demokratische frühkindliche Erzie-

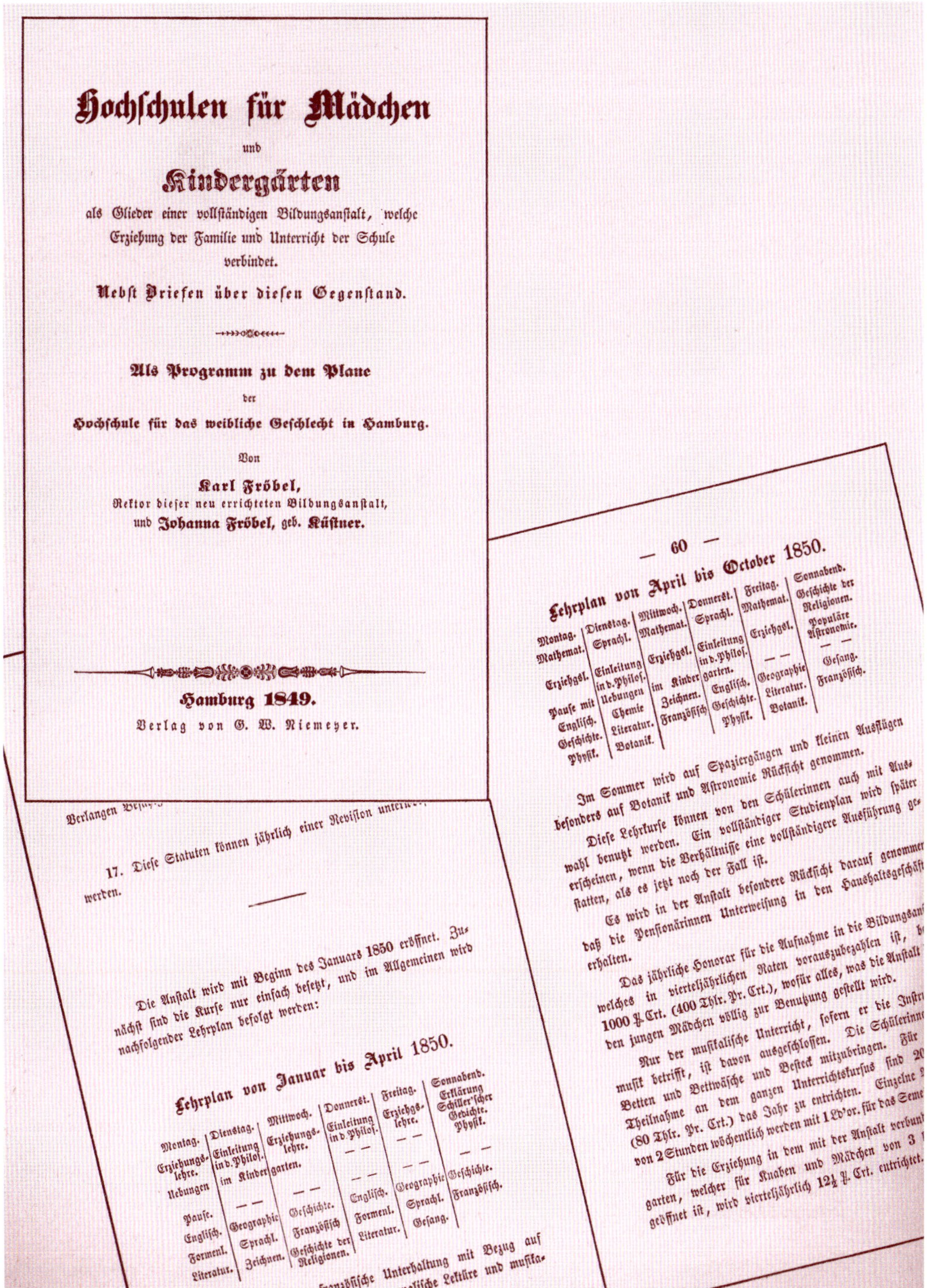

**Hochschulen für Mädchen**

und

**Kindergärten**

als Glieder einer vollständigen Bildungsanstalt, welche Erziehung der Familie und Unterricht der Schule verbindet.

Nebst Briefen über diesen Gegenstand.

Als Programm zu dem Plane der Hochschule für das weibliche Geschlecht in Hamburg.

Von **Karl Fröbel,** Rektor dieser neu errichteten Bildungsanstalt, und **Johanna Fröbel,** geb. **Küstner.**

**Hamburg 1849.**

Verlag von G. W. Niemeyer.

---

Verlangen ...

17. Diese Statuten können jährlich einer Revision unter... werden.

Die Anstalt wird mit Beginn des Januars 1850 eröffnet. Zunächst sind die Kurse nur einfach besetzt, und im Allgemeinen wird nachfolgender Lehrplan befolgt werden:

**Lehrplan von Januar bis April 1850.**

| Montag. | Dienstag. | Mittwoch. | Donnerst. | Freitag. | Sonnabend. |
|---|---|---|---|---|---|
| Erziehungslehre. | Einleitung in d. Philos. | Erziehungslehre. | Einleitung in d. Philos. | Erziehgslehre. | Erklärung Schiller'scher Gedichte. Physik. |
| Uebungen | im Kinder | garten. | — — | — — | — — |
| — — | — — | — — | — — | — — | Geschichte. |
| Pause. Englisch. Formenl. Literatur. | Geographie. Sprachl. Zeichnen. | Geschichte. Französisch Geschichte der Religionen. | Englisch. Formenl. Literatur. | Geographie. Sprachl. Gesang. | Französisch. |

... Abenden französische Unterhaltung mit Bezug auf ... und englische Lektüre und musika...

---

— 60 —

**Lehrplan von April bis October 1850.**

| Montag. | Dienstag. | Mittwoch. | Donnerst. | Freitag. | Sonnabend. |
|---|---|---|---|---|---|
| Mathemat. | Sprachl. | Mathemat. | Sprachl. | Mathemat. | Geschichte der Religionen. |
| Erziehgsl. | Einleitung in d. Philos. | Erziehgsl. | Einleitung in d. Philos. | Erziehgsl. | Populäre Astronomie. |
| Pause mit | Uebungen | im Kinder | garten. | — — | — — |
| Englisch. Geschichte. Physik. | Chemie Literatur. Botanik. | Zeichnen. Französisch | Englisch. Geschichte. Physik. | Geographie Literatur. Botanik. | Gesang. Französisch. |

Im Sommer wird auf Spaziergängen und kleinen Ausflügen besonders auf Botanik und Astronomie Rücksicht genommen.

Diese Lehrkurse können von den Schülerinnen auch mit Auswahl benutzt werden. Ein vollständiger Studienplan wird später erscheinen, wenn die Verhältnisse eine vollständigere Ausführung gestatten, als es jetzt noch der Fall ist.

Es wird in der Anstalt besondere Rücksicht darauf genommen, daß die Pensionärinnen Unterweisung in den Haushaltsgeschäf... erhalten.

Das jährliche Honorar für die Aufnahme in die Bildungsanst... welches in vierteljährlichen Raten vorauszubezahlen ist, b... 1000 ℔. Crt. (400 Thlr. Pr. Crt.), wofür alles, was die Anstalt den jungen Mädchen völlig zur Benutzung gestellt wird.

Nur der musikalische Unterricht, sofern er die Instr... musik betrifft, ist davon ausgeschlossen. Die Schülerinn... Betten und Bettwäsche und Besteck mitzubringen. Für Theilnahme an dem ganzen Unterrichtskursus sind 20... (80 Thlr. Pr. Crt.) das Jahr zu entrichten. Einzelne ... von 2 Stunden wöchentlich werden mit 1 Ld'or. für das Seme...

Für die Erziehung in dem mit der Anstalt verbun... garten, welcher für Knaben und Mädchen von 3 ... geöffnet ist, wird vierteljährlich 12½ ℔. Crt. entrichtet.

Die Schriftstellerin Malwida von Meysenbug (1816–1903) war Schülerin an der Hochschule für das weibliche Geschlecht in Hamburg

Der Lehrplan der „Hochschulen für Mädchen und Kindergärten", so wie er auch in der Hochschule für das weibliche Geschlecht in Hamburg praktiziert wurde, 1849 verfasst von Karl Fröbel, dem Neffen Friedrich Fröbels

hung in Kindergärten propagierte. Diese neue Erziehungsaufgabe für die kommenden Generationen verstand er vorrangig als eine weibliche Aufgabe für Familie und Gesellschaft und suchte daher nach Möglichkeiten, geeignete Mädchen und Frauen für diesen neuen Beruf auszubilden. Der Frauenverein wiederum wollte eine Schule und Ausbildungsstätte einrichten und wandte sich deshalb an Fröbel, der in den Wintermonaten 1850/51 Vorträge in Hamburg über seine pädagogischen Ideen hielt und auch einen ersten „deutschen Bürgerkindergarten“ einrichtete.

Für das Projekt der Hochschule konnte der Frauenverein dann den Neffen Fröbels, ***Karl Fröbel (1807–1894)***, ebenfalls ein Pädagoge, gewinnen. Zum Jahresbeginn 1850 wurde die neue Hochschule eröffnet. Sie war nicht als eine Universität für Frauen geplant, wie der Name vielleicht nahe legt, sondern als fachlich und wissenschaftlich fundierte Bildungsanstalt für Frauen. Es gab eine Reihe von allgemeinen Vorlesungen, die auch von weiblichen Gästen besucht werden konnten, und ein Curriculum für die Ausbildung von Kindergärtnerinnen. Zu den bekanntesten Schülerinnen der Hochschule gehörte ***Malwida von Meysenbug (1816–1903)***, die sogar als Pensionärin an der Schule lebte und bei Beginn des Unterrichts schon 34 Jahre alt war. Sie hat später in ihren „Memoiren einer Idealistin“ über ihre Zeit an der Schule berichtet.

*weiter auf S. 34*

Die Hochschule startete mit großer Begeisterung auf Seiten der Schülerinnen und Verantwortlichen, aber sie konnte auf Grund der einsetzenden politischen Reaktion, interner Streitigkeiten und vor allem fehlender finanzieller Unterstützung ihren Betrieb nicht lange aufrechterhalten. Im Zusammenhang mit dem staatlicherseits erstrebten Verbot der deutsch-katholischen Gemeinde wurde auch die Hochschule im Frühjahr 1852 geschlossen. Alternative Angebote gab es nicht mehr, denn die Unterdrückung demokratischer Bewegung war inzwischen in allen deutschen Staaten Programm. Schon 1851 waren die „Bürgerkindergärten“ in Preußen verboten worden – und damit wurde auch eine Ausbildungseinrichtung für Kindergärtnerinnen obsolet. Die freien Gemeinden wurden überall verboten, ihre Unterstützerinnen mussten ebenfalls ihre Vereine auflösen oder sich andere, unverfängliche Ziele setzen.

**Am Holländischen Brook 25 – in der heutigen Hafen City – befand sich die Hochschule für das weibliche Geschlecht. Holländischer Brook 1884, Zeichnung von Ebba Tesdorpf**

## Emilie Wüstenfeld, geb. Capelle (17.8.1817 Hannover–2.10.1874 Hamm)

Gründerin des Paulsenstiftes, der ersten Gewerbeschule für Mädchen und Frauen, und des „Vereins zur Förderung weiblicher Erwerbstätigkeit", Mitbegründerin des „Frauenvereins zur Unterstützung der Armenpflege", Mitbegründerin des „Frauenvereins zur Unterstützung der Deutschkatholiken", Mitbegründerin des „Sozialen Vereins zur Ausgleichung konfessioneller Unterschiede"

Marie Emilie Capelle wuchs mit ihren drei Geschwistern in Hannover in einer Kaufmannsfamilie auf. Ihr Vater starb, als Emilie fünf Jahre alt war. Frau Capelle legte bei der Erziehung ihrer Töchter Marie, Emilie und Pauline großes Gewicht auf soziales Engagement und die Beherrschung aller Haushaltsgeschäfte. Die schulische Ausbildung an einer Bürgerschule wurde ergänzt durch Privatunterricht in den Fächern Zeichnen, Musik und Fremdsprachen. Daneben wurde im Hause Capelle auf einen ungezwungenen und respektvollen Umgang zwischen den Geschlechtern geachtet. 1841 heiratete Emilie Capelle im Alter von 24 Jahren den angesehenen Kaufmann Julius Wüstenfeld aus Hannoversch-Münden. Fast zur gleichen Zeit ging auch ihre Schwester Pauline den Bund fürs Leben ein. Sie heiratete Wilhelm Kortmann aus Dortmund. Beide Paare zogen nach Hamburg. Das Verhältnis der Schwestern war sehr eng. Pauline stand ihrer Schwester bei allen Unternehmungen unterstützend und beratend zur Seite. So wurde sie z. B. Ehrenvorsitzende des „Frauenvereins zur Unterstützung der Armenpflege", den ihre Schwester zusammen mit Charlotte Paulsen gegründet hatte.

Noch nicht lange in Hamburg, mussten beide Paare den großen Brand von 1842 miterleben. Nach dieser Katastrophe zogen die Wüstenfelds in eine größere Wohnung am Holländischen Brook 15. Emilie Wüstenfeld bekam drei Kinder, die alle sehr kränklich waren.

Durch die weltweite kaufmännische Tätigkeit ihres Mannes stellte Emilie Wüstenfeld schnell Kontakt zu anderen Hamburger Kaufmannsfamilien und zu ausländischen Geschäftspartnern her. Im Hause Wüstenfeld wurde neben der üblichen Geselligkeit, die in Kreisen des gehobenen Bürgertums gepflegt wurde, auch über sozialkritische und revolutionär-liberale Themen diskutiert.

Bei einer Gesellschaft lernte sie Bertha Traun, die Frau eines Geschäftsfreundes kennen, und gemeinsam wurden sie begeisterte Anhängerinnen der deutsch-katholischen Gemeinde. Emilie Wüstenfeld, die nach dem Tod von zweien ihrer Kinder eine Aufgabe außerhalb des Hauses gesucht hatte, hatte nun eine Vereinigung gefunden, mit der sie sich identifizieren konnte. Hier stand – im Gegensatz zum Amalie Sievekingschen Verein – die Nächstenliebe im Vordergrund, nicht die Forderung nach einem streng orthodoxen, nach kirchlichen Maßstäben ausgerichteten Lebenswandel. Emilie Wüstenfeld hatte es sehr negativ berührt, als sie erleben musste, wie der Sievekingsche Verein einer armen Familie die Unterstützung versagte, „weil man ihren Glauben nicht für den rechten hielt. Ebenso erging es einer alten Frau, die an einem Sonntag von der besuchenden Dame durch das Fenster mit einer notwendigen Flickerei beschäftigt gesehen, gleich darauf aber bei ihrem Eintritt eifrig in der Bibel lesend gefunden wurde. Sie

gab als Erklärung an, dass ihr die Unterstützung sonst entzogen würde, was auch wirklich geschah. So zog sich Emilie auch hier zurück, denn solche Engherzigkeiten war nicht nach ihrem, alle Leidenden mit Barmherzigkeit umfassenden Sinn."[A]

Die Ziele der deutschkatholischen Gemeinde überzeugten Emilie Wüstenfeld. 1848 rief Emilie Wüstenfeld zusammen mit anderen Aktivistinnen des Frauenvereins, so z. B. mit der Christin Bertha Traun und der Jüdin Johanna Goldschmidt, den „Sozialen Verein zur Ausgleichung konfessioneller Unterschiede" ins Leben. Als 1849 auch in Hamburg die Gleichberechtigung der Juden erklärt wurde, gab Emilie Wüstenfeld ein Fest zu Ehren der anwesenden Jüdinnen.

Ein weiteres wichtiges Lebensprojekt von Emilie Wüstenfeld war die Errichtung einer Hochschule für das weibliche Geschlecht. Zu den Gründungsmitgliedern gehörten neben Emilie Wüstenfeld und Bertha Traun: Emma Isler, geb. Meyer, Elise Bieling, geb. Ström, Mathilde Seybold, geb. Goldschmidt. Den Plan für eine solche Hochschule: „hatte (Johannes) Ronge (Prediger der deutschkatholischen Gemeinde und späterer zweiter Ehemann von Bertha Traun) 1846 dem Breslauer Frauenverein vorgelegt, der aber nicht die nötigen Finanzmittel hatte. Ein Neffe von Friedrich Fröbel hatte in Zürich den vollständigen Entwurf einer weiblichen Hochschule ausgearbeitet, bekam aber in der Schweiz nicht die nötige behördliche Zustimmung, um ihn zu verwirklichen."[B] Nun wollten Bertha Traun und Emilie Wüstenfeld Karl Fröbel als Leiter der Hochschule gewinnen. Deshalb reisten die beiden Frauen im September 1849 nach Zürich und nahmen Kontakt mit Fröbel und seiner Frau Johanne, geb. Küstner, auf.

Emilie Wüstenfelds Konterfei auf einer der Säulen in der Diele des Hamburger Rathauses

Das Kapital für die Hochschule sollte durch den Verkauf von Hochschulaktien aufgebracht werden, wobei die Ehemänner der Hochschulgründerinnen die ersten Käufer waren. Die spätere Finanzierung wollte man durch Pensions- und Kursgebühren ermöglichen. Vom Staat erhielt die Schule keine Unterstützung, war jedoch auf die Tolerierung durch staatliche Instanzen angewiesen. Der Name „Hochschule" war sehr hoch gegriffen, handelte es sich doch vielmehr um eine Weiterbildung für Frauen in den „klassischen" frauenspezifischen Gebieten wie der Kindererziehung.

Am 1. Januar 1850 wurde die Hochschule, der ein Kindergarten als Praxisfeld angegliedert war, auf dem Holländischen Brook Nr. 25 eröffnet. Knapp zwei Jahre später jedoch musste die Schule aus zwei Gründen wieder geschlossen werden: Von Anfang an hatte die Schule im Kreuzfeuer der Kritik gestanden. Man fand sie zu freisinnig, da sie den Mädchen unabhängig von Konfession und sozialer Schicht eine gehobene Ausbildung ermöglichte. Amalie Sieveking, die selbst für eine Weiterbildung für Mädchen eintrat, warnte vor dieser Hochschule, weil hier der Geist des Antichristentums die Schülerinnen für seine Zwecke auszubeuten suche. Pamphlete, gedruckt in einer pietistischen Druckerei, schürten Ängste. Resultat solcher Verunglimpfungen: Das Bürgertum schickte seine Töchter nicht mehr auf die Hochschule, und die Sponsoren blieben aus.

Auch mit ihrer Einstellung zur Ehe verstießen Emilie Wüstenfeld und Bertha Traun gegen die herrschende Moral. Dass Bertha Traun sich scheiden ließ und Emilie Wüstenfeld diesen Schritt guthieß, sogar selbst Scheidungsabsichten hegte, stieß auf heftige Kritik. Emma Isler, ein Gründungsmitglied der Hochschule, schrieb tadelnd: „Frau Wüstenfeld billigte damals, was ihre Freundin tat, war sie doch auf dem Punkt, eine Ehe zu lösen, in der sie nicht glücklich war. Darüber hätte Niemand ein Urteil zugestanden; der Staat gibt das Mittel an die Hand, eine unglückliche Ehe zu trennen. Das hat Jeder mit sich und seinem Gewissen allein abzumachen, aber wenn jeder neuen Leidenschaft die Berechtigung zugestanden werden soll, die alte Treue zu verdrängen, so würde die Gesamtheit nicht gedeihen können, also unsittliche Zustände herbeigeführt werden. Frau Wüstenfeld wurde durch einen Freund von ihrem Entschluss zurückgebracht, aber das Auftreten beider Frauen traf starken Tadel, der sich auf ihre Unternehmungen übertrug und daran scheiterte die Hochschule. Die Freundinnen trennten sich, Frau Ronge folgte ihrem zweiten Mann nach England wurde sehr unglücklich und starb nach einigen Jahren in Frankfurt.“[C] Der Geldfluss der Gönner versiegte. Hinzu kam, dass nach dem Scheitern der bürgerlichen Revolution die Reaktion erstarkte und damit in der bürgerlichen Gesellschaft kaum Platz für derartige demokratische Vorhaben war. Selbst Emilie Wüstenfelds Mutter wandte sich von ihrer Tochter ab. Zum endgültigen Ende der Hochschule kam es, als die meist von Auswärts kommenden Lehrer wegen ihrer politischen Gesinnung aus Hamburg ausgewiesen wurden. Damit wurde Emilie Wüstenfelds Schule die Existenzgrundlage entzogen.

Gezeichnet vom Scheitern der Hochschule, dem Verbot der freisinnigen Vereinigungen und den an ihr nagenden Zweifeln an ihrer Ehe, verschlechterte sich Emilie Wüstenfelds Gesundheitszustand. In dieser Situation nahm sie 1852 eine Einladung der Ronges nach London an. Dort fand sie Erholung und konnte ihre angegriffenen Nerven kurieren. Eine Reise in die Schweiz tat das Übrige. Gestärkt kehrte Emilie Wüstenfeld nach Hamburg in ihre Wohnung in den Alsterarkaden 13 zurück. Sie blieb bei ihrem Mann, kam seinem Wunsch, die familiären Verpflichtungen nicht zu vernachlässigen nach, schaffte es aber dennoch, ihre Eigenständigkeit zu bewahren: „Überreich an wechselvollen Pflichten, reich in dem Streben nach Belehrung und Vertiefung, reich vor allem in dem vielseitigen Wirken auf dem Gebiet der Wohlfahrtspflege. Sie verstand es, das Recht auf ihre eigene Persönlichkeit, das sie nicht aufgab, mit den Pflichten gegen die Familie zu verbinden. Fernerstehende konnten nicht begreifen, wie sie die Kraft und Zeit für ihre rastlose Tätigkeit fand, wenn nicht auf Kosten der Familie und Häuslichkeit. (…) Sie verstand es eben, durch eine gute Zeiteinteilung allen Anforderungen gerecht zu werden. Eine im Grunde gesunde kräftige Natur kam ihr zu Hilfe. Überfiel sie des Nachmittags eine, wie sie es nannte, ‚peremtorische [unabweisbare] Müdigkeit‘, so legte sie sich für 20 Minuten zum Schlafen hin. (…) Allerdings kamen wohl zuweilen rein konventionelle, gesellschaftliche Rücksichten etwas kurz bei ihr, niemand nahm es ihr aber übel“ vermerkte Marie Kortmann über ihre Tante.[D] Nachdem Emilie Wüstenfeld ihr rebellisches Verhalten aufgegeben, sich mit ihrem Mann arrangiert und der Armenpflege zugewandt hatte (gemeinsam mit Charlotte Paulsen hatte sie 1849 – als Folge der bürgerlichen Revolution von 1848 – den „Frauenverein zur Unterstützung der Armenpflege“ gegründet), äußerte sich Emma Isler sehr zufrieden über Emilie Wüstenfelds Lebensweg: „Frau Wüstenfeld hatte sich selbst gefunden, als sie es aufgab, ihr eigenes Glück zu suchen. Als die Erhebung von 48 niedergeschlagen war und die Verfolgung der Freiheitskämpfer begann, verdankte Mancher ihrer Energie und ihrem aufopfernden Muth die Freiheit in Amerika, dem jahrelange Kerkerhaft gedroht hatte. Als die politische Aufregung vorüber war, wendete sie sich ganz der Armenpflege zu und hier erst entwickelte sie ihre volle Bedeutung."[E]

Privat lebte Emilie Wüstenfeld sehr zurückgezogen. Ihre Fürsorge galt der gesundheitlich angeschlagenen Tochter, außerdem nahm Emilie Wüstenfeld eine Pflegetochter auf, die zwölfjährige Marie Hartner, später verheiratete Glinzer (1843–1921), die die erste Klasse der Vereinsschule besucht hatte. Nun hatte Emilie Wüstenfeld wieder zwei Kinder – ein Pflegekind – und ihr eigenes –, beide hießen Marie.

Um 1856 kauften die Wüstenfelds ein Grundstück auf dem Hammer Deich. Obwohl sie ihre Stadtwohnung in den Alsterarkaden behielten, verbrachte Emilie Wüstenfeld die meiste Zeit in ihrem Haus auf dem Lande. Hier betrieb Herr Wüstenfeld eine Blaufärberei, die Emilie Wüstenfeld übernahm, um ihren an Hypochondrie leidenden Mann zu beruhigen, der sich Sorgen um die finanzielle Seite des Unternehmens machte. Emilie Wüstenfeld übernahm die Blaufärberei, entließ die Chemiker und senkte so die Betriebskosten. Daneben beherbergte sie auch noch Vereinszöglinge, die in den Frien zu ihr kamen, und hilfsbedürftige Freunde und Fremde. Sie versuchte auch, Landaufenthalte für arme Kinder zu organisieren.

Da Emilie Wüstenfeld sich nicht scheute Menschen zu helfen, die vom Staat wegen ihrer religiösen und politischen Gesinnung verfolgt wurden, hatte sie immer noch mit Schikanen von Seiten der Polizei zu rechnen.

Nach dem Tode von Charlotte Paulsen erfüllte Emilie Wüstenfeld ihr posthum einen lang gehegten Wunsch: ein Haus, in dem ein Kindergarten und eine Schule untergebracht waren. Im Herbst 1866 wurde die Schule des Paulsenstiftes in der Straße „Bei den Pumpen" mit 300 Kindern eröffnet. Ihr angegliedert war ein Kindergarten, der nach den Fröbelschen Erziehungsmethoden arbeitete.

Ein Jahr später wurde im Paulsenstift eine Fortbildungsklasse für Mädchen eröffnet, die bereits ein weiteres Jahr darauf in größere Räumlichkeiten am Großen Burstah Nr. 16 umziehen musste und dort 1868 als erste deutsche Gewerbeschule für Mädchen eröffnet wurde. Um deren Finanzierung zu gewährleisten, hatte Emilie Wüstenfeld bereits am 18.2.1867 den „Verein zur Förderung weiblicher Erwerbstätigkeit" gegründet, dessen Vorsitzende sie wurde. Ihre umfangreichen und zielstrebig verfolgten Aktivitäten überzeugten schließlich auch den Senat, so dass Bürgermeister Kirchenpauer, die Senatoren Versmann und Petersen sowie einige Herren der Finanzabteilung ihr für den Bau eines größeren Schulgebäudes, der Gewerbeschule für Mädchen, einen Bauplatz an der Brennerstraße Nr. 77 zuwiesen.

Jetzt gab es für Emilie Wüstenfeld nur noch eins: den

Ansicht der Gewerbeschule für Mädchen in der Brennerstraße, 1867

Bau ihrer Schule. Selbst die Diagnose „drohende Herzverfettung“ hielt sie nicht ab. Verzögert wurde ihr Bauvorhaben durch den deutsch-französischen Krieg (1870/1871), durch familiäre Schicksalsschläge – ihre Enkelkinder starben – und durch die höheren Baukosten nach Kriegsende, so dass die Schule erst Ende 1873 in Betrieb genommen werden konnte. Die Eröffnung der ersten deutschen Gewerbeschule für Mädchen in Hamburg, in der junge Frauen ausschließlich in Berufen ausgebildet wurden, die dem so genannten weiblichen Charakter der Frau entsprachen, war der Höhepunkt von Emilie Wüstenfelds gesellschaftlichem Wirken.

Das 25-jährige Jubiläum des Frauenvereins war das letzte offizielle Ereignis, das Emilie Wüstenfeld miterlebte. Als sie mit ihrem Mann zur Kur in Marienbad weilte, erkrankte sie so ernsthaft, dass ihr die Ärzte jegliche Vereinstätigkeit untersagten.

Sie aber konnte nicht innehalten. Ihr Freund, Dr. Rée erkannte klar: „Frau Wüstenfeld wird keine Ruhe finden, sie müsste denn den Umgang mit sich selbst aufgeben.“ Am 2. Oktober 1874, im Alter von 57 Jahren, starb Emilie Wüstenfeld auf ihrem Landsitz in Hamm nach

Schülerin der Gewerbeschule für Mädchen, 1876

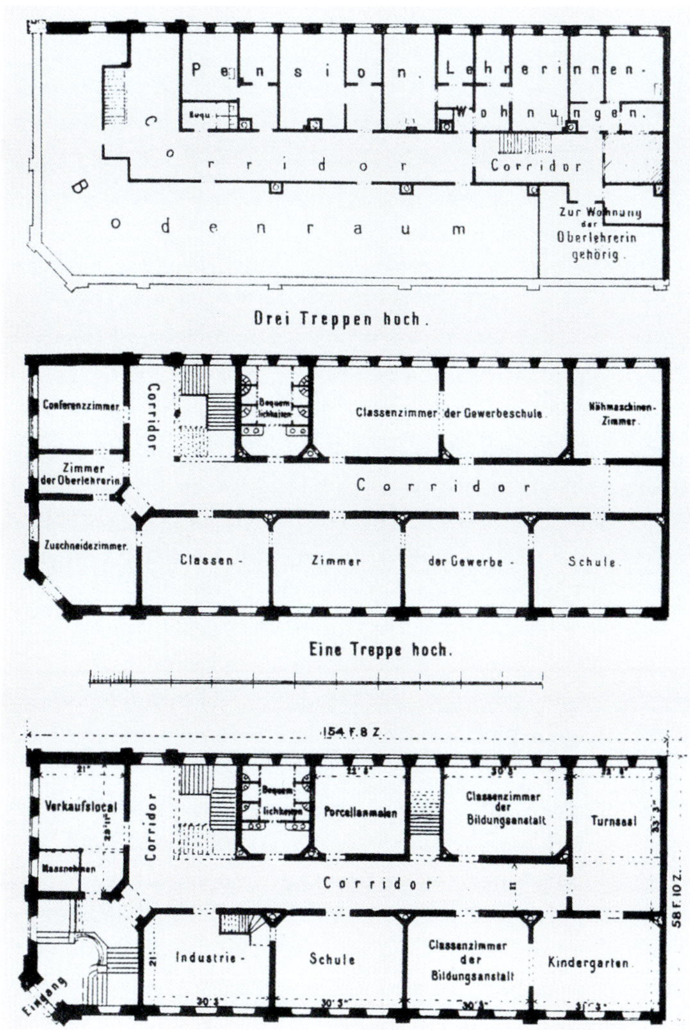


Grundrisse der drei Etagen der Gewerbeschule in der Brennerstraße. Im Erdgeschoss der schuleigene Kindergarten, im obersten Stock die Wohnungen der Lehrerinnen

einem Schlaganfall. 1875, ein Jahr nach ihrem Tod, wurde die bis heute existierende Emilie Wüstenfeld Stiftung gegründet, deren Zweck es ist, Stipendien für bedürftige und strebsame Schülerinnen zu vergeben.

*Rita Bake*

Lit.:
A Marie Kortmann: Emilie Wüstenfeld. Eine Hamburger Bürgerin, Hamburg 1927, S. 18.
B Ingeborg Grolle: Demokratie ohne Frauen? Fraueninitiativen in Hamburg um 1848, in: Inge Stephan, Hans-Gerd Winter (Hrsg.): Heil über Dir, Hammonia, Hamburg 1992, S. 319–344.
C Ursula Randt: Die Erinnerungen der Emma Isler, in: Bulletin des Leo Baeck Instituts, 1986, 75, S. 55–99, hier S. 94 f.
D Marie Kortmann, a. a. O., S. 57.
E Ursula Randt, a. a. O., S. 95.

## Bertha Ronge, geb. Meyer, gesch. Traun (25.4.1818–18.4.1863 Frankfurt a. M.)

Mitbegründerin des „Frauenvereins zur Unterstützung der Deutschkatholiken“, des „Sozialen Vereins zur Ausgleichung konfessioneller Unterschiede“ und der Hochschule für das weibliche Geschlecht

Bertha Traun gehörte zum Freundinnenkreis um Emilie Wüstenfeld. Sie lernten sich über die geschäftlichen Beziehungen ihrer Ehemänner, deren Kontore nebeneinander lagen, kennen. Bertha Traun war die Tochter des Stockfabrikanten, H. C. Meyer (1797–1848), der damals die größte Fabrik Hamburgs besaß. Berthas Mann wurde sein Kompagnon. Das Ehepaar wohnte mit seinen sechs Kindern – ein Kind starb im Alter von elf Jahren – in der Neuenburg Nr. 13.

Am 10.12.1846 versammelten sich im Hause der 28-jährigen Bertha Traun Emilie Wüstenfeld, Amalie Westendarp, Bertha Trauns Schwester Margarethe und weitere 30 interessierte Frauen zur Gründung eines Hilfsvereins – des „Vereins zur Unterstützung und Förderung der Deutschkatholiken“*. Damit wollten die Frauen der freikirchlichen Gemeinde der Deutschkatholiken helfen, die Miete für ein Lokal, in dem die Predigten und Versammlungen abgehalten werden konnten, und die Besoldung eines Predigers zu finanzieren. Die Deutschkatholiken propagierten ein nicht an eine Konfession gebundenes, demokratisches Gemeindeleben. Ihre Prediger wählte die Gemeinde selbst. Auch Frauen erhielten Wahl- und Mitspracherecht, woran in den Amtskirchen überhaupt nicht zu denken war. An exponierter Stelle stand der exkommunizierte Priester Johannes Ronge (1813–1887), der von Bertha Trauns fortschrittlich gesinntem Vater protegiert wurde. Ronge trat auch für die Emanzipation der Frau ein. Er wollte, dass sich die Frauen aus ihren oft unwürdigen Verhältnissen, in denen sie lebten, befreiten. „Die Geschichte dieses Vereins ist zugleich die Geschichte der praktischen Einübung von Hamburger Frauen in Demokratie. Ihre Hilfestellung für die deutschkatholische Gemeinde verstanden sie als bescheidene, aber nicht minder wichtige Parallele zu den reformerischen politischen Aktionen der Männer.“[A]

Der Frauenverein zur Unterstützung der Deutschkatholiken sammelte aber nicht nur Geld: „Außer der finanziellen Unterstützung der Gemeinde bemühte sich der Frauenverein um deren Anerkennung durch den Hamburger Senat, denn ohne Legalisierung blieben die in der deutsch-katholischen Gemeinde vorgenommenen Taufen und Eheschließungen ohne bindende Rechtskraft.

Verbieten wollte der Senat die Gemeinde nicht, weil sie die Sympathie angesehener Bürger besaß. Aber seine zermürbende Hinhaltetaktik stellte die Gemeinde und den ständig für sie intervenierenden Frauenverein auf eine harte Geduldsprobe, bis endlich unter dem Druck

des Revolutionsgeschehens im März 1848 die Anerkennung erfolgte. Die Frauen sahen damit den ursprünglichen Zweck ihres Vereins weitgehend erfüllt. Sie konnten ihren Aufgabenbereich erweitern und nannten sich nun „Frauenverein zur Förderung freier christlicher Gemeinden und humaner Zwecke."[B] „Der Frauenverein setzte sich auch massiv für die Überwindung der Standesschranken ein. Durch die Einführung von Dienstmädchenkursen, in denen die Mädchen in den Elementarfächern wie Deutsche Sprache, Schreiben und Rechnen unterrichtet wurden, versuchte der Frauenverein, eine bessere Bildung für Frauen aus der Unterschicht zu erwirken. Auch eine Arbeitsvermittlung wurde eingerichtet, um Hilfe zur Selbsthilfe anzubieten."[C]
Überdies war Bertha Traun Gründungsmitglied des „Sozialen Vereins zur Ausgleichung konfessioneller Unterschiede". Durch die Revolution 1848 erhofften sich liberale Kreise des Bürgertums, „den trennenden Einfluss konfessioneller Verschiedenheit auf das politische und soziale Leben zu beseitigen".[D]
Gerade zwischen christlichen und jüdischen Frauen gab es eine große gesellschaftliche Kluft, während christliche und jüdische Männer, bedingt durch das Geschäftsleben, schon eher Kontakt zueinander hatten. Doch wie sollte die Angleichung geschehen? Die Frauen sahen in einer freiheitlichen Kindererziehung die Chance, die konfessionellen Schranken zu beseitigen. Deshalb entwickelte der „Verein zur Ausgleichung der konfessionellen Unterschiede" ein Kindergartenprojekt, welches nach den Vorstellungen von Friedrich Fröbel arbeiten sollte.
Auch an dem Zustandekommen der Hochschule für das weibliche Geschlecht war Bertha Traun maßgeblich beteiligt.
Eine Privatangelegenheit sollte allerdings die Hochschule in erheblichen Misskredit bringen: Emilie Wüstenfeld trug sich mit Scheidungsabsichten und Bertha Traun ließ sich sogar von ihrem Mann scheiden, um den Prediger der Deutschkatholiken, Johannes Ronge, zu heiraten. Bertha Traun vertrat wie auch ihre Freundin Emilie Wüstenfeld die Auffassung, dass eine Ehe nur dann auch sittlich zu Recht bestehen könne, wenn das Ehepaar sich in seiner Gesinnung ergänzt und übereinstimmt.
Am 5. August 1851 heirateten Bertha Traun und Johannes Ronge in London, wohin sie gezogen waren, weil sich in Deutschland durch den Druck der politischen Reaktion die freien Gemeinden kaum noch halten konnten und die Begeisterung für Ronge nachließ. Zwei Monate nach ihrer Hochzeit wurde ihre Tochter geboren.
In London richtete Bertha Ronge einen Kindergarten ein. Nach ihrer Rückkehr aus England zogen die Ronges nach Frankfurt. Bertha Ronge besuchte noch einmal ihre Heimatstadt Hamburg. Allerdings wurde sie dort immer noch geringschätzig betrachtet.
1861 initiierte Bertha Ronge in Breslau eine Versammlung von Frauen, auf der sie die pädagogischen Vorstellungen Fröbels darlegte und auf die Wichtigkeit von Kindergärten hinwies. Resultat dieser Versammlung war die Gründung eines Vereins, der die finanziellen Mittel für die Einrichtung von Kindergärten beschaffen wollte. Aber, wie die Lehrerin Frau Manz in ihren, vom Staatsarchiv Hamburg aufbewahrten maschinenschriftlichen Aufzeichnungen über Fröbels Schülerin Amalie Krüger schreibt, es „stellten sich bald Kämpfe ein, welche zwischen dem Vorstand und der Behörde währten. Eine harte Korrespondenz fand namentlich um die zu erlangende Konzession, welche, wie der damalige Oberkirchenrat bemerkte, ‚in Hinsicht auf den in den Kindergärten vielfach vorgekommenen Unfug mit besonderer Sorgfalt zu geben sei'. Die aus Hamburg berufene Schülerin Fröbels wird als Ausländerin abgelehnt. Da entschloss sich Frau Ronge, die Zeit ihres Aufenthaltes zu verlängern und eine Bildungsanstalt für Kindergärtnerinnen zu errichten. Die Kindergärten fanden nun in Breslau Anerkennung, nach Frau Ronge übernahm Frau Prediger Hoffrichter die theoretische Leitung."[E]
Zwei Jahre später starb Bertha Ronge in Frankfurt nach

Grabstein von Bertha Ronge, geb. Meyer, gesch. Traun, auf dem Friedhof Ohlsdorf in Hamburg

schwerer Krankheit – in ihren letzten Lebenswochen gepflegt von ihrer Freundin Emilie Wüstenfeld. Bertha Traun wurde auf dem Hamburger Friedhof zu St. Petri neben ihrem ehemaligen Schwiegervater beerdigt. Auch ihr erster Ehemann, der 18 Jahre nach Bertha Ronges Tod ebenfalls in Frankfurt am Main starb, erhielt seine letzte Ruhestätte neben seinem Vater und Bertha Ronge. Als Bertha Ronges Sohn aus erster Ehe, der Senator Dr. Heirich Traun, 1907 eine Grabstelle auf dem Ohlsdorfer Friedhof kaufte, ließ er 1908 seinen Großvater, seine Mutter und seinen Vater dorthin umbetten. Im Sargregister wird Bertha Traun als Bertha Ronge geführt, auf dem Grabstein als Bertha Traun.

*Rita Bake*

Lit.:
* Die Geschichte des Vereins ist zugleich die Geschichte praktischer Einübung von Demokratie in Hamburger Frauenkreisen.
A Ingeborg Grolle: Demokratie ohne Frauen in Hamburg um 1848? Hamburg 1988, S. 12.
B Marie Kortmann: Emilie Wüstenfeld. Eine Hamburger Bürgerin. Hamburg 1927, S. 24.
C Ingeborg Grolle, a. a. O., S. 14.
D Ingeborg Grolle, a. a. O., S. 22/23.
E Ulla Manz: Fröbels Schülerin Amalie Krüger und ihr Wirken in Hamburg, Maschinenschriftliches Dokument ohne Ort und Jahr, Staatsarchiv Hamburg.

*Fortsetzung von S. 26*

Dass sich die politische Reaktion auch gegen das öffentliche Engagement von Frauen richtete, zeigte sich zudem deutlich im preußischen Vereinsgesetz von 1850. Hier wurde allen „Frauenspersonen, Schülern und Lehrlingen“ die Teilnahme an politischen Vereinen verboten. Vereine, die sich nicht an dieses Verbot hielten, wurden aufgelöst. In den meisten deutschen Staaten galten entsprechende Gesetze bis zur reichseinheitlichen Regelung des Vereinsrechtes 1908. Nicht aber in Hamburg: Hier war im Vereinsrecht kein ausdrückliches Verbot der Beteiligung von Frauen an politischen Vereinen ausgesprochen worden – eine Tatsache, die sich um die Jahrhundertwende dann die Frauen der Frauenstimmrechtsbewegung zu Nutze machten. Es galt aber die strikte Regel, dass Vereine, die die öffentliche Sicherheit und Ordnung gefährdeten, verboten waren (§ 1 des Gesetzes zur Verhütung des Mißbrauchs des Versammlungs- und Vereinsrechts von 1851, revidiert 1893). Wurde in Preußen von Seiten des Staates definiert, was eine politische Angelegenheit war, so legte in Hamburg die Politische Polizei fest, welches Thema die öffentliche Ordnung gefährdete – etwa das Bestreben der deutsch-katholischen Gemeinde sich von den kirchlichen Autoritäten zu befreien. Mit anderen Worten: Es lag allein in den Händen der staatlichen Organe, wie das Gesetz auszulegen war. So entstand auch in Hamburg in der Reaktionszeit nach 1850 eine Situation, in der das öffentliche Engagement von Frauen mit demokratischen Absichten verboten wurde – obwohl das Vereinsrecht wesentlich liberaler ausgestaltet war als das preußische.

# Die Entwicklung der Hamburger bürgerlichen und proletarischen Frauenbewegung bis in die 1890er Jahre

Revolutionsszene, 1896, Ernst Barlach. „Die riesige Göttin des Aufstandes (...), die die revolutionären Energien der Menge (...) ausdrückt, gehört einem Reich dramatischer Träume an, die allerdings in einer Epoche möglich sind, in der sich die proletarische Masse als handelndes Subjekt emanzipiert hat." (zitiert nach: Eva und die Zukunft, Katalog zur Ausstellung 1986. Hrsg. von Werner Hofmann. München 1986, S. 397.)
In diesem Zusammenhang entwickelte sich auch die proletarische Frauenbewegung.

*Fortsetzung von S. 34*

## Die bürgerliche Frauenbewegung

Die Schließung der Hochschule für das weibliche Geschlecht markierte das vorläufige Verblassen der ersten Blüte in der Hamburger Frauenbewegung – nicht aber das Ende. Das weit über Hamburg hinaus bekannte Projekt einer umfassenden Frauenbildung war zwar gescheitert, eine ganze Reihe von bürgerlichen Frauenvereinen führte jedoch ihre Tätigkeiten fort, vor allem im Bereich der Unterstützung der Armenpflege, oder nahm sich neue Aufgaben vor. Noch bis zu Beginn der 1870er Jahre wirkte Emilie Wüstenfeld weiter für ihre Ziele. Neben ihrem Einsatz für Toleranz und Religionsfreiheit widmete sie sich nach 1852 vor allem der sozialen Arbeit im Frauenverein zur Unterstützung der Armenpflege, der 1849 von Charlotte Paulsen[17] gegründet worden war. Dieser Verein hatte ähnliche Ziele wie der schon etablierte Verein der Amalie Sieveking, aber der „Paulsen-Verein" legte Wert auf den Ausgleich konfessioneller Gegensätze. Hier fand Emilie Wüstenfeld ein neues Betätigungsfeld, das ihren Ansprüchen an Geistes- und Gewissensfreiheit genügte. Die Frauen des „Paulsen-Vereins" verstanden zudem ihre Tätigkeiten in der Armenpflege nicht nur als eine gesellschaftlich notwendige Aufgabe der Bessergestellten, sondern auch als ein demokratisches, weibliches Engagement von Frauen für Frauen. Diesem gesellschaftspolitischen Ansatz entsprechend wollte der Verein die Erwerbsmöglichkeiten von armen Frauen nicht nur durch Arbeitsnachweise verbessern. Zum einen richtete der Verein eigene Warteschulen ein, also Kinderbewahranstalten, damit die Kinder berufstätiger Mütter gut versorgt waren. Im Unterschied zu den schon vorhandenen Einrichtungen legte der Verein aber großen Wert auf eine Erziehung und Förderung der Kinder. Zum anderen eröffnete der Verein eine eigene Armenschule, in der Mädchen eine Schulbildung erhalten konnten.

Die Armenschule wurde nach dem Tod Charlotte Paulsens, durch den unermüdlichen Einsatz von Emilie Wüstenfeld, zusammen mit der Vereins-Warteschule 1866 zum Paulsenstift vereint. Die Anstalt bot Schulunterricht für arme Mädchen, Ausbildungsmöglichkeiten in der eigenen Warteschule sowie eine „Industrieklasse" für schulentlassene Mädchen an.

Schließlich wurde die Schule des Paulsenstifts 1870 selbst zur ersten höheren Mädchenschule in Hamburg.

*weiter auf S. 48*

## Charlotte Paulsen, geb. Thornton (4.11.1797 Hamburg–15.11.1862 Hamburg)

Mitbegründerin der „Bewahranstalt für Kinder“, Mitbegründerin des „Frauenvereins zur Unterstützung der Armenpflege“

Charlotte Thornton kam aus einer reichen Bankiersfamilie und war das vierte von vierzehn Kindern aus der zweiten Ehe ihres Vaters, des Engländers John Thornton. Die Familie lebte in einem Landhaus in Othmarschen. Charlotte wurde von Gouvernanten in Französisch, Englisch, Tanzen und Klavierspielen unterrichtet und erhielt den letzten Schliff in gesellschaftlichen Umgangsformen. Als Charlotte 15 Jahre alt war verliebte sie sich in einen schmucken, im russischen Dienst stehenden Soldaten, der bei der Familie Thornton wohnte, weil seine Armee Hamburg von der französischen Herrschaft befreit hatte. Es folgte eine rasche Verlobung, aber ebenso schnell auch eine Entlobung, da der Vater den Bräutigam für einen Hallodri hielt. Als kurze Zeit später die Franzosen erneut in Hamburg einzogen, floh Familie Thornton nach London. Bankier John Thornton war in Hamburg der Hauptagent Englands und wurde von Napoleon, der mit England um den Markt in Norddeutschland kämpfte, als Gegner verfolgt.

Als Hamburg 1814 endgültig von der französischen Herrschaft befreit wurde, kehrte die Familie nach Hamburg zurück. Sie hatte den größten Teil ihres Vermögens verloren, und so galt es nun, die Kinder so gut wie möglich zu versorgen. Im selben Jahr verheiratete John Thornton seine Tochter mit dem zwanzig Jahre älteren Makler Paulsen. Es handelte sich dabei keineswegs um eine Liebesheirat. Paulsen bot seiner jungen Frau materielle Sicherheit. Die beiden wurden Eltern einer Tochter und nannten sie Elisabeth. Charlotte ermöglichte ihrer Tochter eine gute Bildung und lernte dabei gleichzeitig selbst viel Neues kennen. Sie beschäftigte sich mit Literatur, lernte aber auch Nähen und Stopfen und lebte das gesellige Leben ihrer Jugend mit Theater, Tanz und Spiel weiter.

Elisabeth heiratete früh, Charlotte wurde ebenso früh Großmama und hatte nun viel Leid zu tragen: Einige ihrer Enkel starben, und auch ihr Schwiegersohn, ein den modernen demokratischen Ideen verbundener Apotheker aus Oldesloe, starb früh.

Nach diesen Schicksalsschlägen empfand Charlotte Paulsen das Leben einer privilegierten „Dame von Welt“ als immer unbefriedigender. Sie suchte eine sinnvolle Betätigung und adoptierte ein Kind: Marie Paulsen. Außerdem nahm sie 1844 Kontakt zu der in der Armenpflege tätigen Amalie Sieveking auf, die jedoch Charlotte Paulsen als viel zu freisinnig empfand: „Eine Freidenkerin, die rationalistischen Ideen anhing, die nicht an erster Stelle die Armen auf den christlichen Glauben verpflichten, sondern ihnen auf gleicher Ebene begegnen wollte, war für den christlichen Verein als Mitarbeiterin unannehmbar.“[A]

Über die Loge „Zur Brudertreue“, die 1846 in Billwerder eine konfessionell ungebundene, nur auf humanitären Grundsätzen basierende Erziehungsanstalt für gefährdete Jungen und Mädchen gegründet hatte, kam Charlotte Paulsen zu der dieser Loge nahestehenden Deutschkatholischen Gemeinde und zum „Frauenverein zur Unterstützung der Deutschkatholiken“. In diesem Frauenverein lernte Charlotte Paulsen Emilie Wüstenfeld,

Bertha Traun, Amalie Westendarp und Johanna Goldschmidt kennen.

Mit Emilie Wüstenfeld gründete Charlotte Paulsen im März 1849 den „Frauenverein zur Unterstützung der Armenpflege". Amalie Sieveking sah in dieser neuen Vereinigung ein Konkurrenzunternehmen. Sie warf Charlotte Paulsen „Unsittlichkeit" vor und forderte, dass die „Ungläubigen" sich vom Geschäft der Armenpflege fernhielten. Als „ungläubig" galten in Amalie Sievekings Augen all jene, die sich nicht dem Frömmigkeitsgebot der beiden großen Konfessionen beugten. Als 1848 die bürgerliche Revolution ausbrach, befürchtete sie eine Rebellion ihrer Schützlinge gegen den nach ihrer Auffassung gottgewollten Stand der Armut. Charlotte Paulsen hingegen verteidigte die Menschenwürde der Armen, denn sie war zu der Erkenntnis gelangt, dass die meisten Menschen unverschuldet in Armut gerieten. In Charlotte Paulsens und Emilie Wüstenfelds neuem Verein wurden „Kranke und Wöchnerinnen mit Suppe versorgt, arbeitslosen Familienvätern Anstellungen verschafft, konfirmierte Mädchen in Dienste vermittelt oder im Schneidern unterrichtet, Kinder bekleidet und/oder gesäubert und in Warteschulen gebracht, Pflegbedürftige auf dem Lande untergebracht, in einzelnen Fällen auch Miete bezahlt (...). Manchem in wilder Ehe lebenden Paar wurde das Geld für die Erwerbung des Bürgerrechts gegeben, ohne das die Eheschließung nicht möglich war."[B]

Die Gelder für ihre Unternehmungen warb Charlotte Paulsen bei Hamburger Bürgern ein.

1849 richtete der Frauenverein für Kinder erwerbstätiger Mütter aus der Unterschicht eine Bewahranstalt ein. Hier sollten die Kinder liebevoll betreut und nicht, wie es in den fünf in Hamburg bestehenden Warteschulen der Fall war, lediglich „abgestellt" werden. 1854 zählte die Bewahranstalt bereits 70 Kinder, 1866 stieg die Zahl auf 160 Kinder. Leiterin dieses, wie wir heute sagen würden Kindertagesheimes, wurde 1851 die von Friedrich Fröbel ausgebildete *Minna Seemeyer.*

Aber was sollte mit den Kindern geschehen, wenn sie dem Alter der Warteschule entwachsen waren? Eine allgemeine Schulpflicht gab es nicht und die wenigen Armenschulen waren überfüllt. Viele Kinder blieben deshalb ohne jeden Unterricht und wurden schon früh zum Mitverdienen herangezogen. Um

Emilie Wüstenfeld erfüllte Charlotte Paulsen posthum einen lang gehegten Wunsch: ein Haus, in dem ein Kindergarten und eine Schule untergebracht wurden – das Paulsenstift. Es wurde 1866 eröffnet und befand sich an der Straße Pumpen 37 (heute: Bei den Pumpen), im 19. Jahrhundert inmitten eines Arbeiter- und Armenviertels diesen Missständen abzuhelfen, griff Charlotte Paulsen die Idee einer vereinseigenen Armenschule begeistert auf, wie sie ihr von den Lehrerinnen und gleichzeitigen Mitgliedern des Frauenvereins, der Jüdin Johanna Goldschmidt und der Christin Amalie Westendarp, unterbreitet worden war. Die beiden Lehrerinnen hatten bereits privat bei sich zu Hause begonnen, einzelne arme Kinder regelmäßig zu unterrichten. Solange die Gruppe nicht mehr als zwölf Schüler und Schülerinnen umfasste, brauchte man für den Unterricht keine Konzession. Als jedoch aus diesen ersten Schulversuchen die Armenschule des Frauenvereins gegründet wurde, Johanna Goldschmidt und Amalie Westendarp den ersten Kurs mit 20 Kindern starteten und die Zahl der Schüler immer größer wurde, kam 1851 das behördliche „Aus" für die Schule.

Ab 1893 hatte die Schule des Paulsenstiftes in der Bülaustraße 20 ihren Sitz. Siehe Näheres zum Paulsenstift im Porträt von Anna Wohlwill.

Die Frauen nahmen dieses Verbot nicht widerstandslos hin. Drei Familien erklärten sich bereit, in ihrer Wohnung Platz für die Gruppen zu schaffen. Der Senat verbot jedoch auch diese Kurse, denn er sah in ihnen eine bloße Fortsetzung der verbotenen Schule. Dabei berief er sich auf ein Gesetz von 1732, wonach nur Eltern ihre Kinder zu Hause unterrichten durften. Der wahre Verbotsgrund war jedoch ein politischer. Die freisinnige, nichtkonfessionelle Richtung des Vereins passte der Regierung nicht. Sie missbilligte, dass in der Schule kein Religionsunterricht erteilt wurde. Die konservative politische Haltung der Regierung wurde von der evangelischen und katholischen Kirche unterstützt. Das Grundprinzip des Frauenvereins war aber gerade die konfessionelle Unabhängigkeit, so dass in den Klassen Kinder verschiedener Religionszugehörigkeiten, auch aus der jüdischen Gemeinde, zusammengefasst werden konnten.

Charlotte Paulsen wurde als Repräsentantin des Armenvereins polizeilich verhört. All ihre Überzeugungsarbeit vor den Behördenvertretern half nichts. Der Armenverein musste seine Unterrichtskurse aufgeben. Aber die Frauen resignierten nicht. Sie fanden eine Lehrerin, die die erforderliche Konzession besaß und sie dem Verein zur Verfügung stellte. Dadurch konnte die Schule neu eröffnet werden, was 1856 mit sechzig Kindern an der Hohen Fuhlentwiete 91 dann auch geschah.

In den nächsten Jahren kümmerte sich Charlotte Paulsen darum, die Bewahranstalt und die Armenschule unter einem Dach zu vereinen und ihren Gesinnungsgenossen, die aufgrund ihrer politischen Überzeugung von der Polizei verfolgt und inhaftiert worden waren, zur Flucht zu verhelfen oder sie im Gefängnis zu besuchen.

Finanziell hatte Charlotte Paulsen jetzt große Sorgen. Denn nachdem 1855 ihr Mann gestorben war, waren Charlotte Paulsens finanzielle Mittel erschöpft. Sie lebte einige Zeit im Haus der Bewahranstalt am Holländischen Brook 25, mitten unter den Kindern. Dann zog sie in eine kleine Wohnung an der Mundsburg.

*Rita Bake*


Lit.:

A Inge Grolle: Auch Frauen sind zulässig, in : Rita Bake, Birgit Kiupel: Auf den zweiten Blick, Hamburg 1997, S. 97.

B Marie Kortmann: Emilie Wüstenfeld. Eine Hamburger Bürgerin, Hamburg 1927, S. 45.

## Marie Glinzer, geb. Hartner (3.12.1843 Hamburg–6.12.1921 Hamburg)

Lehrerin, Pflegetochter Emilie Wüstenfelds, Leiterin (1868–1878) der von Emilie Wüstenfeld gegründeten Gewerbeschule für Mädchen

„Meine Mutter Marie Glinzer, geb. Hartner, ist am 3. Dezember 1843 im Neuen Steinweg in Hamburg geboren. Es war ein Fachwerkhaus; steile, schmale Treppen führten zum 5. Stock, in dem meine Großeltern wohnten," schrieb Hanna Glinzer (23.2.1874 Hamburg–1.4.1961 Hamburg; Direktorin der Schule des Paulsen-Stiftes) 1943 in ihren unveröffentlichten und im Privatbesitz sich befindenden Aufzeichnungen, die sie anlässlich des 100. Geburtstages ihrer Mutter, Marie Hartner, verheiratete Glinzer, verfasste:

„Ihr Vater Wilhelm Hartner wurde 1819 geboren und lebte bis 1856; in diesem Jahr starb er 37jährig an der Schwindsucht. 1848 erlebte er als Demokrat lebhaft mit.

Die Aufnahmen zeigen Marie Glinzer im Alter von 26, 45, 53, 61 und 75 Jahren. (v. l. n. r.).

Zum Bild von 1918 (S. 43, r.)schreibt ihre Tochter Hanna Glinzer: „... müde, das baldige Ende des Krieges vorausschauend".

Er war Steinmetz. Nach einem kurzen Schulbesuch in der Düsternstraße kam meine Mutter in einen der Kurse des ‚Frauenvereins zur Unterstützung der Armenpflege', was für ihren späteren Lebensweg von großer Bedeutung war. Diese Kurse waren auch anderen Kindern zugänglich, deren Eltern nicht vom Frauenverein unterstützt wurden. Die freie Weltanschauung, in der sie geführt wurden, mag meinen Großvater dazu bestimmt haben, seine Marie dorthin zu bringen. Als sich die böse Berufskrankheit bei meinem Großvater zeigte, veränderten sich die bis dahin so regelmäßigen und geordneten Verhältnisse. Nun war Hilfe nötig; und da meine Mutter durch ihre Begabung und durch ihre gute Erziehung und ihren Fleiß den leitenden Frauen des Vereins, Charlotte Paulsen und Emilie Wüstenfeld, aufgefallen war, ließ Frau Wüstenfeld sie nach der Schule zu sich kommen, damit sie ihrer einzigen Tochter Marie Gesellschaft leiste. Nach einiger Zeit nahm sie sie ganz zu sich, und nach ihres Vaters Tode blieb Marie Hartner dauernd im Wüstenfeldschen Hause und gehörte dort mit zur Familie. Die geistige Persönlichkeit unserer Mutter wurde unzweifelhaft auf das Stärkste von Emilie Wüstenfeld beeinflusst. (…)

Im Winter wohnten Wüstenfelds in der Stadt, Alsterarkaden 13, mit dem schönen großen Balkon vor den nach der Kleinen Alster und dem Rathausmarkt gehenden vier Fenstern. Die hinteren Räume gingen nach dem engen Hof des Neuenwall. Frau Wüstenfelds Mitarbeiter und Mitarbeiterinnen wohnten auch noch in der inneren Stadt. Man war schnell beieinander. Botschaften waren schnell hin und her getragen, täglich war Frau Wüstenfeld für sie und ihre Hilfesuchenden zu sprechen. Man regte sich gegenseitig an den offenen Abenden an, wo eine auserlesene Gesellschaft bei Emilie Wüstenfeld zusammenkam. Durchreisende Berühmtheiten verpassten diese Zusammenkünfte nicht. An materiellen Genüssen gab es nur das Allereinfachste, aber die Juristen, Kaufleute, Pädagogen, Schriftsteller, Senatoren, die sich hier mit den sozial arbeitenden Frauen trafen, hatten stets Wissenswertes zu sagen, und alle waren von tätigem Streben für Hamburgs Wohlergehen durchdrungen. Die Seele dieser Unternehmungen war

Emilie Wüstenfelds Wohnung in den Alsterarkaden

Emilie Wüstenfeld; ihr zupackendes Wesen erfasste den Plan einer Hochschule, einer allgemein und einer gewerblich bildenden Schule für Mädchen und Frauen. Gegen alle Schwierigkeiten, die in der reaktionären Gesinnung der Senatsführungen jener Jahre begründet lagen, setzte sie sich durch.

Die beiden Marien, Kinder noch, saßen unter dem Schreibtisch, weil kein Platz in den nicht großen Räumen war; oder sie hockten irgendwo und hörten und sahen zu. In der eigenen Tochter fanden die humanitären Gedanken wohl Widerhall, aber nicht die begeisterte Nachfolge. Meine Mutter aber sog sich voll davon und beschloss, sich für den Beruf der Volkserzieherin auszubilden und diesen Ideen zu dienen.

Im Frühjahr ging es hinaus auf den Hammer Deich ins Landhaus der Wüstenfelds. Frau Wüstenfeld pflegte auf dem Deich immer irgend jemand heraus. In den vierziger und ersten fünfziger Jahren hatte sie dort auch politische Flüchtlinge verborgen. Noch als meine Mutter bei Wüstenfelds lebte, musste sie über manchen Gast schweigen, was sie gut konnte. Man kam aus dem Dänischen, von Altona her, zu Besuch. Oder man kam aus Preußen, um in Hamburg die Gelegenheit abzuwarten, zu Schiff nach England oder Amerika zu entweichen. Gegen Reaktion und bürokratische Enge, für Freiheit und menschenfordernde Regsamkeit lebte und strebte alles, was mit dem Wüstenfeldschen Kreis zu tun hatte.

Mit sechzehn Jahren sollte Mutter nun ihre Ausbildung zur Erzieherin beginnen. Während Marie Wüstenfeld in eine Pension in der französischen Schweiz geschickt wurde, sollte meine Mutter bei Bertha Ronge in London einen Fröbelschen Kindergarten kennen lernen, dort in die Arbeit eingeführt werden und sich dann eine Stelle suchen. So fuhr sie 1860 mutig mit einem kleinen Dampfer hinüber, ganz erwärmt von der Freude, Bertha Ronge wiederzusehen und ihr nahe sein zu dürfen. Sie wurde enttäuscht, sie vermisste mütterliche Teilnahme, fühlte sich fremd.

Der Aufenthalt bei Ronges dauerte nicht lange. [Danach arbeitete Marie Hartner noch in weiteren Familien, wo sie die Kinder betreute. 1864 kehrte sie nach Hamburg zurück.] (...)

Bei ihrer Rückkehr fand meine Mutter ihre Pflegemutter stark mit der Vorbereitung des Paulsenstifts beschäftigt. Zum Andenken der 1862 verstorbenen Freundin Charlotte Paulsen sollte ein Gebäude erstehen, das dem Frauenverein zur Unterstützung der Armenpflege und seinen Schöpfungen, der Bewahranstalt und der Schule die nötigen Räume geben sollte. Auch eine so genannte ‚Industrieklasse' sollte der Schule angegliedert werden. Der Senat bewilligte einen Platz an den Pumpen; eine Sammlung brachte die Bausumme zusammen; Frau Wüstenfeld machte den Grundriss.

Bei all diesen Überlegungen und Arbeiten war der große Freundeskreis beteiligt. Der Anteil meiner Mutter war die Vorbereitung auf den Unterricht. Sie arbeitete unter der Leitung von Otto Jessen und Adolf Stuhlmann geometrisches Zeichnen und Muster entwerfen, unter Leitung von Emil Wohlwill Physik und Chemie, hatte Klavierunterricht, lernte Buchführung, Stoffkunde und Schneidern. Manche dieser Studien haben sie mit Anna Wohlwill zusammengeführt (spätere Leiterin des Paulsenstifts), die ihr zeitlebens eine nicht intime, aber doch treu verbundene Freundschaft bewahrte.

Unsere Mutter weihte am 3. November 1866 das Paulsenstift mit ein und unterrichtete an der neuen Industrieklasse. Es war eine erfahrene Leiterin von auswärts bestellt, die aber verspätet kam und nicht warm wurde. So wurde meine Mutter 1867 mit der Leitung der Klasse betraut, die sich im dritten Stock des Hauses Burstah 12 oder 16 zur ‚Mädchen-Gewerbeschule' entwickelte. Eine große Aufgabe, viel Arbeit – man schonte sich damals nicht – und hatte nicht die Mittel, es sich bequem zu machen. Die aufbauende Tätigkeit unter Führung Emilie Wüstenfelds war eine Lust. Die Schülerinnen, z. T. ehemalige Frauenvereins- und Paulsenstiftsschülerinnen, gingen strebsam mit; sie verehrten unsere strenge, aber gerechte Mutter sehr. Die gedruckten Berichte mit den Stundenplänen und der Beschreibung der Fachklassen zeigen das allmähliche Wachsen der Anstalt.

Schneidertische und Nähmaschinen waren die erste Ausrüstung. Hand- und Maschinennäherei, Wäsche- und Kleiderzuschneiden und -anfertigen waren die ersten Arbeiten, Musterentwerfen und Zierhandarbeiten, alle Ausbesserungen, Waschen und Plätten traten hinzu. Zeichnen, Körperzeichnen, Zeichnen nach Pflanzenmodellen und nach der Natur, Malen, Porzellan- und Holzmalerei, Lithographie wurden eingeführt. Die Anfangsgründe der Physik und Chemie, Deutsch, Rechnen und Elementargeometrie, Buchführung und Schreiben traten hinzu. Man arbeitete für Kunden.

Mutters ganze Zeit gehörte der Schule. Erholung fand sie auf dem Hammer Deich.

Im Oktober 1865 erschien unter den vielen Besuchern des Hauses ein junger Kasselaner, Dr. Ernst Glinzer, draußen am Hammer Deich. Jessens hatten ihren Gast mitgebracht. Man war heiter vergnügt miteinander, man machte eine Bootsfahrt auf der lieblichen, noch ganz industrielosen Bille und man vergaß sich nicht ganz.

Zwei Jahre später, im Herbst 1867, kam Dr. Glinzer nach Hamburg, um dort zu bleiben. Er hatte eine Lehrerstellung bei Dr. Lange, gab außerdem einige Stunden an der Gewerbeschule für junge Leute und Privatstunden. Bald löste er Dr. Emil Wohlwill auch an der Mädchen-Gewerbeschule ab. Er hatte eine sehr anstren-

gende Tätigkeit, gab bis zu zehn Stunden täglich, aber hatte doch noch Zeit, bei Jessens, Wüstenfelds, Rittershausens vergnügte Stunden zu verleben und dort Marie Hartner zu treffen. (...)
Er machte einen tiefen Eindruck auf meine Mutter. Die Erinnerung des ersten Zusammentreffens wachte wieder auf, und allmählich wuchs die Sicherheit des Entschlusses. Dieser stand fertig da, nachdem ein Brand im Hause der Gewerbeschule, wo Mutter auch wohnte, ihn die Angst um sie hatte fühlen lassen. Am 29.6.1869 waren sie zusammen auf dem Deich gewesen. Sie gingen, wie schon öfter, den langen Weg zusammen nach Hause – mein Vater wohnte Bohnenstr. 1, Ecke Hahntrapp, gegenüber der Gewerbeschule – und auf der Brücke der Ernst-Merckstraße verlobten sie sich. [1870 heiratete das Paar]. (...) [Nach der Heirat arbeitete Marie Glinzer weiter in der Schule.]
Mit allerhöchstem persönlichen Einsatz wurde diese geleistet. Wir Kinder haben es nie anders gewusst, dass die Arbeit unserer Eltern – sei es nun die beruflich oder die ehrenamtlich übernommene – allem anderen vorging. Das Behagen des arbeitsfreien Augenblicks, das mein Vater zu genießen noch immerhin Spannkraft genug besaß, wurde meiner Mutter meist durch große Müdigkeit geraubt, sie schlief eben einfach ein. Ihre Natur stellte so das Gleichgewicht wieder her, das sonst durch zu starke Beanspruchung gestört worden wäre. Denn es war eine ungewöhnliche Leistung, die in damaliger Zeit, als die Arbeitswelt noch nicht auf die berufstätige Ehefrau eingestellt war, von unserer Mutter erwartet wurde: eine aufblühende Anstalt leiten, selbst unterrichten, und dem eigenen Haushalt vorstehen. Es war freilich für letzteren zeitweilig ein Dienstmädchen da. (...)
Am 28. März 1871, an einem kalten Schneetag, erschien mein Bruder Otto Wilhelm Glinzer, ein gesunder, weißblonder und blauäugiger Junge. (...)
Im Anfang des Jahres 1873 hatte meine Mutter eine längere Schonzeit nötig. Es war damals mehr denn je für sie zu tun. Die Schülerinnenzahl wuchs gewaltig und war zu groß für das kleine Lokal. Der Bau des neuen Schulgebäudes an der Brennerstraße schritt nicht so schnell wie geplant vorwärts. Frau Wüstenfeld hatte viel Mühe mit der Geldbeschaffung und holte sich damals durch Überanstrengung den Herzknacks, an dem sie zu Grunde ging. Meine Eltern mussten ihre Wohnung zur Bildung neuer Klassenzimmer hergeben und eine Interimswohnung am Glockengießerwall beziehen. Es war Wüstenfelds damalige Winterwohnung. Sie wohnten dort vom April bis Herbst 1873.
Diese Zeit war eine besonders arbeitsreiche durch die Beschickung der Wiener Weltausstellung mit Schülerarbeiten. Mutter fuhr selbst hin, hatte dort Dienst in der Ausstellungshalle und lernte viele Interessenten kennen. Sie befand sich sehr wenig wohl, weil ich im Anzuge war. Im Februar 1874 kam das Schwesterchen, früher als erwartet. Meine Mutter erholte sich schnell von mir, und ich machte ihr wenig Sorgen, gedieh ohne Mühe, schrie nicht so viel wie Otto und war meist stillvergnügt.
Frau Wüstenfeld war damals leidend; der Arzt hatte eine einjährige Pause in ihrer außerhäuslichen Tätigkeit verlangt. Es nützte nichts; ein Herzkrampf raffte sie am 2. Oktober 1874 plötzlich hinweg. (...) [Marie Glinzers] Tätigkeit war nicht mehr dieselbe; sie war gewohnt, sich in die Gedanken ihrer Pflegemutter hineinzudenken und sie dann selbstständig auszuführen; denn Frau Wüstenfeld setzte die Leute in den Sattel, reiten mussten sie selbst.
Nun aber kamen im Vorstand der Schule Geister hoch, die in Mutter nur ein ausführendes Werkzeug ohne eigenen Willen sahen. Eine Frau Marie Meyer hatte alle möglichen Pläne, die unausgegoren sofort in die Wirklichkeit überführt werden sollten. Mutter widersetzte sich; die Zeichenkollegen und -kolleginnen reichten ihr Entlassungsgesuch ein. Die Änderungen wurden z. T. durchgesetzt, z. T. zurückgenommen. Ich habe die Einzelheiten noch nicht durchstudieren können, darum

Erst seit *1957* darf der Ehemann nicht mehr eigenmächtig ein von der Frau eingegangenes Dienstverhältnis kündigen. Bis *1976* durfte eine Ehefrau nur dann einer Erwerbstätigkeit nachgehen, wenn sie dabei nicht ihre Pflichten in Ehe und Familie vernachlässigte.

weiß ich nur, dass mein Vater, um Mutter und sich des Ärgers zu entheben, für Mutter die Kündigung des Anstellungsverhältnisses aussprach. Diese Eigenmächtigkeit hat Mutter einen schweren Stoß versetzt und sie tief gekränkt. Ich weiß nicht, wenn sie allein auf sich gestellt gewesen wäre, ob sie zu demselben Ergebnis gekommen wäre. Ihre Natur war mehr auf Durchhalten gestimmt. Frau Meyer, die übrigens Strohfeuer war und häufigen Wechsel liebte, gab bald nach Mutters Abschied ihren Platz im Vorstand auf. Mutter hat öfter gesagt, dass sie die Arbeit der Schulleitung besser vertragen hätte als die der Hauswirtschaft. Ich glaube, sie wäre lieber im Amt geblieben. Auch gab ihr dieses eine gewisse Selbstständigkeit ihrem Mann gegenüber. Sie hatte ihre freie Wohnung und 100 RM monatlich. Es war nun aber so, dass sie Ende 1875 mit einem ehrenden Zeugnis aus ihrer Stellung ausschied. Meine Mutter trug viel Leid um diese Entwicklung. Der Abschied von diesem Werk ist ihr zeitlebens nahegegangen. Es begann nun für sie eine andere Lebensführung, die ihrer Neigung nicht sonderlich entsprach.

Sie arbeitete sich in die Geheimnisse der Haushaltsführung ein. Sie hatte bis dahin geleitet, aber nicht selbst gekocht, gewaschen, gestopft und geflickt. Ihr nicht robuster Körper konnte dies alles nicht so leicht bewälti-

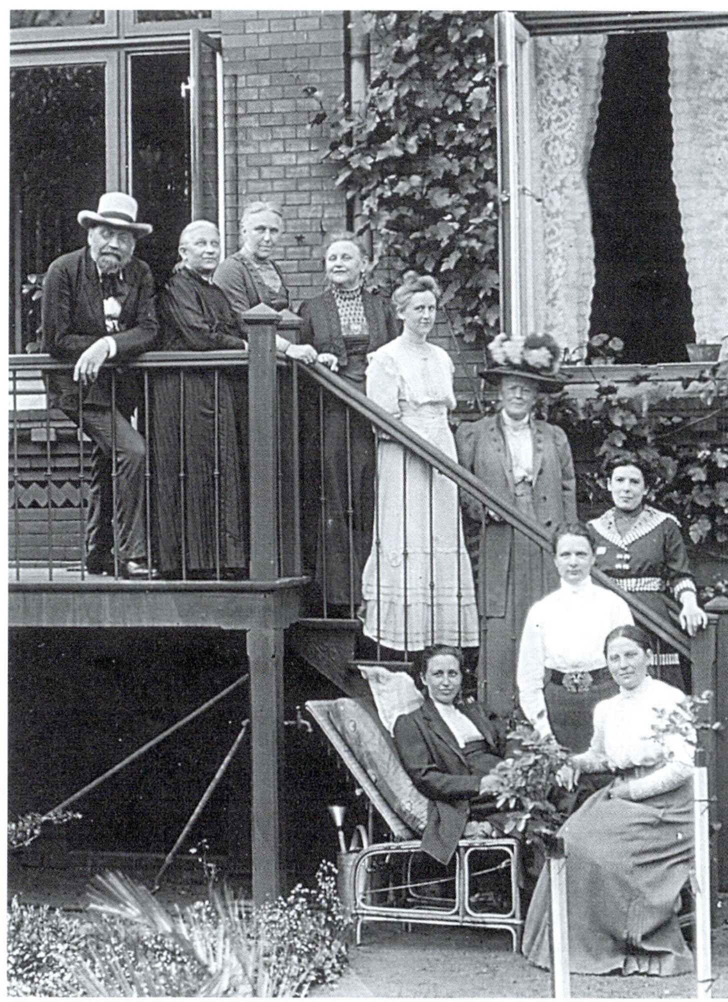

Eine große Familie im Juratenweg 4. Auf der Treppe: Prof. Dr. E. Glinzer, Marie Glinzer, Mary Lembke, Marie Hansen, Julie Hansen (Tochter v. M. Hansen), Mimi Kortmann, eine unbekannte Freundin; im Garten: Dora Glinzer (Tochter von E. und Marie Glinzer), Marie Glinzer, geb. Hansen, Hanna Glinzer (Tochter von E. und Marie Glinzer)

gen, wie andere Frauen es konnten. Sie beschäftigte sich auch ganz und gar selbst mit ihren Kindern. (...)
Am 3. August 1878 bekamen wir ein Schwesterchen, Dora Luise. Dora war für die Eltern und für uns eine große Freude.
Durch Pauline Kortmann blieb meine Mutter in ständiger Fühlung mit Emilie Wüstenfelds Schöpfung, dem ‚Frauenverein zur Unterstützung der Armenpflege'. Die Frauen unterstützten die öffentliche Armenpflege, d. h. sie arbeiteten ehrenamtlich in Fühlung mit den Armenpflegern der allgemeinen Armenanstalt. Damals hatte sie noch kein Amt und keinen Bezirk, half nur gelegentlich, regelmäßig aber jedes Jahr im November bei dem Verkauf der von den Armen angefertigten Arbeiten; da war sie vier Tage von früh bis spät in der ‚Expedition' tätig, fertigte die Frauen ab, die die gekauften Waren ins Haus der Käuferinnen trugen und sorgte für die reibungslose Abwicklung dieses Geschäfts. Tante Kortmann gab ihr stets einen ganzen Teller herrlichsten Backwerks und duftender Pasteten mit. Das versöhnte Vater mit ihrer Abwesenheit und entzückte uns mit jenem Wonnegefühl, das nur so bescheiden gewöhnte Kinder, wie wir es waren, bei so etwas empfinden können. Mutter kam natürlich sehr müde nach Hause. Otto bereitete dann auf dem Sofa ein sehr schönes Lager für sie, und wir stopften die Wolldecke um sie fest, damit sie es schön warm hatte."

*Rita Bake*

## Anna Cunigunde Wohlwill (20.6.1841 Seesen/Harz–30.12.1919 Hamburg)

Gründerin der Schule des Paulsenstiftes

„Der Schöpferin der Schule des Paulsenstiftes" steht auf ihrem Grabstein, der heute im Garten der Frauen auf dem Ohlsdorfer Friedhof steht. Länger als ein halbes Jahrhundert war Anna Wohlwill Lehrerin und viereinhalb Jahrzehnte leitete sie die Schule des Paulsenstiftes.
Anna Wohlwill wurde am 20. Juni 1841 als viertes von fünf Kindern geboren. Ihre Mutter war eine geborene Warburg, ihr Vater Dr. Emanuel Wohlwill. Er war in Hamburg als Lehrer an der Stiftungsschule einer jüdischen Stiftung, die für Jungen aller Konfessionen gegründet worden war, tätig gewesen. Später wurde er Direktor der Jacobsen-Schule in Seesen im Harz. Er starb, als Anna Wohlwill sechs Jahre alt war. Die Mutter zog mit ihren Kindern nach Hamburg zurück und wohnte mit ihnen an der Alsterchaussee.
Anna Wohlwill besuchte zunächst die Privatschule von Herrn Kröger. Dann erhielt sie zusammen mit einigen anderen Altersgenossinnen zwei Jahre Un-

terricht in Geschichte, Deutsch und Literatur bei Dr. Anton Rée, dem Leiter der Stiftungsschule von 1815, und in Mathematik und Naturwissenschaften bei Otto Jessen, dem Gründer des Gewerbeschulwesens. Außerdem wurde sie auch von ihren Brüdern Emil und Adolf Wohlwill unterrichtet. Anna Wohlwill wollte viel lernen. Einer ihrer Leitsprüche lautete: „Wer nicht mehr selbst lernt, der lehrt nicht gut und hört auf, zu erziehen."
Da es zu ihrer Zeit in Hamburg noch keine Bildungsanstalten für Lehrerinnen gab, hospitierte sie regelmäßig in der Stiftungsschule von 1815 und unterrichtete gleichzeitig, ohne jemals eine Prüfung abgelegt zu haben, seit ihrem 15. Lebensjahr die Kinder in der Schule des Paulsenstifts. Es waren die Kinder der Armen, für die es damals noch keine staatlichen Schulen gab.
Anna Wohlwill war erst 25 Jahre alt, als ihr am 3. November 1866 die Leitung der Schule des Paulsenstiftes anvertraut wurde, die zu diesem Zeitpunkt schon keine reine Armenschule mehr war – das macht auch die breite Palette an Unterrichtsfächern deutlich. Naturwissenschaftlicher Anschauungsunterricht und Englisch kamen hinzu, 1867 Gymnastikunterricht, 1868 Pflichten- lehre, 1869 Maschinennähen und 1870 Französisch. 1866 und 1867 waren die Lehrerinnenbücherei, die Zeitschriftensammlung und die Schülerinnenbücherei angelegt worden. Mit diesem reichen Angebot überbot die Schule des Paulsenstiftes bei weitem das der siebenstufigen Mädchenvolksschulen, die der Staat 1871 errichtete.
Die Resonanz auf die Schule des Paulsenstiftes war groß. 1880 hatte die Schule bereits acht Klassen mit 369 Kindern und erfüllte die Anforderungen der damaligen neunjährigen höheren Mädchenschule. 1881 trug die Oberschulbehörde dem Rechnung und nahm die Schule in die Sektion für höhere Schulen auf. Die endgültige Anerkennung als höhere Mädchenschule erhielt die Schule 1893, als sie aus Platzmangel in die Bülaustraße 20 auf ein staatliches Grundstück gezogen war. Mit der Anerkennung als höhere Mädchenschule wurde die Schule des Paulsenstiftes „halböffentlich" – und diente als Ersatz für eine fehlende staatliche höhere Mädchenschule.
Ostern 1894 war die Schule bereits eine neunstufige Anstalt mit 562 Schülerinnen in vierzehn Klassen; zwei Jahre später, 1896, hatte sie in siebzehn Klassen 760 Schülerinnen, und 1908 konnte das zehnte Schuljahr „eingeweiht werden".
Damit auch begabte Kinder aus ärmeren Familien diese Schule besuchen konnten, wurde eine Freistellenstiftung gegründet, die 1906 anlässlich des 40. Dienstjubiläums von Anna Wohlwill den Namen Anna-Wohlwill-Stiftung erhielt. Sie vergab 20 ganze und 50 halbe Freistellen, die aus Geschenken und Legaten von Freunden und Freundinnen der Schule finanziert wurden.
Auf gutes Benehmen ihrer Schülerinnen legte Anna Wohlwill sehr großen Wert. Die Klassenlehrerin wurde mit Handschlag und Knicks begrüßt. War der Unterricht beendet, führte die Lehrerin die Klasse geordnet zum Ausgang und gab jeder zum Abschied die Hand, wobei darauf geachtet wurde, dass die jungen Mädchen „ordentlich" aussahen. Strafarbeiten gab es nicht. Jede Arbeit wurde nachgesehen und verbessert, trotz der 50 Kinder in jeder Klasse. Die Schülerinnen lernten für Bedürftige zu sorgen und an andere zu denken. Großer Wert wurde darauf gelegt, den Eltern der Schülerinnen die Erziehungsmethoden der Schule nahezubringen. Dies geschah zum Schluss eines jeden Halbjahrs während einer Schulfeier.
Auch der Gesundheitszustand der Schülerinnen lag der Schule am Herzen. Zwischen 1866 und 1899 gab es den Fußzeugverein, der Kindern, die nur schlechtes Schuhzeug besaßen, mit Schuhen aushalf. Schülerinnen, die zu Hause nicht genügend zu essen bekamen, versorgte die 1868 gegründete Suppenanstalt. Und Schülerinnen, die arm und von schlechter Gesundheit waren, wurden zur Ferienerholung aufs Land geschickt. Deshalb wurde 1882 die Ferienstiftung der Schule des Paulsenstiftes gegründet, und 47 Schülerinnen fuhren nach vorheriger

ärztlicher Untersuchung zur Erholung aufs Land. Da nicht jede Unterkunft bei einem Bauern den Vorstellungen der Schule entsprach, trug sich die Schule mit den Vorstellungen, ein eigenes Heim zu gründen. Am 7. Juni 1896 konnte dieser Plan realisiert werden, denn Frau Laura Beit hatte dem Paulsenstift ein Ferienerholungsheim am Timmendorfer Strand gestiftet. Es wurde Olgaheim genannt, nach der verstorbenen Tochter der Stifterin.

Als Anna Wohlwill 1906 ihr 50. Lehrerinnenjubiläum beging, verlieh ihr der Senat als erster Frau eine goldene Denkmünze. Am 1.4.1911 wurde Anna Wohlwill pensioniert und übergab die Leitung der Schule an Hanna Glinzer. Obwohl Anna Wohlwill erblindete, blieb sie im Schulvorstand und erteilte weiterhin Unterricht in sozialer Hilfstätigkeit. Außerdem förderte sie die Waldschulidee und richtete mit ihrer Freundin Agnes Wolffson in der ersten Woche nach Ausbruch des Ersten Weltkrieges eine Kriegsküche im Keller des Schulhauses ein.[A]

*Rita Bake*

Die Inschrift des Grabsteins für Anna Wohlwill im Garten der Frauen auf dem Ohlsdorfer Friedhof in Hamburg trägt die Widmung „Schöpferin der Schule des Paulsenstiftes"

Lit.:
A Vgl.: Inge Grolle: Die Schule des Paulsen-Stifts – ein Denkmal für Charlotte Paulsen – ein Erbe der Frauenbewegung, in: Charlotte Paulsen Gymnasium, Hamburg Wandsbek: 125 Jahre Schule des Paulsen-Stifts, 75 Jahre Lyzeum Wandsbek, Hamburg 1991.

*Fortsetzung von S. 36*

Parallel zur Weiterentwicklung der Schule des Paulsenstifts zur ersten höheren Mädchenschule Hamburgs gründete Johanna Goldschmidt 1860 den „Hamburger Fröbelverein", der eine professionelle Ausbildung von Kindergärtnerinnen anbot, und Emilie Wüstenfeld initiierte 1865 den „Verein zur Förderung weiblicher Erwerbsthätigkeit", der zunächst die „Industrieklasse" im Paulsenstift unterstützte und später die „Gewerbeschule für Mädchen" unterhielt.

Aus diesen Beispielen wird ersichtlich, dass die Jahre nach 1852 bis zum Beginn der 1890er Jahre mitnichten eine Zeit des Stillstands der bürgerlichen Frauenbewegung in Hamburg gewesen sind. Im Gegenteil: Die Erfahrungen mit der Hochschule zeigen, wie abhängig ein solches Experiment von einem soliden Fundament von Bildungseinrichtungen für Mädchen und Frauen war – und dieses hatte es eben nicht gegeben. So war es nur konsequent, dass sich die Frauen um Emilie Wüstenfeld dem Aufbau einer Basis widmeten, indem sie zunächst für arme Mädchen Schul- und Ausbildungseinrichtungen schufen, bald aber auch solche für bürgerliche Mädchen, wie die Kindergärtnerinnenausbildung oder die Einrichtung höherer Mädchenschulklassen am Paulsenstift. Außer diesen Aktivitäten gab es noch eine Reihe weiterer Frauenvereine, vor allem im sozialen Bereich, die zusammen ein Netzwerk von Initiativen bildeten, wenn auch die Mehrheit dieser Vereine sicher alles andere als Frauenbewegung betreiben wollte. In diesem Netzwerk hatten sich aber Erfahrungen gesammelt, wie eine Initiative zu starten war, wer angesprochen werden musste, welche potentiellen Geldgeber in Frage kamen und welche anderen Gruppen die eigenen Ziele unterstützen würden. All dies waren wichtige Voraussetzungen für die neue „Zeit der Vereine", die mit den 1890er Jahren anbrechen sollte.

Schließlich muss noch ein weiterer Punkt hervorgehoben werden, der die Zeitspanne zwischen 1848 und 1890 kennzeichnete: In dieser Zeit verstarben die Vertreterinnen der ersten Frauenbewegung wie Charlotte Paulsen, Johanna Goldschmidt oder Emilie Wüstenfeld. Neue, jüngere Frauen traten an ihre Stellen. Diese Frauen waren erst um 1850 geboren, erlebten die Zeit der Reichsgründung und der tiefgreifenden ökonomischen Umwälzungen in Deutschland wie in Hamburg in jungen Jahren und reiften schließlich um 1890 zur zweiten wichtigen Generation der Hamburger Frauenbewegung heran. Sie teilten nicht so sehr den Hamburger Patriotismus, sondern waren begeistert von der Einigung Deutschlands in einem Reich. Sie orientierten sich auch an internationalen Entwicklungen, positiv aufnehmend oder kritisch abwertend, wie etwa an der Suffragettenbewegung in England oder den Aktivitäten der US-amerikanischen Frauenvereine. Diese zweite Generation der Frauenbewegung sah sich in der Tradition der ersten stehend, sie nahm viele Ideen und Projekte ihrer weiblichen Vorbilder auf, aber sie setzte auch neue Akzente.

Die Stafette wird weitergegeben: Die 2. Generation der Frauenbewegung (rechts) sieht sich in der Tradition der 1. Generation (links), übernimmt viele Ideen, entwickelt aber auch eigene und setzt neue Akzente

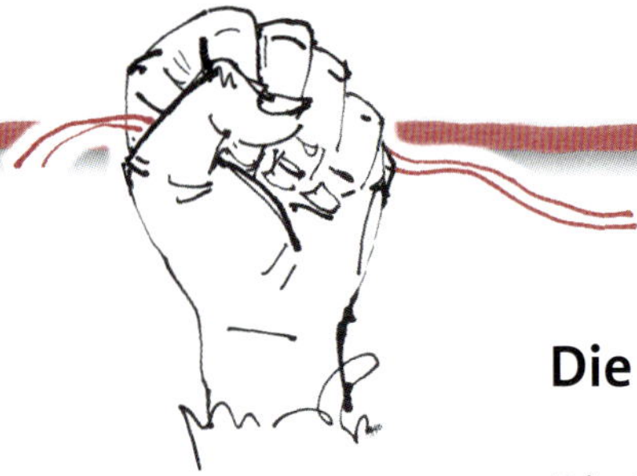



# Die neue politische Kraft

## Die SPD und ihre Frauenorganisationen

Ein wichtiger Unterschied im Vergleich der beiden Generationen der bürgerlichen Frauenbewegung ist zunächst noch hervorzuheben: Die bürgerlichen Frauen sahen sich seit den 1860er Jahren einer erstarkenden Arbeiterbewegung gegenüber, in der sich auch Frauen engagierten. 1875 vereinigten sich der Allgemeine Deutsche Arbeiterverein und die Sozialdemokratische Arbeiterpartei zu einer neuen Partei mit dem Namen Sozialistische Arbeiterpartei Deutschlands, 1891 wurde diese dann umbenannt in Sozialdemokratische Partei Deutschlands (SPD). Die Sozialdemokratie organisierte die wachsende Arbeiterbevölkerung Deutschlands, vor allem die Industrie- und die gewerblichen Arbeiter. Die Landarbeiter und die katholischen Arbeiter blieben dagegen noch einige Zeit in Distanz zur SPD. Dies hatte nicht zuletzt mit der marxistischen, klassenkämpferischen Prägung der Partei zu tun, die auch von Frauen unterstützt wurde, und mit der Verfolgung der SPD unter dem Sozialistengesetz in den Jahren 1878 bis 1890.

Zu Beginn der siebziger Jahre, als der Generationswechsel in der Frauenbewegung langsam einsetzte, war noch nicht eindeutig geklärt, welche Bewegung die Interessen der Arbeiterinnen besser vertreten würde: die Arbeiterbewegung oder die bürgerliche Frauenbewegung. Die aktive Gewerkschafterin *Emma Ihrer (1857–1911)* erlebte und gestaltete diese politische Streitfrage in Berlin. Ihre Mitarbeit in dem 1883 mit bürgerlicher Unterstützung gegründeten „Frauen-Hülfsverein für Arbeiterinnen" stellte sie schnell wieder ein, weil dort nur „kleinliche Reformarbeit" betrieben worden sei. Sie und viele Arbeiterinnen mit ihr, entschieden sich für die Gründung eigenständiger Arbeiterinnenvereine, etwa dem 1885 ebenfalls in Berlin ins Leben gerufenen „Verein zur Vertretung der Interessen der Arbeiterinnen", der schnell mehrere tausend Mitglieder gewinnen konnte. Dieser Verein agitierte vor allem für höhere Löhne der Arbeiterinnen, insbesondere in der Konfektion und Putzmacherei, aber auch insgesamt für bessere Arbeitsbedingungen. Obwohl der Verein schon 1886 wieder verboten wurde, war die Haltung der überwiegenden Anzahl proletarischer Frauen deutlich geworden: Sie hatten entschieden, auf der Seite der Arbeiterbewegung zu stehen.

Unter den Repressionen des preußischen Vereins- und des reichsweit geltenden Sozialistengesetzes wurden in der Regel alle noch folgenden Frauenvereine bis 1890 verboten. Die Sozialdemokratinnen beteiligten sich daher aktiv an der illegalen Arbeit der Partei. 1889 wurde in Berlin unter der Leitung Emma Ihrers eine Frauenagitationskommission eingerichtet, die jedoch ebenfalls schnell verboten wurde. 1896 entstand dann ein neues Modell der sozialdemokratischen Frauenarbeit, nämlich die Wahl von lokalen, regionalen und zentralen Vertrauenspersonen. Mit diesem Verfahren konnten die Frauen der SPD das Vereinsgesetz unterlaufen, da die gewählten Vertrauensfrauen private Treffen anboten

„Aber meine Damen. Das erstaunt uns sehr. Eine gute Ausbildung bietet Ihnen die Gelegenheit zur Selbsthilfe. Was wollen Sie denn mehr?“

bzw. als Einzelpersonen nicht belangt werden konnten. Insgesamt verfestigte die proletarische Frauenbewegung in diesen Jahren ihre Kooperation mit der Sozialdemokratie und wandte sich daher auch immer stärker gegen die bürgerliche Frauenbewegung. In einem Bericht über die Organisationen der Arbeiterinnen Deutschlands, von Emma Ihrer aus dem Jahre 1893, wird die Haltung der sozialdemokratischen Frauen deutlich herausgestellt: „Alle jene Forderungen und Projecte, mit denen die Frauen der besitzenden Klasse bisher an die Öffentlichkeit traten, als: die Einrichtung von Sonntags- und Haushaltungsschulen, Mädchenheimen, Vereinen zur Hebung der Sittlichkeit gefallener Mädchen u.s.w. erkennen wir nur als Palliativmittel der Gegenwart an, die nimmermehr geeignet sind, das Uebel dauernd und gründlich zu beseitigen; höchstens können damit die schlechten Wirkungen des Uebels ein wenig abgeschwächt werden.“[18]

In diesem Zitat kommt gut zum Ausdruck, worum es den SPD-Frauen ging: Sie prangerten die Lebens- und Arbeitsbedingungen des Proletariats radikal an und forderten umfassende Änderungen des Wirtschaftssystems. Für die Arbeiterinnen standen eine bessere Entlohnung sowie gesündere Arbeitsbedingungen ganz oben auf der Agenda, denn die krankmachende und sehr niedrig entlohnte Arbeit reichte in der Regel nicht aus, um den Lebensunterhalt der Familie angemessen und beständig zu bestreiten. Diesem „Uebel“ konnte man durch reine Sozial- und Bildungsreform, wie sie von den bürgerlichen Frauen betrieben wurde, nach Meinung der Sozialdemokratie nicht beikommen. Den bürgerlichen Frauen wiederum ging es um Wege und Methoden, Mädchen und Frauen eine Ausbildung zukommen zu lassen, um ihnen Gelegenheit zur Selbsthilfe zu geben – dies jedoch war in den Augen der SPD nur ein „Palliativmittel“, das der eigentlichen Ursache der Krankheit, dem kapitalistischen Wirtschaftssystem, nicht gefährlich werden konnte.[19]

Dieser starke Gegensatz zwischen bürgerlicher und proletarischer Frauenbewegung blieb im Allgemeinen bis in den Weltkrieg hinein erhalten, solange die SPD-Frauen an ihrer sozialistischen Emanzipationsidee festhielten und die Bürgerlichen die gleichberechtigte Zusammenarbeit mit den Vertreterinnen der Arbeiterinnen scheuten. Im und durch den Krieg lösten sich die Fronten aber etwas auf: Auch bei den bürgerlichen Frauen waren inzwischen unterschiedliche Emanzipationskonzepte zwischen „Radikalen“ und „Gemäßigten“ heftig diskutiert worden. Ebenso hatte auf Seiten der Sozialdemokratie ein innerer Diskussionsprozess eingesetzt, der die reformorientierten Kräfte erstarken ließ und der in eine Spaltung der Partei zwischen Mehrheits-Sozialdemokraten und Unabhängige Sozialdemokra-

Proletarische Frauenbewegung contra bürgerliche Frauenbewegung:

*„Alle jene Forderungen und Projecte, mit denen die Frauen der besitzenden Klasse bisher an die Öffentlichkeit traten, als: die Einrichtung von Sonntags- und Haushaltungsschulen, Mädchenheimen, Vereinen zur Hebung der Sittlichkeit gefallener Mädchen u.s.w. erkennen wir nur als Palliativmittel der Gegenwart an, die nimmermehr geeignet sind, das Uebel dauernd und gründlich zu beseitigen; höchstens können damit die schlechten Wirkungen des Uebels ein wenig abgeschwächt werden.“*

Emma Ihrer, 1893

„Wir Proletarierinnen kämpfen für bessere Löhne und gesündere Arbeitsbedingungen. Reine Sozial- und Bildungsreformen nützen uns wenig und packen das Übel, nämlich das kapitalistische Wirtschaftssystem, nicht an der Wurzel an.“

Auch die Vereine der bürgerlichen Frauenbewegung wurden von der Politischen Polizei überwacht, so z. B. am 6. Dezember 1900, als die Mitgliederversammlung des Vereins „Frauenwohl“ tagte. Auf dieser Versammlung beschlossen die Vereinsmitglieder einstimmig die Resolution: „Die Mitgliederversammlung des Vereins Frauenwohl hält eine Verständigung der bürgerlichen und sozialistischen Frauenbewegung in Sachen der Frauenfrage für wünschenswert.“

ten, später die Kommunistische Partei, einmündete. All dies führte dazu, dass sich bürgerliche und sozialdemokratische Frauenbewegung annäherten – richtig überwunden wurde die Spaltung jedoch nicht.

Die Frauen in der SPD hatten aber im Vergleich mit den bürgerlichen Frauenvereinen einen großen Vorteil: Ihre Partei unterstütze das Verlangen nach gerechten Lohnzahlungen und nahm 1891 als erste politische Partei in Deutschland die Forderung nach Zulassung aller erwachsenen Frauen zum aktiven und passiven Wahlrecht in ihr Parteiprogramm auf. Wenn auch in der Praxis die Gleichberechtigung innerhalb der Partei nur begrenzt umgesetzt wurde, so war doch die Partei insgesamt bereit, eine veränderte gesellschaftliche und politische Stellung der Frau zu fordern – das war weit mehr als die liberalen Parteien, auf die die bürgerlichen Frauenvereine hofften, ihren Mitstreiterinnen in Aussicht stellten.

Die Situation der politisch aktiven Arbeiterinnen in Hamburg entsprach ganz dem Vorgehen im Reich: Auch hier wurde 1885 ein „Verein zur Vertretung der gewerblichen Interessen der Frauen und Mädchen Hamburgs“ gegründet. Sein Hauptzweck war es, für die Mitglieder gerechtere Löhne und Arbeitsbedingungen zu fordern. 1892 wurde der Verein bereits wieder aufgelöst und durch eine neue Organisation, den „Zentralverein der Frauen und Mädchen Deutschlands“ mit Zweigvereinen in den verschiedenen Stadtteilen und Vororten Hamburgs, ersetzt. Auch dieser Verein wurde scharf von der Politischen Polizei überwacht und musste 1895 seine Agitation einstellen.

Danach schlossen sich die sozialdemokratischen Frauen dem neuen System der „Vertrauenspersonen“ an und die Hamburger Genossinnen bestimmten für die drei vorhandenen Wahlkreisvereine der SPD je eine Frau in diese Position. Als zentrale Vertrauensperson wurde ***Luise Zietz (1865–1922)*** gewählt, die im Hamburger Fröbelverein eine Ausbildung zur Kindergärtnerin absolviert hatte und nach 1908 innerhalb der SPD als „Reichsfrauensekretärin“ arbeitete.

*weiter auf S. 54*

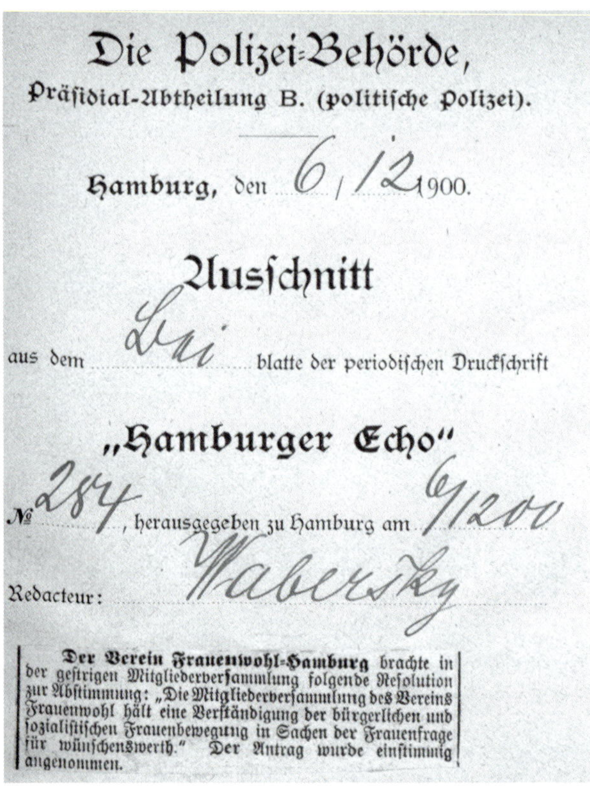

Die Polizei-Behörde,
Präsidial-Abtheilung B. (politische Polizei).

Hamburg, den 6/12 1900.

Ausschnitt

aus dem Bei blatte der periodischen Druckschrift

„Hamburger Echo“

№ 284, herausgegeben zu Hamburg am 6/12 00

Redacteur: Waberski

**Der Verein Frauenwohl-Hamburg** brachte in der gestrigen Mitgliederversammlung folgende Resolution zur Abstimmung: „Die Mitgliederversammlung des Vereins Frauenwohl hält eine Verständigung der bürgerlichen und sozialistischen Frauenbewegung in Sachen der Frauenfrage für wünschenswerth.“ Der Antrag wurde einstimmig angenommen.

## Luise Zietz, geb. Körner (25.3.1865 Bargteheide/Holstein–27.1.1922 Berlin)

**Funktionärin der sozialdemokratischen Frauenbewegung**

„Ehefrau Zietz aus Hamburg, ca. 44 Jahre alt, 165 cm groß, blind. Trug das Haar gescheitelt. Bekleidet war sie mit einem kleinen, runden Strohhut, roter Bluse und schwarzem Rock. Hat gelblichen Teint und macht den Eindruck, als gehöre sie dem Arbeiterstande an“, schrieb ein Spitzel 1906, als die damals 41-Jährige sich gerade mal wieder auf Agitationstour befand. Im selben Jahr wurde sie zu mehreren Monaten Gefängnis verurteilt, weil sie bei einem Massenstreik der Hamburger Arbeiterschaft eine Rede gehalten hatte.

Luise Zietz war die älteste Tochter eines Wollwirkers. Wie ihre fünf Geschwister musste auch sie bereits als Kind in der Wollspinnerei ihres Vaters arbeiten. Bevor sie im Fröbelseminar eine Ausbildung zur Kindergärtnerin begann, arbeitete sie als Dienstmädchen, Kaffeeleserin und Fabrikarbeiterin in der Zigarettenproduktion.

Sie heiratete den Hafenarbeiter Karl Zietz. Doch die Ehe hielt nicht lange. Durch ihren Mann in Kontakt mit der Arbeiterbewegung gekommen, engagierte sie sich seit 1892 besonders in der sozialdemokratischen Frauenbewegung. Eines ihrer politischen Ziele: „Her mit dem Frauenwahlrecht!“

Luise Zietz war eine begnadete Rednerin. Während des Hafenarbeiterstreiks 1896/97 sprach sie auf Frauenversammlungen und setzte sich für die Ziele des Streiks ein. Von 1900 bis 1908 war sie Vertrauensfrau der sozialdemokratischen Frauen. Zwischen 1908 und 1917 arbeitete sie als Reichsfrauensekretärin der SPD. Und als 1908 das neue Reichsvereinsgesetz den Frauen das Recht auf Mitgliedschaft in politischen Parteien zugestand, wurde Luise Zietz als erste Frau Mitglied des SPD-Parteivorstandes. *August Bebel (1840–1913)* war ihr Förderer. Als er 1912 an einer Lungenentzündung erkrankte, pflegte sie ihn.

Trotz ihrer exponierten Stellung innerhalb der SPD musste sie erfahren, dass „Genossen in leitender Stellung“, neidisch und von patriarchalen Vorurteilen durchdrungen ihr immer wieder Steine in den Weg legten. Sie schrieb: „Immer und immer wieder erlebte ich, dass meine frauenpolitischen Anträge im Parteivorstand aufgeschoben oder abgelehnt wurden.“

1908 setzte Luise Zietz zum ersten Mal die Quotierung durch. Es gelang ihr, dass folgender Passus in das Organisa-

Im Fröbel-Seminar in der Hamburger Bundesstraße absolvierte Luise Zietz eine Ausbildung zur Kindergärtnerin, 2012

tionsstatut der SPD aufgenommen wurde: „Die weiblichen Mitglieder müssten im Verhältnis zu ihrer Zahl im Vorstand vertreten sein."
Wegen ihrer konträren Einstellung zur Kriegspolitik der SPD enthob sie der SPD-Parteivorstand 1917 ihres Amtes. Daraufhin gründete sie die Unabhängige Sozialdemokratische Partei Deutschland (USPD) mit, für die sie 1919 in den Reichstag gewählt wurde, dem sie bis zu ihrem Tod im Jahre 1922 angehörte. Im Reichstag war sie eine der profiliertesten Rednerinnen. Wegen ihrer zahlreichen Zwischenrufe, in denen sie z. B. Reichswehrminister *Gustav Noske (1868–1946)* als „unverschämten Mörder" bezeichnete, wurde sie als „Furie" tituliert. Die bürgerliche Presse beschimpfte sie als „beschränkte Proletarierfrau", die seitens der Natur eine „übergroße Menge männlicher Moleküle" bekommen habe.
*Rita Bake*

Grabstein für Louise Zietz auf dem Zentralfriedhof Friedrichsfelde in Berlin

*Fortsetzung von S. 52*

Öffentliche politische Versammlung der SPD am 25.10.1912 in Hallwachs Vereinslokal an der Fruchtallee 102/106 in Hamburg-Eimsbüttel

Die Einrichtung von weiblichen „Vertrauenspersonen" war allerdings in Hamburger Parteikreisen als „Sonderorganisation" umstritten und wurde bereits 1906 zugunsten eines festen Postens für eine Vertreterin der Frauen im Parteivorstand abgeschafft – damit legten die Hamburger das Partizipationsmodell für Frauen innerhalb der Partei fest, bevor es später von der gesamten Partei so übernommen wurde. Mit diesem Schritt war die sozialdemokratische Frauenbewegung endgültig in die Parteistruktur integriert.
Innerhalb der Partei engagierten sich die Frauenvertreterinnen zum einen für die ökonomischen Interessen der weiblichen Mitglieder und zum anderen für das demokratische Wahlrecht, das auch die Frauen erhalten sollten. ***Clara Zetkin (1875–1933)*** erläuterte 1907 in einer Resolution, warum das Frauenwahlrecht eine so zentrale Forderung für die

Clara Zetkin war es, die auf der Zweiten Internationalen Sozialistischen Frauenkonferenz am 27. August 1910 in Kopenhagen die Einführung eines internationalen Frauentages vorschlug. Dieser wurde erstmals am 19. März 1911 in Dänemark, Deutschland, Österreich-Ungarn und der Schweiz begangen. Was mag Clara Zetkin damals wohl an ihrer Taille getragen haben? Utensilien, um in der Öffentlichkeit auf auf die Rechte der Frauen aufmerksam zu machen?

SPD-Frauen war: „Die Proletarierinnen (...) wollen mittels des Wahlrechts nicht nur ihre ökonomischen und kulturellen Gegenwartsinteressen verteidigen, sondern auch für die teuersten Zukunftshoffnungen kämpfen (...): Die politische Arbeit und der politische Kampf der proletarischen Frauen hat daher ein über die Gegenwart und ihre Reformierung hinausreichendes Ziel: den Sturz des Kapitalismus."[20] Gerade für die Forderung nach dem demokratischen Wahlrecht war der Internationale Frauentag, der erstmals 1911 am 19. März begangen wurde, eine sehr wichtige Einrichtung.[21] In vielen Städten organisierten die Parteifrauen Demonstrationen und öffentliche Versammlungen, um die Forderungen der Frauen bekannt zu machen. Auch in Hamburg wurde im März 1911 ein Frauentag veranstaltet; rund 4500 Menschen sollen an den Veranstaltungen teilgenommen haben.

*„Die Proletarierinnen (...) wollen mittels des Wahlrechts nicht nur ihre ökonomischen und kulturellen Gegenwartsinteressen verteidigen, sondern auch für die teuersten Zukunftshoffnungen kämpfen (...): Die politische Arbeit und der politische Kampf der proletarischen Frauen hat daher ein über die Gegenwart und ihre Reformierung hinausreichendes Ziel: den Sturz des Kapitalismus."*

*CLARA ZETKIN, 1907*

*weiter auf S. 57*

## Johanne(a) Reitze, geb. Leopolt (16.1.1878 Hamburg–22.2.1949 Hamburg)

Führende Funktionärin der sozialdemokratischen Frauenbewegung

Johanne Reitze entstammte einer Arbeiterfamilie. Damit war damals ihr Bildungsweg vorprogrammiert: Volksschule, Arbeit als Dienstmädchen, später als Arbeiterin.

Johanne Reitze war in einer Druckerei tätig. Dort lernte sie Kollegen und Kolleginnen kennen, die sie mit der Arbeiterbewegung vertraut machten, so dass sie 1902 den Entschluss fasste, in die SPD einzutreten.

Zwei Jahre zuvor hatte Johanne Reitze den sozialdemokratischen Journalisten Johannes Carl Kilian-Reitze geheiratet. Auch er wird ihren politischen Weg beeinflusst haben. Zusammen mit ihm ging sie 1904 für ein halbes Jahr auf die Parteischule nach Berlin.

Von 1916 bis 1919 war Johanne Reitze Vorstandsmitglied im Landesvorstand der Hamburger SPD und bis 1931 regelmäßig Delegierte bei den SPD-Frauenkonferenzen und SPD-Parteitagen auf Reichsebene. So war sie sicherlich daran beteilig, als im April 1918 erstmals eine gemeinsame Kundgebung der bürgerlichen und sozialdemokratischen Frauen für das Frauenstimmrecht im Hamburger Gewerkschaftshaus stattfand. Die Zusammenarbeit zwischen bürgerlichen und sozialdemokratischen Frauen war durch die schon während des Ersten Weltkrieges zustande gekommene Kooperation auf dem Gebiet der Kriegshilfe entstanden. Der Anstoß für die Zusammenarbeit in der Kriegshilfe war vom SPD-Parteivorstand und der Generalkommission der freien Gewerkschaften ausgegangen. Sie riefen, nachdem „die sozialdemokratische Reichstagsfraktion für die Bewilligung der Kriegskredite gestimmt hatte, die Genossinnen (...) zu einer ‚allgemeinen Hilfsaktion' auf. Um eine Zersplitterung der Kräfte in der Kriegsfürsorge zu vermeiden, sollten sie gemeinsam mit den bürgerlichen Frauen im NFD [Nationaler Frauendienst] tätig werden. Diese Aufforderung entsprach der Burgfriedenspolitik, die die Mehrheit in der SPD-Führung [so auch Johanne Reitze] seit Kriegsbeginn in dem Glauben betrieb, daß Deutschland einen ‚Verteidigungskrieg gegen den russischen Despotismus' führe".[A]
Neben dieser Tätigkeit in der Kriegshilfe war Johanne Reitze auch Beiratsmitglied des Hamburger Kriegsversorgungsamtes und des Speiseausschusses der Kriegsküchen und arbeitete für die Kriegsfolgehilfe und die Kriegshinterbliebenenfürsorge.
Von 1919 bis 1921 wurde Johanne Reitze Mitglied der Hamburgischen Bürgerschaft, von 1919 bis 1933 Mitglied des reichsweiten SPD-Parteiausschusses.
Ein Höhepunkt ihrer Parteikarriere war die 1919 erfolgte Wahl in die Nationalversammlung. 310 Frauen waren für die Wahl aufgestellt worden. Das war sehr viel und hatte seine Ursache darin, dass nach der Novemberrevolution auch die bürgerlichen Parteien, die sich bis dahin gegen die staatsbürgerliche Gleichstellung der Frauen gewehrt hatten, die Frauen entdeckten – schließlich waren sie potentielle Wählerinnen. Allerdings wurden nur 36 Frauen in die Nationalversammlung gewählt, drei rückten nach. Damit machten die Frauen 9,6 % aller Parlamentarier in der Nationalversammlung aus. Unter ihnen war Johanne Reitze, die lange Zeit die einzige weibliche Abgeordnete aus dem Wahlkreis Hamburg blieb.
Das Hauptbetätigungsfeld der Politikerinnen waren die „angestammten" so genannten Frauenbereiche wie Sozialpolitik, Wohlfahrtspflege, Jugend-, Gesundheits- und Schulpolitik. Dadurch war es den Politikerinnen nicht möglich, auf allen Politikfeldern die Interessen der Frauen einzubringen. Die „Große Politik" richtete sich weiter nach den Interessen der männlich dominierten Gesellschaft.
Über das Wirken Johanne Reitzes während der NS-Zeit ist kaum etwas bekannt. 1944 wurde sie von der Gestapo verhaftet und kam in „Schutzhaft". Nach dem Zweiten Weltkrieg war sie am Wiederaufbau der Arbeiterwohlfahrt beteiligt.

*Rita Bake*

Lit.:

A Karen Hagemann/ Jan Kolossa: Gleiche Rechte, gleiche Pflichten? Hamburg 1990, S. 38.

Johanne (Hanna) Reitzes Grabstein im Garten der Frauen auf dem Friedhof Hamburg-Ohlsdorf

## Das Recht auf Arbeit

*Fortzsetzung von S. 55*

Parallel zur Entwicklung einer eigenständigen Arbeiterbewegung in den 1860er Jahren setzten auch Bemühungen bürgerlicher Frauen wieder ein, eine allgemeine, zusammenfassende Frauenbewegung zu konstituieren. 1865 wurde in Leipzig der „Allgemeine Deutsche Frauenverein" (ADF) gegründet, der sich auf die liberale Tradition des Vormärz bezog, aber nun das „Recht (der bürgerlichen Frau) auf Arbeit" in das Zentrum seines Programms stellte.

Diese Verschiebung im Emanzipationsprogramm resultierte im Wesentlichen aus sozioökonomischen Gründen. Es gab nämlich nicht nur eine soziale Frage in Bezug auf das Proletariat, sondern auch eine soziale Frage bürgerlicher Frauen. Beide hatten ihren Ursprung im Wandel der Wirtschaft. Die Industrialisierung Deutschlands bewirkte einen Funktionswandel der Familie von einer Produktionsgemeinschaft zu einer Konsumtionsfamilie. Konkret bedeutete dies, dass immer mehr Bedarfsartikel des Haushalts, die vor der Industrialisierung durch die Arbeit aller Familienmitglieder oder von fremder Hand im eigenen Haus geschaffen worden waren, nun in Großproduktionen hergestellt und zu niedrigen Preisen erworben werden konnten. In diesen Produktionsbereichen stieg die industrielle außerhäusliche Frauenerwerbsarbeit stark an.

Der Funktionswandel der Familie war in den Unterschichtsfamilien nicht so eklatant wie in der bürgerlichen Schicht, waren doch bereits in der vorindustriellen Zeit die Unterschichtsfamilien aufgrund des geringen Einkommens der Männer stets existenziell auf die außerhäusliche Erwerbsarbeit der Ehefrauen angewiesen gewesen. Für das Bürgertum hatte der Wandel der Familie von einer Produktionsgemeinsacht zu einer Konsumtionsfamilie erheblichere Folgen. Für bürgerliche Frauen wurde allein eine ökonomisch vorteilhafte Heirat als Möglichkeit gesehen, um eine materiell abgesicherte Tätigkeit als Dame des Hauses, dem eigenen Haushalt vorstehend aufrechtzuerhalten. In weniger wohlhabenden bürgerlichen Familien musste die Ehefrau – in Ermangelung z. B. von Dienstpersonal – unter äußerster Sparsamkeit unentgeltlich Hausarbeit leisten, um die Reputation der Familie, die nun allein vom „Ernährerlohn" des Ehemannes abhing, aufrechtzuerhalten. Ledige Frauen hatten kaum noch Möglichkeiten, ihr Leben im Rahmen der eigenen Herkunftsfamilie zu verbringen, da es schlichtweg an ökonomischen Aufgaben in der Familie mangelte. Sie waren daher gezwungen, ihren Lebensunterhalt nun in niedrig entlohnter, oft schamvoll verleugneter Heimarbeit, wie Weißnähen oder Stricken, zu verdienen. Erste Arbeitsplätze für bürgerliche Frauen als Kontoristinnen im Handel oder in der Verwaltung entstanden in dieser Zeit, doch reichte die Schulbildung der Mädchen häufig nicht aus, um den Anforderungen dieser Erwerbszweige zu genügen. Andererseits war es gesellschaftlich nicht vorgesehen, bürgerlichen Mädchen eine angemessene berufliche

„Meine Frau hat es nicht nötig, arbeiten zu gehen.“

Männerphantasien bestimmen die Lebensräume von Frauen:

*„Was wir nicht wollen und niemals, auch nicht in noch so fernen Jahrhunderten wünschen und bezwecken, ist die politische Emanzipation und Gleichberechtigung der Frauen. [...] Der alte Satz der christlichen Kirche ‚mulier taceat in ecclesia‘ (die Frau schweige in der Gemeinde) gilt für alle Zeit, nicht bloß für die kirchliche, sondern auch für die politische Gemeinde.“*
Adolf Lette (1799–1868)

Ausbildung zu geben, da sie ja doch heiraten würden.

Die Aufgaben des Allgemeinen Deutschen Frauenvereins unter dem Vorsitz von Louise Otto-Peters und ***Auguste Schmidt (1833–1902)*** lautete daher sehr konsequent: Förderung der weiblichen Bildung und „Befreiung der weiblichen Arbeit von allen ihrer Entfaltung entgegenstehenden Hindernissen“. Dass das Recht auf Arbeit für Arbeiterinnen überhaupt nicht zur Diskussion stand, sondern dass es in diesem Fall eher um den Schutz der arbeitenden Frauen ging, war zumindest Louise Otto klar. In ihrer Schrift „Das Recht der Frauen auf Erwerb“ (erstmals 1866 erschienen) konfrontierte sie die bürgerlichen Vorstellungen über die Natur der Frau mit den Tatsachen der industriellen Frauenarbeit: „Unter den Proletariern muß jeder arbeiten, der nicht verhungern will“[22] lautete ihre Anklage.

Die Zielrichtung der neuen bürgerlichen Bewegung hatte sich mit dem Programm des ADF von der Lösung sozialer Missstände im Interesse der „ärmeren Classen“ oder religiöser Intoleranz auf die Vertretung eigener, bürgerlicher Fraueninteressen für Ausbildung und Schulreform verlagert. Außerdem wurde nun eine Beteiligung von Frauen an Politik nicht mehr offen thematisiert, wenn auch die Aktivitäten der Vereine eigentlich politische Stellungnahmen zur rechtlichen und sozialen Situation der bürgerlichen Frau waren. Dieses Schweigen war jedoch durch die Vereinsgesetze der meisten deutschen Staaten, insbesondere in Preußen, erzwungen. Der ADF gründete in mehreren Städten des Deutschen Reiches erfolgreich Zweigvereine, die sich der Aufgabe annahmen, die Erwerbsmöglichkeiten für Frauen zu erweitern. Es wurden Industriekurse, Arbeitsbasare und Stellenvermittlungsbüros aufgebaut, die alle dem Zweck dienten, einen Arbeitsmarkt für ledige bürgerliche Frauen zu etablieren. In diesen Bestrebungen traf sich der ADF mit den anderen weiblichen Berufsvereinen, die sich seit den siebziger Jahren stark entwickelten – in Hamburg etwa der Wüstenfeld’sche „Verein zur Förderung weiblicher Erwerbsthätigkeit“.

Daneben verstand sich der ADF aber auch als ein Verein zur Förderung der Frauenemanzipation und hielt sich daher eng an den Vorsatz, dass Frauen ihre eigenen Angelegenheiten nur selbst entscheiden und ordnen sollten.

Es war genau dieses Prinzip bürgerlicher Selbsthilfe von Frauen, das dem Verein und seinen Vertreterinnen das Urteil der öffentlichen Meinung einbrachte, die Emanzipation der Frauen über alle „natürlichen“ Geschlechterunterschiede hinweg befördern zu wollen. So wurden zwar die vorgestellten Lösungswege für die soziale Frage bürgerlicher Frauen anerkannt, vor allem die Verbesserung der Erwerbsmöglichkeiten, doch stand das Organisationsmodell des ADF im Zentrum der Kritik. Der bekannte Sozialpolitiker ***Adolf Lette (1799–1868),*** Präsident des Berliner „Centralvereins für das Wohl der arbeitenden Klassen“ und des „Vereins zur Förderung der Erwerbsfähigkeit des weiblichen Geschlechts“, in dem allein Männer den Ton angaben, führte dazu aus: „Was wir nicht wollen und niemals, auch nicht in noch so fernen Jahrhunderten wünschen und bezwecken, ist die politische Emanzipation und Gleichberechtigung der Frauen. [...] Der alte Satz der christlichen Kirche ‚mulier taceat in ecclesia‘ (die Frau schweige in der Gemeinde) gilt für alle Zeit, nicht bloß für die kirchliche, sondern auch für die politische Gemeinde.“[23]

Das Prinzip „Selbsthilfe von Frauen für Frauen“ wurde so das zentrale Unterscheidungsmerkmal zwischen Vereinen, die sich der neu entstehenden Frauenbewegung zurechneten, und denen, die sich strikt gegen jede Emanzipation der Frau wandten.

Aktivitäten des 1866 gegründeten Lette-Vereins (Verein zur Förderung der Erwerbstätigkeit des weiblichen Geschlechts) zu Berlin illustriert durch diesen Holzstich von Mathilde Block, veröffentlicht in der „Allgemeinen Illustrierten Zeitung“, Nr. 50, 1887. Der Lette-Verein setzte sich besonders für Erwerbsmöglichkeiten lediger bürgerlicher Frauen ein. Dabei sollte jedoch nach Vorstellungen Adolf Lettes die Rolle der Frau als Hausfrau und Mutter durch die Erwerbstätigkeit der Frau nicht beeinträchtigt werden.

# Die zweite Generation der Hamburger Frauenbewegung von 1890 bis 1914

Internationaler Frauenkongress 1904 in Berlin

## Der Allgemeine Deutsche Frauenverein in Hamburg[24]

Bis 1890 hatte sich in Hamburg bereits eine größere Anzahl sozialer, berufspolitischer und an Bildungsfragen interessierter Frauenvereine etabliert.[25] In allen Vereinen waren auch einige Frauen tätig, die sich für die entstehende allgemeine Frauenbewegung interessierten bzw. ihre persönlichen Leistungen durchaus als Beitrag zu dieser verstanden. So charakterisierte etwa ***Marie Kortmann (1851–1937)*** ihre Tante Emilie Wüstenfeld als „bewußte Trägerin der Bewegung"[26]. Emilie Wüstenfeld hatte persönliche Kontakte zu den ersten Führerinnen der neu entstehenden Frauenbewegung, wie z. B. Louise Otto, und trat 1866/67 dem geschäftsführenden Ausschuss des Allgemeinen Deutschen Frauenvereins bei.[27]
Zur Initialzündung der neuen Blüte der Frauenbewegung wurde der „Internationale Kongreß für Frauenwerke und Frauenbestrebungen", der im September 1896 in Berlin tagte. Der „Hamburger Generalanzeiger" berichtete über eine Versammlung von Frauen in Hamburg: „Anläßlich des in Berlin tagenden internationalen Frauenkongresses wurde in Hamburg in einer zu dem Zwecke einberufenen privaten Damengesellschaft lebhaft über die Frauenbewegung debattirt. Es wurde manches ernste Wort gesprochen. Zum Schluß aber, als der Thee gereicht wurde, stieg ein von einer Dame gedichteter Allgemeingesang ‚Weckruf der Frauen …': Wir stehen beisammen, wie Schwestern es thun, Die Freiheit zu schützen, woll'n nimmer wir ruhn'n, Wir lieben den Frieden, wir hassen den Streit, Doch wenn uns die Pflicht ruft, dann sind wir bereit: Wir wollen gleiches Recht für's weibliche Geschlecht, Wir woll'n nicht länger dienen als des Mannes Knecht! Hurrah, Hurrah, die Frauen sind da.'"
Wohl aus dieser Versammlung heraus konstituierte sich am 1. September 1896 eine Ortsgruppe Hamburg des ADF. Zunächst wurden ca. 70 Frauen als Mitglieder geworben, aber schon bald expandierte der Verein: Ende des Jahres 1899 waren es rund 430 Personen, 1905 etwa 600, darunter auch einige Männer. Die Gründung der Ortsgruppe markierte einen deutlichen Generationenwechsel im hamburgischen Frauenvereinswesen. Bis zum Beginn des Kaiserreiches war noch die „alte" Führungsschicht der ersten Frauenvereine aktiv, beispielsweise Emilie Wüstenfeld und Johanna Goldschmidt. Im Laufe der siebziger und achtziger Jahre übernahmen jüngere Frauen die Vorstandssitze und Geschäftsführung der älteren Vereine. Aus dieser Gruppe heraus bildeten sich Vereine, die eine neue Generation bürgerlicher Frauen ansprachen. Diese neue Gruppe unterteilte sich genau genommen in zwei Generationen. Zum einen gab es die Gruppe von Frauen, die in den fünfziger und sechziger Jahren des 19. Jahrhunderts geboren waren und oft noch persönliche Kontakte zu den älteren Vereinsfrauen pflegten. So unterrichtete beispielsweise ***Helene Bonfort (1854–1940)***[28] 1873 in der „Gewerbeschule für Mädchen" und war daher persönlich mit Emilie Wüstenfeld bekannt.[29] Zu dieser zweiten Generation der bürgerlichen Frauenbewegung gehörten unter anderem auch Marie Kortmann, ***Julie Eichholz (1852–1918)*** und ***Bertha Wendt (1859–1937)***.

*„Weckruf der Frauen":*
*„… Wir wollen gleiches Recht für's weibliche Geschlecht, Wir woll'n nicht länger dienen als des Mannes Knecht! Hurrah, Hurrah, die Frauen sind da."*
*ca. 1896*

*weiter auf S. 69*

## Fanny Helene Bonfort (10.3.1854 Hamburg–5.6.1940 München)

Mitbegründerin der „Ortsgruppe Hamburg des Allgemeinen Deutschen Frauenvereins“ (ADF)

Helene Bonfort, die schon früh Kontakt zu den Führerinnen des Allgemeinen Deutschen Frauenvereins (ADF) besaß, gründete 1896 zusammen mit ihrer Lebensgefährtin Anna Meinertz (29.12.1840–19.9.1922) die „Hamburger Ortsgruppe des Allgemeinen Deutschen Frauenvereins“ und war von 1896 bis 1900 und von 1904 bis 1916 deren Leiterin. In dieser Funktion musste sie starke Nerven und Durchsetzungsvermögen beweisen, denn sie stieß überall auf heftige Widerstände von Seiten der Behörden und Männern in so genannten Machtpositionen. So drohte 1901 ein Herr von Stumm den frauenbewegten Frauen: „Ich habe Macht, sie an die Wand zu drücken, und werde alles tun, dass es geschieht.“
Nicht nur die Forderungen der Frauenbewegung nach Mädchenbildung und Zulassung zum Studium wurden abgewertet, allein schon die Bemühungen, in der Armenpflege mithelfen zu dürfen, provozierte Gegenwehr der in ehrenamtlichen Organen arbeitenden Männer. Sie wollten von einer Mitarbeit der Frauen nichts wissen und drohten ihr Amt niederzulegen, wenn weibliche Armenpflegerinnen in der staatlichen Armenpflege angestellt würden. Die Hamburger Behörde konnte deshalb nur die Zulassung von Helferinnen im Wohlfahrtsbereich erreichen.
Noch schwieriger war das Bemühen der bürgerlichen Hamburger Frauenbewegung, als es um die Einrichtung eines Mädchengymnasiums ging. Als Helene Bonfort diesbezüglich bei Bürgermeister Schröder vorstellig wurde, vergaß er seine gute Kinderstube, bot ihr noch nicht einmal einen Stuhl an und versuchte sie mit den Worten abzufertigen: „Wenn es nach Ihnen ginge, würden alle Mädchen Latein lernen und meine Söhne müssten die Ascheimer auf die Straße tragen.“
Helene Bonfort ließ sich jedoch nicht abschrecken. Doch woher nahm sie diese Energie? Helene Bonfort kam aus einem liberalen jüdischen Elternhaus. Schon ihre Mutter gehörte zum Kreis um Emilie Wüstenfeld, der Frauenrechtlerin aus der Epoche der bürgerlichen Revolution von 1848 und war Mitbegründerin der Hochschule für das weibliche Geschlecht. So scheint die Tochter von der Mutter geprägt worden zu sein, obwohl Helene Bonfort ihre Eltern früh verloren hatte und bei einem Onkel aufwuchs.
Helene Bonfort schlug die übliche Laufbahn einer bürgerlichen Frau ein, die

Bürgermeister Schröder zu Helene Bonfort, als sie die Einrichtung eines Mädchengymnasiums forderte:

*„Wenn es nach Ihnen ginge, würden alle Mädchen Latein lernen und meine Söhne müssten die Ascheimer auf die Straße tragen.“*

ledig bleiben und erwerbstätig werden wollte. Nach dem Besuch der höheren Mädchenschule absolvierte sie eine Lehrerinnenausbildung und wurde mit 18 Jahren Lehrerin in der Paulsenstiftschule, deren Direktorin damals Anna Wohlwill (1841–1919) war.

Während des Ersten Weltkrieges war Helene Bonfort Vorsitzende der 62 Vereine umfassenden Organisation des Frauenausschusses, der Hamburgischen Kriegshilfe und Leiterin der Frauenhinterbliebenenfürsorge. 1917 wurde die Soziale Frauenschule gegründet, für deren Zustandekommen sich Helene Bonfort jahrelang stark gemacht hatte. Zur Gründung spendeten Helene Bonforts Freundinnen das Kapital für Schulfreistellen, das in die zu diesem Zweck gegründete Helene-Bonfort-Stipendien-Stiftung einfloss.

Helene Bonfort wohnte mit ihrer Lebensgefährtin und Berufskollegin Anna Meinertz in der Beselerstraße 8 in Hamburg-Othmarschen, wo sie auch nach dem Tod ihrer Freundin allein weiterlebte. Die Freundinnen hatten sich in Anna Meinertz Heimatstadt Düsseldorf kennen gelernt, wo beide als Lehrerinnen angestellt waren. Anna Meinertz war die Tochter eines höheren Beamten. Bereits mit 16 Jahren arbeitete sie als Lehrerin und unterstützte die früh verwitwete Mutter. Schon bald wurde sie als erste Kraft im Schubert-Schmidt-Lyzeum in Düsseldorf eingestellt.

Wohnhaus Beselerstraße 8 in Hamburg-Othmarschen, 2012

1881 zogen Helene Bonfort und Anna Meinertz nach Hamburg. Gemeinsam übernahmen sie die Leitung einer höheren Töchterschule. Zwölf Jahre später zogen sie sich aus der pädagogischen Arbeit zurück und unternahmen eine zweijährige Studienreise nach Amerika, um sich über neue Organisationsmethoden der Volksbildung, Wohlfahrtspflege und Frauenbewegung zu informieren.

Zurückgekehrt gründeten sie in Hamburg die erste Volkslesehalle und am 27. Juni 1896 mit 25 Gleichgesinnten die Hamburger Ortsgruppe des Allgemeinen Deutschen Frauenvereins. Die treibenden Kräfte des Vereins waren hauptsächlich Lehrerinnen. Die finanziellen Trägerinnen in den ersten Jahren waren dagegen mehr Damen der Gesellschaft, die entweder in ihrer Jugend durch die 48-er Revolution geprägt worden waren, oder aber, beeinflusst durch ihre in der Bürgerschaft sitzenden Ehemänner, soziales Pflichtgefühl zeigten und Verbesserungen auf dem sozialen- und frauenpolitischen Gebiet leisten wollten.

Das Gros der Hamburger Gesellschaft verhielt sich allerdings lange sehr ablehnend gegenüber den Frauen der gemäßigten Frauenbewegung. Aber mit ansprechenden Zeitungsartikeln und Broschüren weckte Helene Bonfort, die in der Zwischenzeit durch ihren Onkel, einem Redakteur des Hamburgischen Correspondenten, als erste Frau im journalistischen Bereich zur Hamburger Tagespresse gekommen war, das Interesse der Bevölkerung an ihrem Verein. Gleichzeitig unterstützte der Hamburgische Correspondent, unter Leitung von Prof. E. Francke, als erste Zeitung in Deutschland die Frauenbewegung durch fortgesetzte Aufnahme ihrer Mitteilungen sowie vom 15.9.1896 an durch Errichtung einer ständigen Abteilung für Frauenvereinsinteressen.

Wenige Jahre nach der Gründung der Ortsgruppe des ADF hatte der Verein schon Beträchtliches geleistet: „Die acht Abteilungen und Ausschüsse kamen offenbar einem vorhandenen Bedürfnis entgegen. Im ‚Rechtsschutz' füllten sich die Wartezimmer von Jahr zu Jahr mehr. Der ‚Jugendschutz' fand wachsende Beachtung bei den Behörden. In der ‚Auskunftsstelle' wurde neben Nachweis von Wohlfahrtsanstalten auch Rat für weibliche Erwerbsmöglichkeiten in der Heimat und in den Kolonien erteilt. Aus der Mädchen-Bildungs-Abteilung ging der ‚Verein für Haushaltungsschulen von 1899' hervor und der ‚Verein zur Förderung von Frauenbildung und Frauenstudium in Hamburg' mit dem ersten Mädchengymnasium hier, das vorbildlich für ähnliche Lehrstätten wurde. Die Abteilung für Arbeiterinneninteressen leitete zu der selbstständigen Organisation des ‚Vereins für Heimarbeiterinnen' über. Immer neue Gebiete der sozialen Tätigkeit wurden von den verdienstvollen ‚Sozialen Hilfsgruppen' erfasst, und die Herbeiführung der Fortbildungsschulen und der gewerbeordnungsmäßigen Lehre für Mädchen ist von dem betreffenden Ausschuss emsig gefördert worden. Der ‚Hamburger Hausfrauenverein' verdankt der Ortsgruppe sein Entstehen", so die damaligen Berichte aus der Presse.

Auf Initiative von Anna Meinertz entstand in der Ortsgruppe des ADF die Abteilung Jugendschutz, die 1897 Sonntagsunterhaltungen für jugendliche Dienstmädchen organisierte. Als die Frauen des ADF erkannten, dass die Dienstmädchen mit sehr geringen Kenntnissen ihren Dienst antraten, gründeten Anna Meinertz und Bertha Wentzel 1898 den Ausschuss für die Vorbereitung der Dienstmädchenlehranstalt Annaheim in Alsterdorf. 1899 wurde die Anstalt unter der Leitung der beiden Damen eröffnet. Anna Meinertz gehörte dem Vorstand bis 1913 an. Außerdem gründete sie diverse Kinderhorte, von denen sie zwölf persönlich anleitete. Anna Meinertz starb im Alter von 81 Jahren. Helene Bonfort überlebte ihre 14 Jahre ältere Lebensgefährtin um 18 Jahre.

*Rita Bake*

## Marie Kortmann (20.5.1851–16.10.1937 Hamburg)

Nachfahrin der 1848er Revolution, Leiterin des „Hamburgischen Vereins zur Förderung von Frauenbildung und Frauenstudium"

Eine verwandtschaftliche Nachfahrin der Frauen der 1848er Revolution ist Marie Kortmann, die Tochter Pauline Kortmanns, der Schwester Emilie Wüstenfelds. Marie Kortmanns starke Prägung durch Mutter und Tante wird an ihrem beruflichen und frauenpolitischen Werdegang deutlich. Dennoch hatte sie auch etwas „Eigenes" – sie war nicht nur die „Nichte von ...".
Kaum 17-jährig, unterrichtete sie bereits an der 1867 gegründeten Mädchen-Gewerbeschule. Dort wirkte sie ganz in der Tradition ihrer Tante – brachte aber auch ihre persönliche Komponente ein. So nutzte sie ihr Zeichentalent und ihre musikalische Begabung, um an der Gewerbeschule und später auch an privaten Mädchenschulen Kunstunterricht zu geben, und ging mit ihren Schülerinnen zu den von Alfred Lichtwark und Anna Wohlwill angeregten

Führungen in die Kunsthalle. Sie war aber nicht nur als Lehrende tätig, sondern beteiligte sich mit Zeichnungen an den „Jahrbüchern der Gesellschaft Hamburgischer Kunstfreunde".

Ganz im Sinne ihrer Mutter, die lange Zeit für den „Frauenverein zur Unterstützung der Armenpflege" gearbeitet hatte, widmete sich auch Marie Kortmann diesem Verein und wurde 1914 dessen Vorsitzende.

Der Tradition ihrer Tante verpflichtet waren folgende Aktivitäten Marie Kortmanns: Im Herbst 1895 hatte die „Ortsgruppe Hamburg des Allgemeinen Deutschen Frauenvereins" eine Abteilung für Frauenbildung geschaffen, deren Leiterin Marie Kortmann von 1898 bis zu ihrer Ablösung im Jahre 1907 war. Ziel dieser Abteilung war es, das Mädchenbildungswesen zu erweitern. So gelang ihr an hamburgischen Privatschulen die Einführung des Unterrichts in Hygiene, Pädagogik und in Grundzügen der Volkswirtschaftslehre. Keinen Erfolg bei der Schulbehörde hatte die Abteilung für Frauenbildung mit ihrer Forderung nach Einrichtung von Latein- und Mathematikkursen zur ersten Vorbereitung auf die Oberlehrerinnenprüfung. Deshalb richtete sie selbst solche Kurse ein. Besonders engagierte sich die „Abteilung" für die Einführung der staatlichen Mädchenfortbildungsschule. Auch versuchte sie, den Staat dazu zu bewegen, Haushaltsschulen mit Tages- und Abendkursen für Volksschulmädchen einzurichten. Da dieser Plan aussichtslos erschien, eröffnete 1898 die Abteilung für Frauenbildung selbst die erste Haushaltungsschule in der Sachsenstraße, der bald darauf eine weitere in Eimsbüttel folgte.

Von der Abteilung für Frauenbildung wurde auch die Gründung von Gymnasialklassen für Mädchen ins Leben gerufen. Da die „Abteilung" jedoch nicht selbst solche Klassen einrichten konnte, rief die Ortsgruppe des Allgemeinen Deutschen Frauenvereins einen Zweigverein – den „Hamburgischen Verein zur Förderung von Frauenbildung und Frauenstudium" – ins Leben, der sich ganz diesem Anliegen widmete. Er wurde im Dezember 1900 unter dem Vorsitz von Marie Kortmann mit 50 Mitgliedern gegründet.

Marie Kortmann als Vorsitzende dieses Vereins wirkte ganz entscheidend bei der Gründung eines Realgymnasiums für Mädchen mit. Ostern 1901 wurde die erste Obertertia mit 22 Schülerinnen eröffnet und im folgenden Jahr die Weiterführung der Klassen nach dem Lehrplan des Realgymnasiums beschlossen. Die ehrenamtliche Leitung übernahm Professor Dr. Gustav Wendt. Unter seiner Leitung wuchs die Schule zu einer zunächst fünf-, später sechsstufigen Schule an. 1917 wurde sie in ein humanistisches Gymnasium umgewandelt. Marie Kortmann war maßgeblich an der Beschaffung der Gelder für dieses Unternehmen beteiligt. 1904 bewilligten der Senat und die Bürgerschaft für drei Jahre 5000 Mark. Da das Geld aber nicht ausreichte, „steckte" um Ostern 1906 der damals amtierende Schulrat Schober den wenigen nicht in die Ferien verreisten Vorstandsdamen des Vereins, dass nun die Zeit günstig sei, weiteren Staatszuschuss zu beantragen. Die Kassenführerin des Vereins entschloss sich, auf eigene Verantwortung 15 000 Mark zu fordern. Als der Vorstand davon erfuhr, erschrak er zutiefst. Aber die Mutige hatte Glück – die Behörde stimmte dem Anliegen zu.

Marie Kortmann blieb unverheiratet und lebte mit Hanna und Dora Glinzer, die ebenfalls ledig blieben, zusammen im Juratenweg 4. Dora Glinzer führte für ihre Schwester Hanna und für Marie Kortmann den gemeinsamen Haushalt.

*Rita Bake*

## Agnes Wolffson (Selly Agnes Wolffson) (30.11.1849 Hamburg–18.3.1936 Hamburg)

Mäzenin, Wohltäterin, Stifterin, Gründerin von Haushaltsschulen

„In ihr paaren sich aufs glücklichste männlicher scharfer Geist mit reinster Weiblichkeit", schrieben am 30.11.1919 die Hamburger Nachrichten zum 70. Geburtstag von Agnes Wolffson.

Agnes Wolffsons Lebensweg war geprägt durch die von den Eltern an ihre vier Kinder vermittelten Lebensideale. Da war zum einen der Vater, der Rechtsanwalt und Reichstagsabgeordnete Dr. Isaak Wolffson, der seiner Tochter Einblick in seine Arbeit erlaubte, sie gleichzeitig aber auch als Hausfrauersatz benötigte.

So begleitete Agnes Wolffson ihren Vater nach Berlin, um dort für ihn zu sorgen. Gleichzeitig erhielt sie aber auch Einblick in seine Arbeit an den Reichsjustizgesetzen und am Bürgerlichen Gesetzbuch. Auch in Hamburg blieb sie bis zu seinem Tode eng mit ihm zusammen. Dr. Isaak Wolffson war Witwer geworden, und Vater und Tochter lebten in dem 1877, noch zu Lebzeiten der Mutter, bezogenen Haus in der Heimhuder Straße 27.

Durch ihre Mutter Johanna, geb. Hirsch, und die im Wolffsonschen Hause als Hausdame tätige Minna Leppoc (sie starb 1889 in der Heimhuder Straße) erhielt Agnes Wolffson Zugang zum „Frauenverein zur Unterstützung der Armenpflege", in dem die beiden Frauen Vorstandstätigkeiten ausübten. Dadurch wurde Agnes Wolffson mit Not und Elend der „unteren Klassen" vertraut.

Ihre Eltern lehrten sie, indem sie ihrer Tochter ein verantwortungsbewusstes Leben vorlebten, selbständiges Handeln. Gleichzeitig wurde Agnes Wolffson auch zum Dienen, Kümmern und Pflegen erzogen – ganz im Sinne der damals vorherrschenden Vorstellung von der „Bestimmung des Weibes".

Agnes Wolffsons anfangs zitierte „reinste Weiblichkeit" drückte sich in Sorge um andere aus. Schon als junges Mädchen von 17 Jahren unterrichtete sie unentgeltlich deutschen Aufsatz und Gedichte im Paulsenstift Bei den Pumpen – und zu Hause pflegte sie ihre beiden Schwestern und ihre Mutter bis zu deren Tod. Auch von ihrem Bruder, einem angesehenen Rechtsanwalt, wurde sie als verfügbare sorgende Tante seiner vier Kinder benötigt – und wie schon erwähnt, bedurfte auch ihr Vater bis zu seinem Tode ihrer Pflege. So konnte Agnes Wolffson erst nach seinem Tod, als nun 46-Jährige, ihr eigenes Leben beginnen, was durch ihren bisherigen Lebensweg bereits in ganz bestimmten Bahnen verlief. Da sie nun nicht mehr ausschließlich für

Solange die Eltern lebten, wohnte Agnes Wolffson bei ihnen in der Heimhuder Straße 27, 2012

ihre Angehörigen zu sorgen hatte, verlagerte sie ihre sorgenden Aktivitäten nach außen, beschränkte sich aber nicht nur auf das Tun und Machen für andere, sondern entwickelte auch eigene Ideen von sozialer Gerechtigkeit und setzte diese sogar in die Tat um. Ihr Durchsetzungsvermögen und die Gabe der intellektuellen Auseinandersetzung waren ebenfalls ein geistiges Erbe ihrer Eltern. Allerdings passten diese Fähigkeiten nicht zu dem gesellschaftlichen Rollenbild der Frau. Sie entsprachen mehr dem so genannten „männlich scharfen Geist“, von dem im Anfangszitat die Rede ist.

Agnes Wolffsons gesellschaftliches Verantwortungsbewusstsein im privaten Bereich zeigte sich 1896 in der Adoption eines „neunjährigen Mädchens, (...) Tochter eines Ewerführers, das 1892 bei der Cholera ihre Eltern verloren hatte“.[A]

Ihr soziales Engagement für die Allgemeinheit äußerte sich in ihrem Einsatz für die Errichtung von Hauswirtschaftsschulen für Volksschülerinnen. Denn sie war der Überzeugung, dass eine Arbeiterfamilie wesentlich besser materiell versorgt sein würde, wenn die Hausfrau gut wirtschaften könne. Agnes Wolffson trug ihr Anliegen der Schulbehörde vor. Die Behörde stellte ihr ein Lokal am Kraienkamp 5 zur Verfügung und gab den in der Gegend befindlichen Volksschulen die Erlaubnis, einmal wöchentlich Schülerinnen der achten Klasse zum Haushaltsunterricht zu schicken. Damit war der Grundstock für die Haushaltungsschulen, sprich Schulküchen, gelegt, die Agnes Wolffson in den nächsten Jahren errichtete. Am 15.9.1896 begann Agnes Wolffson mit sechs Kursen zu je 20 Kindern. Ostern 1897 wurde eine zweite Schule an der Kieler Straße 7 und um 1900 die dritte Schule an der Humboldtstraße eröffnet. Für letztere hatte die Schulbehörde keine Räumlichkeiten mehr zur Verfügung gestellt, so dass Agnes Wolffson alles selbst finanzieren musste: Gebäude, Ausstattung, die Gehälter der Lehrerinnen etc. – Schulgeld wurde nicht genommen. Ihre Schulleiterinnen holte sich Agnes Wolffson aus Kassel, weil dort bereits Erfahrungen mit Schulküchen gemacht worden waren. Den Lehrplan erstellte Agnes Wolffson aber weiterhin selbst. Die Schülerinnen lernten kochen und backen, waschen und plätten, einmachen und reinmachen, Kinder- und Krankenpflege und wirtschaften mit Hilfe eines zu führenden Wirtschaftsbuches. Der Zulauf war groß. 1899/1900 gab es 18 Kurse mit 465 Schülerinnen. Hatte ein junges Mädchen eine Haushaltungsschule von Agnes Wolffson besucht und ging in den Dienst, was das Gros der Arbeiterinnenmädchen tat, galt dies als gute Empfehlung.

In allen sozialen Tätigkeiten wurde Agnes Wolffson von ihrem Bruder, der im Senat saß, unterstützt.

Marie Kortmann, die wie Agnes Wolffson im Paulsenstift unterrichtet hatte, verfolgte ähnliche Ideen. Auch sie gründete, allerdings mit Hilfe eines Vereins, zwei Jahre später als Agnes Wolffson eine Haushaltungsschule.

Beide Frauen waren davon überzeugt, dass für Volksschülerinnen eine obligatorische Fortbildungsschule nach Abschluss der achten Volksschulklasse sinnvoll sei. Denn solange der Besuch der Haushaltungsschulen auf freiwilliger Basis erfolgte, blieb die Schule, so Agnes Wolffson, „immer nur Klassenschule, nutzbringend für den besser gestellten Handwerker, den kleinen Beamten, den Gewerbetreibenden, der die Tochter im Hause beschäftigen und behalten kann“.[B]

Ein Mädchen aus einer Arbeiterfamilie hingegen musste, „sobald sie aus der Schule entlassen und einigermaßen erwerbsfähig ist, auch erwerben, in den günstigsten Fällen sich für den Erwerb vorbereiten. Sie muss es nicht nur in Rücksicht auf die in diesen Kreisen herrschende Lebensauffassung; sie muss es auch häufig, weil die Eltern das heranwachsende Kind, das oft schon während der Schulzeit zum Erwerb beitragen muss, nicht mehr ernähren können, weil es den jüngeren Geschwistern Platz machen muss.“[C] Es sollten jedoch noch einige Jahre vergehen bis zur Errichtung einer ob-

ligatorischen Fortbildungsschule. Erst ab 1906 gab es grünes Licht für zwei Mädchenvolksschulen, an denen versuchsweise der obligatorische Haushaltungsunterricht eingeführt werden sollte.
Agnes Wolffson schenkte daraufhin dem Hamburger Staat ihre drei Schulküchen und sah damit ihre Arbeit auf diesem Gebiet als beendet an. Dennoch blieb sie in diesem Ressort weiterhin tätig, nur sollten nicht mehr Volksschülerinnen, sondern Töchter der Oberschicht unterrichtet werden. Um solch eine Schulküche für höhere Töchter auf den Weg zu bringen, wurde eine eingetragene Genossenschaft mit beschränkter Haftung gegründet, die 1902 eine „Lehranstalt für alle Zweige der Haushaltskunde“ in der Tesdorpfstraße errichtete. Agnes Wolffson war im Vorstand dieser Genossenschaft, stellte die Lehrerinnen ein, entwickelte den Lehrplan, der sich natürlich von dem was Volksschülerinnen lernten, unterschied. Hier ging es um die Kunst der feinen Küche. Auch mussten die Eltern für ihre Töchter ein hohes Schulgeld zahlen.
Obwohl die Schule von der gesellschaftlichen Oberschicht gut angenommen wurde und Agnes Wolffson für den Fortbestand der Schule eine beträchtliche Geldsumme beigesteuert hatte, machte die Schule Defizit. Dies lag u. a. am zu geringen Startkapital und an der allgemeinen Teuerungswelle. Agnes Wolffson musste schließlich den Hamburger Staat um einen Zuschuss bitten – was sie nur ungern tat.
Ein weiteres soziales Betätigungsfeld für Agnes Wolffson war die Errichtung der Ferienkolonie Waltershof, die Volksschulkindern, die in schlechten Wohnverhältnissen lebten, einen zweiwöchigen Tagesaufenthalt ermöglichte.
1901 wurde der Verein für Ferien-Wohlfahrtsbestrebungen gegründet. Agnes Wolffson gehörte dem Vorstand an, beaufsichtigte die Küche der Ferienkolonie und stellte den Küchenzettel zusammen.
Ein weiteres Projekt Agnes Wolffsons war 1910 die Gründung eines Arbeiterinnenheimes in der Norderstraße. Dieses Martha-Helenen-Heim, benannt nach Agnes Wolffsons verstorbenen beiden Schwestern, bot 60 erwerbstätigen Frauen Unterkunft in Einzelzimmern und Kurse in Allgemeinbildung und praktischen Tätigkeiten. Am 3.8.1914 richtete Agnes Wolffson dort die erste Hamburger Kriegsküche ein. Auch hierfür erstellte sie den Küchenzettel und beaufsichtigte die Küchenleiterinnen. Durch die Inflation verlor Agnes Wolffson einen beträchtlichen Teil ihres Vermögens. Das Geld für den Unterhalt des Arbeiterinnenheimes konnte nicht mehr bereitgestellt werden. Agnes Wolffson musste das Haus schließen und auch ihr Privathaus in der Badestraße

Nach dem Tod der Eltern lebte Agnes Wolffson im eigenen Haus Badestraße 27 bis sie es aus finanziellen Gründen verkauften musste

verkaufen. Sie zog in eine Mietwohnung am Mittelweg. 1923 fiel das Martha-Helenen-Heim „laut Vertrag ohnehin an den Staat; die Einrichtung schenkte sie dazu – (…) ohne einen Pfennig Entschädigung zu verlangen.“ [D] Nur Weniges nahm sie mit, so z. B. die Zimmereinrichtung aus Zimmer 4, ein Klavier, ein Bild von sich. „Das übrige ging an die Behörde für öffentliche Jugendfürsorge, über die schon im Laufe des letzten Jahres etwa die Hälfte der Heimplätze mit weiblichen schulentlas-

senen Zöglingen, die in Hamburg in Lehrstellen untergebracht waren, belegt wurde."[E]

Da Agnes Wolffson kaum noch finanzielle Mittel besaß, entschloss sich der Senat 1925, ihr eine Rente von jährlich 5000 Reichsmark auszuzahlen.

Agnes Wolffson war weiterhin in vielen Gremien und Vorständen tätig, so im Kuratorium des Vereins Soziale Frauenschule und Sozialpädagogisches Institut und im Kuratorium des Paulsenstifts.

Wegen ihrer Verdienste um die Schule hatte sie 1922 die Anna-Wohlwill-Denkmünze verliehen bekommen. Sie war ehrenamtliches Mitglied im Armenkollegium der Allgemeinen Armenanstalt und im Vorstand der Hamburger Rentnerhilfe.

Noch im Alter von 80 Jahren führte sie als Bezirksausschussdame für den Stadtteil St. Georg die Rentnerfürsorge fort. So verteilte sie einmal in der Woche die Essensmarken. Wegen ihrer vielen Verdienste ließ der Senat zu ihrem 80. Lebensjahr die Haushaltungsschule in der Humboldtstraße 99 in Agnes-Wolffson-Schule benennen.

Da sie Jüdin war, wurde ihr nach der Machtübernahme durch die Nationalsozialisten die Ehrenrente gekürzt.

1961, nach „mehr als zweijährigen Bemühungen der Nachkommen Ernst Wolffsons, entschloss sich die Oberschulbehörde, an der Schulküche der Schule Eschenweg eine Tafel mit der Aufschrift Agnes-Wolffson-Küche anbringen zu lassen".[F] Heute scheint die Tafel nicht mehr vorhanden zu sein.

*Rita Bake*

Lit.:

A Renate Hauschild-Thiessen: Agnes Wolffson, in: Hamburgische Geschichts- und Heimatblätter. Bd. 10, H. 9, Hamburg 1980/81, S. 203.

B Renate Hauschild-Thiessen, a. a. O., S. 206.

C ebenda.

D ebenda.

E Renate Hauschild-Thiessen, a. a. O., S. 213.

F Renate Hauschild-Thiessen, a. a. O., S. 216.

*Fortsetzung von S. 61*

Dieser zweiten folgte schnell eine dritte Generation bürgerlicher Frauen, die in den siebziger und achtziger Jahren geboren waren, und keine persönlichen Erinnerungen an die ersten Frauenvereinsvorsitzenden hatten. Zu dieser Gruppe gehörten sowohl ***Lida Gustava Heymann (1868–1943)***[30] und ***Frieda Radel (1869–1958)***[31] als auch ***Emma Ender (1875–1954)***[32] und ***Emmy Beckmann (1880–1967)***[33].

Zudem wuchs die dritte Frauengeneration schon unter den Bedingungen des Deutschen Reiches mit seiner rasanten ökonomischen Entwicklung auf. Der „alt-hamburgische Partikularismus", der in den älteren Generationen bürgerlicher Frauen und Männer noch fest verwurzelt war, fand in den Ideen der dritten Generation nur wenig Entsprechung. Ihr Bezugspunkt war zwar die Stadt Hamburg, doch bildeten die sozialen und politischen Verhältnisse im Reich den eigentlichen Fluchtpunkt ihrer Entwürfe.

Zunächst fanden sich jedoch Frauen der zweiten und dritten Generation zusammen, um die Tätigkeiten der neuen Ortsgruppe des ADF zu koordinieren. Der erste Vorstand des neuen Vereins setzte sich aus beiden Gruppen zusammen: Helene Bonfort, Anna Meinertz und Julie Eichholz[34] aus der „älteren" Gruppe arbeiteten u. a. mit den „Jüngeren" um Lida Gustava Heymann zusammen.

*Motto der gemässigten bürgerlichen Frauenbewegung 1869–1907: „Leben ist Streben". „Evolution, nicht Revolution!*

Die gemeinsame Sache umfasste drei Tätigkeitsbereiche: Frauen, die sozialpolitisch tätig waren, sollten geschult und ausgebildet werden, um dieses Arbeitsfeld zu professionalisieren. Darüber hinaus verfolgte die neue Ortsgruppe den Anspruch, die bereits vorhandenen Frauentätigkeiten zu verbinden und zu strukturieren; sie wollte einen Mittelpunkt für die alten und neuen Frauenvereine bilden. Schließlich suchte der ADF aber auch nach innovativen Wegen und Mitteln, um die Anliegen bürgerlicher Frauen in der Öffentlichkeit bekannt zu machen, d. h. sie legte gegenüber den älteren Vereinen ein stärkeres Gewicht auf öffentliche Präsenz und „Propaganda". Es war insbesondere dieses letzte Arbeitsfeld, das eine Erneuerung darstellte: Zum einen wurde ein regelmäßiges Vortragsprogramm angeboten, mit dem über alle Fragen der Frauenbewegung informiert wurde, und dazu eine ganze Reihe von Broschüren sowie Berichten in den hamburgischen Tageszeitungen publiziert. Auf diese Weise erfuhr die interessierte Öffentlichkeit regelmäßig von Meinungen und Projekten aus dem ADF.
Auch intern wurden die Mitglieder „geschult", etwa auf regelmäßig stattfindenden Diskussionsabenden, bei denen es auch darum ging, die „parlamentarischen" Regeln einzuüben.
Zum anderen versuchte der Verein aber auch, konkret Einfluss auf die Gestaltung weiblicher Lebensbedingungen zu nehmen und dafür ebenfalls öffentlichkeitswirksame Propaganda zu betreiben. Die Ortsgruppe Hamburg des ADF richtete fünf große Abteilungen ein, die sich den Themen der Frauenbewegung sowie der vorhandenen Frauenvereine widmeten: Wohlfahrtspflege, Jugendschutz, Kostkinderwesen, Frauenbildung und Rechtsschutz. Aus diesen Abteilungen gingen eigenständige, neue Vereine hervor, die ihre Tätigkeiten entsprechend professionalisierten. Als Beispiele seien hier nur genannt: Aus der Abteilung für Wohlfahrtspflege heraus wurden 1900 die „Sozialen Hilfsgruppen" etabliert und 1912 der „Hamburgische Verband für Waisenpflege, Armenpflege und Vormundschaft" eingerichtet, ein Zusammenschluss der wichtigsten Institutionen auf diesem Feld. Die Abteilung Jugendschutz baute ab 1899 das „Annaheim" auf, eine Lehranstalt für Dienstmädchen. Im Bereich der Frauenbildung initiierte die Ortsgruppe den „Verein für Haushaltungsschulen", ebenso wie den Verein „Frauenbildung und Frauenstudium", der sich für die Zulassung von Mädchen zum Abitur einsetzte. Schließlich richtete die Abteilung Rechtsschutz eine eigene Rechtsberatungsstelle ein, die sehr erfolgreich arbeitete und 1911 sogar in einen eigenständigen Verein umgewandelt wurde. Diese und eine Reihe anderer Initiativen stärkten das Ansehen der Ortsgruppe und ihrer Vertreterinnen in der Stadt. Da Frauen in Hamburg nicht das Bürgerrecht erwerben konnten und daher zu den einflussreichen, kommunalpolitisch aktiven Bürgervereinen nicht zugelassen waren, war die Mitarbeit in der Ortsgruppe oder in einer ihrer Abteilung eine vergleichbare Bürgerinnenarbeit für die sozialen und kommunalen Belange der Stadt – und des eigenen Geschlechts.

Das Selbstverständnis des ADF in Hamburg war von den Grundgedanken der gemäßigten Frauenbewegung geprägt, unter dem Motto „Leben ist Streben". Die Mitglieder des Vereins verstanden ihre Tätigkeiten als Pflichterfüllung, die eine Voraussetzung für die Erlangung weiterer Rechte für Frauen war. Gegenüber sozialdemokratischen Ideen wurde betont, es sei Ziel des Frauenvereins, Veränderungen langsam und stetig, ohne staatliche Umwälzungen zu erreichen: „Evolution, nicht Revolution! Auf allen Gebieten des häuslichen und des öffentlichen Lebens soll der Kultureinfluß der Frauen zu voller innerer Entfaltung und freier äußerer Wirkung gebracht werden. Die dem entgegenstehenden Hindernisse, die aus persönlichen und sozialen Irrtümern sowie aus wirtschaftlichen Übelständen erwachsen, müssen durch unermüdliche Arbeit, durch den Einfluß gereifter, veredelter Persönlichkeiten und durch den unbeirrten Glauben an den endlichen Sieg des Guten und Wahren überwunden werden. Dabei darf aber niemals die historische Bedingtheit aller Lebensentwicklung außer Acht gelassen werden. Jedes klar erkannte Ziel des Fortschritts ist doch unter dem Gesichtspunkte zu betrachten, wie weit der Stand der Gesellschaftsverfassung augenblicklich die Annäherung ermöglicht."[35]

Durch die „Erfüllung neuer Pflichten" sollte der „Kultureinfluß der Frauen" langfristig gesichert werden. Interessant ist, dass die Frauen des ADF von neuen Pflichten sprachen, von Aufgaben also, die den Frauen bisher nicht zugewiesen waren. Die Ideen und die Strategie der Ortsgruppe basierten dem-

## Den deutschen Frauen!

**Zum Verbandstage deutscher Frauen-, Bildungs- und Erwerbvereine in Hamburg.**

Der Mann des Kampfes Banner kühn entfaltet,
Den Weg des Lebens bahnet ihm das Schwert,
Indeß die Frau voll holder Sitte waltet
An seines Hauses friedlich stillem Herd.
Sie weiß zu neuer That ihn anzuspornen,
Und kehrt er heim vom Kampfe, wund und matt,
Flicht sie ihm in den Leidenskranz von Dornen
Der Liebe Rose und das Lorbeerblatt.

Sie wandelt sorgend stets an seiner Seite,
Sie strebt vereint mit ihm zum fernen Ziel,
Und in des Lebens nimmer ruh'ndem Streite
Bereitet sie sein friedliches Asyl.
Was er errang, will sie mit Blumen schmücken
Und sie verschönt, was seine Hand erschuf —
Der Frauen höchster Wunsch ist: zu beglücken,
Und Liebe ist ihr heiliger Beruf.

Nicht jene Lieb' allein, die Herz zum Herzen
Im Wirbelsturm der Leidenschaft hinzieht,
Die Lieb' vor allen ist es, welche, Schmerzen
Zu lindern, weder Müh' noch Sorgen flieht;
Die Lieb', die Balsam träufelt in die Wunden,
Und die in Freud' verkehret jedes Leid:
Die Menschenliebe, die zu allen Stunden
Zu jedem Samariterdienst bereit.

Die Menschenliebe mög' Euch, deutsche Frauen,
Die heute Ihr in unsr'er Mitte weilt,
Das herrliche Geheimniß anvertrauen,
Wie Eure zarte Hand das Leiden heilt,
Das Leiden, welches Selbstsucht einst geboren,
Gefühllos dann die Grausamkeit genährt —
Ihr seid zu Retterinnen auserkoren,
Die dankend die Gerettete verehrt.

Noch klagen wir um eine edle Todte,
Wie edler selten sie die Welt erblickt,
Und die mit leiblichem und geist'gem Brote
Viel Tausende von Armen hat erquickt;
Die, wo es galt zu helfen und zu rathen,
Ihr ganzes Leben lang war unbeirrt,
Und der für ihre schönen Liebesthaten
Die spät'ste Nachwelt noch gedenken wird. —

O mög' ihr Geist Euch segnend heut' umschweben,
Wie er durch alle ihre Werke zieht;
Er leite Euch in Euerm hohen Streben
Zu Euerm gold'nen Ziel: Humanität!
O wahrt Emilie Wüstenfeld's Vermächtniß,
Wirkt unverdrossen weiter im Verein,
Dann wird der Todten heiliges Gedächtniß
Auch Eures Ruhmes Strahlenkrone sein!

H. H.

So wurden die Aktivitäten der gemäßigten bürgerlichen Frauenbewegung in der Öffentlichkeit gesehen, Zeitungsausschnitt aus dem Jahr 1900 nach auf einem Gesellschaftsentwurf, der die Rechte und Pflichten der Frau mit den veränderten gesellschaftlichen Bedingungen in Übereinstimmung bringen wollte. Bildete das Haus zu Beginn des 19. Jahrhunderts den gemeinsamen Bezugspunkt der Geschlechter, so hatte sich dies nach der Meinung von Helene Bonfort zum Ende des Jahrhunderts grundlegend gewandelt. Der wachsende Einfluss des Staates, verbunden mit der zunehmenden Gestaltung des Lebens in der Öffentlichkeit sowie der abnehmenden Bedeutung der hauswirtschaftlichen Tätigkeiten für den Unterhalt der Familie führten zu einer Trennung der Geschlechter, die die Frauen einseitig benachteiligte. Insbesondere sei das traditionelle Modell des pater familias, der als das Oberhaupt der Familie diese grundsätzlich nach außen hin vertrete, angesichts der neuen Verhältnisse nicht mehr tragfähig. Helene Bonfort führte 1901 diesen Gedanken aus: Es „steigen holdselige, liebe Bilder auf: die emsige Hausfrau, unter deren Leitung eine stattliche Kinderschaar, ein großes Gesinde fleißig und fröhlich den Tag hinbrachte, weil sie umsichtig und erfahren in vielerlei Hantirung mit Beispiel und Ermunterung voranging. Nach des Tages Last fand in ihrer traulichen Wohnstube der Gatte mit seinen erwachsenen Söhnen, fanden ihre Freunde die Stätte geistiger Erholung, wo Musik und bildende Kunst, Literatur und Philosophie heimisch waren. Und die Frau stand da in ihrem Hause auf der Höhe der Kultur ihrer Zeit und ihres Volkes, in inniger Berührung mit den Männern ihrer Familie, oft auch mit den besten Geistern der Nation. Wie anders heute! Für die vielseitig schaffende Hantirung der Großmütter läßt die moderne Industrie in der Einzelwirthschaft keinen Raum. An Stelle der philologisch-ästhetischen Nationalbildung ist die naturwissenschaftlich-technische getreten. Das Leben des einzelnen hat seinen Schwerpunkt gewonnen in der Wechselwirkung mit dem Staate. […] Wenn der Staat und seine gesetzmäßig geregelte Regierung […] deswegen vorhanden ist, um Personen und Eigenthum zu schützen und zu sichern, so liegt es auf der Hand, daß Person und Eigenthum der Frauen dauernd nicht auf den indirekten Schutz mittels der Betheiligung der Männer am Staatswesen beschränkt sein dürfen.“[36]

Frauen sollten aber nicht nur ihre Person und ihr Eigentum selbstständig in der Öffentlichkeit vertreten können, sondern auch an der allgemeinen Entwicklung von Kultur und Gesellschaft gleichberechtigt teilhaben. Da den Frauen eine grundsätzlich andere Natur als den Männern zugesprochen wurde, war es nur konsequent, dass Helene Bonfort schlussfolgerte, beide Geschlechter müssten einen eigenen Beitrag zum Fortschritt der Gesellschaft leisten. Deshalb sei die Gründung von Frauenvereinen notwendig, um Frauen vorzubereiten. Bonfort unterschied jedoch deutlich zwischen Staat und öffentlichem Leben bzw. Gesellschaft. Tätigkeitsbereich der Frauen sollte vorrangig die Gesellschaft, nicht der Staat sein. An diesem Punkt zeigten sich die Emanzipationsvorstellungen Bonforts ganz in den Grenzen des herrschenden Geschlechtermodells eingebunden: Der Staat war männlich und gehörte somit nicht in den weiblichen Bereich. Gleichzeitig aber bewertete sie den gesellschaftlichen Raum, in dem auch die Frauen ihre Pflicht zu erfüllen hatten, eindeu-

tig höher als den Staat: „Das öffentliche Leben aber hat nur nach bestimmten praktischen Seiten hin seine Erfüllung im Staate. Andere und zwar grundlegende Äußerungen desselben bilden den Inbegriff dessen, was wir Gesellschaft nennen. Die Entwickelung der Gesinnung, die Ausgestaltung physischer, geistiger und sittlicher Bildung, kurz, das Wachsthum der Kultur vollzieht sich im Schooße der Gesellschaft. Dieser Kultur folgt dann langsam und in großen Etappen die Gestaltung des Staates, Hier, an seiner Wiege, wo äußerlich unmerklich und doch innerlich entscheidend, das Schicksal der Nationen sich vollzieht, hier vollends können wir der Frauen nicht entrathen; hier muß ihre weibliche Eigenart zur Geltung gebracht werden, um dem Volksleben Gleichgewicht, urwüchsige Kraft und die dauernde Richtung auf die höchsten Menschheitsziele zu erhalten."[37]
Mit dieser historischen Einordnung der Rechte und Pflichten von Frauen stellte Bonfort sich und ihre Mitstreiterinnen in den Mittelpunkt des gesellschaftlichen Fortschritts. Da die Kultur langfristig den Staat forme, sei die Arbeit der Frauen hier wertvoller als in den Ämtern des Staates, wobei ihre Ausführungen aber keine Absage an das Selbstvertretungsrecht der Frau im Staat implizierten. Auch die so genannten Gemäßigten wollten das Stimmrecht für Frauen – als zentrales Symbol für die Gleichberechtigung der Geschlechter – erreichen, allerdings erst nachdem Frauen mit ihren Vereinen gezeigt hätten, das sie dieses Recht auch verdienten.

## Die radikale bürgerliche Frauenbewegung

An diesem Selbstverständnis scheiterte das wichtigste Ziel des ADF in Hamburg, nämlich der Mittelpunkt der Bewegung in Hamburg zu werden. Es waren jüngere Frauen, die die Ansichten der gemäßigten Richtung für nicht mehr zeitgemäß hielten und einen Bruch in der Einheit der Frauenbewegung provozierten. Schon 1899 wurde dieser Bruch durch den Austritt von Lida Gustava Heymann und anderen aus der Ortsgruppe des ADF markiert. Lida Gustava Heymann und ihre Mitstreiterinnen, die als Radikale bezeichnet wurden, gründeten zunächst ein „Comitée für Frauenbewegung", das am 19.1.1900 zum Verein „Frauenwohl" umbenannt wurde. Im Jahre 1901 hatte dieser Verein rund 90 Mitglieder, ein Jahr später waren es 104 und 1903 ca. 115. Diese wenigen Angaben zeigen schon deutlich, dass die Radikalen eher eine Minderheit in der Bewegung darstellten. Was aber hatte zu dem Bruch geführt? Ohne Zweifel ist für Hamburg besonders auf die Persönlichkeit von Lida Gustava Heymann zu

*Ansicht radikaler bürgerlicher frauenbewegter Frauen:*

*„... private soziale Fürsorge [kann] niemals die trostlosen Zustände beseitigen [...], in denen achtzig und mehr Prozent aller Völker zu leben verdammt sind.“*

*Lida Gustava Heymann, zwischen 1898 und 1901*

verweisen, die die Radikalen bis 1904 anführte. Lida Gustava Heymann war eine persönlich und ökonomisch unabhängige Frau, die sich zunächst in der privaten Wohltätigkeit engagierte und hier auch erhebliche private Mittel investierte. Sie gründete einen „Mittagstisch für Mädchen aller Stände“, einen Kinderhort sowie eine private Bade-Einrichtung, in der den Bewohnerinnen und Bewohnern der Innenstadt Wannen und Duschbrausen kostenfrei zur Benutzung überlassen wurden. 1897 kaufte sie dann ein Haus in der Paulstraße 25, das fortan alle sozialen Einrichtungen in sich vereinte und später zu einem Zentrum der radikalen Frauenbewegung in Hamburg wurde. Allerdings hatte sich Lida Gustava Heymann in den Jahren 1898 bis 1901 immer stärker von der sozialen, ehrenamtlichen Arbeit distanziert, da sie zu der Auffassung gelangte, „daß private soziale Fürsorge niemals die trostlosen Zustände beseitigen kann, in denen achtzig und mehr Prozent aller Völker zu leben verdammt sind.“ Gleichzeitig räumte sie ein, dass die soziale Arbeit aber die Möglichkeit biete, sich im öffentlichen Leben zu orientieren sowie „Kenntnisse und Einsichten zu sammeln“[38].

Mit diesen Einsichten beschrieb sie ihren eigenen Weg von der ehrenamtlichen sozialen Arbeit zur politischen Tätigkeit. Ein Schritt dahin war ihre Beteiligung an der Gründung der Ortsgruppe des ADF, an deren Politik Lida Gustava Heymann aber bald Anstoß nahm.

Ende 1898 hatte sich die Kontroverse zwischen Bonfort und Heymann zugespitzt, als auf der Generalversammlung des Bundes Deutscher Frauenvereine (BDF, gegründet 1894) in Hamburg eine scharfe Auseinandersetzung über die Frage entstand, welche Vereine zur Frauenbewegung gehörten und welche nicht.[39] Als Folge der Debatte formierte sich der radikale Flügel der bürgerlichen Frauenbewegung um ***Minna Cauer (1841–1922)***, Dr. Anita Augspurg und Lida Gustava Heymann, die darauf

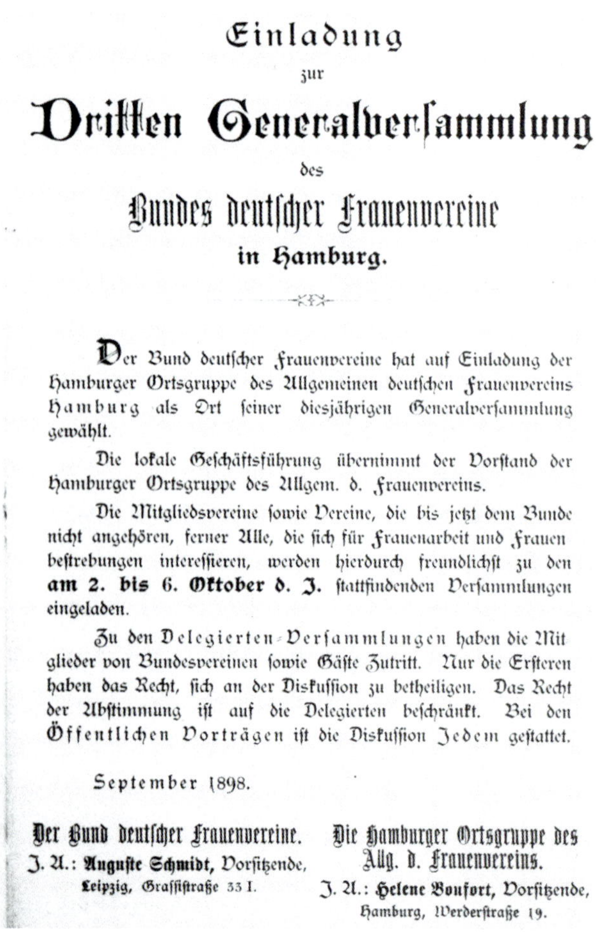

Einladung

zur

Dritten Generalversammlung

des

Bundes deutscher Frauenvereine

in Hamburg.

Der Bund deutscher Frauenvereine hat auf Einladung der Hamburger Ortsgruppe des Allgemeinen deutschen Frauenvereins Hamburg als Ort seiner diesjährigen Generalversammlung gewählt.

Die lokale Geschäftsführung übernimmt der Vorstand der Hamburger Ortsgruppe des Allgem. d. Frauenvereins.

Die Mitgliedsvereine sowie Vereine, die bis jetzt dem Bunde nicht angehören, ferner Alle, die sich für Frauenarbeit und Frauen bestrebungen interessieren, werden hierdurch freundlichst zu den **am 2. bis 6. Oktober d. J.** stattfindenden Versammlungen eingeladen.

Zu den Delegierten-Versammlungen haben die Mit glieder von Bundesvereinen sowie Gäste Zutritt. Nur die Ersteren haben das Recht, sich an der Diskussion zu betheiligen. Das Recht der Abstimmung ist auf die Delegierten beschränkt. Bei den Öffentlichen Vorträgen ist die Diskussion Jedem gestattet.

September 1898.

Der Bund deutscher Frauenvereine.
J. A.: **Auguste Schmidt,** Vorsitzende,
Leipzig, Grassistraße 33 I.

Die Hamburger Ortsgruppe des Allg. d. Frauenvereins.
J. A.: **Helene Bonfort,** Vorsitzende,
Hamburg, Werderstraße 19.

Auf dieser Generalversammlung des Bundes deutscher Frauenvereine kam es zwischen Helene Bonfort und Lida Gustava Heymann zu einer heftigen Kontroverse, die dazu führte, dass sich der radikale Flügel der bürgerlichen Frauenbewegung formierte.

bestanden, dass sozialreformerische Vereine nicht als Frauenbewegung anzusehen seien und es zudem Aufgabe des BDF sei, einheitlich und entschlossen vorzugehen. Alle Frauen und Vereine, die dies anders sahen, gehörten von nun an zur so genannten gemäßigten Gruppe. Diese wiederum legte Wert auf eine heterogene Struktur der Frauenbewegung und wollte den BDF lediglich als Dachverband ohne irgendeine ‚Richtlinienkompetenz' gegenüber den Einzelmitgliedern verstanden wissen. In den folgenden Jahren differenzierten sich diese beiden Ansätze in Bezug auf die Taktik der Bewegung, die gesellschaftstheoretische Begründung für die Forderungen der Vereine und die anzustrebenden Ziele immer stärker aus.[40]

Nach dieser Diskussion traten Lida Gustava Heymann, Charlotte Engel-Reimers und Martha Zietz aus der Ortsgruppe des ADF aus. Lida Gustava Heymann schilderte die entscheidende Situation in ihren Lebenserinnerungen: „Wahrlich, wir hatten uns nicht aus den Familienfesseln befreit, um uns von diesen alten Damen schulmeistern zu lassen, und als Helene Bonfort wieder einmal in einer Vorstandssitzung unseren Vorschlägen entgegentrat, erklärte ich, es sei bedauerlich, daß sie das Schulmeistern nicht lassen könne – sie war Lehrerin gewesen –, sie habe keine Schulklasse vor sich, sondern erwachsene Menschen, die alle gleichberechtigt seien. Sie wies meine Bemerkung als ungehörig zurück und beantragte die Aufnahme meiner Äußerungen in das Protokollbuch. Dieses kindische Benehmen gab mir Veranlassung, endlich zu tun, was ich schon lange vorhatte. Ich sagte den Damen, daß für mich kein Interesse bestehe, weiter mit ihnen in ihrem Damenkränzchen zu arbeiten, auf solche Weise komme man nicht zum Ziel."[41]

*weiter auf S. 76*

## Prof. Dr. Charlotte Engel-Reimers (26.9.1870 Hamburg–29.10.1930 Berlin)

**Mitbegründerin der Hamburger Filiale der „Centralstelle für weibliche Bühnenangehörige Deutschlands"**

Charlotte Engel-Reimers, die Mitbegründerin der Hamburger Filiale der „Centralstelle für weibliche Bühnenangehörige Deutschlands", war die Tochter eines Oberarztes für Haut- und Geschlechtskrankheiten am Lohmühlen-Krankenhaus und hatte Lida Gustava Heymann, die in der Paulstraße 25 Hamburgs erstes Frauenhaus ins Leben rief, im Internat in Dresden kennen gelernt. Schon in ihrer Jugend soll Charlotte Engel-Reimers einen „ernsten Sinn" gehabt und kein Interesse an gesellschaftlichen Vergnügungen gezeigt haben. 1896 gründete sie in ihrem Stadtteil den Arbeitsnachweis für Frauen, Uhlenhorst-Barmbeck und war bis zu ihrem Austritt im Jahre 1899 Vorstandsmitglied der „Ortsgruppe Hamburg des Allgemeinen Deutschen Frauenvereins". Gemeinsam mit Lida Gustava Heymann gründete sie 1900 die Vereine „Frauenwohl", die „Förderation" und den „Deutschen Verein für Frauenstimmrecht".

Obwohl sie wegen ihrer zarten körperlichen Konstitution häufig krank war, hatte sie dennoch so viel Kraft und Energie, dass sie es schaffte, 1901 als erste Frau in Hamburg als Externe das Abitur am Wilhelm-Gymnasium am Klosterstieg 17 abzulegen. Danach ging sie zum Studieren nach Berlin, wo sie mit ihrer Schwester, Helene Engel-Reimers, im Stadtteil Steglitz in der Wilsederstraße 6 wohnte.

1907 promovierte Charlotte Engel-Reimers in Berlin im Fach Nationalökonomie mit einer Arbeit über „Die deutschen Bühnen und ihre Angehörigen". Ihre folgende Lehrtätigkeit am Staatswissenschaftlich-statistischen Seminar der Friedrich-Wilhelm-Universität in Berlin wurde als so hervorragend bewertet, dass es Charlotte Engel-Reimers erlaubt wurde, den Unterricht in ihrer Wohnung abzuhalten, wenn sie aus gesundheitlichen Gründen ihre Wohnung nicht verlassen konnte.
1912 lehnte die Friedrich-Wilhelm-Universität Berlin allerdings ihren Antrag auf Habilitation ab, deshalb konnte sie sich erst 1930 mit der Schrift „Der Idealismus in der Wirtschaftswissenschaft" habilitieren. Als eine der ersten Frauen in Deutschland erhielt sie den Titel Professor. Doch kurz vor ihrer Antrittsvorlesung starb sie.
Ihre Schwester Helene starb 1954 im Alter von 81 Jahren in Bad Pyrmont. Sie hatte den Quäkern angehört und acht Pflegetöchter bei sich aufgenommen. Da das von ihrem Vater für sie angelegte Vermögen durch Inflation und Währungsreform erheblich entwertet worden war, hatte Helene Engel-Reimers in den letzten Jahren ihres Lebens zeitweilig von Sozialunterstützung leben müssen.

*Rita Bake*

Charlotte Engel-Reimers war die erste Frau in Hamburg, die als Externe das Abitur am Wilhelm-Gymnasium absolvierte. Heutiger Bau am früheren Standort, Klosterstieg 7 in Hamburg-Rotherbaum, 2012

*Fortsetzung von S. 75*

Der Zweck des neuen Vereins „Frauenwohl" sollte „die öffentliche Vertretung und Förderung aller Fraueninteressen" sein. Öffentliche Veranstaltungen, Mitgliedertreffen und die Gründung von Arbeitsausschüssen standen daher ebenso wie beim ADF auf dem Programm. Bemerkenswert ist, dass die „Erfüllung von Pflichten" gegenüber der Gesellschaft im radikalen Verein eine ebenso zentrale Rolle spielte wie bei den Gemäßigten. In einem Flugblatt zur Mitgliederwerbung aus dem Jahre 1906 wurde dazu ausgeführt: „Der Verein ‚Frauenwohl' erstrebt die völlige Gleichberechtigung der Frau auf allen Gebieten. Treu dem Grundsatz, daß, wer Rechte beansprucht, auch Pflichten zu erfüllen hat, will der Verein ‚Frauenwohl' die Frauen in systematischer praktischer Arbeit schulen, ihren Blick für die sozialen Fragen unserer Zeit schärfen, und sie so zur Teilnahme an den Arbeiten in Staat und Kommune befähigen."[42]
Im Vergleich mit den von Helene Bonfort ausgeführten Ideen zur Frauenemanzipation betonte der Verein „Frauenwohl" jedoch die wichtige Funktion der Frau für die Gesellschaft, nicht die der Mutter. Hierin lag einer der grundlegenden Unterschiede zwischen dem ADF und dem Verein „Frauenwohl" in Hamburg, nämlich in der Frage, mit welcher geschlechtsspezifischen Rolle der gesellschaftli-

che Beitrag der Frauen für eine öffentliche Tätigkeit begründet wurde. In den Konzeptionen der Radikalen tauchte die Mutter als Bezugspunkt nur im Bereich der Bildungsreform auf, alle anderen Arbeitsgebiete des Frauenvereins wurden mit der umfassenden Tätigkeit der Frauen in Haus und Familie in Verbindung gebracht: „An die Frauen tritt immer gebieterischer die Pflicht heran, nicht nur an das eigene und des engsten Familienkreises Wohl zu denken, sondern den Blick auch auf das Allgemeinwohl zu richten. Die großen staatlichen und städtischen Verwaltungen gleichen einer erweiterten Haushaltsführung und alle Zweige dieses Haushalts bieten ein reiches Feld der Thätigkeit für den Geist und die Hände der Frau. Solche Gebiete, die dringend der weiblichen Arbeit benötigen, sind z. B. die Armen- und Waisenpflege. Aber nicht von privater Wohlthätigkeit oder untergeordneter Mithilfe darf hier die Rede sein, sondern die Mitarbeit der Frau muß staatlich anerkannt und geregelt werden. […] Die einzelne Frau ist machtlos, nur wenn sich die Frauen zusammenschließen, können ihre Forderungen zu einer Macht werden."[43]

Ein weiterer wichtiger Unterschied war die Forderung der Radikalen nach sofortiger staatlicher Gleichberechtigung aller Frauen, die die Gemäßigten erst nach einer Reihe von Pflichterfüllungen beanspruchen wollten. Ganz im Gegensatz zu den Gemäßigten unterschieden die Radikalen nämlich nicht zwischen Gesellschaft und Staat, sondern definierten den Staat als die entscheidende, neutrale und übergeordnete Institution, an der Frauen gleichberechtigt teilhaben sollten. Die gesellschaftlichen Aufgaben der Frauen konnten ihren

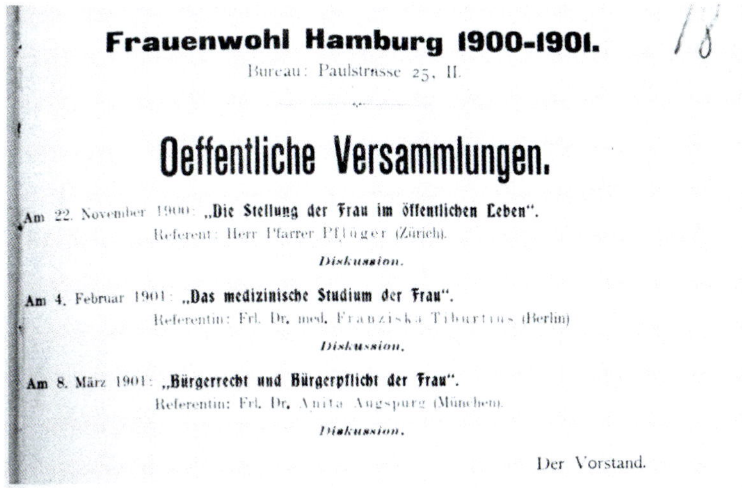

**Frauenwohl Hamburg 1900-1901.**
Bureau: Paulstrasse 25, II.

**Oeffentliche Versammlungen.**

Am 22. November 1900: **„Die Stellung der Frau im öffentlichen Leben".**
Referent: Herr Pfarrer Pflüger (Zürich).
*Diskussion.*

Am 4. Februar 1901: **„Das medizinische Studium der Frau".**
Referentin: Frl. Dr. med. Franziska Tiburtius (Berlin)
*Diskussion.*

Am 8. März 1901: **„Bürgerrecht und Bürgerpflicht der Frau".**
Referentin: Frl. Dr. Anita Augspurg (München).
*Diskussion.*

Der Vorstand.

Einladung des Hamburger Vereins „Frauenwohl" zu öffentlichen Versammlungen, 1901, u. a. zum Thema „Die Stellung der Frau im öffentlichen Leben"

geschlechtsspezifischen Wert daher nur über die staatliche Anerkennung bzw. die Gewährung von staatsbürgerlichen Rechten entfalten.

Diese Differenzen in Taktik und Emanzipationsidee sollten jedoch nicht überbewertet werden. Aufbau und Arbeitsweise der beiden Gruppen, also die Alltäglichkeit des Vereinslebens, glichen sich auf erstaunliche Weise: Neben monatlichen oder wöchentlichen Diskutierabenden, in denen sich „die Frauen in der freien Aussprache unter Wahrung der parlamentarischen Form" üben sollten, wurden regelmäßige öffentliche Veranstaltungen angeboten, die die Ideen des Vereins „Frauenwohl" dem interessierten Publikum vermitteln sollten. Zusätzlich übergab der Verein immer wieder Petitionen an Behörden, die Forderungen nach gleichberechtigter Teilnahme von Frauen an öffentlichen Ämtern zum Thema hatten. Der Verein „Frauenwohl" gründete ebenso wie die Ortsgruppe eigenständige Abteilungen, die sozialpolitische oder

*„An die Frauen tritt immer gebieterischer die Pflicht heran, - nicht nur an das eigene und des engsten Familienkreises Wohl zu denken, sondern den Blick auch auf das Allgemeinwohl zu richten. ... Aber nicht von privater Wohlthätigkeit oder untergeordneter Mithilfe darf hier die Rede sein, sondern die Mitarbeit der Frau muß staatlich anerkannt und geregelt werden. ..."*

*„Aufruf!" des Vereins „Frauenwohl", ca. 1901*

propagandistische Aktivitäten entfalteten. Allerdings waren die Abteilungen nicht so erfolgreich wie diejenigen des ADF. Immerhin konnte aber aus der Abteilung für Erziehungs- und Schulwesen ein Reformschulprojekt auf den Weg gebracht werden, das allerdings 1905 schon wieder beendet werden musste. Auf zwei Gebieten jedoch waren die Radikalen effektiver: Zum einen in der „Sittlichkeitsarbeit", aus der ein Hamburger Zweigverein der britischen kontinentalen und allgemeinen Föderation hervorging, zum anderen in der allgemeinen Frauenpolitik. In diesem Feld landete der Verein seinen größten Coup, indem er 1902 die Gründung des „Deutschen Verein für Frauenstimmrecht" ermöglichte. Hamburg hatte eine eher liberale Vereinsgesetzgebung, die einen Ausschluss von Frauen aus politischen Vereinen nicht kannte. Dies nahm Dr. Anita Augspurg zum Anlass, um den ersten Frauenstimmrechtsverein auf deutschem Boden zu gründen. Dieser Verein, der nach 1908 reichsweit agieren konnte und in Hamburg einen Zweigverein unterhielt, wurde zum neuen Zentrum der radikalen Bewegung.

Nach 1906 wurde es im Verein Frauenwohl stiller. Zu dieser Entwicklung kam es, weil sich erstens Lida Gustava Heymann nach 1906 aus ihren Hamburger Verantwortlichkeiten zurückzog und nach München ging. Die radikale Hamburger Bewegung hatte damit ihre Gallionsfigur verloren. Der Gegensatz zum ADF blieb allerdings erhalten und wurde auch von den Nachfolgerinnen gepflegt. Zum zweiten entschieden aber die Mitglieder des Vereins „Frauenwohl" 1909 ihren Verein zugunsten des Vereins „Frauenstimmrecht" aufzulösen. In ihren Augen war das politische Wahlrecht der entscheidende Schritt auf einem Weg zur Gleichberechtigung für alle Frauen: „Als die Quintessenz des ‚Frauenwohl' muß daher der Frauenstimmrechtsverein fortbestehen und seine Propaganda noch verstärken, während eine Auflösung des ‚Frauenwohl' keine sentimentalen Tränen, sondern vielmehr ein Gefühl der Befriedigung hervorrufen muß, daß die mühsam geleistete Arbeit nicht vergebens sei, sondern lebensvolle, fortwirkende Anregungen geschaffen hat."[44]

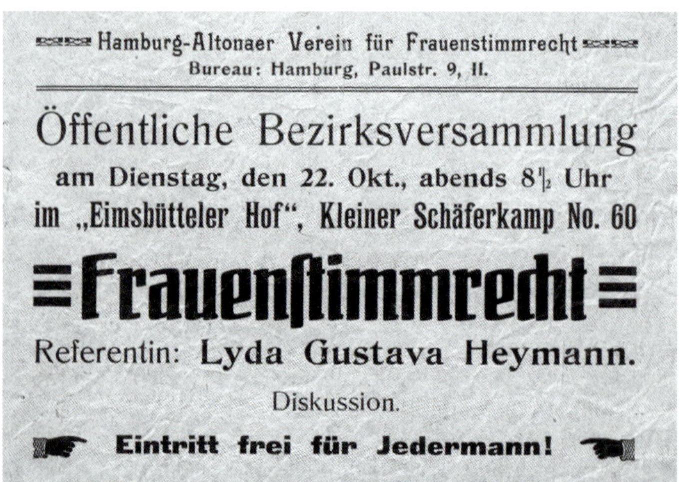


Hamburg-Altonaer Verein für Frauenstimmrecht lädt ein zu einer öffentlichen Bezirksversammlung am 22.10.1912 zum Thema Frauenstimmrecht, Referentin Lyda Gustava Heymann

## Fazit für die Jahre 1890 bis 1914

Insgesamt ist für die Jahre zwischen 1890 und dem Ersten Weltkrieg festzuhalten, dass sich die Frauenbewegung in Hamburg prächtig entfaltete. Dies entsprach der Entwicklung im gesamten Deutschen Reich: überall, in kleinen und großen Städten, entstanden Frauenvereine, die soziale, kulturelle oder politische Ziele verfolgten und ihre Mitglieder für die eigenen Ziele schulten. Hamburg war aus dieser Perspektive keine Ausnahme, sondern eines von mehreren Zentren der Frauenbewegung im ausgehenden 19. Jahrhundert. Aufbauend auf einer differenzierten Kultur von Frauenvereinen etablierten sich hier ab der Mitte der 1890er Jahre die gemäßigten und radikalen Organisationen für Frauen, die sich dezidiert als Frauenbewegung verstanden. In diesen Vereinen wurden zwei traditionelle Schwerpunkte aufgenommen und modernisiert: die soziale Arbeit zum Ausgleich gesellschaftlicher Benachteiligungen und die Bildungsarbeit für Mädchen und Frauen. In beiden Bereichen konnte die Frauenbewegung in Hamburg große Erfolge erzielen. Drei neue Arbeitsschwerpunkte kamen aber hinzu. Zum einen die Rechtsschutzarbeit, zum zweiten die politische Werbung für das Frauenstimmrecht und schließlich die so genannte Sittlichkeitsarbeit. Mit diesen Themen betrat die Frauenbewegung Neuland in der Emanzipationsgeschichte der Frauen. Die Vereine klärten Frauen über ihre Rechte auf und verhalfen ihnen dazu, diese auch durchzusetzen. Nicht zuletzt aus dieser Tätigkeit resultierte dann die Forderung nach politischer Gleichstellung von Frauen und Männern im Wahlrecht. Diesen Prozess kann man auch bei den Gemäßigten verfolgen, zum Beispiel bei Julie Eichholz, die sich den Gemäßigten zurechnete, durch ihre Arbeit im Rechtsschutzverein aber deutliche Positionen als Frauenrechtlerin vertrat. Schließlich war die Auseinandersetzung mit der Prostitution in Hamburg ein neues, für Frauen gewagtes Thema. Sowohl die Radikalen wie auch die Gemäßigten versuchten hier Positionen zu entwickeln, die ihren gesellschaftspolitischen Ideen entsprachen: Jene wandten sich dezidiert gegen jede Form der Reglementierung und wollten auch die „Freier“ bestraft sehen, diese befürworteten eine reformierte Reglementierung unter staatlicher Aufsicht aus „hygienischen“ Gründen. In beiden Fällen aber gerieten die Vertreterinnen der Frauen hier besonders deutlich in Opposition zu staatlichen Vertretern (und manchen Männern) und sie kritisierten nachhaltig die gesellschaftliche Doppelmoral, die Männern sexuelle Kontakte erlaubte und Frauen nicht. Mit diesen neuen Arbeitsschwerpunkten reflektierte die Frauenbewegung die Lebens- und Arbeitsbedingungen von Frauen im ausgehenden 19. Jahrhundert sehr kritisch – und sie bewirkte zugleich eine individuelle Emanzipation für all jene Frauen, die in den Vereinen aktiv arbeiteten.

Schließlich brachte das anbrechende Jahrhundert noch etwas Neues für die Frauenbewegung: einen eigenen Klub, in dem gesellschaftliche und künstlerische Veranstaltungen angeboten wurden. Ende 1906 wurde der „Frauenklub Hamburg e. V.“ eröffnet und bezog Räumlichkeiten am Neuen Jungfernstieg 19.

*weiter auf S. 85*

## Julie Josefine Catharina Eichholz, geb. Levi (22.3.1852 Zweibrücken–24.12.1918 Hamburg)

Frauenrechtlerin der gemäßigten bürgerlichen Frauenbewegung mit Schwerpunkt Rechtsschutz für Frauen

Von 1900 bis 1904 hatte die mit einem Juwelier und Uhrenhändler verheiratete Julie Eichholz den Vorsitz der Ortsgruppe Hamburg des „Allgemeinen Deutschen Frauenvereins" (ADF). So wie Helene Bonfort gehörte auch sie dem gemäßigten Flügel der bürgerlichen Frauenbewegung an. Ihr Hauptbetätigungsgebiet war der Rechtsschutz. Sie war Erste Vorsitzende der Rechtsberatungsstelle der Ortsgruppe Hamburg des „Allgemeinen Deutschen Frauenvereins". In dieser Eigenschaft mietete sie im Haus Brandsende 5 die Räumlichkeiten für die 1896 vom ADF gegründete Rechtsberatungsstelle. Hier wurde „von Frau zu Frau beraten". „Die beratenden Frauen mußten sich dafür eigenständig und unabhängig von einer Ausbildungseinrichtung in wichtige juristische Fragen einarbeiten, um kompetenten Rat zu erteilen. Bis 1908 durften Frauen in Preußen nur mit Ausnahmegenehmigung studieren, und in Hamburg selbst gab es bis 1919 noch keine Universität. Aufgrund dieser Situation konnten nur wirtschaftlich unabhängige bzw. nicht auf Erwerbsarbeit angewiesene Frauen in der Rechtsberatung tätig werden, da nur sie die entsprechende Zeit für das Selbststudium erübrigen konnten. Die Beratung ‚von Frau zu Frau' korrespondierte daher mit einer Beratung von ‚Bürgerin zu Arbeiterin'."[A] In *Laura Bromberg (1852–1927 Hamburg)* hatte Julie Eichholz eine kompetente zweite Vorsitzende. Der „Hamburger Correspondent" schrieb über ihre Tätigkeit in der Rechtsberatung. „Hier tätig zu sein, hier mit jener scharflogischen, und in aller Wirrnis der meist mit bedeutend mehr Breitschweifigkeit als Klarheit von den Klientinnen (aller Gesellschaftsschichten) vorgetragenen Klagen, den Kernpunkt erkennenden Art der Sache auf den Grund zu gehen und ihren Schützlingen mit weitsichtigem, lebenserfahrenem Rat und Tat beizustehen, war ihr selbstverständliche, liebgewordene Pflicht."

Julie Eichholz war zu Beginn des 20. Jahrhunderts neben Laura Bromberg und der Oberin des Allgemeinen Krankenhauses Eppendorf, *Hedwig von Schlichting (1861 Berlin–1924 Hamburg)* auch im Vorstand der „Stellenvermittlung für weibliches Hauspersonal" mit Sitz in der ABC-Straße 57, welche auf Anregung der Ortsgruppe Hamburg des ADF gegründet worden war, um den damals bestehenden Mangel an Dienstboten zu beheben und eine „Hebung des Dienstbotenstandes" zu erreichen. Um Letzteres voranzutreiben, wies die Stellenvermittlung Arbeitgeberinnen auf ihre Vorbildfunktion hin. Die Mitglieder der Stellenvermittlung waren meist Arbeitgeberinnen und Arbeitgeber (1907 ca. 4000 Mitglieder). Ihnen war daran gelegen, „ordentliche" Dienstmädchen einzustellen. Deshalb erhielten Dienstbotinnen die Möglichkeit, sonntags zwischen 17 und 22 Uhr die „Sonntäglichen Heimstuben" zu besuchen. Dort gab es eine kleine Bibliothek. Im Winter wurde „gesellige, ernste und heitere Unterhaltung" geboten, im Sommer monatlich einmal ein Ausflug unternommen und jeden Donnerstag zwischen 20 und 22 Uhr ein Gesangsabend veranstaltet.

1902 gründete Julie Eichholz den „Verband Norddeutscher Frauenvereine", dem zunächst siebzehn Frauenvereine angeschlossen waren und dem Julie Eichholz bis 1912 vorstand, sowie 1904 den „Hamburger Hausfrauen Verein" (HHV). Er war aus der „Stellenvermittlung" hervorgegangen und hatte deshalb auch seinen Vereinssitz in der ABC-Straße 57, später dann in der Moorweidenstraße 5.

1904 kam es zwischen Julie Eichholz und Helene Bonfort zu einem schweren Zerwürfnis. U. a. hatte Julie Eichholz versucht, den ADF zum „Sammel- und Mittelpunkt der gemäßigten Frauenbewegung, als Gegenpartei des Fortschrittlichen Verbandes" zu implementieren. „Mit einfach ‚Frauenbewegung treiben' kommen wir nicht mehr aus. (...) Die Radikalen und die Evangelischen treiben auch Frauenbewegung, deshalb müssen wir mit einem festen, von ihnen verschiedenen Programm auf den Plan treten; wir müssen sagen können, dies thun wir und das thun wir nicht, wir können unsere höchsten Ziele nennen, aber dazu auch den von den anderen verschiedenen Weg, die verschiedenen Mittel dazu nicht verschweigen."[A] Julie Eichholz widersprach der Auffassung des ADF, er sei das Sprachrohr der einheitlich agierenden bürgerlichen Frauenbewegung. Sie vertrat vielmehr die Meinung, die Frauenbewegung würde von unterschiedlichsten Gruppierungen betrieben, die selbst für sich sprechen wollten.

Doch dieser Einstellung folgten weder Helene Bonfort in Hamburg noch Helene Lange für Deutschland. Julie Eichholz wurde im Winter 1904 als Vorsitzende der Ortsgruppe Hamburg des ADF abgewählt. Der ADF meinte nach wie vor der Mittelpunkt der Frauenbewegung in Hamburg zu sein. Wegen dieser Differenzen mit ihren Mitstreiterinnen engagierte sich Julie Eichholz bald fast nur noch in den von ihr selbst gegründeten Frauenvereinen. Diese wandten sich entschieden gegen die Ziele und Methoden der radikalen bürgerlichen Frauenbewegung. Gleichzeitig waren sie aber weitaus frauenrechtlerischer in ihrer Vorgehensweise als auch inhaltlichen Ausrichtung als die Vereine des ADF. So wandte sich Julie Eichholz gegen den § 218 und forderte seine ersatzlose Streichung. Auch vertrat sie in der Frage der Zulassung von Frauen zum Amt des Armenpflegers einen frauenrechtlerischen Standpunkt – im Gegensatz zu Helene Bonfort, die ihre Mitstreiterinnen aufforderte „jedes Pochen auf den frauenrechtlerischen Standpunkt abzulegen". Julie Eichholz entwickelte sich zu einer gemäßigten Frauenrechtlerin.

Nachdem Julie Eichholz den ADF verlassen hatte, löste sie 1911 ihre Vereine von der Ortsgruppe Hamburg des ADF ab. Im selben Jahr gründete sie den „Rechtsschutzverein für Frauen". Seine Auskunftstelle befand sich im Parterre eines großbürgerlichen Etagenhauses an der Moorweidenstraße 5. Die Sprechzeiten waren: Mi. u. Sa. 19–21 Uhr, Fr.: 10–12 Uhr. Rechtsschutz: Di: 7.30–9 Uhr. Der Verein bot Frauen mit wenig Einkommen Rechtsauskunft besonders in Ehe-, Miet- und Lohnstreitigkeiten, in Erbschaftsangelegenheiten, bei Vertragsabschlüssen und bei der Anfechtung von Schadensersatzansprüchen. Bereits 1907 hatte sich Julie Eichholz' Hausfrauen Verein vom ADF getrennt. „Der HHV führte eine entschlossene Auseinandersetzung mit der Sozialdemokratie über die ‚richtige' Form der Dienstbotenorganisation und die Rolle der bürgerlichen Hausfrau dabei".[A] In der „Hamburger Frauen Zeitung", der kostenlosen Vereinszeitung des HHV, bot die Rubrik „Für unser Hauspersonal" „meistens (...) belehrende Aufsätze über ‚das Wesen des Dienens' oder Tips für Küche und Haushalt. Insgesamt betrachtet waren die Initiativen des HHV darauf ausgerichtet, ein reformiertes, aber an traditionell patriarchalischen Vorstellungen orientiertes Dienstverhältnis zu erhalten – auch um weitergehende Ansprüche der Sozialdemokratie abzuwehren. Im Laufe seiner Tätigkeit wurde der HHV daher immer stärker ein berufspolitischer Verein für Arbeitgeberinnen."[A]

Als Julie Eichholz starb, gab es mehrere Nachrufe in den Hamburger Tageszeitungen. Der „Hamburger Correspondent" schrieb am 29.12.1918: „Mitten aus regem Schaffen hat der Tod Julie Eichholz gerissen. Noch am Tage zuvor, ehe ein Schlaganfall sie dahin raffte, war sie mit Plänen beschäftigt, wie der Hausfrauenverein politisch aufzuklären sei. Dieser Verein, aus ihrer Initiative vornehmlich entstanden, war ihr Lieblingskind und machte ihr viel Freude durch seine gedeihliche Entfaltung. (...)"

*Rita Bake*

Lit.:
A Kirsten Hevinsohn: Politik und Geschlecht. Zur politischen Kultur bürgerlicher Frauenvereine in Hamburg, Hamburg 1997.

## Lida Gustava Heymann (15.3.1868 Hamburg–31.7.1943 im Exil in Zürich)

Frauenrechtlerin des radikalen Zweiges der bürgerlichen Frauenbewegung

Lida Gustavas Vater, ein wohlhabender Hamburger Kaffeehändler, ließ seine fünf Töchter von Privatlehrern unterrichten, Gouvernanten brachten den jungen Damen Schliff bei, und Dienstboten hielten die Harvestehuder Villa in der Sophienterrasse 11 in Ordnung, in der die Familie lebte. Die Mutter, dreißig Jahre jünger als ihr Mann und aus armem sächsischen Adel stammend, gebar neun Kinder, vier von ihnen starben im Kindesalter. Eines der überlebenden fünf Kinder war Lida Gustava. Sie war eine Außenseiterin, nicht so sittsam wie ihre vier Schwestern und auch nicht so gehorsam. Im Alter von vierzehn Jahren durfte sie eine Höhere Töchterschule besuchen, kam mit sechzehn Jahren in ein Pensionat nach Dresden und wurde später Lehrerin an einer Hamburger Armenschule. Dort erfuhr sie die Sorgen und Nöte armer Frauen.

Lida Gustava Heymann wurde von ihrem Vater mit den Geschäften seiner Firma vertraut gemacht und erlernte so kaufmännisches Handeln. Kurz vor seinem Tod im Jahre 1896 bestimmte er sie zur Verwalterin seines Sechs-Millionen-Mark-Nachlasses. Als er starb, bedurfte es immenser Auseinandersetzungen mit dem Hamburger Staat, bis Lida Gustava Heymann dieses Amt antreten konnte – weil sie eine Frau war. In ihrer Funktion als Nachlassverwalterin engagierte sie sich in erster Linie für soziale Fragen und Frauenbelange. 1897 kaufte sie ein Haus in der Hamburger Paulstraße 25. Dies wurde Hamburgs erstes Frauenhaus. Lida Gustava Heymann richtete im Erdgeschoss einen Kinderhort mit kleinem Garten ein und ließ für die Frauen Wannen und Duschen installieren. Außerdem gab es einen Mittagstisch für erwerbstätige Frauen. „Dem Mittagstisch standen vier Räume in der dritten Etage zur Verfügung: ein kleines Bureau, ein großes Eßzimmer und zwei behaglich eingerichtete Wohnzimmer mit Büchern, Klavier und Nähmaschine. Die Zahl der Mittagsgäste betrug an manchen Tagen 150 Personen. Es wurden Unterhaltungsabende eingerichtet: Vorträge, Vorle- sungen, Gesang und Deklamationen fanden statt. (...) In der zweiten Etage wurde die so notwendig gewordene Beratungsstelle eingerichtet: Sprechstunden wurden erst zweimal wöchentlich, dann täglich von zwei bis vier Uhr angesetzt, die sich auch häufig bis sechs Uhr abends ausdehnten", schrieb Lida Gustava Heymann in ihrer Biographie „Erlebtes und Erschautes".[A] Und weiter heißt es bei ihr: „Nichts in meinem ganzen Leben hat mir einen besseren Einblick in die Ausbeutung der Frau durch den Mann im allgemeinen, den Ehemann und Arbeitgeber im besonderen verschafft wie diese Sprechstunden. Da lernte ich die korrupten Einrichtungen der sogenannten guten Gesellschaft, der Familie und des Staates gründlich kennen."[B]

In der Paulstraße 25 befanden sich auch die Räume der „Hamburger Filiale der Centralstelle für weibliche Bühnenangehörige Deutschlands". 1899 von Lida Gustava Heymann und Charlotte Engel-Reimers (1870–1930), gegründet, und noch weiterer Vereine. Bis zur Abspaltung des radikalen Zweigs der bürgerlichen Frauenbewegung hatte auch die 1896 von Lida Gustava Heymann und Helene Bonfort gegründete „Ortsgruppe Hamburg des Allgemeinen Deutschen Frauenvereins" (ADF) in der Paulstraße ihr Vereinslokal.

Lida Gustava Heymann trat für die Entkriminalisierung der Prostitution ein. „Ich war 27 Jahre alt geworden, ohne zu wissen, was ein Bordell ist. Ich ging den Dingen nach und erfuhr, daß die Männer unter dem Vorwand hygienischer Notwendigkeit zur Befriedigung ihres überzüchteten Sexuallebens wahre Lasterhöhlen schufen, in denen die Frauen mißhandelt, zur Ware gestempelt, ausgebeutet und obendrein als Paria gebrandmarkt wurden."[C] Unter der Parole „Es gibt nur eine Moral, und die gilt für Mann und Frau" gründete Lida Gustava Heymann 1897 den „Hamburger Verein der Abolitionistischen Föderation", der im dritten Stock der Paulstraße 25 seine Versammlungen abhielt. Der Verein ließ sogar in St. Paulis Lokalen Handzettel in die Mäntel der Prostituierten stecken, um sie auf das Frauenhaus in der Paulstraße aufmerksam zu machen.

*„Es gibt nur eine Moral, und die gilt für Mann und Frau."*
LIDA GUSTAVA HEYMANN, 1897

Eine weitere Forderung Lida Gustava Heymanns war die Professionalisierung der sozia-

Wo die Rolltreppe im 1. Stock der Europapassage ankommt, erinnert eine Gedenktafel an Lida Gustava Heymann und das von ihr mitinitiierte erste Hamburger Frauenhaus, das seinerzeit an diesem Platz in der damaligen Paulstraße 25 stand.

len Tätigkeit von Frauen. Auf ehrenamtlicher Basis hatten sich bürgerliche Frauen seit langem auf sozialem Gebiet betätigt. Lida Gustava Heymann wollte jedoch, dass Frauen auch zu den Ämtern in der öffentlichen Armenpflege in Hamburg zugelassen wurden. Bis 1918 blieb ihnen dies aber verwehrt.

Aus all diesen Kämpfen im sozialen Bereich schloss Lida Gustava Heymann, dass Frauen mehr Rechte, vor allem politische Rechte, benötigten. Sie gründete deshalb 1902, zusammen mit ihrer Lebensgefährtin Dr. Anita Augspurg den ersten deutschen Frauenstimmrechtsverein in Hamburg und führte in den folgenden Jahren viele Veranstaltungen zu diesem Thema in Hamburg und anderen Städten durch.

Nach 1906 zog Lida Gustava Heymann mit Dr. Anita Augspurg nach München und engagierte sich dort weiter. Ihre Aktivitäten galten nun der Friedensbewegung und der politischen Aufklärung. Im Ersten Weltkrieg gehörte Lida Gustava Heymann zu den Organisatorinnen des ersten internationalen Frauenfriedenskongresses 1915 in Den Haag. Sie gründete 1919 die „Internationale Frauenliga für Frieden und Freiheit“ (IFFF) mit. Von 1919 bis 1933 gab sie die Zeitschrift „Die Frau im Staat“ heraus, die über die Friedensbewegung und andere politische Themen informierte.

Als die Nationalsozialisten Ende Januar 1933 an die Macht kamen, blieben Dr. Anita Augspurg und Lida Gustava Heymann in ihrem Urlaubsland Schweiz im Exil. Sie hatten beide schon in der Weimarer Republik gegen Hitler agitiert und galten nun als besonders bedroht. Die nationalsozialistische Regierung konfiszierte den Besitz von Lida Gustava Heymann, so dass das Paar ohne finanzielle Mittel das Leben in der Emigration gestalten musste. Beide wohnten bei Freunden und Bekannten, Freunde aus dem Ausland stellten finanzielle Hilfen zur Verfügung und so konnte Lida Gustava Heymann zunächst ihre politische Arbeit für die IFFF weiterführen. Doch drohte die Schweizer Regierung allen Emigranten,

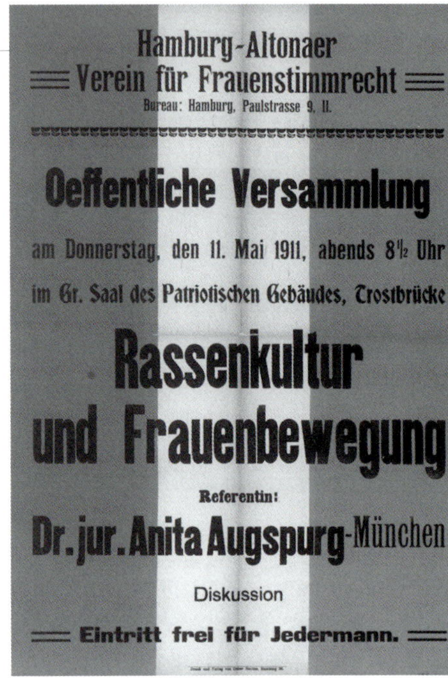


Der Verein für Frauenstimmrecht hatte Dr. Anita Augspurg aus München als Referentin eingeladen: 1911

Das Gebäude der Patriotischen Gesellschaft war der Veranstaltungsort der Versammlung

die sich politisch engagierten, mit dem Entzug der Aufenthaltsgenehmigung. Mit Beginn des Zweiten Weltkrieges stellte Lida Gustava Heymann ihre Arbeit ein, um ihre prekäre Lage im Exil nicht noch mehr zu erschweren. Nur wenige Jahre später starben Lida Gustava Heymann und Dr. Anita Augspurg in der Schweiz.

*Rita Bake*

Lit.:
A Lida Gustava Heymann in Zusammenarbeit mit Anita Augspurg: Erlebtes und Erschautes, hrsg. von Margrit Twellmann, Meisenheim 1977, S. 40.
B ebenda.
C Lida Gustava Heymann, a. a. O., S. 50

*Fortsetzung von S. 79*

In den folgenden Jahren hielten eine ganze Reihe von Frauenvereinen dort ihre Versammlungen ab, wurden Verkaufsmessen oder kulturelle Veranstaltungen organisiert. Es gab ein Lese- und Schreibzimmer sowie einige Gästezimmer für durchreisende Frauen. Insgesamt zeigte sich, dass dieser so genannte große Frauenklub am Jungfernstieg vor allem eine Einrichtung für die führende Gesellschaftsschicht in Hamburg war. Alleinstehende Frauen des mittleren Bürgertums fühlten sich nur bedingt von diesem Klub angesprochen. 1909 und 1910 wurden deshalb zwei weitere Klubs etabliert, in denen weniger auf die standesgemäße Kleidung, aber mehr auf die gemeinsame Bildungs- und Kulturarbeit geachtet wurde. Alle diese Aktivitäten riefen jedoch auch Kritiker auf den Plan, die eigene Räume für Frauen als unnatürlich und aufrührerisch kritisierten. Die Befürworterinnen der Frauenklubs wiesen gegenüber dem Vorwurf der „Unnatürlichkeit" auf die Rechtmäßigkeit ihrer Ansprüche hin, entweder indem sie auf die Gleichberechtigung mit den Männern verwiesen oder die Notwendigkeit eigener Räume für erwerbstätige Frauen unterstrichen. Die Journalistin Frieda Radel verteidigte die Einrichtung von Klubs mit der Begründung, dass erwerbstätige Frauen oft alleinstehend seien und daher in ihrer freien Zeit nach geselliger Unterhaltung oder Weiterbildung strebten. Die gesellschaftlichen Konventionen verboten aber diesen Frauen, sich in Restaurants oder Gaststätten allein oder in Frauengruppen aufzuhalten. „Weil alle die Notstände (des Alleinlebens, d. Verf.) in besonderem Maße die Frauen treffen, die nicht wie der Mann sich des Abends in irgend ein Restaurant setzen können, um dort alle möglichen Zeitschriften und Zeitungen zu lesen, oder auch Unterhaltung beim Billard, Domino, Skat, Kegeln zu finden, so mußten auch Frauen für Abhilfe sorgen."[45]

Diese Auseinandersetzung über die Frauenklubs zeigte einmal mehr, dass sich zwar viel, aber noch längst nicht alles zugunsten der Frauen geändert hatte.

Frauenklub mit langer Lebensdauer: der Frauenklub Hamburg e. V. lädt ein, 18.2.1936

**Auflage: 7000 Exemplare.**

Nr. 6
2. Jahrgang

# Vortrag-Anzeiger

März 1914.

für

# :: Frauenvereine von Hamburg ::

und Umgegend.

**Allgemeiner Deutscher Frauenverein, Ortsgruppe Hamburg.**
**Berufsberatungsstelle für Mädchen und Frauen, Hamburg.**
**Bergedorfer Verein für Frauenstimmrecht.**
**Bezirksverein Hamburg-Altona und Umgegend des norddeutschen Verbandes für Frauenstimmrecht.**
**Deutscher Bund abstinenter Frauen, Ortsgruppe Hamburg E. V.**
**Deutsch-Evangelischer Frauenbund, Ortsgruppe Altona.**
**Deutsch-Evangelischer Frauenbund, Ortsgruppe Hamburg.**
**Deutsch-Evangelischer Frauenbund, Ortsgruppe Harburg.**
**Frauenbund zur Förderung der Deutschen Spitzenindustrie, Ortsgruppe Hamburg-Altona.**
**Frauengruppe des Vereins der Vereinigten Liberalen.**
**Frauenklub Hamburg E. V.**
**Hamburg-Altonaer Verein für Frauenstimmrecht E. V.**
**Hamburg-Altonaer Verein f. Neue Frauenkleidung u. Frauenkultur.**
**Hamburger Landesverein für Frauenstimmrecht.**
**Hamburg-Altonaer Zweigverein der Internationalen Abolitionist. Föderation.**
**Hamburgischer Verein für Waisenpflege, Armenpflege und Vormundschaft.**
**Jugendgruppe Altona u. Umgegend des Verbandes Norddeutscher Frauenvereine.**
**Neuer Hamburgischer Frauenklub von 1910, E. V.**
**Ortsverein Hamburg des Internationalen Vereins der Freundinnen junger Mädchen.**
**Soziale Hilfsgruppen.**
**Verband akademisch gebildeter Lehrerinnen, Abteilung Hamburg.**
**Verband Norddeutscher Frauenvereine, Ortsgruppe Altona.**
**Verein Frauenbildung-Frauenstudium.**
**Verein für Körperkultur Harvestehude-Roterbaum.**
**Verein für politische Bildung der Frau, Harburg.**
**Verein Hamburger Haushaltungslehrerinnen E. V.**
**Verein Hamburger Volksschullehrerinnen.**
**Zweig-Verein Hamburg des katholischen Frauenbundes.**

**Vorsitzende des Vortragkartells:** Frau Emma Ender, Hamburg, Armgartstraße 20, Tel. V, 7287. Sprechzeit: Freitag 3–5 Uhr.
Manuskripte ꝛc. für den Anzeiger sind zu richten an das Büro des Kartells, z. H. Fräulein Ida Jens, Paulstr. 9 II. Telef. Anruf **nur während der** Sprechzeit Dienstag, Mittwoch, Freitag von 11–2 Uhr. Tel. 6, 5873.

---

Dienstag, 3. März, 3 Uhr nachmittags.
**Ortsgruppe Hamburg des Deutsch-Evang. Frauenbundes.**
Tewessteg 12.
### Sozialer Lesenachmittag.
Jedes Mitglied herzlich willkommen. Tee 20 Pfennig.

---

Dienstag, 3. März. 3 Uhr nachm.
**Frauenklub Hamburg E. V.**, Neuer Jungfernstieg 19.
### Vortrag
von Herrn Dr. phil. u. med. **Georg Sommer**:
**„Die Vererbung des Talents".**

---

Dienstag, 3. März, 4 1/2 Uhr nachm.
**Neuer Hamburgischer Frauenklub von 1910. E. V.**
Gr. Theaterstr. 23 I.
**Tee**, Musikalische Darbietungen, Klavier, Gesang, Violine.
Nur für Mitglieder und Eingeführte.

---

Mittwoch, 4. März, 8 1/2 Uhr abends.
**Hamburg-Altonaer Verein für Frauenstimmrecht. E. V.**
Paulstraße 9, III.
### Diskutierabend.
**„Resultate des Frauenstimmrechts".**
Referentin: Frau **Frieda Radel.**
Diskussion. Einführung von Gästen sehr erwünscht.

---

Donnerstag, 5. März, 7 3/4 Uhr abends.
**Verband akademisch gebildeter Lehrerinnen, Abt. Hamburg.**
Schule des Paulsenstift, Bülaustraße 20
**„Über die Jugendgruppenbewegung".**
Referentin: Frau **Emma Ender.**
Gäste willkommen.

---

Donnerstag, 5. März, 8 Uhr abends.
**Ortsgruppe Hamburg d. Deutsch-Evangelischen Frauenbundes.**
Frauenklub, Neuer Jungfernstieg 19.
### Mitgliederversammlung mit Teeabend.
**Vortrag** von Herrn Pastor **Jänisch**:
**„Ein notwendiges Frauenamt in der Kirche der Gegenwart".**
Gäste willkommen.
Eintritt 60 Pfg., wofür Tee und Gebäck.

---

Donnerstag, 5. März, 8 1/2 Uhr abends.
**Neuer Hamburgischer Frauenklub von 1910. E. V.**
Gr. Theaterstraße 23 I.
**Vortrag** von Herrn Architekt **J. Oltmanns**
**„Innenarchitektur".**
Nur für Mitglieder und Eingeführte.

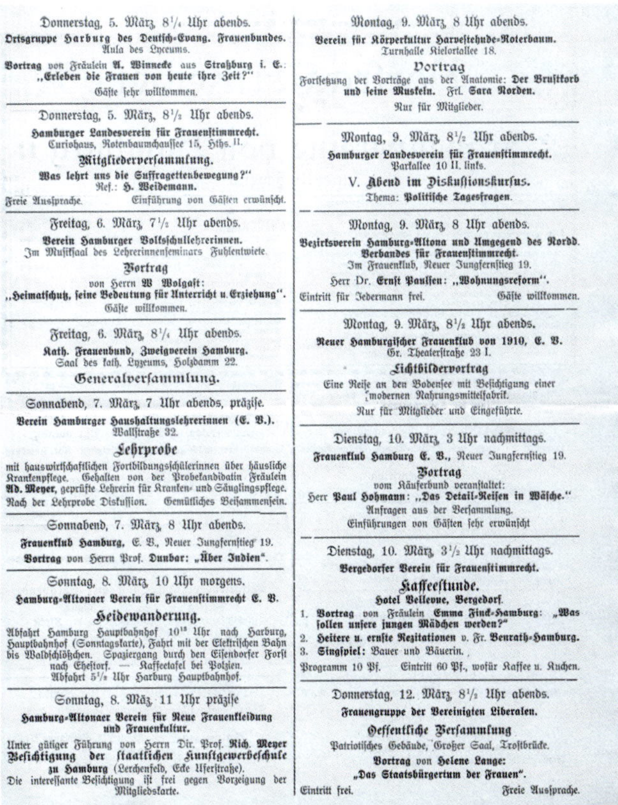

Donnerstag, 5. März, 8¼ Uhr abends.
**Ortsgruppe Harburg des Deutsch-Evang. Frauenbundes.**
Aula des Lyceums.
**Vortrag** von Fräulein **A. Winnecke** aus **Straßburg i. E.**:
**„Erleben die Frauen von heute ihre Zeit?“**
Gäste sehr willkommen.

Donnerstag, 5. März, 8½ Uhr abends.
**Hamburger Landesverein für Frauenstimmrecht.**
Curiohaus, Rotenbaumchaussee 15, Hths. II.
**Mitgliederversammlung.**
**Was lehrt uns die Suffragettenbewegung?“**
Ref.: **H. Weidemann.**
Freie Aussprache. Einführung von Gästen erwünscht.

Freitag, 6. März, 7½ Uhr abends.
**Verein Hamburger Volksschullehrerinnen.**
Im Musiksaal des Lehrerinnenseminars Fuhlentwiete.
**Vortrag**
von Herrn **W Wolgast**:
**„Heimatschutz, seine Bedeutung für Unterricht u. Erziehung“.**
Gäste willkommen.

Freitag, 6. März, 8¼ Uhr abends.
**Kath. Frauenbund, Zweigverein Hamburg.**
Saal des kath. Lyzeums, Holzdamm 22.
**Generalversammlung.**

Sonnabend, 7. März, 7 Uhr abends, präzise.
**Verein Hamburger Haushaltungslehrerinnen (E. V.).**
Wallstraße 32.
**Lehrprobe**
mit hauswirtschaftlichen Fortbildungsschülerinnen über häusliche Krankenpflege. Gehalten von der Probekandidatin Fräulein **Ad. Meyer**, geprüfte Lehrerin für Kranken- und Säuglingspflege. Nach der Lehrprobe Diskussion. Gemütliches Beisammensein.

Sonnabend, 7. März, 8 Uhr abends.
**Frauenklub Hamburg**, E. V., Neuer Jungfernstieg 19.
**Vortrag** von Herrn Prof. **Dunbar: „Über Indien“.**

Sonntag, 8. März, 10 Uhr morgens.
**Hamburg-Altonaer Verein für Frauenstimmrecht E. V.**
**Heidewanderung.**
Abfahrt Hamburg Hauptbahnhof $10^{18}$ Uhr nach Harburg, Hauptbahnhof (Sonntagskarte), Fahrt mit der Elektrischen Bahn bis Waldschlößchen. Spaziergang durch den Eisendorfer Forst nach Ehestorf. — Kaffeetafel bei Polzien.
Abfahrt 5½ Uhr Harburg Hauptbahnhof.

Sonntag, 8. Mäz, 11 Uhr präzise
**Hamburg-Altonaer Verein für Neue Frauenkleidung und Frauenkultur.**
Unter gütiger Führung von Herrn Dir. Prof. **Rich. Meyer**
**Besichtigung der staatlichen Kunstgewerbeschule zu Hamburg** (Lerchenfeld, Ecke Uferstraße).
Die interessante Besichtigung ist frei gegen Vorzeigung der Mitgliedskarte.

Montag, 9. März, 8 Uhr abends.
**Verein für Körperkultur Harvestehude-Roterbaum.**
Turnhalle Kielortallee 18.
**Vortrag**
Fortsetzung der Vorträge aus der Anatomie: **Der Brustkorb und seine Muskeln.** Frl. **Sara Norden.**
Nur für Mitglieder.

Montag, 9. März, 8½ Uhr abends.
**Hamburger Landesverein für Frauenstimmrecht.**
Parkallee 10 II. links.
V. **Abend im Diskussionskursus.**
Thema: **Politische Tagesfragen.**

Montag, 9. März, 8 Uhr abends.
**Bezirksverein Hamburg-Altona und Umgegend des Nordd. Verbandes für Frauenstimmrecht.**
Im Frauenklub, Neuer Jungfernstieg 19.
Herr Dr. **Ernst Paulsen: „Wohnungsreform“.**
Eintritt für Jedermann frei. Gäste willkommen.

Montag, 9. März, 8½ Uhr abends.
**Neuer Hamburgischer Frauenklub von 1910, E. V.**
Gr. Theaterstraße 23 I.
**Lichtbildervortrag**
Eine Reise an den Bodensee mit Besichtigung einer modernen Nahrungsmittelfabrik.
Nur für Mitglieder und Eingeführte.

Dienstag, 10. März, 3 Uhr nachmittags.
**Frauenklub Hamburg E. V.**, Neuer Jungfernstieg 19.
**Vortrag**
vom Käuferbund veranstaltet:
Herr **Paul Hohmann: „Das Detail-Reisen in Wäsche.“**
Anfragen aus der Versammlung.
Einführungen von Gästen sehr erwünscht

Dienstag, 10. März, 3½ Uhr nachmittags.
**Bergedorfer Verein für Frauenstimmrecht.**
**Kaffeestunde.**
**Hotel Bellevue, Bergedorf.**
1. **Vortrag** von Fräulein **Emma Fink-Hamburg: „Was sollen unsere jungen Mädchen werden?“**
2. **Heitere u. ernste Rezitationen** v. Fr. **Benrath-Hamburg.**
3. **Singspiel:** Bauer und Bäuerin.

Programm 10 Pf. Eintritt 60 Pf., wofür Kaffee u. Kuchen.

Donnerstag, 12. März, 8½ Uhr abends.
**Frauengruppe der Vereinigten Liberalen.**
**Oeffentliche Versammlung**
Patriotisches Gebäude, Großer Saal, Trostbrücke.
**Vortrag** von **Helene Lange:**
**„Das Staatsbürgertum der Frauen“.**
Eintritt frei. Freie Aussprache.

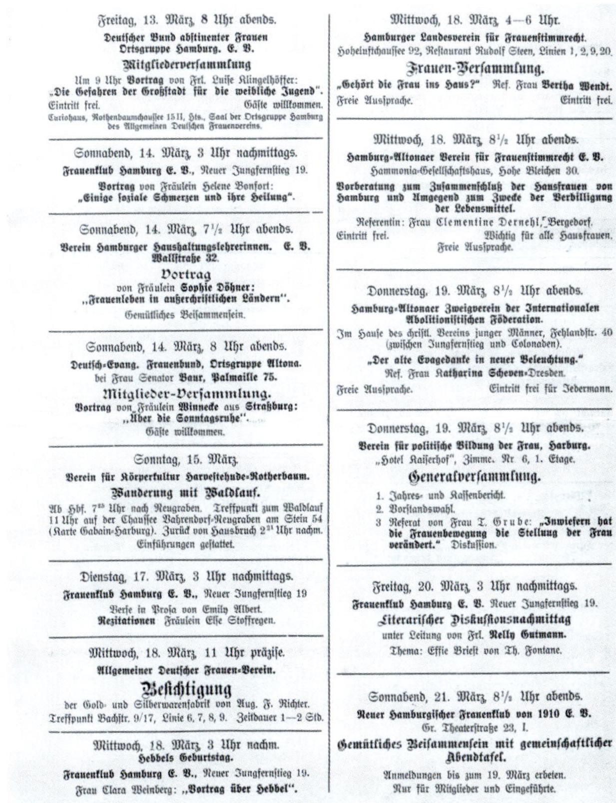

Freitag, 13. März, 8 Uhr abends.
**Deutscher Bund abstinenter Frauen Ortsgruppe Hamburg. E. V.**
**Mitgliederversammlung**
Um 9 Uhr **Vortrag** von Frl. Luise Klingelhöffer:
**„Die Gefahren der Großstadt für die weibliche Jugend“.**
Eintritt frei. Gäste willkommen.
Curiohaus, Rothenbaumchaussee 15 II, Hts., Saal der Ortsgruppe Hamburg des Allgemeinen Deutschen Frauenvereins.

Sonnabend, 14. März, 3 Uhr nachmittags.
**Frauenklub Hamburg E. V.**, Neuer Jungfernstieg 19.
**Vortrag** von Fräulein Helene Bonfort:
**„Einige soziale Schmerzen und ihre Heilung“.**

Sonnabend, 14. März, 7½ Uhr abends.
**Verein Hamburger Haushaltungslehrerinnen. E. V.**
**Wallstraße 32.**
**Vortrag**
von Fräulein **Sophie Döhner:**
**„Frauenleben in außerchristlichen Ländern“.**
Gemütliches Beisammensein.

Sonnabend, 14. März, 8 Uhr abends.
**Deutsch-Evang. Frauenbund, Ortsgruppe Altona.**
bei Frau Senator **Baur, Palmaille 75.**
**Mitglieder-Versammlung.**
**Vortrag** von Fräulein **Winnecke** aus **Straßburg:**
**„Über die Sonntagsruhe“.**
Gäste willkommen.

Sonntag, 15. März.
**Verein für Körperkultur Harvestehude-Rotherbaum.**
**Wanderung mit Waldlauf.**
Ab Hbf. $7^{25}$ Uhr nach Neugraben. Treffpunkt zum Waldlauf 11 Uhr auf der Chaussee Bahrendorf-Neugraben am Stein 54 (Karte Gabain-Harburg). Zurück von Hausbruch $2^{21}$ Uhr nachm.
Einführungen gestattet.

Dienstag, 17. März, 3 Uhr nachmittags.
**Frauenklub Hamburg E. V.**, Neuer Jungfernstieg 19
Verse in Prosa von Emily Albert.
**Rezitationen** Fräulein Else Stoffregen.

Mittwoch, 18. März, 11 Uhr präzise.
**Allgemeiner Deutscher Frauen-Verein.**
**Besichtigung**
der Gold- und Silberwarenfabrik von Aug. F. Richter.
Treffpunkt Bachstr. 9/17, Linie 6, 7, 8, 9. Zeitdauer 1—2 Std.

Mittwoch, 18. März, 3 Uhr nachm.
**Hebbels Geburtstag.**
**Frauenklub Hamburg E. V.**, Neuer Jungfernstieg 19.
Frau Clara Weinberg: **„Vortrag über Hebbel“.**

Mittwoch, 18. März, 4—6 Uhr.
**Hamburger Landesverein für Frauenstimmrecht.**
Hoheluftchaussee 92, Restaurant Rudolf Steen, Linien 1, 2, 9, 20.
**Frauen-Versammlung.**
**„Gehört die Frau ins Haus?“** Ref. Frau **Bertha Wendt.**
Freie Aussprache. Eintritt frei.

Mittwoch, 18. März, 8½ Uhr abends.
**Hamburg-Altonaer Verein für Frauenstimmrecht E. V.**
Hammonia-Gesellschaftshaus, Hohe Bleichen 30.
**Vorberatung zum Zusammenschluß der Hausfrauen von Hamburg und Umgegend zum Zwecke der Verbilligung der Lebensmittel.**
Referentin: Frau Clementine Dernehl, Bergedorf.
Eintritt frei. Wichtig für alle Hausfrauen.
Freie Aussprache.

Donnerstag, 19. März, 8½ Uhr abends.
**Hamburg-Altonaer Zweigverein der Internationalen Abolitionistischen Föderation.**
Im Hause des christl. Vereins junger Männer, Fehlandstr. 40 (zwischen Jungfernstieg und Colonaden).
**„Der alte Evagedanke in neuer Beleuchtung.“**
Ref. Frau **Katharina Scheven-Dresden.**
Freie Aussprache. Eintritt frei für Jedermann.

Donnerstag, 19. März, 8½ Uhr abends.
**Verein für politische Bildung der Frau, Harburg.**
„Hotel Kaiserhof“, Zimme. Nr 6, 1. Etage.
**Generalversammlung.**
1. Jahres- und Kassenbericht.
2. Vorstandswahl.
3 Referat von Frau T. Grube: **„Inwiefern hat die Frauenbewegung die Stellung der Frau verändert.“** Diskussion.

Freitag, 20. März, 3 Uhr nachmittags.
**Frauenklub Hamburg E. V.** Neuer Jungfernstieg 19.
**Literarischer Diskussionsnachmittag**
unter Leitung von Frl. **Nelly Gutmann.**
Thema: Effie Briest von Th. Fontane.

Sonnabend, 21. März, 8½ Uhr abends.
**Neuer Hamburgischer Frauenklub von 1910 E. V.**
Gr. Theaterstraße 23, I.
**Gemütliches Beisammensein mit gemeinschaftlicher Abendtafel.**
Anmeldungen bis zum 19. März erbeten.
Nur für Mitglieder und Eingeführte.

Bis zur Schwelle des Ersten Weltkriegs entfaltete das Netzwerk der Hamburger Frauenvereine ein umfangreiches und vielseitiges Vortragsprogramm: von Frauenstimmrecht über Innenarchitektur zu Gesundheitsfragen, mehrseitiges Ankündigungsblatt von 1914

# Die Frauenbewegung und der Erste Weltkrieg: Tradition und Aufbruch 1914 bis 1918

Internationaler Frauenfriedenskongress in Den Haag 1915
Die gebürtige Hamburgerin Lida Gustava Heymann war auch hingereist

Mit dem Übergang ins 20. Jahrhundert war die Hamburger Bewegung also mehr denn je ein Teil der gesamten deutschen Frauenbewegung geworden – und doch blieben hamburgische Partikularismen erhalten. Dies zeigte sich nicht zuletzt bei Beginn des Weltkrieges im August 1914. Während in fast allen größeren Städten des Deutschen Reiches die aktiven Frauen der Bewegung eigenständige Organisationen des „Nationalen Frauendienstes" zur Unterstützung aller Aufgaben der Kriegsfürsorge bildeten und diese von Staat und Kommunen als gleichberechtigte Partnerinnen anerkannt wurden, konnten die Hamburgerinnen eine solche Position nicht erreichen. In Hamburg wurde am 2. August 1918 die „Hamburgische Kriegshilfe" (HK) gegründet – allerdings ohne, dass eine Einladung an die Frauenvereine erging. Als Folge dieser Politik konnten die Frauen nur noch als „Frauenausschuss der Hamburgischen Kriegshilfe", also als Unterabteilung, ihre Dienste eingliedern. Sie hofften, dass ihnen dennoch – wie auch in anderen Städten – ein gleichberechtigter Platz in der neuen Organisation eingeräumt werden würde. Doch wurde diese Hoffnung enttäuscht: Die Leitung der Hamburgischen Kriegshilfe stellte es den jeweiligen Leitern frei, ob sie Frauen als gleichberechtigte Partnerinnen heranziehen wollten oder nicht. Damit waren die Frauenvereine wieder einmal auf den guten Willen einzelner Männer angewiesen.

Die Berichterstatterinnen des Frauenausschusses konstatierten daher 1915 sehr ernüchtert: „Leider hat sich die Hoffnung auf Heranziehung der Frauenorganisation als solcher zur ehrenamtlichen Tätigkeit durch die HK nur in geringem Umfang erfüllt […] Die Kriegshilfebezirke unterstehen nur männlicher Leitung. Dies erscheint vom Frauenstandpunkt aus als erheblicher Nachteil. […] Da die Erfahrung es bestätigt hat, daß für die soziale Hilfeleistung das Geschlecht des Helfenden von großer Bedeutung ist, so wurde es von den Frauen als Hemmung empfunden, daß die Ergänzung zwischen männlichem und weiblichem Denken und Tun nicht durch die Organisationsform von vornherein gegeben war."[46]

Aus einer Ende November 1915 erhobenen Statistik über die Beteiligung von Frauen an der Tätigkeit der Bezirke wurde deutlich, dass nur 10 % der beteiligten Helferinnen in die Entscheidungsgremien der Bezirke gewählt worden waren.

Die Beteiligung bürgerlicher Frauen an zivilen Unterstützungsleistungen während kriegerischer Auseinandersetzungen hatte in Hamburg eine gewisse Tradition. Schon in den napoleonischen Kriegen hatte sich der erste Frauenverein zur Unterstützung hilfsbedürftiger Soldatenfamilien gegründet, der „Hamburger Frauen-Verein von 1813". Im Deutsch-Dänischen Krieg 1864 regten Emilie Wüstenfeld und andere die Einrichtung eines „Frauenvereins für Schleswig-Holstein" an, der sich in Form eines Komitees zur Sammlung von Spendengeldern konstituierte. Dieser Frauenverein war offenbar ein kurzlebiger Vorläufer für den zwischen 1866 und 1870/71 gegründeten „Vaterländischen Frauenhülfsverein zu Hamburg" (VFV). Erst der VFV entwickelte sich zu einem sozialen Frauenverein, der die Zeit des Krieges überdauerte. Die Sammlung von Spenden, die Unterhaltung von Krankenhäusern und die Schulung von freiwilligen Krankenhelferinnen

GEMÄSSIGTE BÜRGERLICHE FRAUENBEWEGUNG:

*„… die Erfahrung […] bestätigt […], daß für die soziale Hilfeleistung das Geschlecht des Helfenden von großer Bedeutung ist …"*

FRAUENAUSSCHUSS DER HAMBURGISCHEN KRIEGSHILFE, 1915

dienten in Friedenszeiten der Unterstützung staatlicher Krankenpflege, während alle diese Einrichtungen im Falle eines Krieges auch für die Versorgung von Truppen eingesetzt werden konnten. Demgegenüber entstand der Frauenausschuss 1914 aus einem stärkeren Selbstbewusstsein der beteiligten Frauen, dass die vielfältigen Aufgaben der Kriegswohlfahrt nicht mit finanziellen Mitteln allein zu bewältigen sein würden und dass sie für ihren Einsatz auch Rechte erhalten wollten.

Der Frauenausschuss etablierte sich parallel, aber in direkter Verbindung zur Hamburgischen Kriegshilfe (HK). Die vereinigten Frauenvereine, die in Hamburg ausschließlich aus dem bürgerlichen Vereinsspektrum der Frauenbewegung kamen, d. h. sozialdemokratische Frauenvereine waren hier nicht vertreten, wählten einen Vorstand mit elf Vertreterinnen. Den Vorsitz übernahm Helene Bonfort. Ebenso wie die HK finanzierte der Frauenausschuss seine Tätigkeiten durch freiwillige Beiträge der angeschlossenen Vereine und einzelner Personen. Die Geschäftsstelle des Frauenausschusses wurde in den Räumen des „Frauenklub Hamburg“ errichtet. Um die Verbindung zu den Bezirksausschüssen der HK kontinuierlich zu erhalten, delegierte der Frauenausschuss an jeden Bezirk zwei „Vertrauensfrauen“. Diese Frauen warben vorrangig ehrenamtlich tätige Frauen für die soziale Arbeit und informierten den Frauenausschuss über die Situation in den Bezirken. Die eigene Tätigkeit des Frauenausschusses bestand vor allem aus konkreten sozialen Hilfeleistungen, nur in wenigen Ausnahmefällen gewährten die Frauenvereine auch Geldbeträge.

weiter auf S. 92

Aus all dem wird deutlich, dass sich die Frauenvereine in Hamburg zwar bemühten, ihren Platz in der Kriegshilfe zu behaupten. Das Entgegenkommen der staatlich Verantwortlichen war aber denkbar gering. Ende 1915 beschlossen die Vereine deshalb, den Frauenausschuss wieder aufzulösen, denn ihre Tätigkeit wurde stets nur als Ergänzung, nie als gleichberechtigte Beteiligung verstanden. Auch unter den Bedingungen des Krieges zeigten sich die männlichen Verantwortlichen in Senat, Bürgerschaft und den bürgerlichen Hilfseinrichtungen immer noch nicht bereit, die rechtliche Diskriminierung der Frauen aufzuheben – ebenso wenig wie sie sich geneigt zeigten, die Sozialdemokratie und die Gewerkschaften an der Verwaltung bzw. Regierung der Stadt zu beteiligen.[47] Die Frauenvereine zogen daraus konsequent den Schluss, eine unabhängige Vereinigung sei sinnvoller als die Unterordnung innerhalb der HK.

## Grete Marie Zabe, geb. Tischkowski (18.3.1877 Danzig–1.12.1963 Hamburg)

Vorsitzende des Frauenaktionsausschusses der SPD, Mitglied der Hamburgischen Bürgerschaft (SPD)

Grete war fünf Jahre alt, als ihre Eltern, der Vater ein Schiffszimmerergeselle, die Mutter ein Dienstmädchen, verstarben. Sie kam in ein Waisenhaus, später zu Pflegeeltern. Grete Zabe besuchte die Volksschule, wurde Dienstmädchen, später Arbeiterin in einer Zigarrenfabrik. Mit 20 Jahren heiratete sie einen Malergehilfen. Ein Jahr später wurde das erste Kind, drei Jahre darauf das zweite und nach weiteren vier Jahren das dritte Kind geboren. Da das Gehalt ihres Mannes nicht für den Lebensunterhalt der Familie ausreichte, übernahm Grete Zabe Aushilfsarbeiten. 1906 zog das Ehepaar nach Hamburg. Dort wurde Grete Zabe auf Anregung ihres Mannes, einem aktiven Sozialdemokraten und Gewerkschafter, im Jahr 1907 Mitglied der SPD. Grete Zabe, die großes Redetalent besaß, machte Parteikarriere: 1913 wurde sie in den SPD-Distriktvorstand Hamburg-Uhlenhorst gewählt und leitete während des Ersten Weltkrieges die Kriegsküche der Hamburgischen Kriegshilfe dieses Stadtteils. Von 1919 bis 1933 war sie Mitglied der Hamburgischen Bürgerschaft und im Ausschuss für Wohnungsfragen sowie als einzige Frau in der Deputation für das Gefängniswesen tätig, wo sie sich für eine Reform des Strafvollzuges stark machte. Zwischen 1922 und 1933 agierte sie als Mitglied des Landesvorstandes und des Frauenaktionsausschusses der SPD. Von 1922 bis 1927 war sie Vorsitzende des Frauenaktionsausschusses. Dieser hatte sich das Ziel gesetzt, möglichst viele Wählerinnen zu gewinnen. Allerdings erreichten die Genossinnen mit ihren Frauenversammlungen, Plakaten und Flugblättern nicht die breite Masse. Die bürgerlichen Parteien hingegen hatten schon länger erkannt, wie die „Frau von der Straße“ am besten anzusprechen sei – nämlich mit Angeboten im Freizeitbereich. So wurde ab 1924 auch die SPD in dieser Richtung aktiv, bot „Frauenfeierabendstunden“ und Film- und Lichtbildabende mit kurzen politischen Referaten an.

Die zentralen Forderungen der SPD und des Frauenaktionsausschusses waren u. a.: gleicher Lohn für gleiche Arbeit, Verbesserung des Arbeits- und Mutterschutzes für erwerbstätige Frauen, gleiches Recht auf Erwerbstätigkeit für Mann und Frau, Reform des Paragraphen 218.

1933 und 1944 wurde Grete Zabe von der Gestapo mehrere Tage inhaftiert – und auch Hausdurchsuchungen musste ihre Familie über sich ergehen lassen.

Nach 1945 war Grete Zabe wieder für die SPD und die Arbeiterwohlfahrt aktiv.

*Rita Bake*

Lit.:
Vgl.: Karen Hagemann/Jan Kollossa: Gleiche Rechte, gleiche Pflichten? Hamburg 1990.

*Fortsetzung von S. 90*

Innerhalb der Frauenbewegung gab es aber dennoch weiter Differenzen. Während sich die meisten Frauenvereine in Hamburg an der Tätigkeit für den Frauenausschuss beteiligten und auch reichsweit die Frauenorganisationen der SPD überwiegend im Nationalen Frauendienst mitarbeiteten, plädierten die Vertreterinnen der Radikalen und einige unabhängige Sozialdemokratinnen für Frieden und Abrüstung. Aus der Kriegszeit in Hamburg gibt es so gut wie keine Hinweise auf konkrete Aktivitäten von Frauen für Frieden. Der Verein für Frauenstimmrecht, der sich als Nachfolgegruppe des 1909 aufgelösten Vereins „Frauenwohl" einordnete, wurde sogar Mitglied im Frauenausschuss der Hamburgischen Kriegshilfe, äußerte sich aber seit 1915 stets kritisch zum Krieg. Der Verein unterstützte grundsätzlich nur Zivilpersonen, die von den Kriegsereignissen betroffen waren, z. B. sammelte er Spenden für inhaftierte deutsche Frauen und Kinder in Südfrankreich. Direkte Unterstützung von Truppenteilen oder ähnliches wurde dagegen abgelehnt.[48] Die Vereinsmitglieder blieben also der Tradition der Radikalen treu und insofern ist zu vermuten, dass sie auch die Initiativen der ehemaligen Hamburgerin Lida Gustava Heymann unterstützten. Diese lebte inzwischen mit Anita Augspurg in München und beide waren aktive Vertreterinnen des Pazifismus. 1915 gehörten sie zu den Teilnehmerinnen des ersten Internationalen Frauen-Friedenskongresses in Den Haag. Die Kongressteilnehmerinnen gründeten ein Komitee sowie mehrere nationale „Frauenausschüsse für dauernden Frieden", die die pazifistische Frauenarbeit international und national voranbringen sollten. Den Ausschuss für Deutschland begründeten u. a. Heymann und Augspurg. 1919 ging aus diesen Ausschüssen die Internationale Frauenliga für Frieden und Freiheit hervor.

Auch die Sozialdemokratie spaltete sich an der Frage, wie der Krieg einzuschätzen sei. War die große Mehrheit der SPD zunächst noch bereit, die deutsche Regierung im Krieg bedingungslos zu unterstützen, so mehrten sich doch ab 1915 die Stimmen, die den Krieg und vor allem die Politik der Parteiführung kritisierten. Der „Burgfrieden" und die Unterstützung der SPD für die Kriegskredite gerieten innerparteilich immer stärker unter Beschuss. 1917 gründete eine Reihe von Dissidenten dann die Unabhängige SPD, die sich als revolutionäre und pazifistische Alternative zur SPD verstand. Unter den Gründungsmitgliedern der USPD waren auch aktive Frauenpolitikerinnen, wie Clara Zetkin und Luise Zietz.

Für die bürgerliche Frauenbewegung in Hamburg waren die diskriminierenden Erfahrungen in der Kriegsarbeit sowie der Gedanke, die im Krieg hergestellte Einheit unter den Frauen solle auch in Friedenszeiten gewahrt bleiben, Motivation für einen weiteren Zusammenschluss. Als Nachfolgeorganisation für den Frauenausschuss der HK wurde am 25. November 1915 der „Stadtbund Hamburgischer Frauenvereine"[49] (im Folgenden: Stadtbund) unter dem Vorsitz von ***Emma Ender (1875–1954)*** gegründet.

*weiter auf S. 95*

## Emma Ender, geb. Behle (2.8.1875 Frankfurt a. Main–25.2.1954 Hamburg)

Frauenrechtlerin des gemäßigten Flügels der bürgerlichen Frauenbewegung, Mitglied der Hamburgischen Bürgerschaft (Deutsche Volkspartei, DVP)

1925, zum 50. Geburtstag Emma Enders', schrieb der Hamburgische Correspondent: „Ihr Leben galt einzig und allein der Emanzipation der Frau. Um dieses gleiche Recht der Frau im öffentlichen Leben hat Emma Ender Zeit ihres Lebens gekämpft, aber sie tat es nie mit dem Fanatismus der sog. Frauenrechtlerin, immer mit dem klugen und gesunden Gefühl für die echte Neben- und Unterordnung, die das Leben verlangt. Und weil sie neben allem Kampfe und Streit niemals das Wesen der Frau vergaß, darum hat sie die Erfolge gehabt, die den Werdegang ihres Lebens bezeichnen."

In diesem abgesteckten Rahmen, der es nicht zuließ, dass die Frau jemals eine gleichberechtigte Stellung dem Manne gegenüber einnehmen konnte, durfte die Frau für die Rechte der Frauen eintreten und galt das Wort „Emanzipation" nicht als Schimpfwort. Emma Ender wurde 1875 als fünftes Kind einer begüterten Kaufmannsfamilie in Frankfurt am Main geboren. Das Elternhaus stand in Darmstadt. Als Emma 15 Jahre alt war, zog ihr Vater nach Frankfurt, wohin sie ihm zunächst allein folgte. Drei Jahre später, 1893, starb Emmas Mutter und zwei weitere Kinder zogen nun zum Vater.

Emma Ender besuchte in Darmstadt und Frankfurt die Staatliche Schule für höhere Töchter. Ihr Vater erlaubte ihr nicht, einen Beruf zu erlernen, er wollte sie im Hause behalten.

Mit 25 Jahren heiratete Emma Ender den Hamburger Exportkaufmann Max Ender und zog 1900 mit ihm nach Hamburg. Die Ehe blieb kinderlos. Emma Ender schloss sich der Hamburger Ortsgruppe des Allgemeinen Deutschen Frauenvereins (ADF) an.

Im Januar 1900 gründete der ADF den Verein Soziale Hilfsgruppen. Dieser betätigte sich u. a. in der Kinderfürsorge, Blinden- und Hauspflege und bot Arbeitsvermittlung für Heimarbeiterinnen an. Besonders die Kinder- und Jugendarbeit lag Emma Ender sehr am Herzen. Emma Ender besaß praktisches und organisatorisches Talent, und so wurde ihr 1906, als sie 31 Jahre alt war, die Leitung eines Mädchenhortes übertragen. Von 1910 bis 1919 war sie Vorsitzende des Verbandes Hamburger Mädchenhorte, von 1907 bis 1916 stellvertretende Vorsitzende des ADF. 1911 gehörte sie zu den Initiatorinnen der Jugendgruppe Hamburg des Allgemeinen Deutschen Frauenvereins, die als Zweigverein der Ortsgruppe arbeitete, und wurde deren Beiratsmitglied. Die Gruppe gab Volksschülerinnen Nachhilfeunterricht, Anleitung zum Gartenbau, unterhielt Schneiderstuben für weibliche arbeitslose Jugendliche, eine Büchersammelstelle, eine Abteilung für Blumenspenden, die zu besonderen Anlässen Arbeiterinnenvereine, Altersheime und alleinstehende alte Frauen beschenkte. Emma Ender wollte mit der Gründung solcher Jugendgruppen, denen Frauen bis zu ihrem 30. Lebensjahr angehören sollten, Jugendliche für die Ziele und Aufgaben der bürgerlichen Frauenbewegung interessieren, sie für soziale Hilfsarbeiten gewinnen und sie, wie sie sagte, im „Vereinswesen schulen". Gleichzeitig sollten durch

diese Jugendgruppen dem Mutterverein potenzielle Mitglieder zugeführt werden.
Aber damit nicht genug: Von 1912 bis 1915 war Emma Ender auch noch Vorsitzende des Vortragskartells Hamburgischer Frauenvereine, und außerdem trat sie 1912 als eine der ersten Frauen dem Hamburger Nationalliberalen Verein bei. Dieser hatte sich bis 1910 geweigert, Frauen in seine Reihen aufzunehmen.
Im Ersten Weltkrieg gehörte Emma Ender zu den Gründerinnen des Frauenausschusses der Hamburgischen Kriegshilfe. Das Anliegen dieses Ausschusses war es, durch soziale Arbeit an der Heimatfront seinen Beitrag für den Krieg zu leisten. So wurden Freitische, Kleidung und Arbeitsmöglichkeiten für Lehrerinnen und Bühnenkünstlerinnen organisiert. Es gab Kurse für Frauen im pflegerischen Bereich und Haushaltstipps zum sparsamen und effektiven Lebensmittelverbrauch.

Stadtbund Hamburgischer Frauenvereine.

1. Vaterländischer Abend

Montag, den 23. Oktober 1916, 8 Uhr abends,
großer Saal, Curio-Haus, Rotenbaumchaussee Nr. 15.

1. Mehrstimmiger Frauenchor a capella (Leitung: Frl. Math. Wenckebach).
2. Vortrag des Herrn Prof. D. Martin Rade, Marburg:
„Der sittliche Gewinn dieses Krieges“.
3. Gesang für 2 Solostimmen mit anschliessendem Schlußchor und Klavierbegleitung.

Der Flügel ist von der Firma Steinway & Sons, Hamburg-Newyork.

Um die Unkosten zu decken, wird ein Eintrittsgeld von 30 Pfennig erhoben. — Kein Garderobenzwang. — Eintrittskarten sind zu haben: In der Konzertagentur von Joh. Aug. Böhme, Alterwall Nr. 44, an der Theaterkasse von Hermann Tietz, :: Jungfernstieg 16, und abends an der Kasse. ::

Anzeige im „Stadtbund-Anzeiger“ Oktober 1916

Emma Ender leitete die weibliche Jugend in der Kriegsjugendpflege und die Abteilung für Kinderkrippen, Warteschulen und Horte. Ziel der Kriegsjugendpflege war es, arbeitslosen jungen Mädchen Beschäftigung zu geben, damit diese auch ihren patriotischen Beitrag für den Krieg leisten konnten. Emma Ender empfand es als eine starke Benachteiligung der weiblichen Jugend, dass diese nicht für den Krieg tätig sein konnte: „Ich habe viel daran gedacht, wie hart es besonders für Töchter der unteren Schichten sein musste, bei dem Aufflammen des patriotischen Empfindens in allen Volksschichten untätig in dem Maße zu sein, wie es die Arbeitslosigkeit der ersten Monate des Krieges für sie mit sich brachte und wie stark gerade sie in dieser Zeit dadurch benachteiligt sind, dass das Mädchen der gleichen Schichten viel weniger daran gewöhnt ist, sich von dem vaterländischen Erleben erfassen zu lassen wie der junge Mann.“[A]
Nach dem Krieg wurde aus dem Frauenausschuss der Hamburgischen Kriegshilfe und dem Vortragskartell der Frauenorganisationen der Stadtbund Hamburgischer Frauenvereine. 1916 forderten die Mitglieder des Stadtbundes einstimmig, „dass in der bevorstehenden Zivildienstpflicht die Frau in gleicher Weise wie der Mann zur Arbeit für den Staat zu verpflichten“ sei.[B] Emma Ender war im Stadtbund tonangebend, ihre geistige Einstellung war – wie der Historiker Helmut Stubbe da Luz formulierte – geprägt von einem „nationalen Liberalismus zwischen Hurrapatriotismus und verbandsegozentrischer, ungeduldig fordernder Frauenpolitik“.
Nachdem Frauen im November 1918 das Wahlrecht bekommen hatten, erkannte Emma Ender, dass viele Frauen motiviert werden mussten, ihr neues Recht auch in Anspruch zu nehmen. Aus diesen Überlegungen heraus gründete sie den Wahlwerbeausschuss des Stadtbundes. Gleichzeitig war es ihr ein Anliegen, diejenigen Frauen politisch zu schulen, denen sofort, nachdem die Frauen das Wahlrecht erhalten hatten, Parteiämter übertragen worden waren. Denn nach Meinung Emma Enders waren viele dieser Frauen zu oberflächlich politisiert worden und entbehrten der „Vorschule der Frauenbewegung“.

Emma Ender betätigte sich nun auch parteipolitisch. Vom März 1919 bis 1924 war sie für die Deutsche Volkspartei (DVP) Mitglied der Hamburgischen Bürgerschaft und stand oft am Redepult.
Nach dem Ersten Weltkrieg protestierte Emma Ender scharf gegen die Verdrängung von Frauen aus dem Arbeitsbereich Wohlfahrtspflege, in dem Frauen während des Krieges wegen des Männermangels verstärkten Zugang gefunden hatten. Auch wehrte sie sich vehement gegen die Entlassung so genannter Doppelverdienerinnen.
Angesichts der großen Not weiter Bevölkerungskreise infolge der Inflation, setzte sich Emma Ender als Vorsitzende des Stadtbundes für den Zusammenschluss der Frauenverbände in dem sozialen Hilfswerk Hamburgische Frauenhilfe 1923 ein.
Nachdem Emma Ender 1924 aus der Bürgerschaft ausgeschieden war, wurde sie Vorsitzende des Bundes Deutscher Frauen. Der Historiker Helmut Stubbe da Luz schreibt dazu: „Emma Enders Wahl entsprach einem Trend nach rechts im BDF, der 1920 mit dem Beitritt des mitgliederstarken Reichsverbandes landwirtschaftlicher Hausfrauenvereine begonnen hatte; freilich besaßen im neunköpfigen Vorstand weiterhin die linksliberalen ‚Demokratinnen' die Mehrheit und Gertrud Bäumer, die als stellvertretende Vorsitzende fungierte, übte nach wie vor eine Art inoffizieller Richtlinienkompetenz aus."[C] 1931 wurde Agnes Zahn-Harnack im BDF die Nachfolgerin der 56-jährigen Emma Ender.
Von 1920 bis 1927 war Emma Ender außerdem noch Vorsitzende des Verbandes Norddeutscher Frauenvereine. Dieser Verein gab die wöchentlich erscheinende Zeitschrift „Frau und Gegenwart" heraus, die später mit der Illustrierten „Neue Frauenkleidung und Frauenkultur" zusammengelegt wurde.
Im Mai 1933 bekam Emma Ender als Stadtbundvorsitzende eine Staatskommissarin vorgesetzt. Am 15. Mai löste sich der BDF und am 20. Juli der Stadtbund auf – teils, wie Stubbe da Luz schreibt, „aus Resignation, teils auch aus Gutgläubigkeit".[D] Als Gegnerin des Nationalsozialismus zog Emma Ender sich 1933 aus dem öffentlichen Leben zurück. 1940 starb ihr Mann.
Nach dem Krieg – nun schon siebzigjährig – fühlte sie sich nicht mehr stark genug, um beim Aufbau der Frauenbewegung mitzuarbeiten.

*Rita Bake*

Orden für Kriegshilfedient 1916

Lit.:
A Zit. nach: Helmut Stubbe da Luz: Die Stadtmütter. Ida Dehmel, Emma Ender, Margaretha Treuge. Hamburgische Lebensbilder in Darstellungen und Selbstzeugnissen. Hrsg. vom Verein für Hamburgische Geschichte. Bd.7, Hamburg 1994, 45.
B Zit. nach: Helmut Stubbe da Luz, a. a. O., S. 49.
C Helmut Stubbe da Luz, a. a. O., S. 57.
D Helmut Stubbe da Luz, a. a. O., S. 59.
Alle Zitate und Wesentliches aus: Helmut Stubbe da Luz: Die Stadtmütter Ida Dehmel, Emma Ender, Margarete Treuge. Hamburgische Lebensbilder in Darstellungen und Selbstzeugnissen. Hrsg. vom Verein für Hamburgische Geschichte, Bd. 7, Hamburg 1994, S. 39–60.

*Fortsetzung von S. 92*

Der neue Stadtbund wollte die Zusammenarbeit der Frauenvereine untereinander und ihre Verbindung mit dem 1894 gegründeten Bund Deutscher Frauenvereine (BDF) fördern. Als Satzungsaufgaben wurden genannt: „a) die gemeinsamen Interessen der angeschlossenen Vereine vertreten; b) das Verständnis der angeschlossenen Vereine für die gegenseitigen Bestrebungen fördern; c) Vermittler sein zwischen den wechselseitigen Forderungen des öffentlichen Lebens in Hamburg und der von ihm

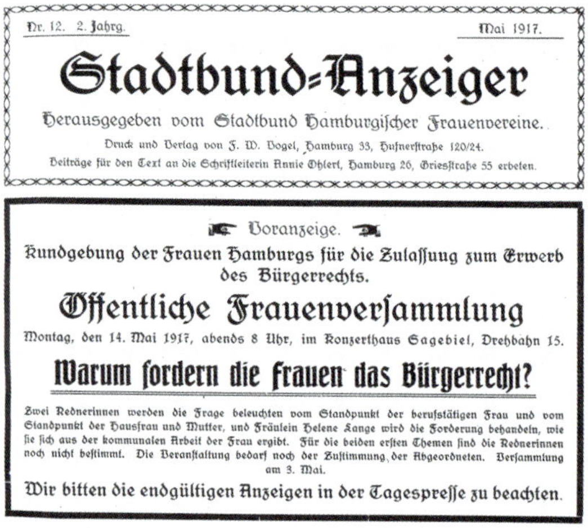
Nr. 12. 2. Jahrg. Mai 1917.

Stadtbund-Anzeiger

Herausgegeben vom Stadtbund Hamburgischer Frauenvereine.

Druck und Verlag von F. W. Vogel, Hamburg 33, Hufnerstraße 120/24.

Beiträge für den Text an die Schriftleiterin Annie Ohlert, Hamburg 26, Griesstraße 55 erbeten.

Voranzeige.

Kundgebung der Frauen Hamburgs für die Zulassung zum Erwerb des Bürgerrechts.

Öffentliche Frauenversammlung

Montag, den 14. Mai 1917, abends 8 Uhr, im Konzerthaus Sagebiel, Drehbahn 15.

Warum fordern die Frauen das Bürgerrecht?

Zwei Rednerinnen werden die Frage beleuchten vom Standpunkt der berufstätigen Frau und vom Standpunkt der Hausfrau und Mutter, und Fräulein Helene Lange wird die Forderung behandeln, wie sie sich aus der kommunalen Arbeit der Frau ergibt. Für die beiden ersten Themen sind die Rednerinnen noch nicht bestimmt. Die Veranstaltung bedarf noch der Zustimmung der Abgeordneten. Versammlung am 3. Mai.

Wir bitten die endgültigen Anzeigen in der Tagespresse zu beachten.

Stadtbund-Anzeiger 1917

*Das Bürgerrecht zu erwerben war lange Jahrhunderte in Hamburg nur etwas für Privilegierte – und dazu gehörten niemals die Frauen. Zum Bürgerrecht gehörte der Treueschwur an die Stadt und die Übernahme bestimmnter Pflichten wie Steuerzahlung und Stadtverteidigung. Dafür gab es gewisse Privilegien: Der Bürger durfte ein selbstständiges Geschäft betreiben, Grundeigentum erwerben und die Bürgerschaft wählen. Ab 1864 mit der Einführung der Gewerbefrei-*

zusammengefaßten Frauenarbeit; d) das Zugehörigkeitsgefühl zur deutschen Frauenbewegung stärken; der Hamburgische Stadtbund tritt dem Bund deutscher Frauenvereine bei.“[50] Alle Vereine und Einzelpersonen, die diese Ziele unterstützen wollten, konnten dem Stadtbund beitreten. Bei der ersten Mitgliederversammlung des Stadtbundes schlossen sich 44 Vereine mit rund 15 000 Mitgliedern der neuen Organisation sofort an, 1917 waren es dann 50 Vereine mit 17 100 Mitgliedern. Ein Teil der Vorstandsmitglieder, so Emma Ender, Emmy Beckmann oder *Ida Dehmel (1870–1942)*, gehörten der dritten Generation von aktiven Frauenrechtlerinnen an, die nun begannen, die „alte“ zweite Generation um Marie Kortmann, Julie Eichholz und Helene Bonfort mittelfristig in der Leitung der wichtigsten hamburgischen Frauenvereine abzulösen. Die Gründung des Stadtbundes markierte daher auch einen erneuten Generationenwechsel in den Frauenvereinen, der vergleichbar ist mit dem Wechsel in den neunziger Jahren des 19. Jahrhunderts.

Die personellen Veränderungen verbanden sich jedoch nicht mit einer Erneuerung der frauenpolitischen Inhalte – dazu waren noch zu viele Forderungen der Frauenvereine unerfüllt geblieben und die Frauen fühlten sich auch weiterhin verpflichtet, für die Unterstützung der Kriegsfürsorge zu werben. So organisierte der Stadtbund bis 1917 zwei öffentliche „vaterländische“ Veranstaltungen, die ganz im Sinne der Kriegshilfe die Spendenbereitschaft aufrechterhalten sollten sowie zum Durchhalten und zur Sparsamkeit auffordern.

In allen öffentlichen Stellungnahmen verknüpfte aber der Stadtbund die Frage der Pflichten mit der Gewährung von Rechten – und forderte daher seit 1917 auch konsequent die Zulassung von Frauen zum Bürgerrecht. Die brisanten politischen Zeiten im Reich und an der Front bewirkten nun neue politische Optionen: In seiner Osterbotschaft 1917 hatte der Kaiser die Reform des Dreiklassenwahlrechtes in Preußen angekündigt und auch der Hamburger Senat sah sich angesichts des anhaltenden Krieges, der verschlechterten Versorgungslage und der erstarkenden Opposition veranlasst, im April 1917 einen Antrag in die Bürgerschaft einzubringen, in dem eine Änderung des Wahlgesetzes in Aussicht gestellt wurde.[51] Die Sozialdemokraten und die Liberalen forderten daraufhin eine völlige Neugestaltung der hamburgischen Verfassung. Nun sahen auch die bürgerlichen Frauenvereine den Zeitpunkt gekommen, für eine Veränderung des hamburgischen Bürgerrechts nachhaltig zu petitionieren. In allen Fragen der rechtlichen Gleichstellung hatte sich das Bürgerrecht der Stadt Hamburg als der eigentliche Hemmschuh für die Frauenvereine erwiesen: Es schloss das weibliche Geschlecht vom Erwerb des Bürgerrechts aus. Als erster Frauenverein richtete der Verein Frauenstimmrecht ein Gesuch an den von der Bürgerschaft eingesetzten Verfassungsausschuss, in dem um die Zulassung der Frauen zum Bürgerrecht gebeten wurde. Auch der radikale Verein, der nicht Mitglied im Stadtbund war, bezog sich in seiner Begründung auf die Kriegsfürsorgearbeit der Frauen – genauso wie der eher konservative Bund Hamburger Hausfrauen (BHH).

Der Stadtbund wollte Ende April dazu eine öffentliche Veranstaltung durchführen, doch wurde dies von der Politischen Polizei verboten. Daraufhin beriefen der Stadtbund und der Hausfrauenbund für den 14. Mai 1917 eine gemeinsame Mitgliederversammlung ein, in der als Hauptrednerin die bekannte deutsche Frauenrechtlerin ***Helene Lange (1848–1930)*** zum Thema „Warum fordern wir Frauen das Bürgerrecht?" eingeladen war. Nach den Angaben des Stadtbundes beteiligten sich 1200 Personen an dieser Versammlung, die Politische Polizei wollte dagegen nur 600 gezählt haben. Die Versammlung verabschiedete bei einer Gegenstimme eine Resolution, in der das Bürgerrecht für Frauen gefordert wurde. Doch wurde ihre Hoffnung auf eine „Geburtsstunde einer Erneuerung der Frauenstellung im Hamburgischen Staat" nicht erfüllt. Senat und Bürgerschaft verschoben eine weitergehende Änderung des Wahlrechtes und des Bürgerrechtes auf unbestimmte Zeit. Der Stadtbund führte deshalb genau ein Jahr später wieder eine Veranstaltung durch, auf der diesmal die zweite Galionsfigur der Frauenbewegung, ***Gertrud Bäumer (1873–1954)***, das Hauptreferat übernahm. Neu war nun aber, dass sich die bürgerlichen Frauen zu einer gemeinsamen Veranstaltung mit den Sozialdemokratinnen durchringen konnten, die im April 1918 im Gewerkschaftshaus stattfand.[52]

Auch hier wurde die Zulassung der Frauen zum Bürgerrecht in einer Resolution eingefordert. Im Oktober 1918 überreichten schließlich die Vertreterinnen des Stadtbundes, der Hausfrauen und des „Hamburger Landesverein für Frauenstimmrecht" dem Bürgermeister eine Petition zum Bürgerrecht.[53]

Keine der vom Stadtbund vorgeschlagenen Verfassungsänderungen wurde allerdings umgesetzt. Als der Senat im November 1918 endlich eine Vorlage zur Änderung des Bürgerrechtes in die Bürgerschaft einbrachte, war die politische Verfassung des Kaiserreichs schon nicht mehr stabil. Nur wenig später übernahm der „Arbeiter- und Soldatenrat" die politische Führung der Stadt, und schon am 18. November wurde das allgemeine, gleiche, geheime und direkte Wahlrecht für beide Geschlechter eingeführt.[54] Damit war das alte Wahlrecht ebenso abgeschafft wie das Bürgerrecht. In der neuen Verfassung wurden Frauen und Männer grundsätzlich gleichgestellt. Am 16. März 1919 fand die erste demokratische Wahl zur Bürgerschaft in Hamburg statt, der am 24. März die konstituierende Sitzung folgte. Helene Lange, geboren 1848 und inzwischen in Hamburg lebend, konnte als Alterspräsidentin die Sitzung eröffnen und ihre neuen Kolleginnen im Parlament begrüßen. Sie sprach dabei auch die lange Wartezeit der Frauen auf gleichberechtigte Teilhabe an: „Wir Frauen – ich begrüße die Kolleginnen, die mit mir hier zum ersten Male an der Entscheidung über ihre Heimat teilnehmen sollen – wir Frauen bringen [...] Glauben und [...] Optimismus mit. Sonst wären wir nicht hier.

Wer ein Leben lang für Ziele gekämpft hat, die bis zu allerletzt in

*heit konnte man nun auch ohne das Bürgerrecht zu besitzen, selbstständig ein Gewerbe führen und ein Grundstück kaufen. Mit dem Bürgerrecht erkaufte sich ein Einkommensteuer zahlender Mann nun nur noch den Vorteil des Wahlrechts. Ende des 19. Jahrhunderts wurde die Gebühr für den Erwerb des Bürgerrechts abgeschafft. Aber das Wahlrecht blieb weiterhin an die individuelle wirtschaftliche Lage gekoppelt, denn Voraussetzung für den Erwerb des Bürgerrechts und damit des Wahlrechtes war der Nachweis eines fünf Jahre hintereinander bestehenden jährlich zu versteuernden Einkommens von mindestens 1200 Mark.*

unerreichbarer Zukunft zu liegen schienen, der bringt aus diesen Kämpfen viel Zuversicht mit zu dem, was man noch nicht sieht."[55]
In der Rückschau wird deutlich, wie lang und beschwerlich der Weg zur staatsbürgerlichen Gleichstellung von Frauen und Männern war. Das Hamburger Beispiel zeigt zudem die großen Trennlinien innerhalb der bürgerlichen Frauenbewegung einerseits und zwischen dieser und der sozialdemokratischen Frauenarbeit andererseits – obwohl sich alle Frauengruppen seit dem neuen Vereinsrecht 1908 für die Zulassung von Frauen zu Ämtern und Rechten einsetzten. Im Krieg wurden einige der Differenzen überbrückt, sodass es 1917 und 1918 endlich auch zu gemeinsamen politischen Kundgebungen von SPD-Frauen und bürgerlichen Frauen für das politische Stimmrecht kam. Auf dieser Erfahrung baute die Frauenbewegung nach dem Krieg auf.

Teilnehmerinnen einer Frauenversammlung im Saal des Curio-Hauses, 1919

# Die Hamburger Frauenbewegung in der Weimarer Republik 1919 bis März 1933

In der Weimarer Zeit war der Kampf der proletarischen und der radikalen bürgerlichen Frauenbewegung gegen den Abtreibungsparagraphen 218 sehr groß. Das 1929 im Berliner Lessing-Theater aufgeführte Theaterstück „Cyankali – § 218" des kommunistischen Schriftstellers und Arztes Friedrich Wolf erfuhr große Resonanz in der Bevölkerung. Seine 1931 erfolgte Verhaftung wegen illegaler Abtreibung und der darauf erfolgte Prozess führten zu einer Massenprotestbewegung. „Gegen den Paragraphen 218 richteten sich 1931 zahlreiche Resolutionen, die anlässlich des Internationalen Frauentages im ganzen Reich auf über 1500 Versammlungen verabschiedet wurden. In dieser Zeit des Eintretens für den Sozialismus und des Kampfes gegen den Nationalsozialismus, der eine Verschärfung der Strafbestimmungen des Paragraphen 218 forderte, schuf Alice Lex-Nerlinger ihr Bild."

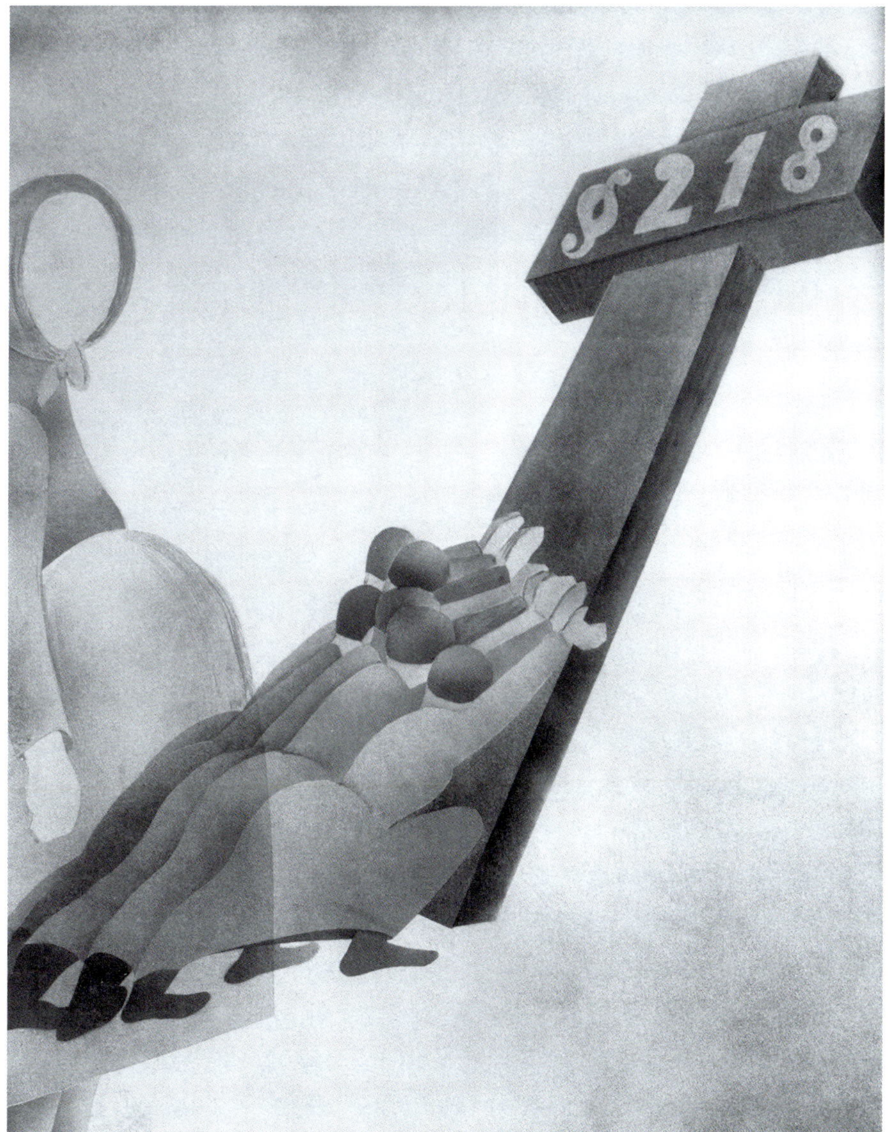

## 1919–März 1933
## Endlich das aktive und passive Wahlrecht für Frauen – doch nach wie vor ist der Mann „das Haupt" und die Frau „das Herz" der Familie

Die politischen Bedingungen für die Frauenbewegung hatten sich mit dem Übergang zur ersten deutschen Republik grundlegend gewandelt: Die rechtliche Gleichstellung von Männern und Frauen war zumindest „grundsätzlich" gegeben, wie es in § 109 der Weimarer Verfassung hieß, und auch die Ehe sollte „auf der Gleichberechtigung der beiden Geschlechter" (§ 119) beruhen. Vereinigungs- und Versammlungsfreiheit war ebenfalls garantiert und alle Frauen, die älter als 21 waren, hatten das Recht, aktiv und passiv an Wahlen teilzunehmen. Damit war ein Teil der politischen Forderungen der Frauenbewegung erfüllt, nun ging es darum, diese Rechte im Sinne der Bewegung auch zu nutzen. Gegenüber einem solchen, verständlichen Optimismus muss aus historischer Sicht allerdings betont werden, dass sich gesellschaftliche Strukturen deutlich langsamer wandeln als politische Rahmenbedingungen. Nach wie vor war das Geschlechtermodell des 19. Jahrhunderts: „der Mann das Haupt, die Frau das Herz der Familie" im Bewusstsein der Zeitgenossen tief verankert. Dieses Modell prägte die Wahrnehmung der Umwelt und die eigenen Empfindungen, es diente immer noch als Legitimationsbasis sowohl für die Abwehr gegenüber Emanzipationsansprüchen der Frauen als auch für die geschlechterspezifische Aufgabenstellung in Staat und Gesellschaft. Zudem darf aus der Rückschau nicht übersehen werden, dass die Erweiterung weiblicher Lebenswelten, die sich in Berlin, München, Hamburg oder Frankfurt zeigten, nur wenig Resonanz in vielen kleinen Städten oder auf dem Land hatten. Die „neue Frau" mit kurzen Haaren und einem eigenen Beruf als Angestellte war eine städtische Erscheinung; nur hier war es für junge Frauen möglich, relativ selbstständig ein eigenes Leben zu gestalten, und auch dies ist nur wenigen wirklich gelungen. Denn auch in der Stadt galt wie auf dem Land, dass Mädchen und Frauen vorrangig als Teil einer Familie angesehen wurden, also unter der Obhut des Vaters bzw. des Ehemannes lebten. Die große Mehrheit der Frauen strebte auch danach, verheiratet zu sein und eine eigene Familie zu gründen. Unterstützt wurde diese private Lebensplanung durch nach wie vor mangelnde Ausbildungsmöglichkeiten für Mädchen sowie die geringe Entlohnung in den wenigen „Frauenberufen" im Laden oder im Büro, die eine eigenständige Lebensführung ohnehin nicht ermöglichte. Eine gewisse Selbstständigkeit war daher nur durch eine eigene Familie gegeben. Die Hoffnung vieler erwerbstätiger Frauen, die in der Regel jung waren, mit der Ehe die Erwerbstätigkeit aufgeben zu können, erfüllte sich jedoch nur begrenzt. Mitte der zwanziger Jahre war ein Drittel der erwerbstätigen Frauen in Hamburg verheiratet, hatte also wohl eine Doppelbelastung von Hausarbeit und Arbeitspflichten zu erledigen. In dieser doppelten Belastung ist der Hauptgrund dafür zu sehen, dass sich nicht mehr Frauen in Gewerkschaften oder in Frauenvereinen engagierten – ihnen fehlte schlicht Zeit und Kraft. Umso bemerkenswerter ist es, dass die Vereine der Frauenbewegung in der Republik relativ stabil blieben bzw. sich sogar weiter differenzierten,

Auch wenn Frauen nun das aktive und passive Wahlrecht errungen hatten, ihre gesellschaftliche Stellung war nach wie vor „unter" der des Mannes. Der Mann galt nach wie vor als das „Haupt" und die Frau nur als das „Herz", wobei außer Acht gelassen wurde, dass bei Verweigerung des Herzens weiterzuschlagen, das Haupt nicht mehr versorgt wird und damit abstirbt.

abgesehen von den Organisationen, die während der Inflationszeit ihre Aktivitäten einstellen mussten. Die Hamburger Bewegung bietet für diese Stabilität einige beeindruckende Beispiele.

Eine der wichtigsten Aktivitäten in Hamburg nach dem Übergang zur Republik war die Vorbereitung der Frauen, die erstmals wählen durften. Nun zeigte sich, dass die zentrale Organisation der Hamburger Bewegung, der Stadtbund, auf die gemeinsamen Erfahrungen seit 1915 zurückgreifen konnte. Schon am 14. November 1918 gründete der Stadtbund den überparteilichen „Wahlwerbeausschuss Hamburgischer Frauenvereine“, der öffentliche Versammlungen für Frauen organisierte, in denen die Parteien mit ihren Programmen vorgestellt wurden. Ende November fand die erste dieser Veranstaltungen im Zirkus Busch statt, die von fast 7000 Frauen besucht wurde. Daneben setzte der Bund auch noch Bezirksstellen in den Stadtteilen ein, um Frauen gezielter und auf der Grundlage persönlicher Bekanntschaften anzusprechen. All diese Aktivitäten, die in ähnlicher Form überall im Reich von Frauenvereinen oder Parteifrauen organisiert wurden, waren überaus erfolgreich. Die Wahlbeteiligung von Frauen war beeindruckend und sicher auch auf die Werbearbeit der Vereine zurückzuführen: 82,3 % der wahlberechtigten Frauen gaben im Reich ihre Stimme zur Nationalversammlung ab, in Hamburg waren es fast 91 %.

Derartige Ergebnisse blieben allerdings die Ausnahme, denn schon bald nahm das Interesse an Wahlen wieder ab. Die Frauenvereine boten hier und da noch eine parteiübergreifende Informationsveranstaltung an, aber insgesamt verlagerte sich die Werbung zu den Wahlen seit 1919 in die Parteien. Diese gründeten eigene Frauengruppen, die vor allen Dingen weibliche Mitglieder und Wähler-

Flugblatt III des Wahlwerbeausschusses Hamburgischer Frauenvereine.

Hamburgs Frauen!

Das neue Deutschland soll ein Volksstaat werden. Die Nationalversammlung hat die Verfassung dieses Staates zu schaffen. Auch Euch Frauen wird das Wahlrecht gegeben. Erkennt, welche Verantwortung dieses Recht Euch auferlegt!

Wahlrecht ist Wahlpflicht!

Mehr als die Hälfte der deutschen Staatsbürger sind Frauen.

Sagt es der Hausfrau in Stadt und Land, daß sie berufen ist, die Ordnung im Staate neu zu gründen, wie sie die Ordnung im Hause täglich neu schafft.
Sagt es der Mutter, daß sie die Zukunft ihrer Kinder sichern muß.
Sagt es der jungen Frau, dem jungen Mädchen, daß sie sich die Wege ebnen darf zu Arbeit und Glück.

Die Männer hatten den Staat gebaut, die Frauen haben das Heim geschaffen.
Nun soll der Staat ein friedliches Heim werden.
Deshalb müssen beide am deutschen Volksstaat bauen, Männer und Frauen.

Frauen, der Weltfriede winkt.
Wählet und werbt für die Wahl!

Wahlwerbeausschuß Hamburgischer Frauenvereine.
Geschäftsstelle: Brandsende 8, I., täglich 9 bis 4 Uhr. Telephon: Vulkan 2475. Bankkonto: Wahlwerbeausschuß Hamburgischer Frauenvereine, Vereinsbank. Postscheckkonto: 20287.

Bezirksstelle:
FRAU OLGA ZACHARIA
HAMBURG 37
Sophien-Terrasse 15a.

91 % der wahlberechtigten Frauen in Hamburg gaben 1919 ihre Stimme zur Nationalversammlung ab

*Der am 16. März 1919 gewählten Hamburgischen Bürgerschaft gehörten 17 Frauen an:*

*USPD*
*Katharina Kuhn (Lehrerin, geb. 1878)*
*Doris Rieckmann (Lehrerin, geb. 1887)*

*SPD*
*Marie Bautz (Gewerkschaftsangestellte, geb. 1879)*
*Emmy Kaemmerer (Gewerkschaftsangestellte, geb. 1890)*
*Martha Kimmerling (Hausfrau, geb. 1873)*
*Adele Reiche (Lehrerin, geb. 1875)*
*Johanne(a) Reitze (Hausfrau, geb. 1878)*
*Minna Schröder (Hausfrau, geb. 1878)*
*Ida Stengele (Hausfrau, geb. 1861)*
*Julie Stubbe (Hausfrau, 1883)*
*Grete Zabe (Hausfrau, geb. 1877)*

*DDP*
*Emmy Beckmann (Lehrerin, geb. 1880)*
*Helene Lange (Lehrerin, Journalistin, geb. 1848)*
*Frieda Radel (Journalistin, geb. 1869)*
*Elisabeth Seifarth (Lehrerin, geb. 1860)*

*DVP*
*Emma Ender (Hausfrau, geb. 1875)*

*DNVP*
*Anna Schaper (Hausfrau, geb. 1867)*

innern gewinnen sollten. An zweiter Stelle ihres Aufgabenkataloges kam dann die Ausformulierung der parteispezifischen Frauenpolitik.[56]

In dieser Entwicklung trat ein neues Problem für die Frauenbewegung zu Tage. Waren die Vereine vor 1918 auf das Wohlwollen von Politikern und Verwaltungsmitarbeitern angewiesen, um im staatlichen Bereich mit ihren Anliegen gehört zu werden, so konnten nun Frauen selbst für ihre Ideen eintreten, nämlich als gewählte Parlamentarierinnen. Es ist also kein Wunder, dass fast alle prominenten Frauen der Bewegung zum einen einer Partei ihrer Wahl beitraten, um dort die „Frauenarbeit“ voranzubringen, und zum anderen als Kandidatinnen fungierten. Sie erhofften sich, mit ihrem persönlichen Einsatz den „Kultureinfluß der Frau“ auch in der Politik wirksam werden zu lassen. Die Parteien andererseits suchten auch nach bekannten Persönlichkeiten, die glaubhaft machen konnten, diese Partei sei besonders offen für die Anliegen der Frauen.

In Hamburg nahmen insbesondere die Vertreterinnen der dritten Generation das Angebot der liberalen Parteien auf: Emmy Beckmann, Frieda Radel und ***Elisabeth Seifarth***[57] ***(1860–1933,*** Mitbegründerin des „Vereins Hamburger Volksschullehrinnen“) wurden für die liberale Deutsche Demokratische Partei (DDP), Emma Ender für die rechtsliberale Deutsche Volkspartei (DVP) neben 13 anderen Frauen in die erste Bürgerschaft nach Ende des Krieges gewählt.

*weiter auf S. 108*

## Dr. Emmy Dora Caroline Beckmann (12.4.1880 Wandsbek–24.12.1967 Hamburg)

Lehrerin, Hamburgs erste Oberschulrätin, Bürgerschaftsmitglied vor und nach dem Zweiten Weltkrieg (DDP und FDP), maßgeblich in der bürgerlichen Frauenbewegung tätig

Emmy Beckmanns Mutter starb nach der Geburt der Zwillinge Emmy und Hanna an Kindbettfieber, der Vater ging eine neue Ehe ein. Zu den drei Kindern (es gab noch einen älteren Bruder, der später Pastor wurde) kamen im Laufe der Zeit vier weitere Geschwister hinzu.

Die Kindheit der drei Geschwister verlief recht lieblos, die neue Mutter kümmerte sich mehr um ihre eigenen Kinder, der Vater, ein Gymnasialprofessor, kam stets erschöpft von der Arbeit nach Hause, war nervös und reizbar. Emmy und Hanna Beckmann fürchteten sich vor ihm, wagten in seiner Gegenwart kaum zu sprechen. Obwohl zwei Dienstmädchen angestellt waren, mussten sie im Haushalt stark mithelfen und die jüngeren Geschwister hüten.

In die Berufslaufbahn der drei Geschwister aus erster Ehe griff der Vater allerdings nicht ein. Die leibliche Mutter hatte für den Zweck der Ausbildung und Bildung der beiden Mädchen eine Erbschaft hinterlassen.

Emmy Beckmann beschrieb 1914 ihren Ausbildungsgang, als sie sich an der privaten Hamburger Gewerbeschule für Mädchen bewarb: „Von 1886 bis 1895 besuchte ich die Höhere Mädchenschule von Fräulein Hübener in Wandsbek, ging dann in die Vorbereitungsklasse des Seminars der Klosterschule zu Hamburg und trat nach einjähriger Unterbrechung Ostern 1897 in das Seminar dort ein. Nach dem vorgeschriebenen dreijährigen Besuch des Seminars bestand ich Ostern 1900 das Examen für die Lehrbefähigung an mittleren und höheren Schulen. Ich war danach fast drei Jahre Erzieherin in England, wo ich drei Mädchen in den gewöhnlichen Unterrichtsfächern unterrichtete. Nach einem dreimonatigen Studienaufenthalt in Paris wurde ich Ostern 1903 Lehrerin an der Töchterschule in Husum, damals einer Kuratoriumsschule von fünf Klassen und neun Stufen. 1906 verließ ich Husum, um mich in Göttingen und Heidelberg auf das wissenschaftliche Examen vorzubereiten in Geschichte, Englisch und Philosophie. Ich habe sieben Semester studiert und bestand im Nov. 1909 das Examen in den genannten Fächern. – Von Ostern 1910 bis Ostern 1912 war ich als Oberlehrerin an der Privatschule von Fräulein Schneider angestellt, von 1912 bis Ostern 1914 an der Schule des Paulsenstifts zur Vertretung einer studierenden Lehrerin. Ostern 1914 kehrte diese Dame als Oberlehrerin an das Paulsenstift zurück – damit ist die Vertretung abgelaufen.“[A]

Emmy Beckmann erhielt die Anstellung an der Gewerbeschule für Mädchen und war dort bis 1924 tätig – in den Jahren zwischen 1922, als die Schule verstaatlicht wurde und den Namen „Schule für Frauenberufe“ erhielt, und 1924 als stellvertretende Direktorin.

1924 ging sie als Studienrätin an eine der neu eingerichteten Aufbauschulen für begabte Volksschüler und -schülerinnen. 1926 wurde sie von dem Kollegium der staatlichen Oberrealschule Hansastraße, der späteren Helene-Lange-Schule, als Schulleiterin berufen. Emmy Beckmann führte dort die Schülerselbstverwaltung ein und sorgte dafür, dass 1927 die Oberrealschule Hansastraße in Helene-Lange-Oberrealschule umbenannt wurde.

1927 wurde Emmy Beckmann Hamburgs erste Oberschulrätin. Ihre Nachfolgerin an der Schule wurde ihre Schwester Hanna, mit der sie zusammen in der Oberstraße 68 lebte. Über ihre Tätigkeit als Oberschulrätin

Als Schulleiterin der Oberrealschule Hansastraße sorgte Emmy Beckmann dafür, dass die Schule 1927 in Helene-Lange-Oberrealschule umbenannt wurde. Heute Helene-Lange-Gymnasium in der Bogenstraße im Stadtteil Hamburg-Eimsbüttel, 2012

In der Oberstraße 68 lebte Emmy Beckmann mit ihrer Schwester Hanna in einer gemeinsamen Wohnung, 2012

*„Die Frau als Vorgesetzte erregte zunächst wohl Misstrauen und Ablehnung bei verschiedenen Leitern."*

EMMY BECKMANN ÜBER IHRE BEFÖRDERUNG ZUR OBERSCHULRÄTIN, 1927

und ihre Schwierigkeiten, in ihrer Leitungsfunktion akzeptiert zu werden, schrieb Emmy Beckmann in ihren unveröffentlichten Lebenserinnerungen: „Im August 1927 trat ich – zur Oberschulrätin ernannt – dies Amt als erste Frau an. Chef der Behörde war der SPD-Senator Krause. Die Kollegen kamen mir freundlich entgegen. Ich übernahm das Dezernat für die höheren Mädchenschulen, die fast alle noch Privatschulen waren und zugleich die Lichtwarkschule. Ich besuchte die mir unterstellten Schulen alle im Unterricht und in den Prüfungen, lernte auch die Kollegien gut kennen. Eine Reihe von privaten höheren Mädchenschulen entwickelte sich in diesen Jahren zu Vollanstalten. Sie bekamen nach einem von der Behörde unter Mitarbeit staatlicher Lehrkräfte veranstalteten Abiturientenexamen die Genehmigung als Vollanstalten. Die Kuratoriums- ebenso wie die Privatschulen sind in den 30er Jahren von dem Nazi-Regime aufgehoben oder verstaatlicht worden. Das hatte sicher – abgesehen von der politischen Tendenz – auch seine sachliche Berechtigung. Im ganzen glaube ich, dass die Übernahme der Verantwortung durch den Staat eine Notwendigkeit war und ist, wobei er den Weg zu pädagogischen Versuchen und Abweichungen von der Norm frei lassen und auch fördern sollte.

Auch in persönlicher Beziehung war die Arbeit erfreulich, sowohl im Kollegium der Schulbehörde wie auch im Verkehr mit den Direktorinnen und Drektoren, letztere kamen mir nicht alle freudig entgegen. Die Frau als Vorgesetzte erregte zunächst wohl Misstrauen und Ablehnung bei verschiedenen Leitern."[A]

1933 wurden Emmy Beckmann und ihre Schwester wegen „nationaler Unzuverlässigkeit" von den Nationalsozialisten vorzeitig pensioniert. Dennoch beantragte Emmy Beckmann Anfang Januar 1934 ihre Aufnahme in den NS-Lehrerbund. Warum sie dies tat, als, wie der Historiker Helmut Stubbe da Luz schreibt, „(...) über die ‚neue gemeinsame Erzieher-Gemeinschaft' Illusionen nicht mehr möglich waren, darüber kann nur gemutmaßt werden: Wahrscheinlich wollte sie eine Vorsichtsmaßnahme im Hinblick auf ihre Vortrags- und vor allem publizistische Tätigkeit treffen. Sie musste sich sagen lassen (was sie freilich schon gewusst haben dürfte), dass die sogenannten ‚Paragraph-Vierer' (entfernt aus dem Staatsdienst wegen politischer Unzuverlässigkeit) von der NSLB-Mitgliedschaft ausgeschlossen seien."[A]

Die Schwestern zogen sich in die innere Emigration zurück. Emmy Beckmann hielt diverse Literaturabende bei Freunden ab. Dadurch konnte sie während der NS-Zeit ein wenig ihren Lebensunterhalt finanzieren.

Nach 1945 setzte die Schulbehörde Emmy Beckmann wieder in ihr Amt als Oberschulrätin mit dem Ressort Mädchenschulwesen ein. Dort blieb sie, die eigentlich nur bis 1948 hatte arbeiten wollen, bis 1949 tätig.

Für ihre Verdienste in der Frauen- und Mädchenbildung erhielt sie 1953 als erste Hamburgerin das Große Bundesverdienstkreuz, 1955 verlieh ihr der Senat den Professorentitel, 1961 als erster Frau die Bürgermeister-Stolten-Medaille. Bürgermeister Paul Nevermann thematisierte in seiner Laudatio die Schwierigkeiten, mit denen eine Frau in einer Führungsposition zu kämpfen hatte: „Das war gewiss keine leichte Aufgabe, sondern ein unermüdliches, fortwährendes Ringen mit Vorurteilen, deren letzte Reste sich bis in unsere Zeit erhalten haben, trotz ungezählter Beispiele dafür, dass auch eine Frau an verantwortlicher Stelle durchaus ‚ihren Mann zu stehen vermag', wobei Sie aus dieser bewusst gewählten Formulierung heraushören mögen, wie zäh solche Vorurteile sind und wie tief die Auffassung von der angeblichen Unterlegenheit des Weiblichen in die Redewendungen der Alltagssprache eingegangen ist."[A]

Ihre ersten Berührungspunkte mit der bürgerlichen Frauenbewegung erhielt sie 1906 in Göttingen in den von ihr besuchten Oberlehrerinnenseminaren. 1914 gründete sie

in Hamburg den Verband der akademisch gebildeten Lehrerinnen mit und wurde bald dessen Vorsitzende. Auch war sie 1915 Gründungsmitglied des „Stadtbundes Hamburgischer Frauenvereine“, dessen stellvertretende Vorsitzende sie bis 1918 und in dessen Vorstand sie bis 1933 war. Ihre pädagogischen Fähigkeiten stellte sie der Frauenbewegung durch stundenweisen Unterricht an der Sozialen Frauenschule zur Verfügung. Außerdem war sie in der 1912 gegründeten „Vereinigung für Frauenstimmrecht“ aktiv. Emmy Beckmann wurde Helene Langes Nachfolgerin als Bundesvorsitzende des „Allgemeinen Deutschen Lehrerinnenvereins“ (ADLV). Dieser Verband forderte neben dem gleichberechtigten Zugang von Mädchen zu allen Bildungseinrichtungen auch die gesonderte Mädchenschule. Er war der Überzeugung, dass nur in einer gesonderten Mädchenschule dem „spezifischen Wesen der Frau“ Rechnung getragen werden könne. 1933 löste sich der ADLV auf.

1945, gleich nach dem Krieg, bildete Emmy Beckmann u. a. mit *Olga Essig (1884–1965)* den Frauenausschuss. 1946 gehörte sie zu den Mitbegründerinnen des „Hamburger Frauenringes“, in dem sie bis 1952 im Vorstand tätig war. 1948 gründete sie den „Hamburger Akademikerinnenbund“ mit. Von 1949 bis 1952 leitete sie den „Deutschen Akademikerinnenbund“. 1947 war sie auch an der Bildung der „Arbeitsgemeinschaft für Mädchenbildung“ beteiligt.

Ihren politischen Weg schlug Emmy Beckmann wohl erst ein, nachdem sie in der bürgerlichen Frauenbewegung führende Positionen errungen hatte. Durch ihren Bruder lernte sie die Schriften des Liberalen Friedrich Naumann kennen. 1914 besuchte sie eine Veranstaltung der Hamburger Vereinigten Liberalen, und 1918 nahm sie an einer außerordentlichen Mitgliederversammlung der Fortschrittlichen Volkspartei (FVP) teil. Als Mitglied der Deutschen Demokratischen Partei (DDP) wurde sie 1921 in die Hamburgische Bürgerschaft gewählt. Dort war sie hauptsächlich für Schul- und Bildungsfragen zuständig. Sie wehrte sich auch gegen die Kampagne gegen das Doppelverdienertum, wonach verheiratete Beamtinnen kündigen sollten. Sie erreichte sogar, dass in Hamburg eine Widerspruchskommission zur Prüfung von Härtefällen eingerichtet wurde. Außerdem sprach sie sich für Frauen in leitenden Positionen aus und forderte, dass analog zu Männern auch Frauen im gleichen Maße verbeamtet werden sollten. Bis 1932 stieg sie innerhalb ihrer Bürgerschaftsfraktion auf den zweiten Platz. Nach 1933 saß Emmy Beckmann nicht mehr in der Bürgerschaft. 1949 nahm sie ihre Tätigkeit aber wieder auf, diesmal für die FDP.

Als 1952 über die einzelnen Abschnitte der neuen Hamburger Verfassung abgestimmt wurde, beantragte Emmy Beckmann den Artikel 33 um den Satz „Dem Senat müssen Frauen angehören“ zu erweitern. Damit forderte sie schon damals das, was später mit der Frauenquote erreicht werden sollte. Diese Forderung löste jedoch damals nur „allgemeine Heiterkeit“ im Parlament aus.

1957 schied Emmy Beckmann aus Altersgründen aus der Bürgerschaft aus. Ihre Bitte, als Politikerin ihre Nachfolgerin bestimmen zu dürfen, wurde von der FDP-Bürgerschaftsfraktion ignoriert.

*Rita Bake*


Lit.:

A Helmut Stubbe da Luz: Emmy Beckmann. Hamburgs einflussreichste Frauenrechtlerin, in: Zeitschrift des Vereins für Hamburgische Geschichte, Bd. 73, 1987, S. 97–138.

## Frieda Anna Susanne **Radel, geb. Johannsen (10.5.1869 Altona–26.11.1958 Potsdam)**

Journalistin, Schriftleiterin des „Hamburger Fremdenblatts"/ „Frauenrundschau" und „Frau und Gegenwart"

Frieda Radel, die als Schriftleiterin beim damals täglich erscheinenden „Hamburger Fremdenblatt" arbeitete und dort für die „Frauenrundschau" verantwortlich war, gehörte zum radikalen Flügel der bürgerlichen Frauenbewegung. Sie war Mitglied im Verein „Frauenwohl", im „Hamburg-Altonaer Verein" für Frauenstimmrecht, im „Hamburger Zweigverein der britischen, kontinentalen und allgemeinen Föderation", der die Abschaffung der gesetzlich reglementierten Prostitution zum Ziel hatte, sowie im „Bund für Mutterschutz".

1909 wurde sie verantwortliche Redakteurin der „Hamburger Hausfrau", dem Vereinsorgan des Hamburger Hausfrauenvereins, das 1909 umbenannt wurde in „Hamburger Frauen-Zeitung". Außerdem war Frieda Radel von 1924 bis 1930 Schriftleiterin von „Frau und Gegenwart", dem Organ des „Verbandes Norddeutscher Frauenvereine", des „Stadtbundes hamburgischer Frauenvereine" und des „Bundes Hamburgischer Hausfrauen". Letzterer hatte sich 1915 gegründet und stand unter dem Vorsitz von *Nanny Goldschmidt (1834–1923).* Er hatte über 10 000 Mitglieder und gehörte zum 1915 gegründeten „Verband Deutscher Hausfrauenvereine". Seit 1926 arbeitete Radel zudem für die Norddeutsche Rundfunk AG, wo sie eine Sendereihe mit dem Titel „Die Schule der Frau" leitete, und ab 1929 auch für den „Frauenfunk" der Deutschen Welle.

Frieda Radel beteiligte sich auch an der Parteipolitik. Sie gehörte zu den ersten Mitgliedern des „Vereins der Freisinnigen Volkspartei" in Hamburg, der schon seit 1903 Frauen als Mitglieder willkommen hieß. Zusammen mit anderen Vertreterinnen der Frauenbewegung gründete sie 1908 die Frauengruppe des Vereins der Vereinigten Liberalen. Nach dem Krieg wurde Radel Mitglied der Deutschen Demokratischen Partei in Hamburg und übernahm von 1919 bis 1927 ein Mandat in der Hamburgischen Bürgerschaft. Hier arbeitete sie von 1919 bis 1925 u. a. in der Behörde für Wohnungspflege und engagierte sich insbesondere 1920 bis 1922 für die Aufhebung des Bordellwesens in der Hansestadt. Frieda Radel übernahm den Vorsitz eines entsprechenden Untersuchungs-

Nummer 1. Hamburg, 7. Januar 1914. 6. Jahrgang

Hamburger Frauen-Zeitung

Abonnementspreis 75 Pfg. pro Vierteljahr. Inseratenpreis pro 5-gesp. Petitzeile 40 Pfg., bei größeren Aufträgen und Wiederholungen entspr. Rabatt. Inseraten-Annahme in der Expedition und allen Annoncen-Bureaus

Erscheint jeden zweiten Mittwoch. Redaktion und Expedition: Alte ABC Straße Nr. 57 vis-à-vis Hohe Bleichen. Fernsprecher Gr. 3, 7910, 7911. Geöffnet von 9–6 Uhr. Sprechst. der Redaktion 10–1 Uhr. Druck und Verlag: M. Lehmann, Hamburg, ABC-Str. 57.

Organ des Hamburger Hausfrauen-Vereins.

Auflage 3400

**An unsere Mitglieder!**

Alle Hausfrauen, die eine Mädchenstelle neu zu besetzen wünschen, werden dringend gebeten, persönlich im Bureau — mit Mitgliedskarte — zu erscheinen, um ausführlich ihre Wünsche mitzuteilen. Es hat sich als unmöglich ergeben, auch noch fernerhin

Hamburger Frauenzeitung 1914

Ein alter Name wird aufgegriffen: Die Hamburger Frauenzeitung aus den 1980er Jahren war ein Organ der autonomen Neuen Frauenbewegung

ausschusses, der bis 1922 die Bürgerschaft davon überzeugte, dass die staatliche Reglementierung der Prostitution in Hamburg aufzuheben sei. Damit hatte die Frauenbewegung in Hamburg eine ihrer zentralen Forderungen durch Vertreterinnen in der Bürgerschaft durchsetzen können.
1945 zog Frieda Radel nach Berlin und gehörte dort 1947 zu den Gründerinnen des „Demokratischen Frauenbundes Deutschlands“. Von 1948 bis 1950 war sie Mitglied im Zweiten Deutschen Volksrat bzw. in der Volkskammer der DDR.

*Rita Bake*

## **Elisabeth** Eleonore Christiane Auguste Ida **Mathilde Seifahrt (2.9.1860 Homberghausen bei Homberg–17.1.1933 Hamburg)**

**Volksschullehrerin, Bürgerschaftsabgeordnete der DDP und stellvertretende Bundesvorsitzende des „Allgemeinen Deutschen Lehrerinnenvereins“**

Elisabeth Seifahrt wurde auf Gut Homberghausen bei Homberg geboren. Ihr Vater war Landwirt. Als sie fünf Jahre alt war, kam sie mit ihren Eltern und ihrer jüngeren Schwester Bertha (geb. 1863) nach Hamburg und besuchte eine Privatschule, dann von 1877 bis 1879 die Präparandinnen-Anstalt und 1879/80 das staatliche Lehrerinnenseminar in Hamburg. Im Alter von 20 Jahren begann sie am 1. April 1880 ihre Tätigkeit als Volksschullehrerin. Fünf Jahre später wurde Elisabeth Seifahrt von der Oberschulbehörde als Volksschullehrerin fest angestellt und arbeitete in dieser Position bis zu ihrer Pensionierung im Jahre 1924.
Elisabeth Seifahrt blieb ledig, eine Heirat hätte auch die Entlassung aus dem Staatsdienst bedeutet. Sie lebte mit ihrer Schwester, auch eine Lehrerin, die sich ebenfalls 1924 hatte pensionieren lassen, in der Schröderstiftstraße 20 im Stadtteil Rotherbaum.
Neben ihrer Tätigkeit als Lehrerin war Elisabeth Seifahrt verbandspolitisch tätig. So war sie 1894 eine der Gründerinnen des „Vereins Hamburger Volksschullehrerinnen“, dessen Vorsitzende sie bis 1924 blieb. Gleichzeitig war

sie von 1921 bis 1927 stellvertretende Bundesvorsitzende des „Allgemeinen Deutschen Lehrerinnenvereins“ (ADLV) und von 1921 bis 1926 Erste Vorsitzende im „Landesverband Hamburger Lehrerinnenvereine“. Sie arbeitete in der staatlichen Kommission für Leibesübungen mit, war Mitglied fast aller Schulausschüsse, engagierte sich für die Gestaltung des modernen Hamburger Schulwesens und half bei der Verstaatlichung einer Reihe höherer Mädchenschulen (Bergedorf, Cuxhaven, Emilie-Wüstenfeld-Schule).
Auf sozialem und frauenpolitischem Gebiet engagierte sie sich im Vorstand der „Sozialen Hilfsgruppen“, eines 1900 gegründeten Zweigvereins der „Hamburger Ortsgruppe des Allgemeinen Deutschen Frauenvereins“ (ADF), dem sie von 1906 bis 1919 angehörte.
Darüber hinaus arbeitete sie auch parteipolitisch. Von 1919 bis 1927 war sie für die DDP-Fraktion Mitglied der Hamburgischen Bürgerschaft und damit einer der ersten Frauen, die diese Partei in die Bürgerschaft delegierte. In der Bürgerschaft beschäftigte sich Elisabeth Seifahrt hauptsächlich mit Erziehungs- und Bildungsfragen. 1927 ließ sie sich nicht wieder für die Bürgerschaftswahl aufstellen.[A]

*Rita Bake*

Lit.:
A Vgl.: Karen Hagemann/Jan Kolossa: Gleiche Rechte, gleiche Pflichten? Hamburg 1990, S. 71 und 73.

*Fortsetzung von S. 102*

Später kamen noch weitere Frauen aus der Bewegung hinzu, etwa Bertha Wendt oder ***Elisabeth Pape (1870–1964)***. Diese Frauen nahmen die Themen ihrer Bewegung mit in die Bürgerschaft: Sie setzten sich auf allen Gebieten der Wohlfahrtspflege, in Fragen der Reglementierung der Prostitution, im Schul- und Erziehungswesen und in kulturellen Angelegenheiten für die Interessen von Frauen ein. Bertha Wendt (DDP), die sich im ADF vor allem für die höhere Mädchenbildung engagiert hatte, sprach 1921 erstmals den Wunsch aus, dass auch im Senat Frauen vertreten sein sollten – doch löste diese Rede nur Heiterkeit aus. Hier zeigte sich wieder, dass die Zulassung von Frauen zum Parlament an den zeitgenössischen Ideen über die Aufgabenverteilung der Geschlechter nichts geändert hatte: Soziale und kulturelle Arbeit war erwünscht, Positionen mit Machtbefugnissen standen dagegen weiterhin nur Männern offen.

*weiter auf S. 113*

## Frauenlisten

Die Hoffnungen der Frauen, mit dem Einzug von Frauen in die Parlamente würden sie mehr Einfluss auf politische Entscheidungen bekommen, schien sich nicht einzustellen. Die Politiker empfanden die Frauen als Konkurrenz und die Forderungen und Interessen der Frauen waren für sie, die ihr männliches Rollenverständnis keineswegs hinterfragen wollten und die Frauen in politischen Ämtern für nicht qualifiziert hielten, marginal und nicht unterstützungswürdig. Lida Gustava Heymann brachte 1924 die Gründe für die politische Frauendiskriminierung auf den Punkt: „Brotneid, nackter Egoismus der Männer innerhalb der Parteien. Abgeordneter zu sein, ist heute ein Geschäft, man wird bezahlt und verhältnismäßig gut bezahlt. An solche einträgliche Futterkrippe läßt man die Frauen nicht heran und die Männer brauchen hier wie überall, wo es sich um Einkommen handelt, ihre Ellbogen.“[A]

Um den geringen parlamentarischen Einwirkungsmöglichkeiten und der Verhinderung von Frauen in politischen Ämtern und Funktionen entgegenzuwirken, forderten Lida Gustava Heymann und Anita Augspurg für die nächsten Reichsstagswahlen „Frauenlisten“ mit den Kandidatinnen aller Parteien aufzustellen. Diese Idee führte Mitte der 1920er Jahre in der bürgerlichen Frauenbewegung zu heftigen Diskussionen, konnte sich schließlich aber nicht durchsetzen. Gleichzeitig wurde auch über eine Frauenpartei nachgedacht. „Im Gegensatz zu einer Frauenliste, stellt die Forderung nach einer Frauenpartei das Verlangen nach einer auf Dauer berechneten politischen Arbeits- und Lebensform dar (...). Welches wären nun die konkreten Arbeitsgebiete der Frauenpartei?

> Die Beeinflussung der Gesetzgebung für Verhütung und Schadensbesserung aller sozialen Not. (...)
>
> Der Kampf gegen die Sonderstellung der Frau im Recht, im öffentlichen Leben, im Parlament als Verteidigung verfassungsmäßig festgelegter Gleichberechtigung der Geschlechter. (...)“[B]

Auch die Idee einer Frauenpartei wurde innerhalb der Frauenbewegung heftig kontrovers diskutiert. Die Sozialdemokratinnen und Kommunistinnen lehnten von ihrem jeweiligen frauenpolitischen Standpunkt her grundsätzlich eine Frauenpartei ab und die gemäßigte bürgerlichen Frauenbewegung, wie der „Bund Deutscher Frauen“ bezweifelte, dass eine gemeinsame inhaltliche Basis in der Frauenpartei gefunden werden könnte. Der BDF meinte, der bessere Weg wäre, die zu den Reichstagswahlen antretenden Parteien aufzufordern, mehr Frauen auf aussichtsreichen Listenplätzen kandidieren zu lassen und zu den Frauenforderungen Stellung zu beziehen. Die meisten Frauen in der gemäßigten bürgerlichen Frauenbewegung und die Sozialdemokratinnen glaubten weiterhin daran, dass über Parteien und Parlamente die Gleichberechtigung der Frau mit verwirklicht werden könnte. Nur ein kleiner Kreis in der radikalen bürgerlichen Frauenbewegung hatte diesen Glauben an die Parteien und Parlamente verloren.

Der Ruf nach Frauenlisten und einer Frauenpartei wurde 60 Jahre später innerhalb der neuen Frauenbewegung wieder wach.

*Auch heute werden z. B. zu Landtagswahlen Frauenlisten gebildet, vgl. www.frauenlisten.de/kommunalwahl-2008.html*

*„Brotneid, nackter Egoismus der Männer innerhalb der Parteien. Abgeordneter zu sein, ist heute ein Geschäft, man wird bezahlt und verhältnismäßig gut bezahlt. An solche einträgliche Futterkrippe läßt man die Frauen nicht heran und die Männer brauchen hier wie überall, wo es sich um Einkommen handelt, ihre Ellbogen.“*
*LIDA GUSTAVA HEYMANN, 1924*

Anmerkungen:

A Lida Gustava Heymann: Die weiblichen Abgeordneten im neuen Reichstag, in: Die Frau im Staat. Jg. 6, 1924. H. 4/5. S. 10.

B Hilde Lion: Zur Problematik einer Frauenpartei, in: Die Frau. Jg. 32, 1925. H. 5. S. 139.

## Elisabeth Pape (5.9.1870 Hamburg–25.2.1964 Hamburg)

Bürgerschaftsabgeordnete (DVP), engagiert in Frauen- und Wohlfahrtsfragen

Zu Elisabeth Papes Engagement für und in der bürgerlichen Frauenbewegung gibt es unterschiedliche Informationen. Die Zeitungen behaupteten anlässlich Elisabeth Papes hohen Geburtstagen und sonstigen Jubiläen, sie sei weder aus der „Bewegung" noch aus den Kreisen der Frauen gekommen, die schon vor dem Krieg das Wahlrecht der Frauen gefordert hatten. Dagegen spricht die Historikerin Karen Hagemann von einer Mitgliedschaft Elisabeth Papes in der Abteilung Jugendschutz der „Hamburger Ortsgruppe des Allgemeinen Deutschen Frauenvereins" (ADF), einem Verein, der Teil der bürgerlichen Frauenbewegung war. Außerdem gehörte Elisabeth Pape 1919, neben Emmy Beckmann und *Margarete Treuge (1876–1962),* zu den Initiatorinnen einer aus dem „Stadtbund Hamburgischer Frauenvereine" hervorgegangenen neuen Vereinsgründung, der „Politischen Frauengemeinschaft Hamburg", deren Ziel die staatsbürgerliche Erziehung breiterer Frauenkreise war. Dies wollte die Frauengemeinschaft dadurch erreichen, indem sich Vertreterinnen aller Parteien und verschiedener Weltanschauungen zusammenschlossen, um den Frauen ihre überparteilichen gemeinsamen Interessen zu zeigen. Wegen geringen Zulaufs löste sich diese Vereinigung allerdings 1921 wieder auf. Die Zeitungen erwähnten dieses in keinem der im Staatsarchiv zugänglichen Artikel.

Elisabeth Pape war die erste Frau, die ein Ordinariat bekam. Der Widerstand von männlicher Seite wurde mit den Waffen der Diffamierung geführt: Lehrerinnen, die ein Ordinariat anstreben, seien alte Jungfern mit unerfülltem Triebleben und im Verhalten mit einer säuerlichen Schärfe ausgestattet

Elisabeth Pape setzte sich als Lehrerin für die Gleichberechtigung der weiblichen Lehrkräfte ein. Sie unternahm als erste weibliche Lehrkraft auf eigene Kosten mit ihren Schülerinnen eine Klassenreise, die in den Harz führte, und konnte in den 1920er Jahren das vom „Allgemeinen Deutschen Lehrerinnenverein" schon lange geforderte Klassenlehreramt (Ordinariat) für Frauen in den höheren Klassen des Mädchenschulwesens durchsetzen, was bis dato eine Domäne der männlichen Kollegen gewesen war. Als Elisabeth Pape die erste Ordinaria einer Selekta wurde, gab es einen Aufschrei unter den männlichen Kollegen. Sie diffamierten ihre Kolleginnen, die auf Grund des Beamtengesetzes unverheiratet bleiben mussten, als alte Jungfern, die ein unerfülltes Triebleben besäßen, was sich in einer vermeintlich säuerlichen Schärfe der Lehrerinnen ausdrückte und als Grund diente, Lehrerinnen ein Ordinariat abzusprechen. Auch die Elternvertretungen und der Schulbeirat waren mit dieser neuen Verordnung der Schulbehörde nicht einverstanden. Sie machten den Vorschlag, dass allein die persönliche Eignung, unabhängig vom Geschlecht, für die Besetzung der Ordinariate ausschlaggebend sein sollte. Schön gesagt: doch dass mit solch einer Regelung, angesichts der massiven Vorurteile, die es gegen erwerbstätige Frauen gab, Lehrerinnen kaum Chancen auf ein Ordinariat hatten, wurde nicht erkannt.

Elisabeth Papes Werdegang nahm zunächst den üblichen Weg einer bürgerlichen Tochter. Nach Abschluss des Lehrerinnen-Seminars wurde sie Volksschullehrerin und 1889 als 19-Jährige in den Hamburger Schuldienst übernommen, was nach den damaligen Gesetzen den Verzicht auf Ehe und Familie bedeutete. Bis 1929 war sie als Lehrerin tätig, dann arbeitete sie im Verwaltungsdienst der Oberschulbehörde. In der Weimarer Zeit war sie zudem Mitglied der Lehrerkammer und des Beamtenrates.

Elisabeth Pape hatte nicht nur pädagogische und frauenpolitische Ambitionen, sie zeigte auch starke altruistische Züge. Schon als junges Mädchen engagierte sie sich für notleidende Menschen. So kümmerte sie sich während der Choleraepidemie 1892 um Kinder, deren Eltern Opfer dieser Krankheit geworden waren und rettete die Kinder aus den verseuchten Wohnungen. Im Ersten Weltkrieg war sie Mitbegründerin der „Hamburgischen Kriegshilfe“ und arbeitete als Lazaretthelferin bei Prof. Dr. Nonne. Dafür wurde sie später mit dem Eisernen Kreuz am schwarz-weißen Band geehrt. Während des Rübenwinters nach dem Ersten Weltkrieg setzte sie sich für eine Unterbringung von ca. 800 Kindern bei Bauernfamilien ein. Lange Jahre war sie ehrenamtliche Waisenpflegerin.

1920 gründete Elisabeth Pape den „Landesverein Hamburg des Deutschen Rentnerverbundes“ (Verband für Altersschutz), den sie auch noch im hohen Alter von 90 Jahren leitete. In dieser Funktion gelang es ihr mit Hilfe der Hamburger Sparcasse von 1827, das Rentnerheim Fiefstücken mit 1- und 2-Zimmer-Wohnungen errichten zu lassen.

Außerdem arbeitete Elisabeth Pape 40 Jahre lang als Vorstandsmitglied des Hamburgischen Seehospitals Nordheim Stiftung in Sahlenburg bei Cuxhaven, war bis ins hohe Alter Ehrenmitglied des „Verbandes deutscher Landschulheime“ und nach ihrem, nach dem Zweiten Weltkrieg erfolgten Eintritt in die SPD, Mitglied der Arbeiterwohlfahrt. Für ihre ehrenamtlich geleistete Arbeit im Dienste der Wohltätigkeit erhielt Elisabeth Pape 1952 das Bundesverdienstkreuz.

Neben all diesen ehrenamtlichen Aktivitäten war die am Efeuweg 64 und zuletzt am Lämmersieht 75 wohnende, hauptberuflich als Pädagogin Arbeitende zwischen 1921 bis 1932 Bürgerschaftsabgeordnete der DVP und von 1928 bis 1932 Schriftführerin ihrer Bürgerschaftsfraktion. Während ihrer Bürgerschaftstätigkeit arbeitete sie u. a. in der Jugendbehörde, dem Ausschuss zur Festsetzung der Mieten und dem Beschwerdeausschuss für das Wohnungsamt.

*Rita Bake*

Elisabeth Pape war 40 Jahre lang Vorstandsmitglied des hamburgischen Seehospitals Nordheim Stiftung in Sahlenburg bei Cuxhaven

## Bertha Wendt, geb. Bahnson (6.10.1859–14.3.1937 Hamburg)

Mitglied der Hamburgischen Bürgerschaft (DDP, 1919–1924) und aktiv in der bürgerlichen Frauenbewegung

Neben ihren vielfältigen parteipolitischen Aktivitäten und denen in der bürgerlichen Frauenbewegung, erzog Bertha Wendt noch drei Söhne und fünf Töchter und war außerdem die Ehefrau von Professor Dr. Gustav Wendt, dem Leiter der vom Verein Frauenbildung und Frauenstudium gegründeten Real- und später Gymnasialkurse für Mädchen. 1911 wurde Bertha Wendt in den Vorstand des Vereins der Vereinigten Liberalen gewählt. Im Ersten Weltkrieg organisierte sie Kriegsküchen und gab praktische Ernährungstipps. Außerdem stellte sie Unterkünfte für heimkehrende Soldaten und alleinstehende Frauen bereit.
Nach dem Krieg begann sie mit der politischen Frauenbildungsarbeit. Als Führerin der demokratischen Frauen richtete sie für Frauen Notkurse in politischer Bildung ein, die sie noch im Alter von 70 Jahren leitete. Von 1920 bis 1924 war sie für die DDP Mitglied der Hamburgischen Bürgerschaft. Ihr Schwerpunkt war die Frauen- und Kinderpolitik. Als Parlamentarierin arbeitete sie politisch in der Behörde für öffentliche Jugendfürsorge, der Justizverwaltung und in der Abteilung für das Gefängniswesen. Sie wurde Hauptvertrauensfrau für den Hamburger Wahlkreis der DDP und Vorsitzende der demokratischen Frauengruppe Hamburg.
Außerhalb der Parteipolitik engagierte sie sich im „Allgemeinen Deutschen Frauenverein, Ortsgruppe Hamburg", für den Jugendschutz. Hier kümmerte sie sich besonders um die Unterbringung und weitere Betreuung schulentlassener Mädchen und um die Überwachung des Koststellennachweises für uneheliche Kinder. Außerdem richtete sie Heimstuben für weibliches Hauspersonal ein, übernahm Vormundschaften, arbeitete im Verein gegen Ausnutzung und Misshandlung von Kindern, in der Bewegung für Mütterabende und war als Waisenpflegerin und in der Ferienkolonie Waltershof tätig. Sie war Mitglied im „Bund für Mutterschutz" (BfM, gegr. 1905), der sich im Gegensatz zu den meisten anderen Frauenvereinen, die sich um Wöchnerinnen kümmerten, auch der ledigen Wöchnerinnen annahm.
Bertha Wendt war auch im Frauenklub Hamburg aktiv, außerdem im „Deutschen Bund Abstinenter Frauen", im „Verband Norddeutscher Frauenvereine" und im

Werbepostkarte des Bundes abstinenter Frauen, ca. 1925

Hamburger Landesverein für Frauenstimmrecht. Dieser 1913 gegründete Verein schloss Frauen und Männer zusammen, die weiterhin mit dem „Verband" zusammen arbeiten wollten. Zuvor hatte sich der „Hamburg-Altonaer Verein für Frauenstimmrecht" – nach langer Debatte über das Pro und Contra von politischer Beteiligung in (Männer)Parteien – zum Austritt aus dem Verband für Frauenstimmrecht entschlossen. Der Landesverein favorisierte keine bestimmte Partei. Er verfolgte u. a. die Ziele: „a) den deutschen Frauen die gleichen öffentlichen Rechte im Staats- und Gemeindeleben zu verschaffen, wie sie den Männern zustehen und insbesondere ihnen das aktive und passive Wahlrecht zu den gesetzgebenden Körperschaften und den Organen der Selbstverwaltung zu erringen; b) die Frauen derjenigen deutschen Länder, Gemeinden und Berufsklassen, welche im Besitz politischer oder sonstiger Wahlrechte sind, zur Ausübung derselben zu veranlassen; c) durch Vertiefung der politischen Bildung die Frauen zu gemeinsamer Betätigung auf allen Gebieten des politischen und sozialen Lebens anzuregen", hieß es 1918 im Jahrbuch des Bundes Deutscher Frauenvereine.
Bertha Wendt erhielt für ihre karitativen Arbeiten das Verdienstkreuz. Nach dem Tod ihres Mannes im Jahre 1933 zog sie sich aus der Öffentlichkeit zurück.
*Rita Bake*

*Fortsetzung von S. 108*

Die SPD war die einzige Partei, die einen gleichbleibenden Anteil an weiblichen Abgeordneten in die Bürgerschaft entsandte: Während der gesamten Zeit der Republik blieb der Frauenanteil stets über 10 Prozent, das waren fünf bis maximal neun Abgeordnete,[58] unter ihnen auch Grete Zabe. Die SPD konnte auf ausgebildete und aktive Parteifrauen für die Parlamentsarbeit zurückgreifen; sie musste nicht wie die Liberalen um die Gunst der politisch erfahrenen Frauen aus den Vereinen buhlen.

Auf der Linken hatte sich außerdem mit der Kommunistischen Partei (KPD) 1919 eine neue Partei gegründet, die sich als revolutionäre Alternative zur Sozialdemokratie verstand. In Hamburg delegierte die Partei ab 1921 zwei Frauen in die Bürgerschaft (von insgesamt 17 Abgeordneten), in den beiden letzten freien Wahlen 1931 und 1932 waren es sogar sechs (von 35) bzw. fünf (von 26).[59] Die KPD hatte damit den höchsten Frauenanteil einer Fraktion in der Weimarer Republik. Die Frauenpolitik der KPD war jedoch vorrangig an der Mobilisierung von Arbeiterinnen für das politisch-revolutionäre Programm der Partei interessiert.[60] Wie auch in allen anderen Themenbereichen, wurden die Direktiven der Frauenpolitik von der Spitze der Partei vorgegeben. Bis etwa 1927 etablierte die Partei auf verschiedenen Ebenen Frauenausschüsse, publizierte eigene Flugblätter und Zeitschriften (z. B. ab 1927 „Die Kämpferin") und berief regelmäßige Frauenkongresse ein. Außerdem gründete die Partei 1925 eine eigenständige Frauenorganisation, den „Roten Frauen- und Mädchenbund", der allerdings nicht die erhofften großen Wirkungen auf die Mitgliederentwicklung entfalten konnte. Einen weiteren Versuch, weibliche Mitglieder zu gewinnen, bestand in dem 1927 ins Leben gerufenen Delegiertensystem mit regelmäßigen lokalen Konferenzen in den Stadtteilen. Dieses Konzept, das an der „Bewusstseinslage der Frauen" und ihren schwierigen Lebens- und Arbeitsbedingungen ansetzte, erwies sich in Hamburg ab 1928 als erfolgreich. Dennoch blieben für die KPD als revolutionärer Partei zwei zentrale Probleme bestehen: Es gab zum einen keine genuine Frauenpolitik, sondern eine Parteipolitik für Frauen, und es wurden keine Verbindungen zu den schon bestehenden Frauenorganisationsstrukturen gesucht oder aufgenommen. Die Frauenpolitik der KPD blieb bis zum Verbot der Partei eng an die Strukturen und die Bedürfnisse der Partei gebunden. Dies schloss jedoch nicht aus, dass sich die parlamentarischen Vertreterinnen aktiv in die Arbeit der Ausschüsse und Behörden einbrachten, so z. B. ***Alma Ewert (1894–1968),*** die sich für Jugendpolitik engagierte.[61]

*weiter auf S. 116*

## Alice Wosikowski, geb. Ludwig (18.10.1886 Danzig–7.4.1949 Moringen)

**Mitglied (KPD) der Hamburgischen Bürgerschaft, Mutter der Widerstandskämpferin Irene Wosikowski**

Alice Wosikowski wurde 1886 als Jüngste von vier Geschwistern in Danzig geboren. Nach dem Abschluss der Volksschule absolvierte sie eine zweijährige Ausbildung als Kindergärtnerin, die ihr der Vater, ein Schneidermeister, finanziell ermöglichen konnte und arbeitete in diesem Beruf bis zu ihrer Heirat im Alter von 21 Jahren (1907). Ihr Mann, Dreher auf einer Werft, war aktiver Gewerkschafter und Sozialdemokrat, und auch sie wurde Mitglied der SPD.

Ein Jahr nach der Hochzeit kam Eberhard und zwei Jahre später Irene auf die Welt. 1911 zog die Familie nach Kiel, weil Alices Mann in Danzig wegen seiner Zugehörigkeit zu einem Streikkomitee auf einer Danziger Werft keine Arbeit mehr fand. In Kiel konnte er auf der Germania Werft arbeiten.

Gleich zu Beginn des Ersten Weltkriegs wurde Alice Wosikowskis Mann im Oktober 1914 als Soldat getötet. Die Kriegerwitwenrente war so knapp bemessen, dass Alice Wosikowski hinzuverdienen musste – ein Jahr lang verrichtete sie Heimarbeit, später arbeitete sie in der Kriegshinterbliebenen Fürsorge. Dennoch reichte das Geld für das Schulgeld nicht, und der Sohn musste vorübergehend die Mittelschule verlassen.

1921 zog Alice Wosikowski mit ihren Kindern nach Hamburg in die Seumestraße und heiratete einen Cousin ihres verstorbenen Mannes. Nun brauchte sie nicht mehr erwerbstätig zu sein, ihr Mann, ein Ewerführer und Mitglied der KPD, sorgte für das finanzielle Auskommen der Familie. Alice Wosikowski, die mittlerweile auch Mitglied der KPD geworden war, engagierte sich nun verstärkt in der KPD-Frauenpolitik.

**1919–März 1933**
**Forderungen der kommunistischen Frauenbewegung: gleiches Recht auf Erwerbsarbeit für Mann und Frau; Verhinderung von Massenarbeitslosigkeit; Abschaffung des § 218**

Als Alice Wosikowskis zweiter Ehemann starb, musste sie wieder erwerbstätig werden und arbeitete von 1930 bis 1933 sowie von 1946 bis 1949 in der Buchhaltung der kommunistischen Hamburger Volkszeitung. Über ihr politisches Engagement lässt sich ermitteln: Alice Wosikowski war von Januar 1927 bis zur Auflösung des Roten Frauen- und Mädchenbundes (RFMB) im Dezember 1930, Leiterin dessen Hamburger Ortsgruppe. Ziel dieser von der kommunistischen Frauenbewegung initiierten Vereinigung war es, hauptsächlich unorganisierte Arbeiterfrauen und Arbeiterinnen politisch zu aktivieren. Der RFMB war 1925 von der KPD als „Schwesternorganisation“ des Roten Frontkämpfer-Bundes (RFB) gegründet worden. Vorsitzende wurde Clara Zetkin. Als Gegengewicht zu den bürgerlichen Frauenvereinen bot der RFMB „proletarische“ Kultur und Unterhaltung an. In Hamburg gehörten allerdings nur knapp 3 % aller weiblichen KPD-Mitglieder dem RFMB an. Die erste Vorsitzende war Maria Grünert, die 1927 von Alice Wosikowski abgelöst wurde. Der Schwerpunkt der RFMB, deren Mitglieder ca. 75 % Arbeiterinnen waren, lag in der politischen Betriebsarbeit. Der RFMB forderte u. a. gleiches Recht auf Erwerbsarbeit für Mann und Frau, Verhinderung von Massenarbeitslosigkeit und Abschaffung des Paragraphen 218. Außerdem wandte er sich gegen den wachsenden Antifeminismus und das Frauenbild der NSDAP.

1929 wurde der RFB verboten, der RFMB daraufhin massiv behindert, seine Veranstaltungen verboten. Der RFMB arbeitete von nun an nur noch halblegal. Angesichts der drohenden Kriegsgefahr und des Einflusses der NSDAP beschloss der RFMB gegen Ende des Jahres 1933 seine Arbeit in „Frauen- und Mädchenstaffeln“ des neu gegründeten „Kampfbundes gegen den Faschismus“ fortzusetzen.

In dieser Zeit – von 1927 bis 1933 – war Alice Wosikowski Abgeordnete der KDP in der Hamburgischen Bürgerschaft.

Nach 1933 beteiligte sie sich am Widerstand gegen das Hitlerregime. Sie wurde dreimal verhaftet und in Konzentrationslagern inhaftiert: 1933/34 in Fuhlsbüttel, 1936/37 in Moringen und von 1939 bis 1941 im KZ Ravensbrück. Auch ihre beiden Kinder wurden verfolgt, ihre Tochter Irene 1944 von den Nationalsozialisten hingerichtet.

Die Mutter erfuhr im Frühjahr 1944 von der Inhaftierung ihrer Tochter. In einer Erklärung vom 13.1.1948, die sie anlässlich des Prozesses gegen den Gestapomann Teege abgab, schrieb sie: „Im März 1944 erhielt ich von meiner Tochter Irene Wosikowski geb. am 9.2.10. die Nachricht, daß sie bei der Gestapo in Haft sei, und ich könnte sie dort besuchen. Ich war sehr überrascht, denn Irene war seit langer Zeit in der Emigration und im ganzen äußerst vorsichtig. Ich besuchte sie im Ziviljustizgebäude und konnte sie auch sprechen. Dort war der Gestapobeamte Teege, der die Vernehmung meiner Tochter durchgeführt hatte. (...) Nachdem ich meine Tochter gesprochen hatte, bot Teege mir an, für die Gestapo zu arbeiten. Er meinte, ich könnte dadurch den Kopf meiner Tochter retten. Ich lehnte jedoch dieses Ansinnen ab, und nachdem Teege nach 14 Tagen mir das Angebot wiederholte, gab ich auch dieses Mal nicht meine Zustimmung. Teege stellte dann seine Bemühungen ein und schloß das Verfahren für die Staatsanwaltschaft ab. (...)“

In der Hamburger Volkszeitung vom 26.10.1946 ist zu lesen, dass Alice Wosikowski dem Gestapomann Teege mitgeteilt haben soll: „Meine Tochter würde mich verachten, wenn ich um solchen Preis ihren Kopf retten wollte.“ Ob oder wieweit sie diese Entscheidung verkraftet hat, ist nicht bekannt.

Infolge einer schweren Krankheit verstarb Alice Wosikowski im April 1949 im Alter von 63 Jahren. Sie wohnte zuletzt in der Simrockstraße 40 im Stadtteil Iserbrook.

(Vgl.: Ein tapferes Leben ist erfüllt. Trauerfeierlichkeiten für Alice Wosikowsky. In: Hamburger Volkszeitung, April 1949.)

*Rita Bake*

*Fortsetzung von S. 114*

Die Frauen der SPD stellten bei weitem die meisten Parlamentarierinnen während der gesamten Zeit der Republik. Aber auch sie waren zur Kooperation mit den so genannten bürgerlichen Parteien gezwungen, wollten sie erfolgreich sein. Je stärker die Stimmenanteile der Liberalen im Laufe der Republik aber schwanden, desto weniger Frauen wurden für diese Parteien gewählt, und die rechten Parteien stellten nur sehr zögerlich, wenn überhaupt, Frauen auf. In der letzten frei gewählten Bürgerschaft 1932 waren daher nur noch die SPD und die Kommunistische Partei mit je fünf Frauen vertreten. Insgesamt zeigte sich in allen Parteien, dass der Frauenanteil in der Bürgerschaft in Hamburg zwar relativ hoch war (1919: 10,6 %, 1928: 9,4 %, 1932: noch 6,3 %), dass aber dieser quantitative Anteil bei weitem nicht ausreichte, um Frauenthemen erfolgreich in parlamentarische Initiativen umzusetzen.

Ein weiteres „Problem" für die Frauenbewegung entstand dann noch aus einem krassen Missverhältnis zwischen den Möglichkeiten der (wenigen) Frauen in der Bürgerschaft einerseits und den Erwartungen, die an diese Frauen gerichtet wurden, andererseits. Viele Enttäuschungen über „die" Politik resultierten aus diesem Missverhältnis. Die Arbeit für Parteien und im Parlament zog wichtige Kräfte aus den Vereinen der Bewegung ab. Nicht alle konnten sich so erfolgreich organisieren wie Emma Ender, die weiterhin bis 1933 dem Stadtbund vorstand, bis 1924 in der Bürgerschaft vertreten war, bis 1927 den Verband Norddeutscher Frauenvereine (VNF) leitete und seit 1919 auch im Vorstand des BDF arbeitete – seit 1921 als stellvertretende Vorsitzende, ab 1924 dann als Vorsitzende bis 1931. Der Eintritt der Frauen in die parlamentarische Politik erwies sich so als zwiespältig: Einerseits konnten Themen und Positionen auf weiteren politischen Ebenen etabliert werden, andererseits waren die Parlamentarierinnen zugleich auch die Protagonistinnen der Frauenvereine und deshalb einer besonders hohen Arbeitsbelastung ausgesetzt.

Nach der anfänglichen Euphorie und Freude darüber, dass seit 1919 auch Frauen in Parlamenten vertreten sind, kam bald die Ernüchterung

Der Stadtbund konnte dennoch unter der Leitung von Emma Ender seine rege Aktivität fortsetzen und zugleich erweitern. Im Vergleich mit anderen Verbandsorganisationen, etwa dem BDF, fallen zwei Dinge besonders auf. Zum einen integrierte der Bund in Hamburg auch Vereine, die anderen Orts die Strukturen der Frauenbewegung eher mieden. Die Hamburger Ortsgruppe des Deutsch-Evangelischen Frauenbundes (DEF) wurde beispielsweise Mitglied des Stadtbundes und blieb es auch nachdem der Gesamtverband 1918 aus dem BDF ausgetreten war. Diese Hamburger Besonderheit hatte sicher viel mit der integrierenden Persönlichkeit Emma Enders zu tun, die darüber hinaus als Mitglied der DVP für die eher konservativen evangelischen Frauen als Garant galt, dass die Arbeit der Frauen nicht in falsches Fahrwasser geriet. Auch der Bund der Hamburger Hausfrauen (BHH) war fest im Stadtbund verankert. Dieser Bund vertrat seit seiner Gründung 1915 die Interessen der bürgerlichen Hausfrauen in Hamburg. Wie schon der 1907 gegründete Hamburger Hausfrauenverein (HHV), wollten die Mitglieder der Hausfrauenorganisationen die Tätigkeit der Frau im Haus als gleichwertig mit Erwerbstätigkeit verstanden wissen. Hausfrau sein – das ist ein Beruf und für diesen müssen Frauen ausgebildet werden, lautete die Grundüberzeugung dieser Vereine. Während aber der HHV vor allem an einer Reform des Dienstverhältnisses zwischen Hausmädchen und Hausdame interessiert war – und sich deshalb energisch gegen sozialdemokratische bzw. gewerkschaftlich orientierte Dienstmädchen-Vereine wehrte – engagierte sich der BHH für die ökonomischen Interessen der Hausfrauen als Produzentinnen und Konsumentinnen. In den ersten Jahrzehnten des 20. Jahrhunderts brach aber der „Markt" für Dienstpersonal aufgrund des ökonomischen Strukturwandels fast vollständig ein, sodass der HHV als Arbeitgeberinnenverein seine Funktion verlor. Der BHH dagegen stellte mit seinen Forderungen ein zukunftsfähiges Modell dar. Insbesondere die hauswirtschaftliche Grundausbildung für alle Mädchen und Frauen bildete das zentrale Thema aller deutschen Hausfrauenverbände in der Weimarer Republik. Diese Vereine, zu denen zunächst auch die Landwirtschaftlichen Hausfrauenvereine zählten, gehörten nach 1918 zu den mitgliederstärksten Frauenorganisationen in der Republik. In den Jahren ihrer Gründung bis etwa 1914 waren die Hausfrauenvereine durchaus noch an Sozialreformen und Frauenrechten interessiert gewesen; schon während des Krieges aber, und verstärkt dann im Laufe der Republik, entwickelten diese Gruppen eine nationalistische, antidemokratische Haltung, die sie immer mehr auch in Opposition zur Frauenbewegung brachte. 1932 traten die Hausfrauenverbände schließlich aus der Dachorganisation BDF aus.

Eine andere Besonderheit des Stadtbundes war seine religiöse Neutralität. Mit der Wahl von ***Sidonie Werner***[62] ***(1860–1932),*** der Gründerin des Israelitisch-humanitären Frauenvereins, zur zweiten Vorsitzenden demonstrierte er deutlich, dass der Bund keine antisemitische Politik betreiben wollte, sondern im Gegenteil an einer religiös neutralen Politik sehr interessiert war.

*weiter auf S. 119*

## Sidonie Werner
## (16.3.1860 in der Nähe von Posen–27.12.1932 Hamburg)

**Volksschullehrerin, Vorsitzende des „Israelitischen Humanitäts-Frauen-Vereins" und des „Jüdischen Frauenbundes"**

Geboren in einer angesehenen jüdischen Gelehrtenfamilie, war Sidonie Werners Bildungsweg fast schon vorprogrammiert: Besuch der höheren Mädchenschule, dann Lehrerinnenseminar, nach Abschluss der Lehrerinnenausbildung arbeitete sie als Volksschullehrerin zuerst in Altona, später in Hamburg.

Sidonie Werner blieb unverheiratet. Ihr Leitspruch hieß: „Gesegnet wer seine Arbeit gefunden.“ Danach lebte sie, und als sie an ihrem 70. Geburtstag, zu dem neben dem Senat auch Emma Ender und *Klara Fricke (1871–1951)* gratulierten, auf ihr Leben zurückblickte, kam sie zu dem Schluss, dass „der Segen der Arbeit aus einem einsamen Leben ein reiches, beschwingtes weitblickendes Leben“ machen kann.

Neben ihrer Tätigkeit als Lehrerin arbeitete Sidonie Werner aktiv in der bürgerlichen Frauenbewegung. Dort vertrat sie den keineswegs von allen Frauen getragenen Standpunkt, dass sich Frauen nicht nur auf karitative Aufgaben beschränken sollten. Sie sollten stattdessen verstärkt versuchen, in die hauptsächlich von Männern besetzten Verwaltungsausschüsse zu gelangen, um mehr politischen Einfluss zu bekommen. Zudem hielt Sidonie Werner für Frauen eine qualifizierte Berufsausbildung für unerlässlich. Deshalb gehörte sie 1893 auch zu den Mitbegründerinnen des „Israelitischen-Humanitäts-Frauen-Vereins“ (IHF), der einen Schwerpunkt seiner Arbeit in der Förderung von Frauenbildung, Frauenberuf und sozialer Frauenarbeit sah. Von 1908 bis 1932 wurde sie dessen Vorsitzende.

Der Verein gründete eine Ausbildungs- und Arbeitsstätte für Frauen und Mädchen mit Mittagstischen, einen Arbeitsnachweis für weibliche kaufmännische Angestellte und in Bad Segeberg ein Kindererholungsheim, dem eine Haushaltungsschule mit Gartenbetrieb angeschlossen war.

In dieser Zeit gehörte Sidonie Werner auch zu den ersten Mitgliedern des 1904 auf Reichsebene gegründeten „Jüdischen Frauenbundes“, dessen Vorsitz sie von 1915 bis 1925 innehatte. Sidonie Werner schrieb für diesen Verein die erste Flugschrift über das Frauenwahlrecht.

Als der erste Weltkrieg begann, schloss sich der IHF dem „Frauenausschuss der Hamburgischen Kriegshilfe“ an. 1915 war Sidonie Werner Gründungsmitglied des „Stadtbundes Hamburgischer Frauenvereine“ sowie dessen stellvertretende Vorsitzende. Emma Ender wurde ihre Vorstandskollegin. Außerdem erhielt Sidonie Werner den Vorsitz im Vereinsheim für jüdische Mädchen.

1919 wurde Sidonie Werner auf die Kandidatenliste DDP (Deutsche Demokratische Partei) zur Bürgerschaftswahl aufgestellt, erhielt allerdings nur den aussichtslosen Listenplatz 76.

Als Sidonie Werner 1932 starb, lobte der „Hamburger Anzeiger“ nicht nur ihr Engagement, sondern auch ihre Verdienste um ihr Vaterland Deutschland: „Sie wollte nicht nur den Armen und Bedürftigen helfen, sie wollte auch die Wohlhabenden befreien von dem seelischen Individualismus, wollte sie hinführen zum Wirken für die Gemeinschaft. Das war das Ziel,

*Sidonie Werner fordert: Frauen sollen sich nicht nur karitativ betätigen, sondern mehr in die von Männern besetzten Verwaltungsausschüsse gehen, um mehr politischen Einfluss zu erlangen.*

das sie verfolgte mit zähem Eifer und unermüdlicher Tatkraft. Es würde aber ein wichtiger Zug ihres Wirkens fehlen, wollten wir nicht auch ihrer starken seelischen Verbundenheit mit deutscher Kultur und deutschem Vaterland gedenken. Diese Verbundenheit hat sich gezeigt in der Cholerazeit, als sie in vorderster Linie ihre Pflicht erfüllte; sie hat sich gezeigt während der Kriegszeit, als sie eine mustergültige Hilfsorganisation schuf, sie hat sich zuletzt gezeigt in der Winterhilfe für die deutsche Not."

*Rita Bake*

*Fortsetzung von S. 117*

Für alle Vereine der Frauenbewegung stellte sich gleich zu Beginn der Republik die Frage, welche Aufgaben nach der Einführung der Demokratie noch zu erfüllen waren. Und fast alle beantworteten sich die Frage so, dass es nun Aufgabe der Bewegung sei, die neu gewonnenen Rechte auch zu nutzen, Frauen über ihre Rechte und Möglichkeiten zu informieren und weiterhin an den sozialen und pädagogischen Aufgaben der Bewegung zu arbeiten. So blieb die Tätigkeit in der Wohlfahrtspflege ein Schwerpunkt. Der Stadtbund gründete zum Beispiel die Hamburgische Frauenhilfe 1923, um in der Inflationszeit bedürftigen Erwachsenen und Kindern beistehen zu können. In dieser, der Not geschuldeten Organisation arbeiteten auch die Sozialdemokratinnen mit, die ihre eigenen Erfahrungen aus der Hamburger Arbeiterwohlfahrt (AWO) einbrachten. Nach drei Jahren konnte die Frauenhilfe ihre Tätigkeit wieder einstellen, doch in der Wirtschaftskrise 1929/30 entstand dann abermals eine ähnliche gemeinsame Initiative. Auf dem Gebiet der Ausbildung für soziale Berufe setzte die Hamburger Bewegung wie schon 1848 ein besonderes Zeichen, als 1917 die Soziale Frauenschule unter der Leitung von Gertrud Bäumer und ***Dr. Marie Baum (1874–1964)*** eröffnet wurde.

*weiter auf S. 122*

## Margarete Amalie Treuge (4.8.1876 Elbing–2.4.1962 Hamburg)

Direktorin der Sozialen Frauenschule in Hamburg

Die gebürtige Westpreußin hatte ihre Eltern schon früh verloren. Bei Verwandten erhielt sie mit ihren zwei Geschwistern die weitere Erziehung.
Als 13-Jährige kam sie mit ihren Geschwistern zu ihrem Großvater nach Marienburg, ging auf die Höhere Handelsschule, besuchte das Lehrerinnenseminar, erwarb die Lehrbefähigung an Mädchenschulen und absolvierte eine dreijährige Berufsausbildung, um die Befähigung zum Studium zu bekommen. Mittlerweile 23 Jahre alt, ging sie mit ihrem 20-jährigen Bruder nach

Berlin zum Studieren. Dort belegte sie – formal getrennt von der Universität – in Oberlehrerinnenkursen die Fächer Geschichte, Deutsch und Philosophie. Nach dem Staatsexamen wurde sie 1904 Lehrerin an einem Berliner Lyzeum und unterrichtete nebenamtlich an der Frauenschule von *Alice Salomon (1872–1948)*.

Margarete Treuge schloss sich dem ADLV („Allgemeiner Deutscher Lehrerinnenverein") an und war von 1910 bis 1921 Schriftleiterin der Verbandszeitschrift „Die Lehrerin".

Für die vom „Allgemeinen Deutschen Frauenverein" (ADF) 1909 herausgegebene Publikation: „Politisches Handbuch für Frauen" schrieb sie umfangreiche Abhandlungen zu den Themen „Verfassung in Gemeinde, Staat und Reich" und „Die deutschen politischen Parteien". Außerdem veröffentlichte Margarete Treuge im selben Jahr eine „Einführung in die Bürgerkunde – ein Lehrbuch für Frauenschulen", welches zu einem Standardwerk wurde.

Margarete Treuge wollte in ihren Publikationen weder sozialdemokratischen noch konservativen Parteien das Wort reden. Das Schwergewicht legte sie auf die Darstellung der kommunalen Selbstverwaltung. Denn sie war der Überzeugung, die Betätigung auf dieser untersten politischen Ebene sei für Frauen, die sich gerade erst politisierten, angemessen – zumal auf dieser Ebene die Arbeit im sozialen Bereich im Vordergrund stand, wofür nach damaliger Geschlechtsrollenzuweisung Frauen besonders geeignet erschienen. Gerade in Zeiten des Krieges erhielt die soziale Arbeit zunehmende Bedeutung. Und so begrüßten es auch die Vertreter der Stadt Hamburg, dass im Kriegsjahr 1917 die Doppellehranstalt Soziale Frauenschule und Sozialpädagogisches Institut gegründet wurde. An dieser Doppellehranstalt wurde Margarete Treuge Oberlehrerin für Geschichte und Bürgerkunde.

Als 1919/1920 die Schulleiterinnen Gertrud Bäumer und Dr. Marie Baum Hamburg verließen – Gertrud Bäumer wurde 1920 als erste Frau Deutschlands Ministerialrätin in Berlin und Dr. Marie Baum ging 1919 als Referentin für Wohlfahrtspflege in das badische Arbeitsministerium – übernahm die 44jährige Margarete Treuge die Leitung der Sozialen Frauenschule. Im selben Jahr wurde die Schule als Wohlfahrtsschule staatlich anerkannt, was bedeutete, dass die Schülerinnen nun die Qualifikation einer staatlich geprüften Wohlfahrtspflegerin erwerben konnten. Margarete Treuge betrachtete diese Entwicklung zur Verstaatlichung mit gemischten Gefühlen, denn sie befürchtete eine allzu starke Schematisierung und Routine in der Ausbildung. Am 1.4.1923 wurde die Schule verstaatlicht und war damit die erste deutsche Wohlfahrtsschule unter staatlicher Leitung.

*Margarete Treuge fordert: Betätigung von Frauen in der kommunalen Selbstverwaltung. Denn die Betätigung auf dieser untersten politischen Ebene ist für Frauen, die sich gerade erst politisieren, angemessen – zumal auf dieser Ebene die Arbeit im sozialen Bereich im Vordergrund steht, einer Domäne der Frau.*

„Junger Mann – und welche Schwangerschaftsbeschwerden wären möglich?“

Als der Hamburger Senat 1926 Nachschulungslehrgänge für männliche Angestellte der Wohlfahrtsbehörde beschloss, weil die meisten der männlichen Angestellten nach den Lehrsätzen der alten Armenpflege arbeiteten, bedeutete dies für das Sozialpädagogische Institut, Lehrgänge auch für Männer einzurichten. Das fiel Margarete Treuge und ihren Mitarbeiterinnen schwer. Für sie galt das Berufsfeld Sozialpädagogik als typisch weiblich, das die den Frauen angeborene Mütterlichkeit, die sich in Pflege und Hege ausdrückte, professionalisierte. Margarete Treuges Vorbehalte, die „berufsethische Vertiefung“ könne durch die Koedukation beeinträchtigt werden und der gesamte Unterricht verflachen, fand in den verantwortlichen Kreisen kein Gehör. Und so musste Margarete Treuge Ostern 1930, nachdem Preußen 1927 bereits die staatliche Anerkennung männlicher Wohlfahrtspfleger geregelt hatte, fünf bis zehn männliche Schüler in die Unterklasse des Sozialpädagogischen Instituts aufnehmen.
Im Herbst 1933 wurde Margarete Treuge, die 1918 der Deutschen Demokratischen Partei beigetreten war und ihre Vorstellungen von einem demokratischen Staat weiterhin öffentlich vertrat, von den Nationalsozialisten ihres Amtes enthoben. Die „Hamburger Lehrerzeitung“ schrieb dazu 1961 in einer Grußadresse zum 85. Geburtstag Margarete Treuges: „Es half nichts, dass die jungen Frauen und Männer, die damals im Sozialpädagogischen Institut ausgebildet wurden, sie beschworen, ‚vorsichtig‘ zu sein. Sie konnte nicht schweigen, wenn ihrer Meinung nach Unrecht geschieht.“ Margarete Treuge wurde an eine Volksschule strafversetzt und ein Jahr darauf vorzeitig in den Ruhestand entlassen. Während der Zeit des Nationalsozialismus hielt sie in Privathäusern Kurse zu Literatur, Geschichte, Frauenbewegung und Nationalökonomie ab. Während des Krieges wurde ihre Wohnung ausgebombt und sie verlor ihre Schwester – ihre engste Lebenskameradin.
Nach 1945 arbeitete die nun über 70-Jährige noch kurze Zeit erneut als Dozentin am Sozialpädagogischen Institut. 1946 gehörte Margarete Treuge zu den Mitbegründerinnen des „Hamburger Frauenringes e. V.“, dessen Presseausschuss sie leitete. 1949 initiierte sie mit anderen die Bildung der „Arbeitsgemeinschaft Hamburger Frauenorganisationen“. Außerdem war Margarete Treuge aktive Mitarbeiterin der W.O.M.A.N. („Weltorganisation der Mütter aller Nationen“).

*Rita Bake*

Zitate:
Wesentliches aus: Stubbe da Luz, Helmut: Die Stadtmütter: Ida Dehmel, Emma Ender, Margarete Treuge. Hamburgische Lebensbilder in Darstellungen und Selbstzeugnissen. Hrsg. vom Verein f. Hamburgische Geschichte. Bd. 7, Hamburg 1994, S. 63–95.

Dorothy Thompson (1894–1961), amerikanische Journalistin und Gründerin der W.O.M.E.N., ca. 1920

*Fortsetzung von S. 119*

Neben dieser „traditionellen" Tätigkeit aber wurden Aufgaben der sogenannten staatsbürgerlichen Erziehung von Frauen wichtiger, entweder in Form von Vortragsveranstaltungen, Unterstützung der Parlamentarierinnen durch Petitionen oder auch durch eigene Presseerzeugnisse. Hier ist besonders die vom Stadtbund, VNF und BHH herausgegebene Zeitschrift „Frau und Gegenwart", deren Schriftleitung bei Frieda Radel lag, zu nennen. Auch die Ortsgruppe des ADF, der nun unter der Leitung von Klara Fricke[63] etwa 500 Mitglieder angehörten, beteiligte sich intensiv an dieser Schulungsarbeit; die Tätigkeit in den eigenen Abteilungen blieb aber weiterhin das Rückgrat dieses Vereins. Das Flaggschiff der „Radikalen", der Verein für Frauenstimmrecht, hatte 1918/19 seine Ziele erreicht und sich aufgelöst.

*weiter auf S. 124*

## Klara Fricke, geb. Magers (4.2.1871 Hamburg–16.10.1951 Hamburg)

**Ehrenamtliche Arbeit in der Jugendfürsorge, Vorsitzende der „Ortsgruppe Hamburg des Allgemeinen Deutschen Frauenvereins"**

Klara Fricke war von 1916 bis 1934 Vorsitzende der „Ortsgruppe Hamburg des Allgemeinen Deutschen Frauenvereins" (ADF) und leitete von 1924 bis 1934 den „Ausschuss zur Förderung der Jugendwohlfahrt", die Spitzenorganisation der privaten und öffentlichen Jugendpflege in Hamburg.
1871 in Hamburg am Sandtorkai geboren, war Klara Fricke das zweite Kind aus einer wohlhabenden bürgerlichen Familie – der Vater Prokurist in einer großen Hamburger Firma, ihre Mutter eine Fabrikantentochter. Die Eltern engagierten sich stark auf dem Gebiet der Wohltätigkeit.
Klara Fricke besuchte die Volksschule einschließlich der Selecta (Höhere Töchterschule) und ging, um Sprachen zu lernen, in eine Pension in der französischen Schweiz. Als sie nach Hamburg zurückkehrte, hatte sie so viel Wissen erworben, dass sie Privatunterricht geben konnte. Mit 30 Jahren heiratete sie 1901 den Hamburger Bürger Traugott Fricke. Die beiden hatten keine Kinder. Sie lebten im Haus von Klara Frickes Eltern an der Großen Allee 24.
Durch ihren Mann, der ehrenamtlich als Armen- und Waisenpfleger arbeitete, wurde Klara Fricke mit der sozialen Arbeit vertraut – und nach einiger Zeit zur selbstständigen Armen- und Waisenpflegerin ernannt. Um sich in dieser Arbeit zu vervollkommnen, belegte sie bei der „Ortsgruppe Hamburg des Allgemeinen Deutschen Frauenvereins" (ADF) einen Kursus für Armen- und Waisenpflegerinnen. So lernte sie die Arbeit des ADF kennen und arbei-

Klara Fricke lebte in der Moorweidenstraße 4 im Hamburger Stadtteil Rotherbaum
Aufnahme 2012

tete bald aktiv in seinen Reihen mit. Sie wurde Leiterin eines Mädchenhortes auf St. Pauli, 1912 war sie Mitbegründerin des „Verbandes für Waisenpflege, Armenpflege und Vormundschaft“ und wurde 1915 dessen Vorsitzende. Ihre Karriere ging rasch weiter. 1916 wurde Klara Fricke Nachfolgerin von Helene Bonfort, die bis zu diesem Zeitpunkt als erste Vorsitzende der ADF-Ortsgruppe fungiert hatte. 18 Jahre, bis zur Auflösung der Gruppe im Jahre 1934, war Klara Fricke in diesem Amt.

Als nach 1918 Frauen als Staatsbürgerinnen gleichgestellt waren und damit die Möglichkeit hatten, öffentliche Ämter zu bekleiden, wurde Klara Fricke in die Vormundschaftsbehörde gewählt. Am 30. Mai 1919 wurde sie im Hamburger Rathaus feierlich vereidigt. Auf der offiziellen Einladung war der Passus: „Gefl. im Frack“ durchgestrichen.

Außerdem kam sie 1919 auf die Kandidatenliste der Deutschen Demokratischen Partei (DDP) zur Bürgerschaftswahl – allerdings nur auf den aussichtslosen Listenplatz 72.

Ähnlich wie Emma Ender sah auch die kinderlose Klara Fricke ihre Hauptaufgabe in der Jugendpflege.

1923 starb Traugott Fricke nach langer schwerer Krankheit. Klara Fricke, die nun in der Moorweidenstraße 4 im Stadtteil Rotherbaum wohnte, erfuhr nach dem Tod ihres Mannes große Unterstützung durch ihre Freundin Olga Lichtenberger, mit der sie seit den zwanziger Jahren einen gemeinsamen Haushalt führte.

Auf dem sozialen Gebiet engagierte sich Klara Fricke weiterhin in der Jugendwohlfahrt. So erhielt sie 1924 den Vorsitz im „Ausschuss zur Förderung der Jugendwohlfahrt“, den sie 1933 aufgeben musste. 1928 erhielt sie als Anerkennung für ihre ehrenamtliche soziale Arbeit vom Hamburger Senat die Plakette für treue Arbeit im Dienst des Volkes.

In einer Schrift des ADF zum 70. Geburtstag von Klara Fricke wird ein Tagesablauf dieser vielseitig beschäftigten Frau gezeichnet: „Da wird morgens um ½ 5 Uhr angeklingelt, weil siebenbürgische junge Mädchen auf Ferienreise gerade angekommen sind. Frau Fricke hat sich erboten, sie aufzunehmen. Also hin zum Hauptbahnhof, um sie abzuholen und daheim freundlich zu versorgen. Das Obdachlosenasyl klingelt an. Keine Kohlen mehr! Also zum Kohlenhändler und verschiedenen anderen Stellen, um es zu versorgen. Dann zur Bank, zum Finanzamt, Verhandlung mit Friedrichsberg, weil ein Schützling dort zu Beobachtung und Begutachtung ist, dann zum Untersuchungsgefängnis. Ein Herr aus Berlin kommt, der das Protektorat des A.D.F. für einen Film wünscht, Sitzung in der Vormundschaftsbehörde über einen Gesetzesentwurf zum Schutz des unehelichen Kindes, Sitzung im Jugendamt über Filmzensur, Besuch einer Mitarbeiterin und Aussprache über schwebende Probleme der Fürsorge. Eine andere bringt eine Vortragsfolge zum Begutachten. Dazwischen bringt ein Neffe Freunde mit ins Haus, die beköstigt werden sollen; ein Stoß Akten vom Vormundschaftsgericht liegt auf dem Schreibtisch und soll bis zum nächsten Tag erledigt werden … – Das alles in bunter Folge! Ein kleiner Neffe, der sein Weihnachtsgeheimnis nicht bei sich behalten kann, sondern notwendig erzählen muss, was er da gebastelt hat, meint nicht mit Unrecht: ‚Tante Klara kann man es ruhig erzählen, die vergisst es ja doch gleich, die hat so viel Frauensachen im Kopf.'"[A] All diese Arbeit leistete Klara Fricke ehrenamtlich.

Nachdem die Nationalsozialisten die Macht übernommen hatten, zog sich Klara Fricke aus der ehrenamtlichen Sozialarbeit zurück. Aber gleich nach Kriegsende war sie wieder aktiv beim Aufbau der Frauenbewegung dabei und wurde eine der Mitbegründerinnen des „Hamburger Frauenrings e. V."

*Rita Bake*

Lit.:

A Zit. nach: Klara Fricke zum 4. Februar 1941. Festschrift anlässlich ihres siebzigsten Geburtstags, Hamburg 1941.

Wesentliches aus: Hagemann Karen, Kolossa Jan: Gleiche Rechte – Gleiche Pflichten? Hamburg 1990.

*Fortsetzung von S. 122*

Es gab vor allem drei Bereiche, die die Frauenbewegung in Hamburg nach 1918 thematisierte: erstens die Bekämpfung der staatlichen Reglementierung der Prostitution bzw. im weitesten Sinne die „Sittlichkeitsfrage", zu der auch die Frage der Sexualberatung und die Auseinandersetzung mit der Abtreibungsfrage gehörte. Schon seit dem ausgehenden 19. Jahrhundert setzten sich unterschiedliche Vereine, auch Frauenvereine, für eine Reform der Kontrolle von Prostituierten ein. In Hamburg galt seit 1876 eine Verordnung, die die Überwachung der registrierten Prostituierten, die in so genannten „Beherbergerhäusern" wohnen und arbeiten mussten, der Sittenpolizei überließ. Insbesondere der staatlich angeordnete Zwang für die betroffenen Frauen, in bestimmten Häusern zu wohnen und sich regelmäßig ärztlich untersuchen zu lassen sowie das Problem, dass bei der Suche nach freien, also nicht registrierten Prostituierten mitunter auch unschuldige Frauen verhaftet und untersucht wurden, erregte das Missfallen einiger Frauen – allen voran Lida Gustava Heymann. Der von ihr 1899 gegründete „Zweigverein der britischen kontinentalen und allgemeinen Föderation" plädierte für die Aufhebung der doppelten Moral, die Prostituierte unter Zwang und Strafe stelle, den Freier aber unbehelligt ließ. Die „Förderation" forderte entsprechend eine Abschaffung jeglicher staatlicher Überwachung der Prostitution und setzte auf sittliche Aufklärung für beide Geschlechter. Die Behörden reagierten sehr gereizt auf Lida Gustava Heymann und ihre Mitstreiterinnen – sie verboten in der Regel öffentliche Veranstaltungen des Vereins bis Lida Gustava Heymann 1906 Hamburg verließ.

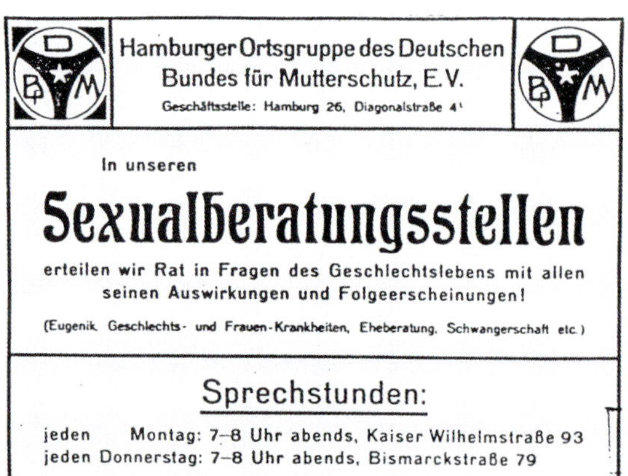

Auch innerhalb der Frauenbewegung war die Position der Föderation sehr umstritten. Als wichtigste Gegnerin erwies sich die Ortsgruppe des ADF, die unter der Leitung von Helene Bonfort eine abgeschwächte Form der staatlichen Reglementierung favorisierte. Nach dem Ersten Weltkrieg aber konnten sich in Hamburg die Positionen der „Föderation“ durchsetzen: Die Reglementierung der Prostitution wurde 1922 abgeschafft, nicht zuletzt durch eine erfolgreiche Arbeit der weiblichen Mitglieder der Bürgerschaft. Alle Bordelle („Beherbergerhäuser“) mussten geschlossen werden – aber die individuelle Kontrolle der Prostituierten blieb weiterhin erhalten, wenn auch seit 1927 nicht mehr durch die Polizei, sondern durch das Gesundheitsamt.

Die Diskussion über „Sittlichkeit“ und sexuelle Aufklärung polarisierte jedoch weiter die Bewegung. Während einige Radikale und viele SPD- und KPD-Frauen sich für eine Abschaffung des § 218 einsetzten, lehnten große Teile des bürgerlichen Spektrums diese Forderung ab. Auch blieben die Sexualberatungsstellen allein ein Projekt weniger engagierter, linker Frauen und Männer.

*weiter auf S. 126*

KPD-Plakat zur Vorführung des Films „Cyankali“ am 18. April 1930 im Hammonia-Kino Alter Steinweg

## Paula Henningsen, geb. Kuntzmann (30.12.1881 Hannover–5.4.1969 Maschen bei Hamburg)

Bürgerschaftsabgeordnete (SPD, 1921–1933), Mitbegründerin der „Hamburger Ortsgruppe des Reichsverbandes für Geburtenregelung und Sexualhygiene“

Paula Henningsen war die Tochter eines Zollbeamten und einer Schneidermeisterin, die 1885 bei der Geburt eines ihrer Kinder starb. Die ersten vier Lebensjahre verbrachte Paula Henningsen bei einer Tante. Ab ihrem vierten Lebensjahr wuchs sie bei ihrem Vater, der eine neue Ehe eingegangen war, und mit den vier Geschwistern aus der zweiten Ehe ihres Vaters auf. 1888 zog die Familie nach Hamburg. Hier besuchte Paula Henningsen die Volksschule und anschließend das Lehrerinnenseminar. 1901 machte sie ihr Lehrerinnenexamen und arbeitete als Volksschullehrerin. 1904 heiratete sie den Lehrer und Schriftsteller Nicolaus Henningsen und gab ihren Beruf auf. 1904 wurde die erste Tochter, 1906 die zweite und 1917 der Sohn geboren. Während des Ersten Weltkriegs Mitglied der SPD geworden, wurde Paula Henning-

das bekannte Tubenpräparat

Jahrzehnte bewährt.

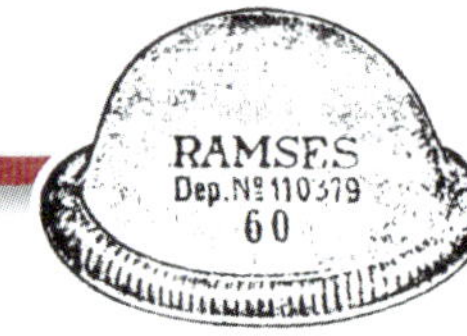


in den Größen von 40–75 mm mit je 5 mm Abstand lieferbar.

**MESSRINGE**
zur Größen-Feststellung

Fromms Act Transparent
Fromms Act Heißvulkanisiert

Das warmvulkanisierte Präs. mit seiner jahrelangen Lagerfähigkeit.

sen schon bald in der SPD als Referentin tätig. Ihr politischer Schwerpunkt galt den Frauenfragen, besonders auf dem Gebiet des Gesundheits- und Bildungs-/(Schul)wesens. Später widmete sie sich den Themen Geburtenregelung, Verhütung und Abtreibung. Von 1921 bis 1933 war Paula Henningsen SPD-Abgeordnete der Hamburgischen Bürgerschaft und von 1927 bis 1933 Schriftführerin der Bürgerschaft. Als Abgeordnete arbeitete sie in der Gesundheits- und Berufsschulbehörde und gründete 1930 zusammen mit ihrer Parteigenossin und ebenfalls Bürgerschaftsabgeordneten *Adele Reiche (1875–1957)* sowie mit dem Mediziner Dr. Erkan die Hamburger Ortsgruppe des Reichsverbandes für Geburtenregelung und Sexualhygiene. Paula Henningsen übernahm den Vereinsvorsitz, der von vielen Männern von nun an „Paula Henningsens unanständiger Verein" genannt wurde. Die Ortsgruppe des Reichsverbandes lehnte den Abtreibungsparagraphen 218 ab und klärte Arbeiterfrauen und Mütter über die verschiedenen Möglichkeiten der Verhütung auf. Paula Hennigsen war damals so mutig, in der Sexualberatungsstelle der Ortsgruppe des Reichsverbandes an sich selbst zu zeigen, wie Pessare zu benutzen seien. 1933 verboten die Nationalsozialisten die Arbeit des Reichsverbandes. Paula Henningsen zog sich in die „innere Emigration" zurück und war auch nach 1945 nicht mehr politisch aktiv.

*Rita Bake*

*Fortsetzung von S. 125*

Der zweite Bereich war die aktive Arbeit für Frieden, die die Hamburger Ortsgruppe der Internationalen Frauenliga für Frieden und Freiheit (IFFF) unter der Leitung von ***Magda Hoppstock-Huth (1881–1959)***[64] leistete. Diese Gruppe war eines der neuen Zentren für Frauen, die sich den Radikalen in der Bewegung zurechneten. Die IFFF warb für weltweite Abrüstung, wollte den Friedensgedanken und die Gewaltlosigkeit als zentrale Prinzipien der Erziehung verankern und engagierte sich für internationale Kooperation. Zu diesem Zweck wurde eine Reihe von öffentlichen Vorträgen angeboten.

*weiter auf S. 129*

## Magda Hoppstock-Huth, geb. Magdalene Huth (9.3.1881 Hamburg–24.4.1959 Hamburg)

Gründerin der „Internationalen Frauenliga für Frieden und Freiheit" (IFFF), Widerstandskämpferin gegen das Hitlerregime, Mitglied (SPD) der Hamburgischen Bürgerschaft

Wie Emma Ender, Klara Fricke und viele andere Frauen der bürgerlichen Frauenbewegung kam Magda Hoppstock-Huth aus einer gutsituierten bürgerlichen Familie (Kaufmannsfamilie). Im Gegensatz zu den Eltern der oben genannten Frauen, von denen wir nicht wissen, in welchem Sinne sie ihre Töchter geprägt haben, wissen wir von Magda Hoppstock-Huths Eltern, dass sie ihre Kinder im Geiste der Völkerfreundschaft erzogen. Besonders der Vater, ein überzeugter Pazifist, prägte in diesem Sinne seine Kinder. Damit waren die ersten Weichen für Magda Hoppstock-Huths spätere Tätigkeit als Gründerin der IFFF, deren langjährige erste Vorsitzende der Hamburger Ortsgruppe, Leitungsmitglied der Deutschen Sektion der IFFF von 1925 bis 1933 und von 1945 bis 1959 als deren Präsidentin gelegt.

Als sie ihre beiden Brüder durch den Ersten Weltkrieg verlor, entschied sie sich aktiv als Pazifistin einzusetzen. Sie schloss sich dem deutschen Frauenausschuss für dauernden Frieden an. Zu diesem Zeitpunkt war Magda Hoppstock-Huth bereits mit dem Amtsrichter Hoppstock verheiratet (seit 1908) und lebte mit ihm und ihren zwei Kindern in Mitteldeutschland, wo sie auch als Abgeordnete der Unabhängigen Arbeiterpartei aufgestellt wurde.

Als Ehefrau und Mutter stellte Magda Hoppstock-Huth, die in ihrer Jugend fünf Jahre in England und Frankreich verbracht und in Bordeaux studiert hatte sowie anschließend als Lehrerin tätig gewesen war, einen Großteil ihrer Kraft der IFFF zur Verfügung, die im Juni 1919 aus dem „Frauenausschuss für dauernden Frieden" entstanden war. Das Ziel der IFFF, die ca. 80 Arbeitsgemeinschaften hatte und zu deren Hauptvertreterinnen Dr. Anita Augspurg und Lida Gustava Heymann gehörten, war „die vollständige und allgemeine Abrüstung zu Lande, zu See und in der Luft, die Abschaffung der Hungerblockade und des Missbrauchs der Wissenschaft zu zerstörenden Zwecken, (...) die soziale, politische und wirtschaftliche Gleichberechtigung für alle ohne Unterschied von Geschlecht, Rasse, Stand und Glaubensbekenntnis, moralische Abrüstung durch Erziehung im Geiste menschlicher Einigkeit und Durchführung sozialer Gerechtigkeit."[A]

Mit dieser Zielsetzung gehörten die Mitglieder der IFFF zu den radikalen Frauen der bürgerlichen Frauenbewegung. Magda Hoppstock-Huth, die sich als „Internationalistin aus innerstem Wesen" bezeichnete, wurde die Vorsitzende der IFFF und kam 1920 in dieser Funktion zurück nach Hamburg.

„1931 war die IFFF in 99 deutschen Städten durch Gruppen vertreten. Im Vergleich zum ‚Bund Deutscher Frauen' war ihr Masseneinfluss zwar gering, aber ihre Mitstreiterinnen – überwiegend Frauen aus den bürgerlichen Mittelschichten, von denen viele eine akademische Ausbildung hatten – versuchten, die fehlende Quantität durch ein effektives Engagement auszugleichen. Die IFFF gehörte in den letzten Jahren der Weimarer Republik zu den Organisationen, die vor der Gefahr des Nationalsozialismus mit der Parole: ‚Hitler bedeutet Krieg' warnten".[B]

1928 ließ sich das Ehepaar im gegenseitigen Einvernehmen scheiden. 1933 wurde von den Nationalsozialisten ein Verfahren wegen angeblichen Hochverrats gegen Magda Hoppstoch-Huth eingeleitet. Die inzwischen 43-Jährige emigrierte nach England, wo auch ihre Tochter lebte. Hier nahm sie Kontakt zu gleichgesinnten Frauen auf, veröffentlichte mit ihnen Aufrufe und Manifeste, nahm an internationalen Konferenzen teil. 1938 folgte Magda Hoppenstock-Huth ihrer Tochter, die 1935 nach Südafrika ausgewandert war. Kurz vor Ausbruch des Zweiten Weltkrieges kehrte sie jedoch nach Hamburg zurück, weil sie in der Nähe ihres Sohnes sein wollte.

Während der Zeit des Nationalsozialismus stellten sich die IFFF-Frauen die Frage, ob es in dieser Zeit noch gerechtfertigt sei, an ihren Prinzipien festzuhalten und sich konsequent für den Frieden einzusetzen. Magda Hoppstock-Huth kam 1944 zu folgender Auffassung: „Als bedingungslose Pazifistin würden wir den vom Faschismus überfallenen und um ihre nationale Unabhängigkeit kämpfenden Völkern in den Rücken fallen. Die Kriegsbrandstifter müssen bis zur völligen Vernichtung geschlagen werden."[C]

Magda Hoppstock-Huth ging in den deutschen Widerstand. Obwohl sie von der Gestapo überwacht wurde, traf sie sich weiterhin mit einem kleinen Kreis ihrer Mitstreiterinnen aus der Frauenliga, die versuchten, Jüdinnen und Juden zu verstecken oder sonstige Hilfe zu leisten.

Am 31. Mai 1944 wurde Magda Hoppstock-Huth erneut verhaftet und des Hochverrates angeklagt. Ein Spitzel hatte sie verraten. *Gertrud Meyer (1898–1975)*, die 1944 einige Monate mit Magda Hoppstock-Huth in einer Zelle der Gestapohaftanstalt Hamburg-Fuhlsbüttel gesessen hatte, berichtete über die Zeit der Haft: „Bei aller Brutalität, mit der man versuchte, ihr Namen von Mitgliedern des Freundeskreises herauszupressen, blieb sie, ohne zu schwanken und in gewohnter Souveränität, Herr der Situation. (...) Magda Hoppstock-Huth gelang es, trotz einiger ‚handgreiflicher Verhöre', alle Freundinnen abzudecken und weitere Verhaftungen zu verhindern.

Bei aller Düsternis, die sie durch das schwere Schicksal mancher ihrer Mitgefangenen miterlebte, half ihr ihr großes Einfühlungsvermögen, ihr Optimismus und ihr Humor über manche schwere Situation hinweg. Manchmal kritzelte sie mit ihrer Haarnadel auch Gedichte an die Wand. Später erklärte sie einmal, dass diese Haft eines ihrer schwersten aber auch größten Erlebnisse gewesen sei, ohne die sie niemals die Stärke der Solidarität wie sie sich hier besonders unter Frauen der Arbeiterschaft bewährte, kennengelernt hätte."[D] Der Todesstrafe entkam Magda Hoppstock-Huth nur dadurch, dass die einmarschierenden britischen Alliierten sie im Mai 1945 aus der Gestapohaft in Fuhlsbüttel befreiten.

Nach Kriegsende nahm sie ihre Tätigkeit in der IFFF wieder auf und wurde als deren Vertreterin im Februar 1946 Mitglied der von der britischen Militärregierung Ernannten Bürgerschaft. Im Juli 1946 trat sie der SPD bei, für die sie von Oktober 1946 bis Oktober 1949 in der Hamburgischen Bürgerschaft tätig war. 1946 gehörte sie zu den Mitbegründerinnen des „Hamburger Frauenringes e. V." und war Mitglied im Vorstand des „Frauenausschusses e. V."

*Rita Bake*

Lit.:

A Karen Hagemann/Jan Kolossa: Gleiche Rechte, gleiche Pflichten. Hamburg 1990, S. 139.

B Karen Hagemann/Jan Kolossa, a. a. O., S. 142.

C Ursel Hochmuth, Gertrud Meyer: Streiflichter aus dem Hamburger Widerstand 1933–1945, Frankfurt a. M. 1969. Vgl: Ansprache von Anna Rieper anlässlich des Todes von Magda Hoppstock-Huth auf der Jahresmitgliederversammlung der IFFF Hamburg im September 1959, in: IFFF, Nachlass Magda Hoppstock-Huth.

D Zit nach: Ursel Hochmuth, Gertrud Meyer, a. a. O., S. 245.

25 Jahrfeier der Ortsgruppe Hamburg des Verbandes der weiblichen Angestellten im Curio-Haus, 21. September 1930

Drittens beschäftigten sich die Frauenvereine ab 1930 dezidiert mit Rückschlägen gegen die Gleichberechtigung der Frauen. Ein besonderes Thema war dabei die Diskussion über das „Doppelverdienertum". Damit waren berufstätige Ehefrauen gemeint, die in der Wahrnehmung vieler Zeitgenossen erwerbsfähigen Männern die Arbeit „wegnehmen" würden. War diese Auffassung in der Zeit der relativen Stabilität zwischen 1924 und 1928 nicht weiter relevant, so entfaltete sie in der beginnenden Wirtschaftskrise ab 1929 eine Dynamik. Je höher die Arbeitslosenzahlen stiegen, desto lauter wurde die Forderung, verheiratete Frauen zu entlas-

Der Vorwurf eines sozial ungerechten Doppelverdienst innerhalb der Familie betraf nur die erwerbstätige Ehefrau, niemals den erwerbstätigen Ehemann. Der 1951 amtierende stellvertretende Präsident des landesarbeitsamtes NRW sagte dazu: „Es werde niemals von Doppelverdienertum gesprochen, wenn Väter und Söhne oder Väter und Töchter zusammen arbeiten und verdienen, sondern nur, wenn die Ehefrau mitverdient (...)."

*Fortsetzung von S. 125*

*Erst 1953 mit Inkrafttreten des Bundesbeamtengesetzes wurde der Paragraph zum Doppelverdienertum gestrichen. Bis dahin hieß es seit 1937 im Beamtengesetz: „Ein verheirateter weiblicher Beamter ist zu entlassen, wenn er es beantragt oder wenn seine wirtschaftliche Versorgung nach der Höhe des Familieneinkommens dauernd gesichert ist."*

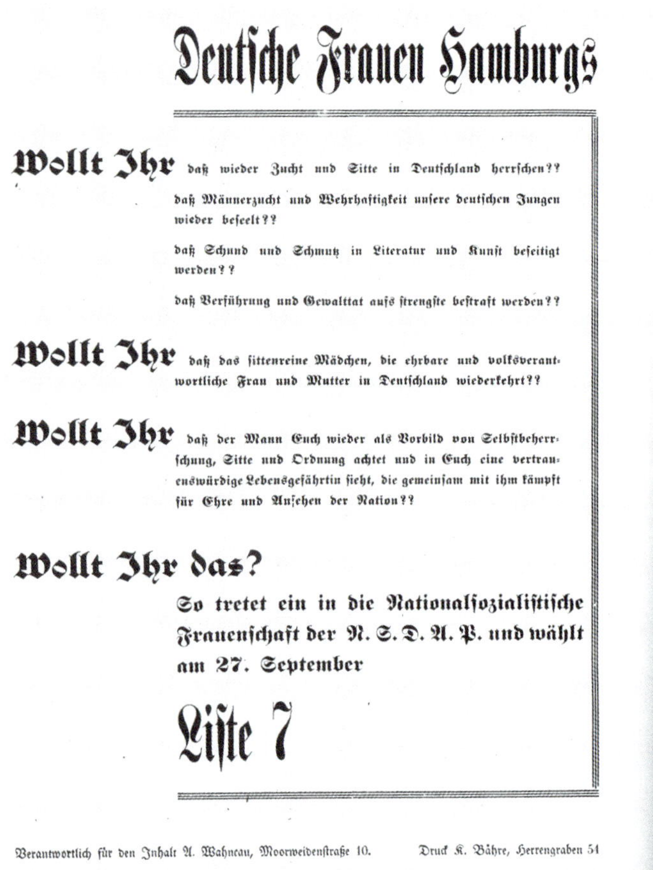

Deutsche Frauen Hamburgs

**Wollt Ihr** daß wieder Zucht und Sitte in Deutschland herrschen??

daß Männerzucht und Wehrhaftigkeit unsere deutschen Jungen wieder beseelt??

daß Schund und Schmutz in Literatur und Kunst beseitigt werden??

daß Verführung und Gewalttat aufs strengste bestraft werden??

**Wollt Ihr** daß das sittenreine Mädchen, die ehrbare und volksverantwortliche Frau und Mutter in Deutschland wiederkehrt??

**Wollt Ihr** daß der Mann Euch wieder als Vorbild von Selbstbeherrschung, Sitte und Ordnung achtet und in Euch eine vertrauenswürdige Lebensgefährtin sieht, die gemeinsam mit ihm kämpft für Ehre und Ansehen der Nation??

**Wollt Ihr das?**

**So tretet ein in die Nationalsozialistische Frauenschaft der N. S. D. A. P. und wählt am 27. September**

**Liste 7**

Verantwortlich für den Inhalt A. Wahneau, Moorweidenstraße 10. Druck K. Bähre, Herrengraben 54

Flugblatt der NSDAP zur Bürgerschaftswahl im September 1931

sen. Staatlich regeln konnte man dies aber nur für den öffentlichen Dienst und hier wurden auch entsprechende Verordnungen erlassen. Im Dezember 1930 forderte die Bürgerschaft den Hamburger Senat auf, darauf zu achten, dass keine Frauen in der Verwaltung beschäftigt seien, deren Ehemänner dort ebenfalls tätig oder an anderer Stelle fest angestellt waren. Auf Reichsebene wurde im Mai 1932 sogar das „Gesetz über die Rechtsstellung der weiblichen Beamten“ reformiert, das nun vorsah, verheiratete Beamtinnen gegen Zahlung einer Entschädigung zu entlassen. Die Frauenbewegung im Reich und in Hamburg wandte sich öffentlich mehrfach gegen derartige Regelungen, die dem Gleichheitsgrundsatz der Verfassung widersprachen – sie waren jedoch erfolglos.

Eine weitere Gefahr für die Rechte der Frauen sah die Frauenbewegung in der Nationalsozialistischen Deutschen Arbeiterpartei (NSDAP) bzw. ihren Wahlerfolgen heraufziehen. Die NSDAP erkannte die Gleichberechtigung der Frau nicht an und ließ sich politisch auf keiner Ebene von einer Frau repräsentieren. Ihre Ziele waren eindeutig der Sturz der Republik sowie eine nach rassistischen Definitionen aufgebaute Gesellschaft, in der „Deutsche“ gefördert und „Andere“ ausgegrenzt werden sollten. Die Aufgabe der Frauen sahen die Nationalsozialisten ganz traditionell in der Familie, als Hausfrau und Mutter. Aus diesem Grund äußerte sich die Partei nur abfällig über Frauen, die politisch tätig waren. Ab 1932 begann die Partei allerdings gezielt auch Frauen anzusprechen, um die Anzahl der Wählerinnen zu erhöhen.

Die antifeministische Politik der NSDAP wurde von allen Gruppen der Frauenbewegung scharf kritisiert. Die Vertreterinnen der SPD und KPD gingen als erste dazu über, Frauen über die Ziele und Methoden der Nationalsozialisten aufzuklären. Viele Flugblätter und Aufklärungsbroschüren wurden erstellt und verteilt. Beide linke Parteien strebten danach, ihre jeweiligen Frauengruppen nun auch verstärkt in den allgemeinen antifaschistischen Abwehrkampf einzubinden, 1931 etwa in die Tätigkeit für die „Eiserne Front“, eine gewerkschaftliche, SPD-nahe Abwehrorganisation. Die Internationale Frauenliga für Frieden und Freiheit forderte demgegenüber einen gemeinsamen Kampf der Frauen gegen die NSDAP, unabhängig von Partei und Konfession.[65]

Neben den Frauen der SPD und KPD sowie dem IFFF war es vor allem der Stadtbund, der die Bedrohung der Demokratie und der Frauenrechte durch diese Partei sehr ernst nahm. Stadtbund und Sozialdemokratinnen bildeten deshalb die „Frauenfront 1932“, die die gemeinsame Agitation gegen die NSDAP leitete. Eine Reihe von großen Veranstaltungen fand statt, um Frauen über die Programmatik und Politik der NSDAP zu informieren und dafür zu werben, diese Partei nicht zu unterstützen. Diese demokratischen Aktionen konnten allerdings den Aufstieg der NSDAP nicht mehr stoppen, denn die konservativ gesinnte Führungsgruppe um den Reichspräsidenten war zum Jahresende 1932 gewillt, die NSDAP als Regierungspartei zu akzeptieren. Ende Januar 1933 hatten die Nationalsozialisten dann einen wichtigen Punkt auf ihrem Weg an die Macht erreicht: Adolf Hitler wurde Reichskanzler.

**MUTTER,**
es geht um die Zukunft deiner Tochter!
**HAUSFRAU,**
es geht um deine Stellung in der Familie!
**BERUFSFRAU,**
es geht um Recht und Wertung deiner Arbeit!

Es gibt zwei Millionen mehr Wählerinnen als Wähler! Nur 40 Frauen waren unter 577 Abgeordneten im Reichstag - darum

**Frauen Hamburgs**
reiht euch ein in unsere
**Frauenfront 1932**

**DIE FRAUENFRONT RUFT AUF**
zum Kampf gegen alle Versuche, den Frauen das freie Recht auf Beruf und Erwerb zu schmälern oder zu rauben
zum Kampf gegen alle Versuche, die Frauen aus dem politischen und öffentlichen Leben zu verdrängen
zum Kampf gegen jede Gewaltanwendung bei weltanschaulichen und politischen Auseinandersetzungen.

**DIE FRAUENFRONT 1932 KÄMPFT**
für die Gleichberechtigung der Frauen in Familie, Beruf und Staat
für Verwirklichung ihres Menschenrechts auf Arbeit und Beruf
für anständige politische Kampfesweise.

**DER SIEG IST UNS GEWISS!**
wenn ihr alle euch der Parole anschließt:

**FRAUEN,** wählt keine Partei
die euch aus den Berufen verdrängen will!
**FRAUEN,** wählt keine Partei
auf deren Liste Frauen fehlen!
**FRAUEN,** wählt keine Partei
die euch als Wählerinnen entrechten will!

**AUSFÜLLEN**
und morgen hier abgeben oder heute einsenden an das Sekretariat der
Frauenfront, Jungfernstieg 30 I
Wöchentlicher Beitrag 5 Pfennig
(Bankkonto: „Frauenfront 1932“ Vereinsbank in Hamburg)

Vor und Zunamen:
Beruf:
Anschrift:

Dieses Blatt ist zu beziehen durch das Sekretariat der Frauenfront Hamburg, Jungfernstieg 30 I
Verantwortlich [illegible] Koch, Hamburg [illegible]
Druck von Schacht & [illegible] GmbH., Hamburg [illegible]

Flugblatt der „Frauenfront“ 1932

**Ab April 1933: Versammlungsverbot in Hamburg für alle Hamburger Frauenorganisationen; Verbot von Frauenvereinen; Eingliederung von Frauenorganisationen in die nationalsozialistische „Deutsche Frauenfront"; Selbstauflösung der meisten Frauenvereine**

## Fazit für die Jahre 1919 bis März 1933

In der Weimarer Republik entfaltete sich also auf der Grundlage der Entwicklungen vor 1918 die Frauenbewegung auch in Hamburg weiter. Die wichtigsten Vertreterinnen der Bewegung waren in die Partei- und Parlamentspolitik integriert, die Vereine waren weiterhin für ihre sozialen und politischen Forderungen aktiv und zudem entstanden gerade auch in Hamburg wichtige Kooperationen zwischen der Sozialdemokratie und den Bürgerlichen. Der Stadtbund bildete einen überaus erfolgreichen Zusammenschluss innerhalb der Hamburger Bewegung. Die Zeit der Wirtschaftskrise und der politischen Destabilisierung der Republik brachte jedoch Schwierigkeiten: Gerade junge Frauen wollten sich nicht an die „alten" Vereine binden, sondern strebten nach Gemeinschaftserlebnissen in gemischtgeschlechtlichen Gruppen. Die Frauenrechte galten ihnen als sicher und so meinten viele, sich nicht weiter frauenpolitisch engagieren zu müssen. Nur wenige junge Frauen erkannten wohl die Gefahren, die von der NSDAP und der rechten „nationalen Front" für ihre Rechte und Möglichkeiten ausgingen.

*Gerade junge Frauen wollten sich nicht an die „alten" Vereine binden, sondern streben nach Gemeinschaftserlebnissen in gemischtgeschlechtlichen Gruppen. Die Frauenrechte galten ihnen als sicher und so meinten viele, sich nicht weiter frauenpolitisch engagieren zu müssen.*

Außerdem blieb trotz punktueller Kooperation die Trennlinie zwischen der Linken, vor allem der SPD, und den Bürgerlichen doch bestehen. Viele bürgerliche Frauenvereine agierten weiterhin im Sinne einer sozialen Reform, die die gesellschaftlichen Widersprüche beruhigen, aber nicht auflösen sollte. Die Frauen der SPD (und auch der KPD) waren zwar zur Zusammenarbeit an einzelnen Projekten bereit, blieben aber vorrangig in den eigenen Parteistrukturen verankert, etwa in der Sozial- und Wohlfahrtseinrichtung „Arbeiterwohlfahrt". Im Parlament spielte häufig die Fraktionsdisziplin eine wichtigere Rolle als die Interessen „der Frauen". Erst zum Ende der Republik, mit ihren ökonomischen und politischen Krisenerscheinungen, zeigten sich neue Ansätze zu übergreifender Kooperation, vor allem gegen die NSDAP und dem von ihr verbreiteten Antifeminismus. Diese hoffnungsvollen Ansätze wurden aber durch die Ereignisse am 30. Januar 1933 ebenso zerstört wie die politisch breite und thematisch weitgefächerte Frauenbewegung an sich.

Den Vertreterinnen der Frauenbewegung war zunächst nicht klar, welche Folgen der Regierungswechsel im Reich und seit März 1933 auch in Hamburg haben würde. Die KPD und SPD erfuhren dies schnell und brutal: Ihre prominenten Mitglieder wurden gezielt verfolgt, in „wilde" Lager verschleppt und misshandelt, die KPD im Februar 1933 verboten. Die SPD konnte noch bis Juni 1933 legal arbeiten, aber auch dies nur unter sehr schwierigen Bedingungen. Ab Ende April galt ein Versammlungsverbot in Hamburg; dies betraf auch alle Frauenorganisationen.

Im Frühjahr 1933 wurde deutlich, dass die NSDAP allein die Macht beanspruchte und mit allen Mitteln ihre Ordnung von Staat und Gesellschaft durchsetzen würde. Für die Vereine der Frauenbewegung bedeutete dies Verbot, Auflösung und Eingliederung in die neuen NS-Strukturen. Die radikalen Vereine, etwa die Internationale Frauenliga für Frieden und Freiheit (IFFF) oder der Deutsche Bund für Mutterschutz und Sexualreform wurden schon im Februar verboten. Die prominenten Mitglieder dieser Vereine mussten fliehen, etwa Lida Gustava Heymann und Anita Augspurg, die in die Schweiz gingen, oder auch Magda Hoppstock-Huth, die nach England emigrierte. Der Stadtbund veranstaltete noch im März 1933 eine Unterstützungsveranstaltung für Gertrud Bäumer, die ihre Stellung im Reichsinnenministerium verloren hatte, und versuchte weiter, die noch vorhandenen Optionen für die eigene Arbeit zu erhalten.

Im April 1933 wurden jüdische Geschäfte boykottiert und ein Gesetz erlassen, mit dem die fristlose Entlassung jüdischer Männer und Frauen aus dem öffentlichen Dienst geregelt wurde. Die jüdischen Frauenvereine wurden noch nicht verboten, bekamen aber im Zuge der antijüdischen Politik des NS-Regimes immer mehr den Charakter rein sozialer Hilfseinrichtungen für die Bedrängten. Je weiter der Prozess der Entrechtung und Beraubung von Juden voranschritt, desto mehr waren alle jüdischen Vereine gezwungen, das Überleben oder die Emigration der jüdischen Gemeinschaften zu organisieren. 1938 wurden dann alle bis dahin noch vorhandenen jüdischen Vereine verboten, auch der Israelitisch-Humanitäre Frauenverein in Hamburg.

Im Mai 1933 schickte sich das Regime an, auch die Frauenorganisationen neu zu strukturieren. Eine „Deutsche Frauenfront“ wurde gegründet und alle Frauenvereine aufgefordert, dieser beizutreten. Ein Beitritt bedeutete, die Führung der eigenen Organisation durch Nationalsozialisten zu akzeptieren, alle jüdischen Mitglieder sofort auszuschließen und die eigenen Ziele dem nationalsozialistischen Programm anzunähern. Weniger frauenbewegte Gruppen, wie der Bund Hamburger Hausfrauen oder auch der Deutsche Evangelische Frauenbund, versuchten sich anzupassen und akzeptierten ihre Unterordnung in der Deutschen Frauenfront. Die Vertretung der Frauenbewegung im Reich, der BDF (Bund Deutscher Frauen), beschloss allerdings am 15. Mai seine Selbstauflösung.[66] Andere bekannte Vereine folgten diesem Beispiel oder gingen sogar voran: Am 7. Mai hatte sich bereits der Allgemeine Deutsche Lehrerinnenverein unter der Leitung von Emmy Beckmann aufgelöst, am 20. Juni 1933 folgte auch der Stadtbund. Der ADF stellte am 29. Mai sein Wirken ein, überließ es aber den Ortsgruppen selbst, wie diese verfahren wollten. Die Hamburger Ortsgruppe löste sich schließlich im Februar 1934 auf. Damit waren die Hauptträgerinnen der Bewegung in Hamburg nicht mehr existent; das nationalsozialistische Regime hatte diese erfolgreiche Bewegung zum Erliegen gebracht.

Handzettel der SPD vom Juli 1932

Rita Bake

# Hamburger Frauenbewegung und parlamentarische Frauenpolitik

# von 1945 bis Ende der 1960er Jahre*

Linke Seite: 1. September 1948, Bonn – Die „Mütter des Grundgesetzes" Helene Wessel, Helene Weber, Friederike Nadig und Elisabeth Selbert
Diese Seite: „Sich an den Händen Haltende II", 1968, Zeichnung von Renato Guttuso

* Die folgende Darstellung für die Zeit von 1945 bis Ende der 1960er Jahre ist eine Zusammenfassung aus den Publikationen:
Inge Grolle, Rita Bake: „Ich habe jonglieren mit drei Bällen geübt". Frauen in der Hamburgischen Bürgerschaft 1946 bis 1993. Hamburg 1995 und
Rita Bake: Die Ersten und das erste Mal ... Zum 50. Geburtstag des Gleichberechtigungsartikels im Grundgesetz. Was hat er Hamburgs Frauen gebracht? Hamburg 1999.

## Die Nachkriegszeit: Winter 1945 bis 1949

Ausgebombt, Hamburg 1945

## Winter 1945: Gründung antifaschistischer Frauenausschüsse

Gleich nach dem Zweiten Weltkrieg fanden sich kleine Gruppen von Frauen aus ganz unterschiedlichen Kreisen zusammen und trafen sich in verschiedenen Hamburger Stadtteilen, so zuerst im November 1945 in Blankenese und dann auch in den Stadtteilen Eppendorf, Winterhude oder Barmbek. Die Frauen suchten mögliche Auswege aus der allgemeinen Not. Sie organisierten Wäsche-, Schuh- und Kleidersammlungen und verteilten davon an notleidende Familien, richteten Wärmestuben ein, in denen sich Kinder aufhalten konnten, solange die Mütter bei der Arbeit waren. In kleinen Büros schufen sie soziale Beratungsstellen, wo sie zum Beispiel darüber informierten, wo und wie man in dem allgemeinen Chaos Unterstützungsanträge stellen konnte.
Da es in der örtlichen Verwaltung empfindliche Personallücken gab, halfen diese Frauen bei der sehr zeitaufwändigen Ausgabe von Lebensmittelkarten und Bezugsscheinen. Das erforderte die Genehmigung durch die britische Militärregierung. Um diese zu bekommen, organisierten sich die Stadtteilgruppen zu genehmigungswürdigen „Frauenausschüssen". Es ging in diesen Ausschüssen nicht nur um die Abwendung der schlimmsten Alltagsnöte, sondern auch um ein Umdenken im demokratischen Sinne, um „politische und kulturelle Aufklärung der Frauen auf antifaschistischer Grundlage", um, wie es im Programm des Harburger Frauenausschusses vom 13. Dezember 1945 hieß, das „Heranziehen von Frauen zur Teilnahme am öffentlichen

Von März 1947 an bis in die frühen 1950er Jahre kamen sie aus den USA: Care-Pakete für deutsche Familien

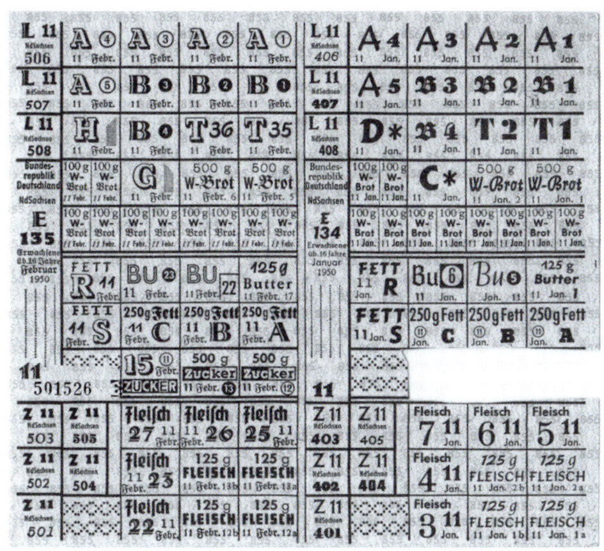

Lebensmittelmarken aus der Nachkriegszeit

Leben", um „Unterstützung der Mütter bei der Erziehung der Kinder" und um den „Schutz der berufstätigen Frau".

## April 1946: Gründung des „Frauen-Ausschusses Hamburg e. V."

Im April 1946 trafen sich die antifaschistischen Frauenausschüsse, um einen zentralen Hamburger Frauen-Ausschuss zu gründen, den Verband „Frauen-Ausschuss Hamburg e. V.". „Die Delegierten der Stadtteilausschüsse, die an der Gründungsversammlung des ‚Frauen-Ausschusses Hamburg e. V.' teilnahmen, gehörten den vier Parteien CDU, FDP, SPD und KPD an sowie der ‚Internationalen Frauenliga für Frieden und Freiheit', dem ‚Komitee ehemaliger politischer Verfolgter' und der ‚Inneren Mission'. Zur Mitarbeit erklärten sich auch Frauen der ‚Jüdischen Gemeinde' und der ‚Notgemeinschaft der durch das Nürnberger Gesetz Betroffenen' bereit."[1] Mehrere tausend Frauen organisierten sich in diesem Ausschuss. Die Leitung übernahmen die Bürgerschaftsabgeordneten ***Magda Langhans (KPD) (1903–1987)*** und ***Catharina Lange (FDP) (1900–1982)***. Erstere war 1946 als erste Frau in Hamburgs Parlamentsgeschichte Zweite Vizepräsidentin der Bürgerschaft geworden.

Die Mitglieder des „Frauen-Ausschusses Hamburg e. V.", die ihren dringlichsten Arbeitsschwerpunkt in der Verbesserung der Ernährungslage der Hamburger Bevölkerung sahen und die sich langfristig für den Wiederaufbau einer friedlichen, demokratischen Gesellschaft einsetzten, wurden mit beratender Funktion in Ausschüsse der Bürgerschaft und der Hamburger Verwaltung entsandt.

Als politische Pioniergruppe innerhalb des „Frauen-Ausschusses Hamburg e. V." verstand sich die Hamburger Ortsgruppe der „Internationalen Frauenliga für Frieden und Freiheit" (IFFF), die sich im November 1945 reorganisiert hatte. Wie schon vor ihrem Verbot 1933, als sie zum Kreis der bürgerlich radikal-feministischen Strömung gehört hatte, trat sie gegen den „Männerstaat", gegen „Militarismus" sowie für die vernachlässigten Rechte der Frauen und Mütter ein und forderte eine stärkere Beteiligung der Frauen am öffentlichen Leben.

Als der „Frauen-Ausschuss Hamburg e. V." u. a. die Entfernung aller noch in öffentlichen Ämtern tätigen Nationalsozialisten und den Einsatz eines Kontrollapparates unter Mitwirkung von Hausfrauen und anderen Konsumenten forderte, und damit ähnliche Ziele verfolgte wie die KPD, bekam er ganz schnell die Auswirkungen des beginnenden „Kalten Krieges" zu spüren. Bürgerliche und später auch sozialdemokratische Frauen wandten dem „Frauen-Ausschuss Hamburg e. V." den Rücken zu.

Enge Beziehungen pflegte der „Frauen-Ausschuss Hamburg e. V." zum „Demokratischen Frauenbund Deutschland" (DFD) – ein 1947 gegründeter Dachverband aller ostzonalen Frauenausschüsse, der eine „gesamtdeutsche Einheitsfront" der Frauen anstrebte. In den Westzonen ließen die Alliierten jedoch eine Gründung des DFD nicht zu.

Anstecknadel des Demokratischen Frauenbundes Deutschland

## April 1946: Gründung des „Hamburger Frauenrings“

Neben den antifaschistischen Frauen-Ausschüssen hatten sich auch die Frauen der alten bürgerlichen Frauenbewegung wieder zusammengefunden. Bereits im Juni 1945 trafen sich fünf Frauen, darunter ***Dr. Emmy Beckmann (1880–1967), Dr. Olga Essig (1884–1965), Alice Ree*** und ***Louise Vidal,*** (diese war in den 1920-er Jahren Erste Vorsitzende der 1902 gegründeten Ortsgruppe Hamburg des „Deutschen Bundes abstinenter Frauen“ gewesen, die aus einer Initiative des Hamburger „Allgemeinen Deutschen Frauenvereins“ entstanden und deren Zweck die Bekämpfung des Alkoholismus war) im Bieberhaus, um über die Lage der Frauen in Hamburg zu diskutieren und sich beim Wiederaufbau aktiv zu beteiligen.

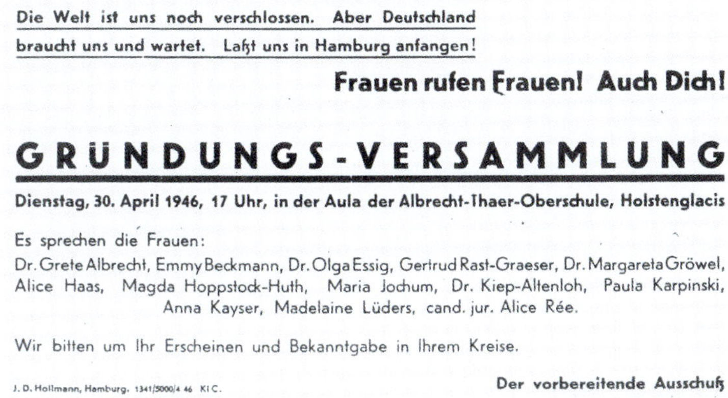
Die Welt ist uns noch verschlossen. Aber Deutschland braucht uns und wartet. Laßt uns in Hamburg anfangen!

**Frauen rufen Frauen! Auch Dich!**

**GRÜNDUNGS-VERSAMMLUNG**

**Dienstag, 30. April 1946, 17 Uhr, in der Aula der Albrecht-Thaer-Oberschule, Holstenglacis**

Es sprechen die Frauen:
Dr. Grete Albrecht, Emmy Beckmann, Dr. Olga Essig, Gertrud Rast-Graeser, Dr. Margareta Gröwel, Alice Haas, Magda Hoppstock-Huth, Maria Jochum, Dr. Kiep-Altenloh, Paula Karpinski, Anna Kayser, Madelaine Lüders, cand. jur. Alice Rée.

Wir bitten um Ihr Erscheinen und Bekanntgabe in Ihrem Kreise.

J. D. Hollmann, Hamburg. 1341/5000/4 46 Kl C.

**Der vorbereitende Ausschuß**

Einladung zur Gründungsversammlung des „Hamburger Frauenrings“, April 1946

*weiter auf S. 140*

### Dr. Olga Essig
### (15.7.1884 Bromberg–14.12.1965 Hamburg)

Berufsschul-Pädagogin; Frauenrechtlerin

Olga Essig stammte mit ihren sechs Geschwistern aus einer jüdischen Familie, die auf einem Bauernhof in Bromberg (heute Bydgoszcz/Polen) lebte. Die Eltern konnten es sich finanziell nicht leisten, ihrer Tochter eine höhere Schulbildung zu ermöglichen. Gleich nach dem Abschluss der Volksschule musste Olga Essig einen Beruf ergreifen. Sie wurde Kontoristin. Nach Feierabend nahm sie Privatunterricht, um das Abitur zu machen. Nach bestandenem Abitur wurde Olga Essig 1908 Lehrerin an der staatlichen kaufmännischen Fortbildungsschule in Bromberg. 1914 absolvierte sie ihre Diplom-Handelslehrerprüfung und eine Zusatzprüfung in Technologie. Danach studierte sie Wirtschafts- und Sozialwissenschaften sowie Pädagogik. 1918 promovierte sie zum Dr. rer. pol. Eines ihrer Ziele war die Reform des Berufsschulwesens, wobei es ihr besonders auch um die Gleichstellung der berufstätigen Frauen in Beruf und Gesellschaft ging.
1921 wurde Olga Essig Leiterin der Städtischen Frauenarbeitsschule in Mainz. Ein Jahr später legte sie wegen Auseinandersetzungen um ihren Führungs-

stil das Amt nieder. Im selben Jahr folgte „eine Berufung als ‚Vortragender Rat' für das Referat ‚Mädchen-Berufsschulwesen' [im] thüringischen Volksbildungsministerium in Weimar. Dort erwartete sie Pionierarbeit, wie sie sie liebte. Es ging um Aufbau und Leitung des weiblichen Berufs- und Fachschulwesens und um einheitliche Gesetzesgrundlagen für die neue Einheitsschule. Doch war all dies nur von kurzer Dauer. 1924 wurde in Thüringen nach dem Einmarsch der Reichswehr und einem monatelangen Ausnahmezustand eine Rechtsregierung gebildet. Olga Essig, eine überzeugte Sozialistin und seit der Novemberrevolution Mitglied der SPD, wurde daraufhin entlassen."[A]

Da sie jedoch inzwischen durch ihre Vorträge und ihre Arbeit bekannt geworden war, holte der Hamburger Senat sie nach Hamburg und gab ihr 1924 die Stelle als Direktorin der Allgemeinen Gewerbeschule für das weibliche Geschlecht. 1929 wurde sie als erste Frau in Hamburg Oberschulrätin für das gesamte Hamburgische Berufsschulwesen. Olga Essig baute das Hamburger Berufsschulwesen für Mädchen auf und war maßgeblich beteiligt an der Zusammenlegung der selbstständig arbeitenden Berufsschulbehörde mit der Schulbehörde.

1933 wurde sie aus politischen Gründen entlassen. Gleich nach dem Zweiten Weltkrieg wurde sie wieder in ihr Amt als Oberschulrätin für die Berufsschulbehörde eingesetzt, das sie bis zu ihrer Pensionierung 1950 innehatte.

Gleichzeitig war sie auch in der Hamburger Frauenbewegung aktiv. So war sie 1946 Mitbegründerin des „Hamburger Frauenrings". 1959 wurde ihr das Bundesverdienstkreuz 1. Klasse überreicht.

Lit.:

A Traute Hoffmann: Der erste deutsche ZONTA-Club. Auf den Spuren außergewöhnlicher Frauen. Hamburg 2002, S. 147f.

*Fortsetzung von S. 139*

Die Altliberale und erste Oberschulrätin Hamburgs Emmy Beckmann unterbreitete den Plan zu einer überparteilichen Frauenorganisation. Frauen mit unterschiedlichen politischen Ambitionen schlossen sich an wie z. B. ***Margarete Gröwel (CDU) (1899–1979),*** die später neben ***Irma Keilhack (SPD) (1908–2001)*** als erste Hamburgerin Abgeordnete des Deutschen Bundestages wurde, und ***Paula Karpinski (1897–2005),*** die 1946 Hamburgs erste Senatorin (SPD) geworden war.

*weiter auf S. 144*

## Dr. Margarete Gröwel, verh. Sztellar (14.8.1899 Hamburg–20.1.1979 Salzburg)

Mitglied (CDU) des Deutschen Bundestages von 1949 bis 1953

Im Alter von 25 Jahren trat Margarete Gröwel der Zentrumspartei bei. Bis zur Machtübernahme durch die Nationalsozialisten im Jahre 1933 war sie für das „Zentrum, den Verein für das Deutschtum im Ausland VDA, den Windthorstbund und den Verein der katholischen deutschen Lehrerinnen VKDL in Hamburg aktiv. 1939 wechselte sie in den NSLB [Nationalsozialistischer Lehrerbund]".[A] Margarete Gröwel arbeitete nach ihrem Lehrerinnenexamen zuerst an einer katholischen Schule im Hamburger Stadtteil St. Georg. „Nachdem die katholischen Schulen in Hamburg 1934 geschlossen worden waren, studierte sie an der Universität Hamburg

Philologie, Völkerkunde und Philosophie."[A] Nach ihrer Promotion war sie an einer Hamburger Realschule und am Institut für Lehrerfortbildung tätig. „Am 22. August 1944 wurde sie als bekennende Christin und NS-Gegnerin (...), nach dem Attentat auf Hitler im Rahmen der Aktion Gewitter verhaftet und in das Konzentrationslager Fuhlsbüttel (...) eingeliefert."[A] Eine Woche später wurde sie entlassen.

Nach der Befreiung vom Nationalsozialismus wurde Margarete Gröwel Mitbegründerin der Hamburger CDU und war bis 1953 in deren Landesvorstand tätig. 1950 wurde sie Mitglied des Vorstandes der CDU Deutschland. Margarete Gröwel, die über Erziehungsprobleme der Indianerkinder in den Vereinigten Staaten promoviert hatte, arbeitete nun nicht mehr als Lehrerin, sondern in der Bibliothek des Hamburger Völkerkundemuseums. 1949 wurde sie in den Bundestag gewählt, wo sie sich hauptsächlich mit Frauenfragen beschäftigte. Margarete Gröwel wurde Vorsitzende des Büchereiausschusses des Bundestages, war Vorsitzende des Frauenarbeitskreises der CDU und Beiratsmitglied der „Weltorganisation der Mütter aller Nationen" (W.O.M.A.N.). 1953, am Ende der Legislaturperiode schied sie aus dem Bundestag und aus dem CDU-Bundesvorstand aus, da sie als erste Frau im deutschen Konsulardienst Konsulin in Houston geworden war. Später, von 1962 bis 1964 war sie in gleicher Funktion in Lüttich tätig. Im selben Jahr, als Margarete Gröwel ihre Tätigkeit als Konsulin aufnahm, heiratete sie den österreichischen Ingenieur Maximilian Sztollar. 1965 erhielt Margarete Gröwel das Bundesverdienstkreuz 1. Klasse.

Lit.:
A Wikipedia.org/wiki/Margarete Gröwel 20.5.2012.

Bibliothek des Völkerkundemuseums Hamburg, 1925

## Irma Keilhack (25.1.1908 Hamburg–3.6.2001)

Mitglied (SPD) des Deutschen Bundestages von 1949 bis 1961; Senatorin (SPD) der Hamburger Jugendbehörde von 1961 bis 1970; Präses der Behörde für Ernährung und Landwirtschaft von 1961 bis 1966

„Bei den letzten Wahlen im März 1933 wollte mich meine Partei noch als Kandidatin aufstellen, weil viele Genossen nicht mehr auf einer sozialdemokratischen Liste kandidieren mochten, aus Angst, dadurch ihre Existenz zu verlieren. Sie haben an meine Kameradschaft appelliert und gesagt: ‚Du mußt jetzt einfach rein, Du bist Parteiangestellte, Dir kann nichts passieren.' Ich hab mich aber nicht aufstellen lassen. Ich hatte zwar keine Angst, aber auf diese Weise wollte ich nicht gerne Kandidatin werden",[A] erzählte Irma Keilhack. Aus einer Arbeiterfamilie stammend, erlernte Irma Keilhack den Beruf der Bürokauffrau und wurde mit Beginn ihrer Erwerbstätigkeit Mitglied im „Zentralverband der Angestellten" (ZdA). 1924 schloss sie sich den „Kinderfreunden" an, 1926 der „Sozialistischen Arbeiterjugend" (SAJ) und der SPD. 1931 erwerbslos geworden, arbeitete sie dann bis 1933 in der Landesgeschäftsstelle der SPD als Sekretärin des SPD-Vorsitzenden *Karl Meitmann (1891–1971).* Nach dem Verbot der SPD wurde Irma Keilhack erneut arbeitslos. Daraufhin verkaufte sie an Bekannte und Freunde Haushaltswäsche; mit ihrem Koffer voller Wäsche ging sie von Wohnung zu Wohnung und konnte so gleichzeitig als Nachrichtenüberbringerin fungieren. Als ehemalige Mitarbeiterin der nun verbotenen SPD war es sehr schwer, Arbeit zu finden. Schließlich erhielt sie eine Anstellung in einer jüdischen Firma für Autozubehör. 1935 heiratete sie, „(...) nicht zuletzt, weil mein Mann nach seiner Verhaftung Arbeitsverbot in Hamburg bekam und in seinem Lehrberuf als Zimmerer nur auswärts in Munitionsfabriken und bei Militärbauten beschäftigt wurde. Nach unserer Heirat konnte er sich dann in Hamburg wieder eine Stellung suchen".[A] Von 1938 bis 1943 war Irma Keilhack selbstständig tätig in der Grundstücksverwaltung ihres Ehemannes. 1943 bekam das Ehepaar ein Kind. Über ihre Widerstandstätigkeit gegen den Nationalsozialismus äußerte sie: „Unsere Jungsozialisten-Gruppe schaffte es, die Nazi-Zeit zu überstehen. Wir tarnten uns rechtzeitig 1933 (...), wechselten unseren Namen. Wir nannten uns ‚Hamburger Wanderfreunde' und wurden Mitglied des Norddeutschen Wanderbundes. (...) Da fast alle unsere Gruppenmitglieder wegen der Wirtschaftskrise schon lange Jahre arbeitslos waren oder durch die Nazis 1933 arbeitslos wurden, haben wir uns mit mehreren zusammengetan und uns ‚Schrebergärten' zugelegt. Sie waren seinerzeit sehr begehrt und nicht nur, um Gemüse zu ziehen, was zwar auch in der wirtschaftlichen Not half, sondern um den politischen Pressionen und Bedrohungen in der Stadt besser zu entgehen. So flüchteten sich viele kommunistische und

sozialdemokratische Aktive in die Schreber-Idylle. In Eigenhilfe bauten wir mit unseren letzten Spargroschen unsere Holzlauben, und es entwickelte sich ein Treffpunkt für unsere politischen Freunde und Mitglieder unserer ehemaligen Jungsozialisten-Gruppe."[A]

Sofort nach 1945 nahm Irma Keilhack ihre politische Tätigkeit für die SPD wieder auf und wurde u. a. Mitglied im Aufsichtsrat der Hamburger Gaswerke. Doch Bürgerschaftsabgeordnete wollte sie 1946 noch nicht werden. Als ihr angetragen wurde, für die Bürgerschaft zu kandidieren, sagte sie nein. Zu umfangreich waren in dieser Zeit die häuslichen Arbeiten, die sie zu bewältigen hatte. Sie hatte ihren kleinen, häufig kranken Sohn zu betreuen und war gerade in eine neue Wohnung gezogen. Doch drei Jahre später sah die Situation schon anders aus. Auf Wunsch ihres Parteidistriktes Berne, aber gegen den Widerstand der Kreisdelegiertenversammlung, die diesen Posten eher einem Mann zutraute, wurde Irma Keilhack für den Bundestag aufgestellt. In ihrer Kandidatenrede äußerte sie ihre Beweggründe: „(...) aus dem Pflichtgefühl heraus, das mich mit der Bewegung durch meine Erziehung, durch meine Zugehörigkeit zur Arbeiterjugend, durch meine frühere hauptamtliche und jetzt ehrenamtliche Funktion mit der Partei verbindet, habe ich zugesagt. Ihr könnt mir glauben, daß mir diese Zusage außerordentlich schwergefallen ist (...), denn ich habe einen Mann, dessen gesamte Zeit der Partei gehört. Ich habe ein kleines Kind, ein Haus und einen Garten zu versorgen. (...) Daß eine solche Entscheidung für eine Frau nicht leicht ist, könnt Ihr Euch vorstellen, und daß nicht Ehrgeiz oder vielleicht sogar materielle Gründe die Entscheidung für eine solche Zusage geben, denn das ist bei einer Hausfrau und Mutter wohl kaum anzunehmen. (...) Gegen eines wehre ich mich entschieden, und das ist, daß man meine Kandidatur mit unsauberen Bemerkungen zu kritisieren und abzuweisen sucht. Eine davon ist, daß ich seit zwei Jahren nicht mehr aktiv in der Partei arbeite. (...) Ich muß wiederholen, daß ich neben meiner Distriktarbeit als Leiterin der Frauengruppe und der allgemeinen Arbeit im Distrikt Mitglied der Jugenddeputation bin, die sehr viel Arbeit mit sich bringt, wenn man seine Arbeit ernst auffaßt; daß ich im Aufsichtsrat der Gaswerke bin und auch, wenn meine Zeit es erlaubt, Referate übernehme, allerdings nur dann und wann um längere Fristen gebeten habe. Ich sagte schon einmal, daß ich Haus und ein Kind zu versorgen habe und keine häusliche Hilfe habe, so daß ich wohl sagen darf, mehr kann ich nicht tun. Denn als Hausfrau und Mutter fühle ich mich so verantwortlich für diese Tätigkeit, sie so auszufüllen, daß man mir nicht nachher nachsagen kann, guckt Euch ihre Wohnung einmal an, sie arbeitet zwar für die Partei, aber sie läßt zu Hause

Der 1965 gewählte „SPD-Herren-Senat mit Dame"
– Senatorin Irma Keilhack

Senatorin Irma Keilhack bei einem Empfang im Rathaus

alles verlottern. (...) Ich möchte jedenfalls von mir aus sagen, daß ich mir der Verpflichtung, die ich eingehe für Bonn, sehr wohl bewußt bin und daß ich sie als außerordentlich schwer empfinde und nicht gegeben hätte, wenn ich wüßte, es gäbe noch andere, deren Voraussetzungen die gleichen wären (Unruhe)."

Irma Keilhack gehörte zu den ersten Hamburger Parlamentarierinnen, die in den Bundestag gewählt wurden. Dort war sie von 1949 bis 1961 tätig. Ihre Arbeitsgebiete waren Jugend-, Ernährungs- und VerbraucherInnenfragen. Sie war stellvertretendes Mitglied des Vermittlungsausschusses, Mitglied des SPD-Fraktionsvorstandes und Mitglied des Ältestenrates im Bundestag. Ihre politischen Erfolge während ihrer Bundestagszeit waren die Mitwirkung an der Gesetzgebung sowie der Neuordnung einer modernen Jugend- und Familienpolitik. Außerdem setzte sie sich für eine Verbesserung der Ernährungslage in der Zeit nach Kriegsende und für einen wirksamen VerbraucherInnenschutz ein. Um ihre politische Arbeit, den Ehealltag und die Erziehung ihres Kindes in Einklang zu bekommen, ließ sich Irma Keilhack von Hilfskräften unterstützen. 1961 wurde Irma Keilhack in den Senat gewählt und war bis 1970 Senatorin der Jugendbehörde und von Dezember 1961 bis April 1966 Präses der Behörde für Ernährung und Landwirtschaft. Im Hamburger Senat setzte sie sich erfolgreich für Maßnahmen in der Kinder- und Jugendhilfe ein, für die Förderung von Jugendorganisationen, Elternbildung und neuen Kindereinrichtungen. Die Gründung von VerbraucherInnen- und Beratungsorganisationen war eine wichtige Aufgabe für sie. Von 1962 bis 1974 war sie Mitglied der Hamburgischen Bürgerschaft. Wegen ihrer Zugehörigkeit zum Senat ruhte ihr Bürgerschaftsmandat acht Jahre. Nach ihrem Ausscheiden aus der Bürgerschaft übernahm sie ehrenamtlich den Vorsitz in der Hamburger Verbraucherzentrale. Unter ihrer Leitung wurde dort der telephonische Ansagedienst „Tips für Konsumenten" eingerichtet.

Lit.:
A Zit. nach: Frauen im Faschismus. Frauen im Widerstand – Hamburger Sozialdemokratinnen berichten. Hrsg. von der Arbeitsgemeinschaft sozialdemokratischer Frauen Hamburg, Hamburg 1983, S. 31–34.

*Fortsetzung von S. 140*

Die Frauen verfassten den Aufruf „Frauen rufen Frauen" sowie eine vorläufige Satzung und formulierten für ihr Arbeitsprogramm sieben Punkte: „Im stetem Kampf gegen den Nationalsozialismus geht es uns darum:

1.) einen Friedenswillen voller und vorbehaltloser Ehrlichkeit zu wecken,
2.) gegen den gefährlichen Aberglauben aufzustehen, daß Kriege unvermeidlich seien,
3.) für die Erziehung der Jugend im Geiste der Völkerversöhnung einzustehen,
4.) an der ehrlichen Überwindung der sozialen und politischen Gegensätze in

einem demokratisch gestalteten Volksleben unablässig zu arbeiten,

5.) die Wiedereinschaltung der Frauen und ihres Einflusses in das politische, berufliche und kulturelle Volksleben durchzusetzen,

6.) den Müttern die ihnen gebührende Stellung in der Familie und im Volksleben zu sichern,

7.) mit allen Kräften unmittelbar wie über die angeschlossenen Verbände an der Überwindung der materiellen und seelischen Nöte dieser Zeit mitzuwirken.

Mit diesen Unterlagen erbaten wir von der Militärregierung die Arbeitsgenehmigung für unseren Frauenring, die wir erhielten.“[2]

Mit der Parole „Die Welt ist uns noch verschlossen. Aber Deutschland braucht uns und wartet auf uns. Laßt uns in Hamburg anfangen!“ luden am 30. April 1946 die Initiatorinnen einer überparteilichen Frauenorganisation zur Gründungsversammlung des „Hamburger Frauenrings“ in die Aula der Albrecht-Thaer-Oberschule ein. Und ca. 600 Zuhörerinnen kamen.

Die Eröffnung des „Hamburger Frauenrings“ am 28. Juni 1946 wurde angesichts der im Sommer 1946 begonnenen Vorbereitungen zur Wahl der Hamburgischen Bürgerschaft als dem ersten gewählten Landesparlament in der britischen Besatzungszone zu einer Wahlveranstaltung besonderer Art. In Anbetracht des Frauenüberschusses wurden Wählerinnen gezielt von den Parteien umworben. Bürgermeister ***Rudolf Petersen (1878–1962)*** und Bausenator ***Dr. jur. Gerd Bucerius (1906–1995)*** waren zu „Gesprächen über den Wiederaufbau Hamburgs und die Frauen“, die am 18. Juni 1946 begannen, eingeladen.[3] Einleitend formulierte Dr. Olga Essig das Ziel des Frauenrings als Schule für das öffentliche Leben, für Kritikfähigkeit und verantwortliche Lebensführung. Bürgermeister Petersen bekannte seine Unsicherheit in der Einschätzung von Frauenpolitik, von der er bisher nichts gehalten habe. Die „gut gemeinten“ Argumente, die er zugunsten einer politischen Tätigkeit von Frauen anführte, klingen im Nachhinein eher zynisch: Schlechter als Männer in jüngster Vergangenheit könnten Frauen „mit dem besten Willen“ das politische Geschäft auch nicht betreiben!

Dem Frauenbild der Mehrheit der im Frauenring organisierten Frauen entsprach es, dass Petersen sich in seinen weiteren Ausführungen auf die „natürlichen Seelenkräfte“ der Frauen berief, die sie zur Versöhnung von weltanschaulichen Gegensätzen, zur Wiedergewinnung der Moral und zur Erhaltung der christlichen Kultur befähigten.

*„Die Welt ist uns noch verschlossen. Aber Deutschland braucht uns und wartet auf uns. Laßt uns in Hamburg anfangen!“*

*Parole des „Hamburger Frauenrings“, 1946*

Weniger pathetisch, aber doch genauso dem traditionellen Bild von Weiblichkeit folgend, stellte Bausenator Bucerius konkrete Forderungen auf. Er verlangte die Zulassung von Frauen zum Architekturstudium, weil er bei Frauen eine spezifische Begabung für den Wohnungsbau vermutete, ästhetischen Sinn bei der Fassadengestaltung, Erfahrungswerte bei der praxisbezogenen Aufteilung von Wohnräumen.

Im „Hamburger Frauenring“ organisierten sich Frauen der bürgerlichen Frauenbewegung, die an ihre Erfahrungen aus der Zeit der Weimarer Republik anknüpften und vor allem im sozial- und bildungspolitischen Bereich im Sinne einer „organisierten Mütterlichkeit“ wirkten. Darunter war zu verstehen: Frauen und Männer galten zwar als gleichwertig, wegen der in den Augen der bürgerlichen Frauenbewegung vorhandenen naturbedingten Verschiedenheit aber nicht als gleichartig. In diesem Sinne interpretierten sie auch die Frage nach den Opfern und Täterinnen des Nationalsozialismus. Die zwölf Jahre Nationalsozialismus erschienen in diesem frauenpolitischen Nachkriegskonzept als Verirrung, die allein Männer verursacht hatten. Nach Meinung dieser Frauen hatten Frauen generell keine Schuld an den NS-Verbrechen, hatten die Frauen in dieser Zeit doch ihre „sittlichen, gefühlsbetonten und mütterlichen“ Eigenschaften verleugnen müssen. Frauen, die sich dem Regime zur Verfügung gestellt hatten, seien nur verführt worden und gewissermaßen als Opfer anzusehen. Nun gehe es darum, bei diesen von Männern auf die schiefe Bahn gelenkten Frauen das Verständnis für spezielle weibliche Aufgaben im demokratischen Staat zu wecken und sie dafür zu gewinnen. Dass Frauen im „Männerstaat“ des Nationalsozialismus aber nicht nur auf die Rolle von „Heldengebärerinnen“ festgelegt und von politischer Mitbestimmung ausgegrenzt worden waren, dass es sehr wohl auch Frauen gegeben hatte, die dem Unrechtsstaat gedient hatten – z. B. in der Funktion von Fürsorgerinnen an der Selektion „unwerten Lebens“ aktiv beteiligt gewesen waren oder als Aufseherinnen in Konzentrationslagern die Inhaftierten drangsaliert hatten –, wurde diesen „Frauen der ersten Stunde“ in ihrer ersten Euphorie über die Möglichkeit weiblicher Mitsprache nicht bewusst. Und so kam es, dass der neugegründete Frauenring zwar vorhatte, keine ehemaligen Angehörigen der NSDAP als Mitglieder aufzunehmen, dies aber scheinbar nicht konsequent genug durchsetzte. Denn als die Militärregierung die gewählten Vorstandsdamen des Frauenrings bestätigen sollte, gab es einige Schwierigkeiten. Nach einer Aussage der Oberschulrätin und damaligen Vorsitzenden des „Hamburger Frauenringes“, Olga Essig, ließ die Militärregierung einige Frauen wegen ihrer aktiven Rolle im Nationalsozialismus als Vertreterinnen des Hamburger Frauenringes nicht zu.

In der „bereinigten“ Form wurde der „Hamburger Frauenring“ dann als Neuauflage des einstigen „Stadtbundes Hamburger Frauen“ während der

BÜRGERLICHE FRAUENBEWEGUNG NACH 1945:
*Frauen und Männer galten zwar als gleichwertig, wegen der in den Augen der bürgerlichen Frauenbewegung vorhandenen naturbedingten Verschiedenheit aber nicht als gleichartig*

Weimarer Republik und als Vorläufer des späteren „Landesfrauenrings“ ein viele Frauenvereine und -verbände umfassendes Instrument der Kontinuität der Frauenbewegung. Neu war an dem Bemühen dieses parteipolitisch neutralen Frauenringes, die während der Zeit der Weimarer Republik vorherrschende Trennung von bürgerlicher und sozialdemokratischer Frauenbewegung zugunsten einer einheitlichen Interessenvertretung aufzuheben. Eine Aufarbeitung der „eliminierten“ Jahre des „Dritten Reiches“ fand jedoch nicht statt.

Ende der 1940er Jahre besaß der „Hamburger Frauenring“ etwa 10 000 bis 15 000 weibliche Mitglieder. In ihm waren Frauenbildungs- und Frauenkulturvereine, Frauenberufsverbände, soziale Frauengruppen sowie allgemeine Frauenzusammenschlüsse wie die „Internationale Frauenliga für Frieden und Freiheit“ (IFFF) zusammengeschlossen. „Der korporative Beitritt der Frauengruppen von Parteien, Gewerkschaften und Kirchen war nicht gestattet“,[4] denn der „Hamburger Frauenring“ vertrat die Ansicht, parteipolitische Gegensätze, die unweigerlich auftreten würden, wären Frauengruppen der Parteien in „neutralen“ Frauenverbänden vertreten, würden sich negativ auf die Frauenverbände auswirken und zu „einer Schwächung der außerparlamentarischen Frauenbewegung führen“.[5]

Die Hauptziele des Frauenrings nach 1949 waren: „Heranbildung der Frau als Staatsbürgerin, ihre Gewinnung zur stärkeren Teilnahme am öffentlichen Leben, Stärkung ihres Einflusses in Politik, Wirtschaft und Kultur. Förderung eines gesunden Familienlebens. Mitarbeit in allen sozialen Fragen. Verwirklichung der im Grundgesetz garantierten gleichen rechtlichen Stellung von Mann und Frau und gleicher Wertung ihrer Arbeit. Schutz der Menschenrechte. Zusammenarbeit mit den Frauen anderer Länder. Sicherung eines dauernden Friedens.“[6]

## 1949: Gründung der „Arbeitsgemeinschaft Hamburger Frauenorganisationen“ (ahf)

Doch es gab Frauen, die mit der Arbeit und Organisationsstruktur des „Hamburger Frauenringes“ nicht einverstanden waren. Einige empfanden seine Arbeit als apolitisch und forderten mehr politische Stellungnahme. Außerdem waren sie der Ansicht, dass die Arbeit des „Hamburger Frauenrings“ gerade wegen seiner parteipolitischen Neutralität fast wirkungslos sei. Anderen war der Frauenring nicht neutral genug. Sie vertraten die Ansicht, der Frauenring sei eine Frauenorganisation, die politisch zu links sei und ausführe, was die britische Militärregierung verlange. Wieder andere akzeptierten nicht, dass Partei- und Kirchenfrauen im Frauenring nur als Einzelmitglieder auftreten durften. So schlossen sich 1949 parteipolitisch und gewerkschaftlich arbeitende Frauen zu einer „Arbeitsgemeinschaft Hamburger Frauenorganisationen“ (ahf) zusammen und durchbrachen das bisherige Prinzip

der strengen Überparteilichkeit von Frauenverbänden wie dem „Hamburger Frauenring".
Auch die ahf rekrutierte sich aus der alten Frauenbewegung vor der NS-Zeit. Zu ihr gehörten z. B. der „Akademikerinnenbund", der „Juristinnenbund", der „Ärztinnenbund", der „Club berufstätiger Frauen", der „Verein Freundinnen junger Mädchen", die „Gemeinschaft der Künstlerinnen und Kunstfreunde" (GEDOK), die Frauengruppen der vier Parteien SPD, FDP, CDU, DP (Deutsche Partei). „Die Initiatorinnen erklärten die ‚unbedingt demokratische Grundhaltung' zu einer zentralen Voraussetzung für die Mitarbeit in der ahf. Auf diese Weise sollten kommunistisch orientierte Frauen, mit denen eine Zusammenarbeit grundsätzlich abgelehnt wurde, ausgeschlossen werden."[7]
Im Gegensatz zum „Hamburger Frauenring" waren in der ahf überwiegend jüngere Frauen organisiert. So spielte für die Neugründung der ahf sicherlich auch eine gewisse Ämterkonkurrenz zwischen den Frauenorganisationen eine Rolle. Die in der ahf vertretenen einzelnen Verbände trugen ihre Aufgaben, soweit diese von frauenpolitischem Interesse waren, der Arbeitsgemeinschaft vor und wurden gegebenenfalls von der ahf unterstützt. Kein Verband war verpflichtet, Mehrheitsbeschlüsse anzuerkennen. Wurde keine Einstimmigkeit erreicht, so galten diese Beschlüsse nur für die zustimmenden Verbände.
Jede Organisation entsandte eine Vertreterin ins Plenum der Arbeitsgemeinschaft. Der Vorsitz ging bei diesen Sitzungen Reih um. Der geschäftsführende Ausschuss sorgte für die Kontinuität der Arbeit. 1952 waren in der ahf 21 Verbände organisiert, durch die rund 50 000 Hamburgerinnen repräsentiert wurden.
In der ersten Zeit nach der Gründung der ahf wurden keine Protokolle der Sitzungen und andere Unterlagen angefertigt. Noch zu stark war im Bewusstsein der Frauen, dass politische Äußerungen möglicherweise missgedeutet werden könnten. „Denn obwohl sie [die Mitglieder der ahf] ganz bewußt und als erste die Frauenorganisationen der politischen Parteien, der Konfessionen und der Gewerkschaften integrierten, hatten sie noch gut in Erinnerung, daß man auf dieser Grundlage auch ihre Arbeit diffamieren konnte. Sie aber wollten offen sein für alle ‚demokratischen selbständigen Frauenorganisationen' und legten Wert auf die Mitarbeit der politischen Frauengruppen, ‚da durch sie die beste Möglichkeit gegeben war, an die Parteien und Parlamente mit Wünschen, Empfehlungen und Forderungen heranzutreten'."[8]

## Sommer 1949: Gründung des „Arbeitsausschusses der überparteilichen Frauenorganisationen"

Ausgehend von der ahf bildete sich im Sommer 1949 der „Arbeitsausschuß der überparteilichen Frauenorganisationen". Er hatte das Ziel, Frauen als Wählerinnen für die Wahl zum ersten Bundestag im August 1949 und zur Hamburgischen Bürgerschaft am 16. Oktober desselben Jahres zu gewinnen. Deshalb veranstaltete der Ausschuss in der Hamburger Universität eine große Frauenversammlung

Beckmann selbst stellte sich nur deshalb nicht zur Verfügung, weil sie nach den Jahren des Berufsverbots ihre Stelle in der Verwaltung als Schulrätin wieder aufgenommen hatte.

Nach dem Willen der britischen Militärregierung sollte die Bürgerschaft die ganze Hamburger Bevölkerung repräsentieren und einen Querschnitt durch alle Kreise darstellen. Deshalb wurden neben den Vorschlägen der Parteien auch solche von Industrie und Wirtschaft, Landwirtschaft, Gewerkschaften, Berufsgenossenschaften, Kirchen und „Frauen" aufgegriffen. Sie gliederten sich bei der Fraktionsbildung um die größeren Parteien, die Parteilosen bildeten mit 23 Mitgliedern eine eigene Fraktion.

Sieben der 81 Ernannten waren Frauen. Mit einem Durchschnittsalter von 51 Jahren hatten diese Frauen die Zeit der Weimarer Republik erlebt und waren zum Teil schon damals politisch aktiv gewesen. Während der Jahre des Nationalsozialismus hatten sie zum Teil illegal für den Widerstand gearbeitet.

Die feierliche Eröffnung der Ernannten Bürgerschaft der Hansestadt Hamburg fand am 27. Februar 1946 in Anwesenheit des Militärgouverneurs von Schleswig-Holstein und Hamburg, Sir ***Evelyn Barker (1894–1983),*** im „würdig wieder hergerichteten Versammlungssaal des Rathauses" statt. Die Ränge waren dicht besetzt von Angehörigen der Besatzungsmacht und von Hamburger Bürgerinnen und Bürgern. Barker umriss in seiner Rede die Funktion dieser nach 131 Jahren erstmals wieder tagenden Bürgerschaft als „Zwischenlösung". Ihre Hauptaufgabe sei die Reinigung der staat-

mit Kandidatinnen der vier in der Bürgerschaft vertretenen Parteien. Mit der Gründung des „Arbeitsausschusses der überparteilichen Frauenorganisationen" zeigte sich ein neues Verständnis von Frauenpolitik. Zunehmend wurde die Arbeit der Frauenbewegung mit der frauenpolitischen Arbeit in den Parteien gleichgesetzt.

Eine enge Verbindung herrschte auch zwischen Parlamentarierinnen der Hamburgischen Bürgerschaft und den Aktivistinnen der ahf. Viele weibliche Bürgerschaftsabgeordnete hatten in der Weimarer Zeit der Frauenbewegung angehört und unterstützten die Ziele und Forderungen der ahf.

## Frauenpolitik in der Ernannten Hamburgischen Bürgerschaft: Februar 1946–Oktober 1946

Im Februar 1946 ging die Militärregierung daran, eine Volksvertretung zu bilden, deren Mitglieder sie selbst ernennen wollte. Den Briten war daran gelegen, dass zu den 81 Mitgliedern – einschließlich der beiden Bürgermeister und der Senatoren – auch Frauen gehörten. Sie baten den Kreis um Emmy Beckmann, geeignete Frauen zu empfehlen. Frau

*„Wenn wir heute Deutschland neu aufbauen wollen, so können wir es praktisch nur durch die tätige Mitarbeit der Frauen"*

*Magda Langhans (KPD), 1946*

lichen Verwaltung und der Betriebe vom Nationalsozialismus. Von hier solle „ein neuer Geist und wirkliche Sauberkeit ihren Weg finden“.

Den zunächst durch die Militärregierung angeordneten Massenentlassungen folgten Wiedereinstellungen von ehemaligen NSDAP-Mitgliedern. Noch ließ sich damals nicht erkennen, welchen Verlauf die Regelung zur Ämtervergabe an ehemalige aktive Nationalsozialisten nehmen würde.

Für die Hamburger Verfassung war schon nach wenigen Sitzungen eine Übergangslösung gefunden, in der nur wenig veränderten Form von 1921 trat sie wieder in Kraft. Durch Einzelgesetz wurden die Deputationen geschaffen, die Bürgern und Bürgerinnen ein Mitwirken am Meinungsbildungsprozess und an politischen Entscheidungen ermöglichen sollten. Immer, wenn in den folgenden Jahren und Jahrzehnten die Frage nach politischer Mitbestimmung von Frauen aufgeworfen wurde, verwiesen die Politiker stereotyp auf die Deputationen, in denen Frauen doch ein hervorragendes Instrument der Mitwirkung besäßen. Doch nur wenige Frauen gelangten in diese politischen Gremien.

Von den sieben ernannten Frauen in der Bürgerschaft waren zwei von der KPD gestellt worden – ***Magda Langhans*** und ***Frieda Reimann*** *(1899–1997)*.

*weiter auf S. 152*

Die Gegend um das Hamburger Rathaus kurz nach dem Zweiten Weltkrieg

## Magda Langhans, geb. Kelm (16.7.1903 Hamburg – 17.1.1987 Hamburg)

Politikerin; Widerstandskämpferin gegen das NS-Regime; Mitglied (KPD) der Hamburgischen Bürgerschaft von 1931 bis 1933 und von Februar 1946 bis 1953

1934 äußerte sich ein Staatsanwalt über Magda Langhans: „Vor uns steht eine große Frau. Sie ist zwar sehr klein, aber dennoch groß." Magda Langhans' Stärke und Größe lag in ihrem politischen Engagement.
Magda Langhans wuchs mit sechs Geschwistern im Hamburger Arbeiterviertel Hammerbrook auf. Ihr Vater war Kutscher, ihre Mutter Putzfrau. Der Vater starb an TBC, als die Kinder noch klein waren. Schon bald nach seinem Tod heiratete die Mutter einen Hafenarbeiter.
Magda Langhans besuchte die Volksschule bis zur Selekta und arbeitete danach drei Jahre als Hausangestellte. Später lernte sie in einer Druckerei den Beruf der Anlegerin. Diese Arbeit übte sie mit längeren Unterbrechungen bis zu ihrer Pensionierung aus.
Ihre politische Laufbahn begann als 18-Jährige bei den freien Gewerkschaften. Durch einen Freund motiviert, trat sie 1927, im Alter von 24 Jahren, der KPD bei. Dort lernte sie ihren späteren Ehemann kennen, den Dekorationsmaler Hein Langhans. Die Ehe blieb kinderlos.
1929/30 besuchte Magda Langhans die Parteischule der KPD in Moskau. 1931 wurde sie in die Bezirksleitung der KPD Wasserkante gewählt. Dort arbeitete sie im Bereich „Agitation und Propaganda". Von 1931 bis 1933 war Magda Langhans für die KPD Mitglied der Hamburgischen Bürgerschaft.
Nachdem die NSDAP die Macht übernommen hatte, half Magda Langhans den illegalen Betriebs- und Stadtteilgruppen bei der Herausgabe von Kleinzeitungen und Flugblättern. Außerdem führte sie mit KPD-Funktionären Schulungen in Hamburg und Kopenhagen durch, um anderen Menschen das argumentative Rüstzeug für den politischen Kampf unter dem Hitler-Regime zu vermitteln. Im Mai 1934 wurde sie verhaftet und zu sechs Jahren Zuchthaus verurteilt. Sie war die erste Frau in Deutschland, gegen die die Nationalsozialisten einen politischen Prozess angestrengten. „Vorbereitung zum Hochverrat" lautete die Anklage. Magda Langhans wurde im Gefängnis Lübeck-Lauerhof, wie andere politische Gefangene auch, auf der Station II eingesperrt.
Nach dem Zweiten Weltkrieg, als im Februar 1946 die Ernannte Bürgerschaft ihre Tätigkeit aufnahm, wurde Magda Langhans Bürgerschaftsabgeordnete der KPD. Als erste Frau übte sie das Amt der Zweiten Vizepräsidentin des Präsidiums der Hamburgischen Bürgerschaft aus. Die „Welt" vom 15.1.1949 schrieb über Magda Langhans: „Wegen ihrer geschliffenen Formulierungen und der überzeugenden Art, sie vorzubringen, fiel sie schon vor 1933 im Hamburger Parlament auf. Sie hat heute das Schriftführeramt inne, nachdem sie 1946 auf dem Sessel des Vizepräsidenten gesessen hat."
Magda Langhans war bis 1953 Abgeordnete der Hamburgischen Bürgerschaft. Die einzige Kommunistin der Hamburgischen Bürgerschaft setzte sich intensiv für die Frauen ein. Ihre im Parteistil vorgetragenen Äußerun-

gen für Frieden, Freiheit und Demokratie und ihre antifaschistischen Kampfansagen wurden, trotz aller Anerkennung ihrer persönlichen Leistungen, mit Eskalation des „Kalten Krieges“ im Parlament zunehmend reserviert zur Kenntnis genommen.
Magda Langhans beschäftigte sich aber nicht nur im Parlament mit so genannten Frauenfragen, sie arbeitete nach dem Krieg auch in überparteilichen antifaschistischen Frauenausschüssen mit. So war sie von 1946 bis 1952 erste Vorsitzende des „Frauen-Ausschusses Hamburg e. V.“ und wurde 1948 Beisitzerin im Vorstand des „Hamburger Frauenrings“.
Außerdem war sie von 1946 bis zum Verbot der Partei im Jahre 1956 Frauensekretärin der KPD. Auch ihr Mann arbeitete im Parteibüro der KPD.
Als Magda Langhans im Alter von 83 Jahren starb, war sie bereits verwitwet. Sie wohnte zuletzt am Lämmersieth 75 im Stadtteil Barmbek-Nord.

Lit.:
Die erste vor dem Tribunal. In: Die Welt vom 15.1.1949.

*Fortsetzung von S. 150*

***Frieda Roß (1899–1975)*** und ***Elsa Jacobs (1885–1966)*** waren von Emmy Beckmann als Vertreterinnen der Hausfrauen benannt worden. Beide schlossen sich der SPD-Fraktion an.
Auch nach 1945 gab es, wie bereits vor 1933, wieder eine Hausfrauenbewegung. Ziel dieser Bewegung war stets die Anerkennung der Hausarbeit bzw. die Position einer Hausfrau als Beruf. Als sich der Verein Hamburger Hausfrauen am 17.7.1946 gründete, schrieben sich die Hausfrauen u. a. folgenden Zweck in ihre Satzung: „Der Verein bezweckt den Zusammenschluss der Hausfrauen 1.) als Arbeitgeberin, 2.) als Verbraucherin und 3.) als Staatsbürgerin. Er will die Hausfrauen bekanntmachen mit den Neuerungen der Technik auf hauswirtschaftlichem Gebiet. Aufklärungsarbeit leisten über die jeweils neuesten Ergebnisse der Ernährungslehre (…). Er erstrebt die beratende Mitarbeit bei den Verwaltungen und Behörden. Nachdrücklich wird die Anerkennung der hauswirtschaftlichen Tätigkeit als Beruf gefordert. Der Verein will in Zusammenarbeit mit der zuständigen Verwaltung hauswirtschaftliche Lehr- und Fortbildungskurse einrichten. Diese Kurse sollen nach erfolgter staatlicher Abschlussprüfung zur Führung des Hauswirtschaftsmeistertitels berechtigen. Damit erstreckt sich das Aufgabengebiet des Vereins auch auf die Schaffung, Prüfung und Überwachung von geeigneten hauswirtschaftlichen Lehrstellen. Auf der hauswirtschaftlichen Lehre von zwei Jahren soll die Ausbildung in den verschiedensten hauswirtschaftlichen, pflegerischen und sozialen Berufen aufgebaut werden.“[9] Der „Verein Hamburger Hausfrauen“ war dem „Hamburger Frauenring“ angeschlossen und hatte sich Ende der 1940er Jahre als Teil des Frauenringes auch an einer Eingabe an den Parlamentarischen Rat in Bonn wegen der Aufnahme des Gleichberechtigungsartikels im Grundgesetz beteiligt.

*weiter auf S. 154*

## Frieda Roß, geb. Hinsch (27.7.1899 Hamburg–8.7.1975 Hamburg)

Mitglied (SPD) der Hamburgischen Bürgerschaft von Februar 1946 bis 1949

Frieda Roß war die Tochter einer Wäscherin und eines Ewerführers. Schon in ihrer Jugend trat sie der SPD bei und arbeitete, nachdem sie nach dem Abschluss der Höheren Handelsschule den Beruf der Korrespondentin und Buchhalterin erlernt hatte, ab 1919 als kaufmännische Angestellte beim „Hamburger Echo", der Zeitung der Hamburger Sozialdemokratie. Dort lernte sie ihren späteren Mann *Rudolf Roß (1872–1951)* kennen, der damals Leiter der neugegründeten Volkshochschule und Präsident der Hamburgischen Bürgerschaft war. Nachdem das Paar 1923 geheiratet hatte, wurde Frieda Roß Hausfrau und Mutter zweier Kinder. 1930/31 wurde ihr Mann Erster Bürgermeister von Hamburg (bis 1933 zeitweise auch Zweiter Bürgermeister) und sie die First Lady. 1946 wurde sie in ihrer Funktion als Vertreterin der Hausfrauen Abgeordnete in der Ernannten Bürgerschaft. Dort schloss sie sich der SPD-Fraktion an. Ihre politischen Schwerpunkte waren die Lage der Hausfrauen und das Gesundheitswesen. Sie sorgte sich um die Flüchtlingsjugend, forderte Röntgen-Reihenuntersuchungen gegen die Krankheit TBC und setzte sich für die Verbesserung der Zustände in Krankenhäusern ein. Frieda Ross war bis 1970 Bürgerschaftsabgeordnete. Auch spielte sie eine aktive Rolle in der Hamburger Frauenbewegung. Im Juli 1946 war sie beteiligt an der Gründung des „Hamburger Frauenrings", dessen Vorstandsmitglied sie bis 1949 war. Im Juli 1946 gründete sie mit anderen Frauen den „Verein Hamburger Hausfrauen", dessen Vorsitzende sie von 1949 bis 1951 und 1953 war.

Hausfrauen kehren von einer Hamstertour zurück, 1949

*Fortsetzung von S. 152*

Das Senatsamt hatte die Verlagslektorin ***Harriet Wegener (1890–1980)*** als Vertreterin berufstätiger Frauen vorgeschlagen; in der Bürgerschaft gehörte sie zur Fraktion der FDP. Zunächst als Parteilose, später als CDU-Mitglied, vertrat ***Betty Gosau (1909–1999)*** ebenfalls die berufstätigen Frauen.

## Dr. Harriet Wegener (8.11.1890 Blitzenrod/Oberhessen – 18.5.1980 Hamburg)

Mitglied (FDP) der Hamburgischen Bürgerschaft von Februar 1946 bis Oktober 1946

Harriet Wegener studierte Nationalökonomie. Sie schloss sich der DDP (Deutsche Demokratische Partei), später der FDP an. 1923 wurde sie Leiterin der sozialen Frauenschule in Kiel, 1924 wissenschaftliche Mitarbeiterin des Instituts für Auswärtige Politik. Aus dieser Stelle wurde sie 1934 aus politischen Gründen entlassen.
1931 war Harriet Wegener Mitbegründerin des Hamburger (und zugleich des ersten deutschen) „ZONTA-Clubs" für Frauen in Führungspositionen geworden. In der Zeit des Nationalsozialismus löste sich der Club, um sich nicht von seinen jüdischen Mitgliedern trennen zu müssen, selbst auf. Die Frauen trafen sich nun heimlich privat.
Von 1942 bis in die 1970er Jahre arbeitete Harriet Wegener als Lektorin beim Hoffmann und Campe Verlag. Sie hatte Anteil an der Verlagsführung und am Wiederaufbau des Unternehmens nach Kriegsende.
1970 wurde ihr das Bundesverdienstkreuz 1. Klasse verliehen.

## Betty Gosau (16.2.1909 Blankenese–29.12.1999 Hamburg)

Mitglied (CDU) der Hamburgischen Bürgerschaft von Februar 1946 bis Oktober 1946

Betty Gosau war von Beruf Verkäuferin. Von Ende 1944 bis Ende April 1945 war sie wegen Wehrkraftzersetzung inhaftiert. In der Bürgerschaft vertrat sie zunächst als Parteilose, später als CDU-Mitglied die Interessen der berufstätigen Frauen in den Zeiten des Wiederaufbaus. Betty Gosau war zur Zeit ihrer Bürgerschaftstätigkeit verheiratet und kinderlos.

*Magda Hoppstock-Huth (1881–1959)* wurde als Vertreterin der IFFF ernannt, im Juli 1946 trat sie der SPD bei.

Thema Nummer eins in der Bürgerschaft war die Versorgungslage der Bevölkerung. Fragen der Nahrung, Kleidung, Wohnung und Feuerung standen im Vordergrund der Plenarsitzungen. Das alles waren Fragen, die im herkömmlichen Sinne so genannte Frauenprobleme waren. Mit Nachdruck wiesen die weiblichen Abgeordneten der Bürgerschaft immer wieder darauf hin, dass es vornehmlich die Hausfrauen waren, die für die Erhaltung der Lebens- und Arbeitskräfte und somit für die Grundlagen der Volkswirtschaft sorgen mussten, und drängten darauf, dass die Bürgerschaft dies erkenne und die materielle Lage der Hausfrauen verbessere.

*Elsa Jacobs* (SPD) hatte ihr Amt als Vertreterin der Hausfrauen in der Bürgerschaft nur aufgrund des Versprechens übernommen, dass sie auch Gehör für deren Nöte finden werde. Nun klagte sie: „Aber es sind so viele Nöte, die die Hausfrauen heute treffen, daß es ein wahres Martyrium ist [...] Es ist nicht nur die Ernährung, sie haben für andere Dinge mitzusorgen. Die Hausfrauen sind heute der Blitzableiter für alle Dinge.“[10]

Die schwere Krise im gesamten Reproduktionsbereich wurde von allen Abgeordneten als politisches Problem ersten Ranges gesehen, schließlich erfuhren auch die Männer am eigenen Leib Hunger, Kälte, Wohnungsnot. So konnten sich die sieben Frauen in der Ernannten Bürgerschaft gut zu Gehör bringen und die äußerst bedrängte Lage der Familien durch praktische Vorschläge zu verbessern suchen. Die weiblichen Abgeordneten machten deutlich, dass die Erhaltung der Lebens- und Arbeitskraft der Menschen die Basis jeder Volkswirtschaft sei und dass sich Hamburg nicht aus dem Trümmerelend erholen könne, solange die Bevölkerung darbe. Dies erkannten – weil selbst betroffen – auch die männlichen Abgeordneten. Sie würdigten deshalb die auf elementare menschliche Bedürfnisse ausgerichteten Beiträge ihrer Kolleginnen und griffen deren Anregungen auf. Auch wenn ihr Hauptaugenmerk auf die „männliche“ Frage der Wiederankurbelung der Wirtschaft gerichtet war, nahmen sie an den Diskussionen über Gesundheit und soziale Zustände engagiert teil, so dass in der ersten Nachkriegszeit diese sonst eher randständigen traditionellen „Frauenthemen“ ins Zentrum parlamentarischen Interesses rückten. Was jedoch nicht heißt, dass daraus ein Umdenken bezüglich der Wertigkeit so genannter Frauenthemen bei den Männern einsetzte.

Sobald es einige Jahre später wirtschaftlich wieder aufwärts ging, wurden die so genannten Frauenthemen wieder marginalisiert. Ebenso blieb das alte Frauenbild in den Köpfen der Männer erhalten, trotz ihrer in der unmittelbaren Nachkriegszeit erlangten Erkenntnis, wie wichtig die so genannten

*„Wir sollten es der Selbstbestimmung der Frau überlassen, ob und wann sie ein Kind haben will.“*
*Frieda Ross, 1946*

Frauenthemen zum Überleben der Menschheit waren. Doch diese Wahrnehmung war nur angesichts knurrender Mägen, mangelnder Wohnmöglichkeiten, kalter Behausungen und unzureichender Bekleidung entstanden und hatte nicht zu einem Umdenken im Sinne eines gleichberechtigten Umgangs der Geschlechter miteinander geführt. Das führte z. B. zu einer Benachteiligung der weiblichen Bevölkerung bei den Nahrungszuteilungen. So wurden 1946 junge Frauen von der Sonderzuteilung von Bohnenkaffee und Süßwaren ausgeschlossen. Die KPD-Abgeordnete Magda Langhans verlangte eine gleiche Behandlung der 18- bis 25-jährigen Frauen, weil diese in Betrieben und Haushalt nicht weniger Arbeit leisteten und im öffentlichen Leben die gleichen Pflichten erfüllten wie die Männer. „Besonders gern“ stimmte der männliche Redner der SPD dem Antrag von Magda Langhans zu. Es handele sich schließlich um einen Teil der Bevölkerung, der sich gerade bei den Männern einer besonderen Beliebtheit erfreue. Die an dieser Stelle im Protokoll vermerkte „Heiterkeit“ des Plenums verrät, welche männlichen Motive der Gleichstellung der Geschlechter auf die Sprünge halfen.[11]

Die weiblichen Abgeordneten in der Ernannten Bürgerschaft prangerten auch die in anderen Bereichen stattfindenden frauendiskriminierenden Handlungen an. Dazu einige Beispiele: Im Zusammenhang mit der hohen Säuglingssterblichkeit und der erschreckend angestiegenen Zahl der Fehlgeburten warf Magda Langhans (KDP) die Frage auf, wie viele dieser „totgeborenen Kinder“ wohl in Wirklichkeit abgetrieben waren.[12] Noch viel höher schätzte sie die Zahl der offiziell nicht erfassten, illegal von Kurpfuschern ausgeführten Abtreibungen und trat vehement für die Lockerung der §§ 218 und 219 (Strafbarkeit unbefugten öffentlichen Anpreisens von Abtreibungsmitteln, -gegenständen oder -verfahren) und forderte von den Verwaltungen, dass sie empfängnisverhütende Mittel zur Verfügung stelle. Frieda Roß (SPD) unterstützte dieses Anliegen und sprach einen Satz, der in den späteren Jahren in der Frauenbewegung zur Debatte um den § 218 noch immer von Aktualität sein sollte: „Wir sollten es der Selbstbestimmung der Frau überlassen, ob und wann sie ein Kind haben will.“ Die Mehrheit der Bürgerschaft beschloss daraufhin gegen die Stimmen von FDP und CDU „angesichts der gegenwärtigen Notzeit“ bei der Militärregierung einen Antrag auf Zulassung der sozialen Indikation bei Schwangerschaftsabbrüchen zu stellen. Der Antrag wurde nur hinhaltend beantwortet. Der Kontrollrat plante Änderungen des Strafgesetzbuches, die dann gleichzeitig für alle Zonen Gültigkeit erlangen sollten. Zunächst blieb also der von den Nationalsozialisten wieder eingeführte § 218 rechtskräftig. Für die Frauen begann damit bis zu deutlichen Reformen des § 218 ein Jahrzehnte dauernder Kampf.

Nicht nur die Themen Schwangerschaft und Verhütung, auch das Thema Geschlechtskrankheiten wurden als „rein frauenspezifische" Probleme gesehen. Männer fühlten sich dabei mehr als Opfer, statt als Mitbeteiligte und Mitverursacher. So hatten denn auch die britischen Machthaber zum „Schutz" ihrer eigenen Mitglieder veranlasst, dass Frauen, die auf der Straße oder in öffentlichen Lokalen ohne Arbeitsausweis angetroffen wurden, von der Hamburger Polizei aufgegriffen und im Lastwagen zu einer Untersuchungsstelle für Geschlechtskrankheiten transportiert wurden. Die Empörung unter den weiblichen Abgeordneten war groß. Zornig waren sie z. B. auch darüber, dass nur Frauen belangt wurden, als läge allein bei ihnen die Gefahr einer Ansteckung, zumal doch Männer ebenso Geschlechtskrankheiten weiterreichen konnten. Ganz offensichtlich wurden hier, so die Abgeordnete Magda Langhans (KPD) „wieder Frauen als Glied zweiten Grades in der Gesellschaft" behandelt.[13]

## Frauenpolitik in der ersten frei gewählten Hamburgischen Bürgerschaft: Oktober 1946–1949

Über die zwölf Jahre Unterbrechung während der Herrschaft des Nationalsozialismus hinweg zeigte sich in der Hamburgischen Bürgerschaft nun wieder die alte Kluft zwischen der bürgerlichen und proletarischen Frauenbewegung, obwohl in der Notzeit Einigkeit und Frauensolidarität darüber hinweg getragen hatten. Viele Frauen der SPD hatten illegale Widerstandstätigkeit geleistet. Jetzt stellten sie sich, wie zu Zeiten der Weimarer Republik, in den Dienst der wiedererstarkten Partei. Auf ihrem Programm standen auch Fragen, die sich mit der besonderen Situation von Frauen befassten. Wirkungsvoll als Beitrag zur ersten frei gewählten Hamburgischen Bürgerschaft war die Plakatierung der Hausfrauenleistung im Überlebenskampf. Die Kommunistinnen dagegen stellten ihren Wahlkampf mehr auf die allgemeinen Ziele ihrer Partei ab.

Am 13. Oktober 1946 fand die erste freie Bürgerschaftswahl nach dem Zweite Weltkrieg statt. Den Wahlsieg errang die SPD (43,1 % der Stimmen = 83 Sitze), gefolgt von der CDU (26 % = 16 Sitze), der FDP (18,2 % =7 Sitze) und der KPD (10,4 % = 4 Sitze), hinzu kamen zwei Fraktionslose. Siebzehn der Gewählten waren Frauen (15 von der SPD, je eine von der FDP und der KPD).

Einmütig setzten sich die weiblichen Abgeordneten für den Ausbau von Kindertagesheimen und Krippen ein, um alleinerziehenden Müttern die Ausübung ihres Berufs zu ermöglichen. Die Frauen wollten ihr Engagement im Sozialbereich gefördert und erweitert sehen, für die Arbeit im Jugendamt sollten mehr Mitarbeiterinnen gewonnen werden. Solange aber Beamtinnen und weiblichen Angestellten die Führungspositionen verschlossen blieben, war der Anreiz gering. In der Bürgerschaft verlangte ***Else Kesting*** (geb. 28.11.1883 in Berlin, weitere Lebensdaten unbekannt, Mitglied der CDU, als Nachrückerin im Februar 1949 Abgeordnete geworden, war bis 1953 Mitglied der Hamburgischen Bürgerschaft) deshalb bessere Aufstiegsmöglichkeiten für Frauen in der Sozialbehörde.[14]

**Erste freie Bürgerschaftswahl nach Ende des Zweiten Weltkriegs: Wahlsieg: SPD. Wahlperiode I: Oktober 1946–Oktober 1949**

*weiter auf S. 161*

## Paula Karpinski, geb. Thees (6.11.1897 Hamburg–8.3.2005 Hamburg)

Hamburgs erste Senatorin: Senatorin der Jugendbehörde von Oktober 1946 bis 1953 und von 1957 bis 1961; Mitglied (SPD) der Hamburgischen Bürgerschaft von 1931 bis 1933 und von 1961 bis 1966

1946 wurde Paula Karpinski Hamburgs erste Senatorin und damit gleichzeitig erste Länderministerin der Bundesrepublik Deutschland.

Bereits im Alter von 14 Jahren trat Paula Karpinski in den „Arbeiterjugendbund“ und mit 16 Jahren in die SPD ein. Ihre Eltern – Vater: Hafenarbeiter, Mutter: vor der Heirat Dienstmädchen – waren Sozialdemokraten. „Meine Mutter las uns aus dem ‚Hamburger Echo‘ die Reichstagsberichte vor. Dadurch erhielt ich Kenntnisse von den damaligen Abgeordneten. Außerdem wurde in unserem Hause viel über Politik gesprochen“, erzählte sie in einem Interview, welches Rita Bake mit ihr führte, als Paula Karpinksi 96 Jahre alt war.

Nach dem Handelsschulabschluss arbeitete Paula Karpinkski von 1913 bis 1925 als Kontoristin, Stenotypistin und Buchhalterin. Von 1925 bis 1927 besuchte sie das Sozialpädagogische Institut, absolvierte ein einjähriges Praktikum in der Berufsberatung beim Arbeitsamt und schloss ihre Ausbildung als staatlich geprüfte Wohlfahrtspflegerin ab. Ein Jahr später begann ihre politische Karriere in der SPD. Paula Karpinski war zu diesem Zeitpunkt schon acht Jahre mit einem Architekten verheiratet. Er, ebenfalls Sozialdemokrat, unterstützte sie in ihrem Engagement. 1928 wurde Paula Karpinski Mitglied des Hamburger Parteivorstandes der SPD und des Frauenaktionsausschusses. „Von uns aktiven Frauen wurde selbstverständlich erwartet, dass wir neben der allgemeinen politischen Arbeit auch die Frauenarbeit leisteten. 1928 wurde ich Mitglied des Frauenausschusses, der die Frauenarbeit innerhalb der Partei anleitete. Die Frauenarbeit war furchtbar schwer. Man muss sich einmal überlegen, welche geringen Voraussetzungen die Frauen damals mitbrachten. Die meisten hatten keine Ahnung von gesellschaftlichen Zusammenhängen. In den Stadtteilen mussten wir uns häufig darauf beschränken, die Frauen zu so genannten Handarbeitsabenden zusammen zu holen. Doch gerade wir Jungen legten Wert darauf, dass trotzdem ein politisches oder kulturelles Referat gehalten wurde. Dass die Frauen dabei arbeiteten, war zum Teil eine Notwendigkeit. Sie hatten immer etwas zu stricken oder zu stopfen. Wichtig fand ich, dass sie überhaupt zum Nachdenken angeregt wurden. Wir waren immer der Meinung, dass uns weitaus mehr

Wahlplakat zur Bürgerschaftswahl 1946

Frauen verlorengegangen wären, wenn wir die Frauenarbeit nicht geleistet hätten, denn der Mann hat in dieser Beziehung häufig negativ gewirkt. Viele Männer sagten: ‚Es genügt, wenn ich in der Partei bin. Was soll meine Frau noch da? Die hat viel wichtigere Aufgaben im Hause. Die soll sie gut machen.‘ So war die Einstellung. Für mich beweist dies, dass der Gleichberechtigungsgedanke auch in unserer Organisation den Männern nicht so bewusst war. Sie erkannten kaum, dass wir Parteifrauen doppelte Arbeit leisten mussten; nämlich die Arbeit im Frauenausschuss und darüber hinaus noch die so genannte normale Parteiarbeit.

Der Weg in die Bürgerschaft war das Resultat meiner politischen Tätigkeit. Wenn man aktiv ist, ist man automatisch durch sein Auftreten, Reden, seine Teilnahme bekannt. Als die Kandidatenlisten aufgestellt wurden, haben wir Frauen darauf hingewirkt, dass auch Frauen aufgenommen wurden. Die Parteigenossen haben eine Frau oft nicht gewählt. Das war das Problem; es waren weitaus mehr Männer organisiert als Frauen. Deshalb musste man auch von Männern gewählt werden. Nur mit den Frauenstimmen schaffte es eine Frau nicht. So war es notwendig, dass man als aktive Genossin anerkannt war. Ich persönlich habe immer das große Glück gehabt, von Männern gewählt zu werden“, so Paula Karpinksi in dem Interview.

Paula Karpinski war von 1931 bis 1933 Mitglied der Hamburgischen Bürgerschaft und arbeitete vor allem in der Behörde für Jugend mit. Im Juni 1933 wurde sie zusammen mit den Mitgliedern des Parteivorstands und des Parteiausschusses der SPD verhaftet – nach einigen Tagen wieder entlassen. Von 1933 bis 1945 stand sie in ständiger Verbindung mit illegalen Gruppen. Nach dem Attentat auf Hitler am 20. Juli 1944 war sie sieben Wochen im KZ Fuhlsbüttel inhaftiert.

Nach Kriegsende beteiligte sich Paula Karpinski am Wiederaufbau der SPD. Sie wurde in den Parteivorstand berufen und später offiziell gewählt. Sie war Mitglied des Parteiausschusses für die Westzonen. Im April 1946 trat sie als eine der Rednerinnen auf der Gründungsversammlung des „Hamburger Frauenrings“ auf. Sie baute die „Arbeitsgemeinschaft sozialdemokratischer Frauen“ (AsF) mit auf, deren Vorsitzende sie von 1946 bis 1949 wurde.

„*Adolph Schönfelder (1875–1966)* forderte mich auf, für die 46er Bürgerschaft zu kandidieren. Wir hatten allerdings schon eine andere Frau ausgewählt. Als ich ihm ihren Namen nannte, antwortete er: ‚Die wird es nicht. Wenn du es nicht übernimmst, dann kriegt ihr keine Frau.‘ Ich sprach daraufhin noch einmal mit den Genossinnen. Insbesondere Frieda Roß unterstützte mich: ‚Paula, dann musst du es auch machen und musst es werden.‘ Ich habe nicht hinterrücks die andere beiseite geschoben, schließlich hatte auch ich sie gewählt. So bin ich auf die Kandidatenliste für die Bürgerschaft gekommen und wurde 1946 Senator der Jugendbehörde.

Hamburgs Erster Bürgermeister Max Brauer und Paula Karpinski, 1950er Jahre

Dieses Amt nahm ich bis 1953 ein und von 1957 bis 1961 dann noch einmal. Ich brachte beruflich die allerbesten theoretischen Voraussetzungen mit. Dennoch tastete ich mich zunächst vor, bis ich die Verwaltung kannte und mich nicht mehr von den Beamten einfangen ließ. Ich fand eine funktionierende Behörde vor mit ihrem ganzen Beamtenapparat. Einzelne Leute waren mir zwar bekannt, denen vertraute ich auch, aber ansonsten war alles festgefügt. Man musste schon wissen, was man wollte, um sich durchzusetzen. Das ist eine Frage der Persönlichkeit.

Ich arbeitete immer im Team, das erleichterte die Arbeit, ließ auch alle zu Wort kommen, mit denen ich zusammenarbeitete. Bevor ich Angelegenheiten in die Deputation einbrachte, waren sie mit meinen Mitarbeitern besprochen worden.

Während meiner Amtszeit als Jugendsenatorin versuchte ich, neue Kinderbetreuungseinrichtungen zu schaffen. Ein schwieriges Unterfangen, denn viele Gebäude waren damals zerstört. Wir konnten nie sagen, jetzt haben wir genug Kindergartenplätze. Die gibt es ja heute auch noch nicht. Als ich für mehr Kindertagesheimplätze stritt, waren viele Männer in der Politik dagegen, weil das Geld nicht vorhanden war. Es gab andere Dinge, die genauso gefördert werden mussten. Denken Sie doch nur, Hamburg war eine Trümmerstadt. Jeder kämpfte im Senat für sein Ressort; und ich – wir waren 13 Personen im Senat – war die einzige Frau dort. Mir war manchmal, wenn meine Forderungen mit Nein abgestimmt wurden, zum Heulen zumute. Ich zweifelte an mir, glaubte, meine Sache nicht gut genug vertreten zu haben. Aber es lag meistens an den knappen Geldmitteln.

Ich muss sagen, ich bin im Senat sehr loyal behandelt worden. Es gab eine absolute Gleichberechtigung. Priorität beim Wiederaufbau Hamburgs hatte die Wirtschaft. Denn wenn alles kaputt ist, müssen daraus zum Wiederaufbau die Mittel erwirtschaftet werden. Und wenn die Wirtschaft daniederliegt, kann ich noch so gut reden, dann kann ich nicht für mich beanspruchen, dass ich als erste bedacht werde.

Ich muss sagen, es hat lange gedauert. Kindertagesheime sind ja nur ein Bereich. Wir benötigten auch Vollheime, wir hatten über zehn Jugendwohnheime. All dies musste eingerichtet werden.

Mein Arbeitstag war unbegrenzt. Ich agierte ja außerdem noch im Parteivorstand. Manchmal kam ich nachts erst um ein Uhr nach Hause, sehr oft noch mit einem Stapel Akten unter dem Arm. Ich saß dann im Bett und las dort die Akten, weil das ein bisschen bequemer war. Nun, ich war gesund und stabil; und man ist ja mit den Aufgaben so verwachsen. Außerdem lag die Arbeit da; sie musste getan werden. Trotz alledem, mein Privatleben war in Ordnung. Wir waren das erste Ehepaar, welches als Bürgerschaftsabgeordnete tätig war. Mein Mann arbeitete auf dem Gewerkschaftssektor und war erster Vorsitzender beim Bund Deutscher Architekten. Bei uns zu Hause arbeitete eine Hauswirtschafterin, die für alles sorgte. Das geht nicht anders, wenn zwei Menschen voll erwerbstätig sind. Außerdem hatten wir ja auch noch einen Sohn. Unser Privatleben fand nur sonntags oder spätabends statt. In der Zeit, in der ich auch noch die Leitung des Sportamtes übernommen hatte (von 1951 bis 1953), waren selbst die Sonntage nicht immer für die Familie frei. Denn oft musste ich zu Sportveranstaltungen, die nun mal üblicherweise am Sonntag stattfinden.

Zur Leitung des Sportamtes kam ich, weil mein Vorgänger schwer erkrankte und das Amt abgeben wollte. Ich interessierte mich sehr dafür, denn ich war schon immer eine aktive Sportlerin gewesen – habe geturnt.

Mein Sohn war während meiner Senatorinnentätigkeit schon Jugendlicher, 1930 geboren. Ein 17-jähriger Sohn hat viele Interessen, so dass er von der Mutter nicht mehr so intensiv betreut zu werden braucht. Außerdem wurde er ja versorgt. Mittags, wenn er aus der Schule kam, erhielt er sein Essen, und er kam trotzdem zu uns,

wenn er irgendetwas auf dem Herzen hatte. Abends waren wir ja zusammen.
Während meiner Amtszeit gab es natürlich auch Niederlagen. Es ist schwer, wenn man von einer Sache überzeugt ist, mit einer Niederlage fertig zu werden. Ich habe oft die Zähne zusammengebissen und gedacht, bloß nicht weinen. Mit der Zeit wird man stärker, wächst immer mehr in alles hinein. Manche Niederlage konnte aber auch in einen Erfolg umgewandelt werden. Ein schwieriges Unterfangen war die Errichtung der Jugendherberge auf dem Stintfang. Im Senat saßen damals [Finanzsenator Dr. Walter] *Dudek [1890–1976]*, [Wirtschaftsenator Prof. Dr. rer. pol. Karl] *Schiller [1911–1994]* und [der Erste Bürgermeister Max] *Brauer [1887–1973]*. Sie alle waren gegen diesen Standort. Brauer zum Beispiel, weil er überzeugt war, dass an dieser wichtigen Stelle ein Hotel stehen sollte. Ich rief die Jugendverbände zusammen und bat sie: ‚Also, Kinder, jetzt müsst ihr mir helfen.' Dann warb ich [Bausenator Dr. Paul] *Nevermann [1902–1979]* und begründete diesen Standort mit den Worten: ‚Die Jugendherberge ist der Ort, zu dem viele junge Menschen aus allen Städten, ja sogar aus allen Ländern kommen. Sie sehen auf den Hafen, erblicken dieses rege Leben dort und sind begeistert. Wenn sie älter werden, erinnern sie sich und kommen wieder und sind dadurch für Hamburg ein Wirtschaftsfaktor.' Damit konnte ich die Herren überzeugen", erzählte Paula Karpinksi in dem Interview.
1961 schied sie aus dem Senat aus und übernahm ihr Bürgerschaftsmandat bis 1968. Dann schied sie auch dort aus und war fortan ehrenamtlich tätig. So war sie Vorsitzende der „Deutschen Hilfsgemeinschaft".
1967 erhielt Paula Karpinski vom Senat die Bürgermeister-Stolten-Medaille verliehen.

Paula Karpinski auf einem Gemälde von Joh. Duwe. Das Bild hängt im Senatsflur des Hamburger Rathauses

*Fortsetzung von S. 157*

Auch in der Legislaturperiode der ersten frei gewählten Bürgerschaft rollten die weiblichen Abgeordneten noch einmal die Frage des Abtreibungsverbots auf.[15] Als vorbeugende Maßnahme verlangte ***Paula Westendorf (SPD) (1893–1980)*** die Einrichtung von Beratungsstellen für Erziehungs- und Ehefragen. Als Mitglied der Bürgerschaft brachte Paula Westendorf 1947 einen ergänzenden SPD-Antrag zum KPD-Antrag von Magda Langhans zur Einstellung der Strafverfahren bei Verstoß gegen den Paragraphen 218 ein. Sie forderte die Einrichtung öffentlicher Ehe- und Sexualberatungsstellen und setzte sich für die soziale Indikation ein. In diesen Beratungsstellen wollte sie das Thema des Schwangerschaftsabbruchs nicht biologisch behandelt wissen, sondern im Zusammenhang mit der „Menschheitsfrage", aus Ehrfurcht vor dem Leben im Sinne ***Albert Schweitzers (1875–1965)*** und im Gegensatz zu den „menschheitszerstörenden Praktiken der Nazis". Als einseitigen Machtausdruck des

*Ab August 1948: Erste Ehe- und Sexualberatungsstelle in den Westzonen*

Staates lehnte sie Strafverfolgung wegen Abtreibung ab und gab grundsätzlich zu bedenken, dass Verbote die Menschheit nicht erzögen, weil Moral nicht befohlen werden könne. Paula Westendorf versicherte dem Parlament, dass die Beratungsstellen nicht leichtfertig Schwangerschaftsabbrüche anempfehlen, sondern das Verantwortungsbewusstsein dem Leben gegenüber stärken würden. Trotz lebhaften Beifalls war die Reaktion der Männer im Parlament hinhaltend. Der Gesundheitsausschuss verwarf aus juristischen Gründen den Antrag der KPD. Erfolg hatte nur Paula Westendorfs ergänzender Antrag. Und so wurde in den Räumen des Gesundheitsamtes eine öffentliche Ehe- und Sexualberatungsstelle eingerichtet, die als erste ihrer Art in den Westzonen im August 1948 ihre Arbeit aufnahm.
Auch Paula Westendorfs Einsatz zur Freigabe des Vertriebes von Verhütungsmitteln hatte Erfolg. Am 1. Juni 1948 gab der Senat bekannt, dass die Polizeiverordnung des früheren Reichsinnenministers vom Juni 1941 über „Verfahren, Mittel und Gegenstände zum Schwangerschaftsabbruch“ aufgehoben sei.

## Paula Westendorf, geb. Gühlk (26.10.1893 Hamburg–3.10.1980 Hamburg)

**Mitglied (SPD) der Hamburgischen Bürgerschaft von November 1946 bis 1953**

1917 heiratete Paula Westendorf im Alter von 25 Jahren. Sie bekam vier Söhne (geb. 1918, 1922, 1923, 1925). Jahre später ließ sie sich scheiden und wurde 1949 wieder berufstätig.
Schon vor ihrem Wiedereinstieg in die Erwerbsarbeit war Paula Westendorf politisch tätig geworden. So wurde sie 1947 Beisitzerin des Verwaltungsgerichtes, 1947 und 1953 Deputierte der Kulturbehörde und 1948 Deputierte der Baubehörde. Außerdem fungierte sie seit 1949 als stellvertretendes Mitglied des beratenden Ausschusses für das Pressewesen.

Im Juni 1948 lag ein Gesetz zur Bekämpfung der Geschlechtskrankheiten vor. Merkwürdig genug, enthielt es nur Bestimmungen für Frauen. Es sah Gefängnisstrafen bis zu einem Jahr vor für Frauen, die ein fremdes Kind stillten, obwohl sie wissentlich an einer Geschlechtskrankheit litten, und für Frauen, die einer infizierten Frau ihr Kind zum Stillen oder in Pflege gaben. Der Gesetzentwurf enthielt außerdem Kann-Vorschriften über die polizeiliche Festnahme von geschlechtskranken Frauen und eventuelle Zwangsberatungen.[16]
Es war ein Mann, der kommunistische Gesundheitssenator ***Friedrich Dettmann (1897–1970)***, der

fragte, warum eigentlich hier Frauen „als die schlechthin Schuldigen" erklärt wurden. Die unerfreulichen Razzien von 1945/46 hätten die Infektionsquellen nur unbedeutend erfasst, weil eben nur Frauen untersucht wurden, während es zur Erfassung von Männern keine gesetzliche Handhabe gab.

Der Grund für solch ein gesetzgeberisches Verhalten lag u. a. in der allgemeinen patriarchalen Auffassung von der Frau als der Verführerin des Mannes. Und diejenige Person, die verführt, galt auch als Überträgerin von Geschlechtskrankheiten.

Die patriarchalen „altbewährten" Geschlechtsrollenmuster wurden auch im Bereich Erwerbsarbeit weiterhin praktiziert. Nur in Ausnahmefällen durften Frauen in die traditionellen Männerberufe vordringen. Mit den gleichen Worten wie nach dem Ersten Weltkrieg wurde nach 1945 anerkennend bezeugt, dass Frauen „ihren Mann gestanden" hatten. Wie damals übernahmen sie zusätzlich zur Hausarbeit auch noch die Funktion von Männern im Arbeitsprozess. Viele Frauen mussten die Familie ernähren, weil ihre Männer im Krieg getötet worden waren, sich in Gefangenschaft befanden oder als Invaliden zurückkehrten. 1946 kamen in Hamburg auf 100 Männer 119 Frauen, in der leistungsfähigen Altersgruppe von 20 bis 25 Jahren sogar 160. Dieser Frauenüberschuss mit seinem Potential an weiblicher Arbeitskraft war bei dem zunächst bestehenden Arbeitskräftemangel ein unverzichtbarer wirtschaftlicher Faktor. Tatsächlich strebten junge Frauen, deren Heiratschancen durch den kriegsbedingten Männermangel gesunken waren, nach Selbstständigkeit und Ausübung eines Berufes. Wie schon 1919 wurde diese Erscheinung einerseits als notwendig begrüßt, andererseits entstand die Befürchtung, Frauen würden nun in traditionelle Männerberufe vordringen. Man wies ihnen deshalb in allen traditionellen Männersparten, besonders im Baugewerbe, Stellen als Hilfs- und Zuarbeiterinnen zu und enthielt ihnen eine berufsqualifizierende Ausbildung vor. Da die damalige Notlage auch von Frauen als Ausnahmesituation empfunden und die Rückkehr zu „normalen" Verhältnissen ersehnt wurde, schien offenbar eine solche Entwicklung als sinnvoll und gerechtfertigt.

Ungeheurer Arbeitsaufwand war erforderlich, um die Trümmerstadt überhaupt wieder bewohnbar zu machen. Mit Aufrufen, sich gegen ein Entgelt von 20 Reichsmark für 1000 geborgene Steine an den Aufräumungsarbeiten zu beteiligen, waren zunächst nur die Männer angesprochen. Dann bat Bausenator Dr. Gerd Bucerius auch die Frauen, sie mögen ein „Opfer für die Allgemeinheit" bringen und freiwillig bei den Trümmerarbeiten helfen.[17]

Anders als in Berlin wurden in Hamburg die „Trümmerfrauen" nicht verpflichtet. Offenbar war es weniger die Opferbereitschaft, die die Frauen zur Mithilfe bei der Enttrümmerung bewegte, als ihre eigene Notsituation. Legitimiert wurde der Einsatz von Frauen durch ein

Der Baustellenslogan auf dem Jungfernstieg „Gibt acht, mein Freund, hier wird gebaut. Dich braucht's Finanzamt und die Braut!" und die auf dem Bild posierenden jungen Arbeiterinnen mit Blumen(Braut-)sträußen in der Hand machen deutlich, welches Ziel jungen erwerbstätigen Frauen eigentlich geziemt: Heirat und Hausfrau zu sein, denn das Finanzamt ist nicht scharf auf die Lohnsteuer der Frau – angesichts der niedrigen Frauenlöhne kein Wunder. Wichtiger sind dem Finanzamt erwerbstätige Ehemänner, die zu Hause gepflegt und gehegt werden, damit sie im harten Arbeitsleben bestehen können und mit ihrem gut verdienten Geld die Kasse des Finanzamtes auffüllen

Kontrollratsgesetz, das den Behörden gestattete, „auch weibliche Arbeitskräfte bei Bau- und Wiederaufbauarbeiten einschließlich Aufräumarbeiten zu beschäftigen".[18] Damit war grundsätzlich Frauen der Zugang zum Baugewerbe geöffnet. Doch Arbeitsschutzvorschriften verhinderten, dass daraus eine langfristige Berufsperspektive erwuchs, denn sie erlaubten Frauen Erlernung und Ausübung schwerer körperlicher Maurer- und Dachdeckerarbeiten nur bei besonders physischer Leistung und „unbedingtem inneren Drang". Der Baugewerkbund achtete darauf, dass Frauen möglichst „weibliche Arbeitsplätze" bekamen. Davon, dass Frauen z. B. als Krankenschwestern oder Kellnerinnen ähnlich körperlich schwere Arbeiten ausübten, war keine Rede, weil nicht im Bewusstsein der männerdominierten Gesellschaft. Vier Jahre später, 1950 hatte es in Hamburg die erste Frau geschafft, eine Maurerlehre zu beginnen, die sie 1953 erfolgreich mit dem Gesellenbrief abschloss. Ebenfalls 1953 wurde beim öffentlichen Unternehmen „Strom- und Hafenbau" der erste weibliche Baureferendar Deutschlands eingestellt. Doch erst seit 1980 dürfen Frauen in Hamburg auf dem Bau als Elektroinstallateurin, Malerin und Lackiererin, Glaserin, Heizungsbauerin oder Bauschlosserin ausgebildet und beschäftigt werden.

Beim Thema Erwerbsarbeit brachten die Parlamentarierinnen das Gespür für die Problematik geschlechtsdifferenzierender Praktiken auf dem Arbeitsmarkt und für die damit verbundene soziale Ungerechtigkeit mit in ihr Amt und nahmen die alte Forderung der Weimarer Zeit nach gleichem Lohn für gleiche Arbeit wieder auf. Im Juni 1947 stellte die FDP den Antrag auf Vorlage eines Gesetzes, das diesem Grundsatz Rechtsgültigkeit verleihen sollte. Die Bürgerschaft stimmte der Überweisung des Lohnangleichungsantrages an den Verfassungsausschuss zu. Der erste Entwurf von 1948 des Verfassungsausschusses enthielt die klare Formulierung: „Frauen erhalten bei gleicher Arbeit gleichen Lohn“. Dann aber musste eine Anpassung des Hamburger Textes an das inzwischen erschienene Bonner Grundgesetz erfolgen, und für Hamburg wurde nur noch die vage Empfehlung vorgesehen: „Mann und Frau sollen bei gleichen Leistungen den gleichen Lohn erhalten“, und in der endlich 1953 verabschiedeten Hamburger Verfassung war der ganze Abschnitt entfallen und das Problem in der allgemeinen Präambel über die „politische, soziale und wirtschaftliche Gleichstellung“ eingefriedet.

Auch für Beamtinnen änderte sich die Arbeitslage, als mit der Währungsreform ein plötzlicher Run auf Stellen einsetzte und Frauen aus der Rolle von begehrten Arbeitskräften in die von unliebsamen Konkurrentinnen auf dem Arbeitsmarkt gerieten. Eine in der Zeit des Arbeitskräftemangels bedeutungslos gewordene Passage des Beamtengesetzes aus dem Jahre 1937 über das „Doppelverdiener-

Arbeitsplätze für Frauen in der Nachkriegszeit: in der Krebsforschung und in einer Konservendosenfabrik.
Die Forderung nach gleichem Lohn für gleiche Arbeit ist auch im 21. Jahrhundert noch nicht überall durchgesetzt

*„Ein verheirateter weiblicher Beamter ist zu entlassen, wenn er es beantragt oder wenn seine wirtschaftliche Versorgung nach der Höhe des Familieneinkommens dauernd gesichert ist." Sprachlich wird hier nur der Mann angesprochen, faktisch war aber ausschließlich die Frau gemeint.*

*Beamtengesetz von 1937*

*Thema „Doppelverdienertum"*

*„Meine Herren, es ist auch noch niemand darauf gekommen, einen männlichen Beamten zu entlassen, wenn seine Frau eine gesicherte Position einnimmt."*

*Marta Damkowski, 1948*

tum" gab nun den Arbeitgebern wieder eine Handhabe, um weibliche Beamte zu entlassen. Die betreffende Formulierung lautete: „Ein verheirateter weiblicher Beamter ist zu entlassen, wenn er es beantragt oder wenn seine wirtschaftliche Versorgung nach der Höhe des Familieneinkommens dauernd gesichert ist." In der Bürgerschaft stellte ***Marta Damkowski*** (SPD) den Antrag, die betreffenden Passagen des Beamtengesetzes zu streichen.[19] „Meine Herren, es ist auch noch niemand darauf gekommen, einen männlichen Beamten zu entlassen, wenn seine Frau eine gesicherte Position einnimmt." Warum sollten also nur Frauen zurücktreten? Magda Langhans (KPD) war vor allem empört, dass in diesem Gesetz die Ehe als eine Versorgungsmaßnahme dargestellt werde, denn eben dieses „Versorgtsein" verhindere die berufliche Karriere der Frauen. Auch die Fraktionen von FDP und CDU stimmten dem Antrag von Marta Damkowski zu, und die Bürgerschaft beschloss die Änderung des Beamtenrechts in den entsprechenden Passagen. Mit dem Inkrafttreten des Bundesbeamtengesetzes im Jahre 1953 wurde dann dieser frauendiskriminierende Paragraph gestrichen.

*weiter auf S. 168*

## Marta Damkowski, geb. Bröcker (16.3.1911 Stade–11.8.1982 Hamburg)

Politikerin; Widerstandskämpferin; Mitglied (SPD) der Hamburgischen Bürgerschaft von November 1946 bis 1953

Marta Damkowski, die nach der Obersekunda eine kaufmännische und landwirtschaftliche Lehre mit dem Ziel einer Landwirtschaftlichen Rechnungsführerin absolviert hatte, kam aus einer sozialdemokratischen Arbeiterfamilie: „Es war vor allem meine Mutter, bei der ich Verantwortlichkeit für andere Menschen gelernt habe. Menschenwürde, Meinungsfreiheit, Wahrhaftigkeit waren mir früh als Werte bewußt und unverzichtbar."[A] So begann Marta Damkowskis politische Laufbahn schon im Alter von zwölf Jahren. 1923 trat sie den „Kinderfreunden" bei, später wurde sie Mitglied der „Sozialistischen Arbeiterjugend" (SAJ). Mit etwa 17 Jahren (1928) trat sie dort wieder aus: „weil ich mich an der Belegung der Kredite für den Panzerkreuzer Potemkim nicht beteiligen wollte".[B] Bereits 1925 war sie, nach einer Begegnung mit dem sozialistischen Philosophen *Leonhard Nelson (1882–1927)*, dem „Internationalen Sozialistischen Kampfbund" (ISK) beigetreten, der die Anpassungspolitik der SPD ablehnte und sich für ein gemeinsames Vorgehen von SPD und KPD gegen den wachsenden Rechtsradikalismus einsetzte. Von 1929 bis 1932 war Marta Damkowski Hörerin an der Philosophisch-Politischen Akademie des ISK in Melsungen.

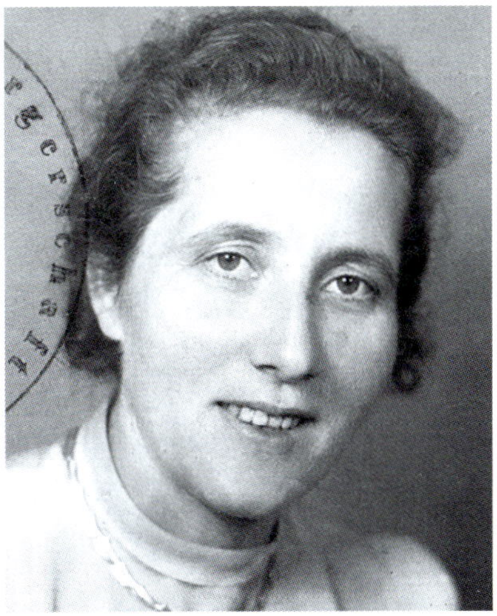

Ab 1933 arbeitete sie in Deutschland für den ISK, der seine illegale Arbeit zunächst vom Ausland aus steuerte. Um in Deutschland die illegale Arbeit durchzuführen, wurden so genannte Fünfergruppen gebildet. Dazu wurden Frauen und Männer angesprochen, die vor der Machtergreifung der NSDAP aktiv in Gewerkschaften, SPD und KPD gewesen waren. Marta Damkowski musste in diesen Jahren des illegalen Kampfes viel reisen und innerhalb Deutschlands oft umziehen – von einer illegalen Anlaufstelle zur nächsten. Damit ihre Arbeit nicht „aufflog", musste sie jeden politischen Freund gegenüber der Gestapo als ihren neuesten Liebhaber ausgeben. Deshalb galt sie bei der Gestapo als Hure und wurde später während ihrer Haftzeit oft unflätig beschimpft.

1937/38 initiierten die Nationalsozialisten eine große Verhaftungswelle. Trotz einer verschlüsselten Warnung konnte Marta Damkowski, die sich damals in Bremen aufhielt, nicht mehr rechtzeitig fliehen. Sie, ihr Bruder und auch ihr späterer Mann, die beide der SAJ angehörten, wurden verhaftet. Der Volksgerichtshof verurteilte die 27-Jährige 1938 zu einer einjährigen Gefängnisstrafe wegen „Vorbereitung zum Hochverrat". Da Marta Damkowski keine Aussagen machte, wurde sie wochenlang in Dunkelhaft gehalten. Dazu äußerte sie sich in einem Interview: „Ich hätte wohl nicht überlebt, wenn nicht Gefängnisarzt und Aufsichtsbeamte die Zellentür manchmal heimlich offen gelassen und mich mit Milch und Frühstücksbroten gefüttert hätten."[C]

1940, gleich nachdem Marta Damkowski und ihr Freund aus der Haft entlassen worden waren, heirateten sie. 1941 kam ihr Sohn zur Welt. Ihr Mann wurde 1944 als Soldat getötet.

Nach Kriegsende trat Marta Damkowski der SPD bei. Von 1946 bis 1949 war sie Frauensekretärin in der Hamburger Landesorganisation der SPD. Später arbeitete sie als Verwaltungsangestellte der Gefängnisbehörde und leitete bis 1958 die Frauenstrafanstalt Hamburg.

Marta Damkowski war auch wesentlich am Aufbau des Referats Familienförderung in der Sozialbehörde und von pro familia beteiligt und arbeitete in der „Arbeitsgemeinschaft Hamburger Frauenorganisationen" (ahf). Von November 1946 bis Oktober 1953 gehörte sie der Hamburgischen Bürgerschaft an und setzte sich immer wieder für eine grundlegende Reform des Paragraphen 218 ein. Auch stritt sie im Nachkriegsparlament für eine bessere Nahrungszuteilung für Säuglinge.

Neben ihrer parlamentarischen Arbeit war Marta Damkowski in der Zeit von 1947 bis 1953 Mitglied im Bundesfrauenausschuss, Mitglied des Parteirates der SPD und arbeitete mit am Godesberger Programm (Frau und Familie).

Noch im Alter war sie im AsF (Arbeitsgemeinschaft sozialdemokratischer Frauen)-Vorstand Altona, im Distriktsvorstand Sülldorf-Rissen und im Landesverband der Arbeiterwohlfahrt Hamburg tätig und wohnte zuletzt Achter de Höf 16 im Stadtteil Rissen.


Lit.:

A Frauen im Faschismus. Frauen im Widerstand, Hamburger Sozialdemokratinnen berichten. Hrsg. von der AsF Hamburg 1983, S. 25.

B Ebenda.

C Frauen im Faschismus, a. a. O., S. 28.

Fortsetzung von S. 166

Ebenso wichtig für ein gleichberechtigtes Miteinander von Mann und Frau war einigen weiblichen Abgeordneten das Thema Koedukation. Darüber entbrannte eine heftige Diskussion in der Bürgerschaft. CDU und FDP waren dagegen. Doch mit den Stimmen von SPD und KPD wurde 1949 im § 8 des Schulgesetzes erstmals festgelegt, dass „die gemeinsame Erziehung beider Geschlechter anzustreben" ist.

## 1949: Verabschiedung des Grundgesetzes mit dem Gleichberechtigungsartikel

„Meine verehrten Hörerinnen und Hörer. Der gestrige Tag, an dem im Hauptausschuss des Parlamentarischen Rats in Bonn, dank der Initiative der Sozialdemokraten, die Gleichberechtigung der Frau in die Verfassung aufgenommen worden ist, dieser Tag war ein geschichtlicher Tag, eine Wende auf dem Wege der deutschen Frauen der Westzonen. Lächeln Sie nicht, denn es ist nicht falsches Pathos einer Frauenrechtlerin, das mich so sprechen läßt. Ich bin Jurist und unpathetisch. Und ich bin Frau und Mutter und zu frauenrechtlerischen Dingen gar nicht geeignet.
Das Bürgerliche Gesetzbuch in seinen Tendenzen widerspricht in einer ganzen Reihe von Bestimmungen der Würde und Wertigkeit der persönlichkeitsbewussten Frau, die heute nicht mehr aus der Obhut und Biedermeier-Sphäre eines guten Elternhauses, sondern aus dem harten Berufsleben heraus in die Ehe tritt, und die in langen Jahren und insbesondere in den letzten Jahren die ganze Härte des Lebens erfahren hat. Können Sie daher ermessen, was die Gleichberechtigung bedeutet und wel-

Mütter des Grundgesetzes im Gespräch: Friederike Nadig, Helene Weber, Helene Wessel und Elisabeth Selbert

ches Empfinden der gestrige Tag gerade auch in mir ausgelöst hat?“

Diese bewegenden Worte der damals 53-jährigen Juristin *Dr. Elisabeth Selbert (SPD) (1896–1986)* strahlte der Rundfunk am 18. Januar 1949 aus, einen Tag nach der Verabschiedung des Gleichberechtigungsartikels des Grundgesetzes.

Elisabeth Selbert hatte selbst ihre drei Kolleginnen im Parlamentarischen Rat: *Friederike Nadig (SPD) (1897–1970), Helene Weber (CDU) (1881–1962) und Helene Wessel (ZP, Zentrumspartei) (1898–1969)* von ihrem Antrag überzeugen müssen, dann aber setzten sie sich gemeinsam gegen ihre 61 männlichen Kollegen im Parlamentarischen Rat für diesen Verfassungsgrundsatz ein. Die Männer hatten sich nämlich auf die lapidare Formulierung „Männer und Frauen haben dieselben staatsbürgerlichen Rechte und Pflichten“ eingeschworen und kamen sich mit diesem „Zugeständnis“ an die Kolleginnen äußerst progressiv vor. Und so wurde das von den Frauen geforderte grundsätzliche Gleichberechtigungsgebot „Männer und Frauen sind gleichberechtigt“ in Erster und Zweiter Lesung abgelehnt.

Doch die vier Frauen blieben hart. Und nachdem Elisabeth Selbert viele Frauengruppen und Frauenverbände zu einer massiven Protestbewegung mobilisiert hatte, mussten die Herren im Parlamentarischen Rat unter dem Druck der Öffentlichkeit klein beigeben.

Am 23. Mai 1949 wurde das Grundgesetz verkündet und trat einen Tag später in Kraft. Damit war der Weg frei zu einer gleichberechtigten Teilhabe von Frauen und Männern in Gesellschaft und Politik.

Doch dieser Weg war und ist sehr steinig und das Ziel „Gleichberechtigung“ noch immer nicht erreicht. Deshalb wurde 45 Jahre nach Verabschiedung des Grundgesetzes der Gleichberechtigungsartikel (Artikel 3, Absatz 2) erweitert. Seitdem fördert der Staat die „tatsächliche“ Durchsetzung der Gleichberechtigung von Frauen und Männern und wirkt auf die Beseitigung bestehender Nachteile hin.

So wie es ein langer Kampf der „Mütter des Grundgesetzes“ 1949 war, um den Art. 3 ins Grundgesetz zu implementieren, so ging auch dieser 1994 in das Grundgesetz aufgenommenen Erweiterung ein langwieriger und zäher Kampf voraus. Diesmal ebenfalls besonders von vier Frauen vorangetrieben. Es waren die Justizministerinnen/Justizsenatorinnen *Dr. Christine Hohmann-Dennhardt, Prof. Jutta Limbach, Heidi Merk* und *Dr. Lore Marie Peschel-Gutzeit.* Sie alle gehörten damals der Anfang der 90er Jahre des 20. Jahrhunderts gegründeten gemeinsamen Verfassungskommission von Bund und Ländern an.

## Die Ersten und das erste Mal

### 1949
### Die Ersten

Hamburg schickte die ersten weiblichen Bundestagsabgeordneten nach Bonn: Irma Keilhack (SPD) und Margareta Gröwel (CDU).

### Das erste Mal

In der „Deutschen Angestellten Gewerkschaft" (DAG) bildete sich offiziell die Gruppe der weiblichen Angestellten. Aus Hamburg wurde ***Lene Greetz*** in den Hauptvorstand gewählt. Die Hamburgerinnen ***Annie Kienast*** und ***Martha Schäfer*** arbeiteten ehrenamtlich im Hauptausschuss der DAG mit.

### Das erste Mal im Nachkriegsdeutschland

Der Hamburger Senat beschloss das Gesetz über einen freien Arbeitstag als Hausarbeitstag für weibliche Arbeitnehmer mit eigenem Haushalt und einer Arbeitszeit von mindestens 48 Stunden pro Woche. Der Hausarbeitstag für erwerbstätige Frauen war 1943 vom nationalsozialistischen Reichsarbeitsministerium eingeführt worden, denn durch häufige Fliegeralarme und vermehrte Arbeit in kriegswichtigen Betrieben war für die Frauen kaum noch Zeit für die zu erledigende Hausarbeit geblieben. 1945 schaffte das Hamburger Personalamt für den öffentlichen Dienst den Hausarbeitstag ab, obwohl andere Länder in der Bizone daran festhielten. Die Empörung über das eigenmächtige Vorgehen des Senats, das als Rechtsverletzung empfunden wurde, war groß, so dass der Senat schließlich nachgeben und den Hausarbeitstag wieder einführen musste. Angesichts des 1949 im Grundgesetz verankerten Gleichberechtigungsgrundsatzes wurde der Hausarbeitstag für Frauen nach 1949 sehr kontrovers diskutiert, so dass sich 1954 das Bundesverfassungsgericht damit befassen musste und zu folgendem Ergebnis kam: „Hausarbeitstagsgesetze bevorzugen gar nicht die Frau und benachteiligen nicht den Mann, sondern sie suchen die Doppelbelastung der Frau ein wenig auszugleichen."

26 Jahre später, im Jahre 1980 teilte der Senat der Bürgerschaft mit, die Regelung zum Hausarbeitstag sei mit dem Gleichberechtigungsartikel des Grundgesetzes nicht vereinbar, weil er nur „alleinstehenden Arbeitnehmerinnen mit eigenem Haushalt, nicht aber männlichen Arbeitnehmern in gleicher Lage gewährt wird". Deshalb forderte Hamburg, diese Regelung auch auf Männer mit eigenem Haushalt auszudehnen.
1999 war nach Auskunft des Personalamtes das Gesetz über den Hausarbeitstag für den hamburgischen öffentlichen Dienst gegenstandslos geworden, weil die Grundvoraussetzung einer regelmäßigen wöchentlichen Arbeitszeit von 48 Stunden (dies war bis zum 30.9.1958 üblich) – verteilt auf mindestens 6 Tage die Woche – nicht mehr gegeben war.

**Das erste Mal**
gründete sich die „Mütterschule". Ihr Ziel: schwangere Schülerinnen und junge Mütter ihrer Situation entsprechend zu beschulen, damit sie den Haupt- bzw. Realschulabschluss erlangen konnten. Gründerin dieser Schule war die Oberschulrätin und Mitglied der ahf Dr. Olga Essig.

**Das erste Mal**
1946 hatten einige in Hamburg wohnende, jüdische Frauen – viele von ihnen waren Überlebende der Konzentrationslager – beschlossen, einen Frauenverein ins Leben zu rufen, der sich der sozialen Arbeit innerhalb der Jüdischen Gemeinde widmen sollte. Die Initiatorin dieser WIZO-Gruppe (Women's International Zionist Organisation) war ***Dr. Irene Willen,*** die ihre Angehörigen verloren hatte und als politische Zwangsarbeiterin nach Hamburg verschleppt worden war. Die Frauen veranstalteten Musiknachmittage und -abende in den Räumen des NWDR, luden alle Gemeindemitglieder ein und verteilten Lebensmittel, die sie sich von ihren Lebensmittelkarten erspart hatten oder geschenkt bekamen. 1949 wanderte die Vorsitzende der WIZO-Gruppe, Dr. Irene Willen, nach Israel aus.

# Die 1950er Jahre

Das neue Wirtschaftswunder: Selbstbedienungsladen mit vollen Regalen.
In den 1950er Jahren gilt für Frauen: Zurück an Heim und Herd

Mit fortschreitender Normalisierung der Verhältnisse ging die Notsituation der unmittelbaren Nachkriegszeit ihrem Ende zu. Die Ernährungslage entspannte sich, die Rationierung von Lebensmitteln und Gebrauchsgütern konnte aufgegeben werden. Ein Hang zum lange entbehrten Luxus machte sich bei der Bevölkerung bemerkbar. Konsum und Warenumsatz stiegen, der schwarze Markt verlor an Bedeutung. Das Bild der gehetzten, überlasteten, für alle existenznotwendigen Dinge kämpfenden Frau verschwand im öffentlichen Bewusstsein hinter einem aus Amerika importierten Ideal der verlockend schönen jungen Frau, der Kundin von Schönheits- und Modesalons, dem umschwärmten Sexidol der Illustrierten.

Nach den Mangeljahren suchte man Genuss, nach den Zeiten moralischer Aufrüstung entwickelte sich die Lebensweise zunehmend freier. Doch wem galt diese Freiheit? Die gesellschaftspolitische Situation erlaubte keine Gleichberechtigung von Frau und Mann. Die Adenauer-Ära war geprägt von den katholischen Prämissen, die aus der Überordnung des Mannes über Frau und Kinder, der willfährigen Unterordnung und dem bereitwilligen Gehorsam von Seiten der Frau bestanden. Aber auch die protestantische Kirche zeigte sich auf dem Gebiet der Gleichstellung von Frau und Mann nicht viel fortschrittlicher. Vater- und Mutterautorität waren in Kirchenaugen zwar gleichwertig, aber nicht gleichartig. Was gerade noch akzeptabel war, war von einer Gleichwertigkeit der Geschlechter zu sprechen, aber bitte mit funktionaler Verschiedenheit. So blieb der Vorrang des Mannes in äußeren Angelegenheiten und in der Kindererziehung. Die Frau erhielt lediglich Vorrang in der Leitung des Haushalts.

Weil man Frauen im Arbeitsprozess nicht mehr benötigte, wurde es nun gern gesehen, wenn

Frauenideal: jung, schön, sexy.
Modenschau auf dem Jungfernstieg, 1946

*Bundesrepublik Deutschland:*
*Wahlperiode I, 1949–1953:*
*CDU/CSU Koalition mit FDP und DP (Deutsche Partei)*

*Wahlperiode II, 1953–1955:*
*CDU/CSU Koalition mit FDP, DP und BHE (Block der Heimatvertriebenen und Entrechteten)*

*Wahlperiode III, 1955–1956:*
*CDU/CSU Koalition mit FDP und in 1956 mit FDP und DP*

*Wahlperiode IV, 1956–1960:*
*CDU/CSU Koalition mit DP*

*Hamburg:*
*Wahlperiode II, Oktober 1949–November 1953:*
*SPD*

*Wahlperiode III, November 1953–November 1957:*
*Hamburg Block (Bündnis aus CDU, FDP, DP, BHE)*

*Wahlperiode IV, November 1957–November 1961:*
*SPD in Koalition mit FDP*

sie „zu Hause blieben" und als Konkurrentinnen der Männer aus dem Beruf ausschieden. Offenbar folgten viele Frauen hierbei auch einem Trend, der die Rückkehr zur „Normalität" anzuzeigen schien. Dass gleichwohl die Erwerbstätigkeit junger Frauen und Mütter zunahm, wurde im öffentlichen Bewusstsein dem Konsumzwang zugeschrieben, unter den die jüngere Generation geriet.

Der Ehemann, der laut bürgerlichem Gesetzbuch immer noch das Oberhaupt der Familie ist und die letzte familiäre Entscheidungsinstanz, hilft seiner Gattin beim Ausfüllen des Fragebogens zur Volkszählungsbefragung 1956

In der Frauenbewegungsszene sahen viele ihrer Anhängerinnen, nachdem der Gleichberechtigungsartikel im Grundgesetz verankert worden war, ihr Ziel als erreicht an. Das Interesse an der Frauenbewegung bröckelte ab. „Die Frauenverbände [in der Bundesrepublik Deutschland] konzentrierten sich in den 1950er Jahren zunehmend auf die anstehende zivilrechtliche Umsetzung des Gleichstellungsprinzips und spezialisierten sich darauf, die Interessen der Frauen vorrangig über die Einflussnahme auf die Gesetzgebung geltend zu machen. Das Petitionswesen als Instrument des Lobbyismus wurde – ähnlich wie in der alten Frauenbewegung – immer stärker zu ihrem bevorzugten politischen Mittel. Diese rechtspolitische Arbeit, die vorwiegend von Juristinnen in den Rechtsausschüssen der überregionalen Frauenverbände professionell getragen wurde, drang nur noch wenig an die Öffentlichkeit (...). Sie führte außerdem zu einer immer stärkeren Verschiebung der politischen Tätigkeit weg von der lokalen Ebene hin zur Landes- und Bundesebene (...) die überparteilichen Frauenverbände wandelten sich zu Funktionärinnenverbänden ohne Basis und Bewegung. (...) trotzdem blieben durch das Wirken der Frauenverbände grundlegende unbeantwortete Anliegen der Frauenbewegung auch in der restaurativen Adenauer-Ära der 1950er und frühen 1960er Jahre bewahrt. Die Verbände stellten die Frauenfrage als Rechtsfrage; sie griffen immer wieder die bestehenden Rechtsungleichheiten an und es gelang ihnen, vor den höchsten Gerichten Rechtsverbesserungen zu erfechten (...).
Langfristig haben somit die rechtliche Verankerung der Gleichberechtigung und der Kampf der Frauenverbände für ihre praktische Umsetzung entscheidende Weichen für die Zukunft gestellt und nicht zuletzt auch der neuen Frauenbewegung (...) den Boden bereitet."[20]

*„In der Frauenbewegungsszene sahen viele ihrer Anhängerinnen, nachdem der Gleichberechtigungsartikel im Grundgesetz verankert worden war, ihr Ziel als erreicht an. Das Interesse an der Frauenbewegung bröckelte ab. (...)"*
*Elke Schuller, 2008*

## Die Hamburger Frauenverbände

In Hamburg gewann in den 1950er Jahren die „Arbeitsgemeinschaft Hamburger Frauenverbände" (ahf) stärkeren Einfluss auf die Frauenpolitik als die überparteilich „neutralen" Frauenverbände wie der „Hamburger Frauenring". „Als der 1. Vorsitz 1952 von Olga Essig, der Vertreterin der bedingungslosen Überparteilichkeit, auf ***Dora Hansen-Blancke (1895–1984)*** überging, die seit 1949 aktiv in der Arbeitsgemeinschaft Hamburger Frauenorganisationen mitgearbeitet hatte, trat auch der Hamburger Frauenring in die ahf (heute ‚Landesfrauenrat Hamburg') ein."[21] Im Gegensatz zu den „neutralen" Verbänden betonte die ahf die Notwendigkeit einer parteipolitisch ausgerichteten frauenpolitischen Arbeit. „Damit entwickelte sich der Mehrheitsflügel der Frauenbewegung nach 1949 zu einem integrierten und integrierenden Bestandteil des bundesrepublikanischen Systems von Parteien und Verbänden."[22]

*„Die Verbände stellten die Frauenfrage als Rechtsfrage; sie griffen immer wieder die bestehenden Rechtsungleichheiten an und es gelang ihnen, vor den höchsten Gerichten Rechtsverbesserungen zu erfechten (...)."*

ELKE SCHÜLLER, 2008

*weiter auf S. 177*

### Dora Hansen-Blancke, geb. Blancke (5.12.1895 Mönchen-Gladbach–5.12.1984 Hamburg)

**Schülerin des ersten Jahrgangs der Sozialen Frauenschule in Hamburg; ehrenamtliche Tätigkeit in den Organisationen der bürgerlichen Frauenbewegung**

Dora Hansen-Blancke war das jüngste von vier Geschwistern und Kind aus gutbürgerlichem Hause, der Vater Besitzer einer kleinen Textilfabrik.
Als Teenager wurde sie für zwei Jahre in ein Mädchen-Pensionat in die französische Schweiz geschickt. Das Abitur zu machen, erlaubten ihr die Eltern allerdings nicht. Dora Hansen-Blancke, die die übliche Erziehung und Prägung eines bürgerlichen Mädchens erfahren hatte, schlug die pflegerische Laufbahn ein. Bevor sie jedoch 1916/17 ein Praktikum als Säuglingsschwester machte und ab 1917 zu den Schülerinnen des ersten Jahrgangs der Sozialen Frauenschule in Hamburg gehörte, hatte sie sich, patriotisch wie so viele Frauen, in den Dienst des Vaterlandes gestellt und war gleich zu Beginn des Ersten Weltkrieges dem „Nationalen Frauendienst" beigetreten. An der belgischen Grenze betreute sie durchziehende Truppen.
Nachdem Dora Hansen-Blancke zwei Jahre das Sozialpädagogische Institut besucht hatte, heiratete sie 1920 einen Jugendfreund, der sein Geld mit einer Exportfirma verdiente. Dora Hansen-Blancke bekam vier Kinder (1920, 1923, 1929 und 1935). Neben ihrer Arbeit als Hausfrau und Mutter wurde sie ehrenamtlich in der „Hamburgischen Frauenhilfe von 1923" tätig. Diese eröffnete

am 14. Dezember 1923 die erste Wärmehalle für obdachlose Frauen in der Jugendherberge Böhmkenstraße 15. Diese Einrichtung war notwendig geworden, nachdem das Frauenasyl in der Bundesstraße „aus technischen Gründen tagsüber geschlossen bleiben [musste], so dass die Frauen, die aus irgendwelchen Gründen keine Arbeit haben, einfach auf die Straße angewiesen waren".[A]
In der Wärmehalle schwankte „die tägliche Zahl der Besucher zwischen 8 und 25. Sonntags sind es immer einige 40, da dann auch alle die kommen, die wochentags Arbeit haben und die ganzen Besucher der Wärmehalle in der Rentzelstraße, da diese am Sonntag geschlossen ist. Die Gründe für die Obdachlosigkeit sind die verschiedensten; teils ist es Krankheit oder Arbeitslosigkeit gewesen, die die Frauen gezwungen hat, ihre Wohnung oder ihr Zimmer aufzugeben, teils sind sie auf gut Glück nach Hamburg gekommen, in der Hoffnung hier schnell guten Verdienst zu finden. Bei dem großen Wohnungsmangel jetzt ist es aber schwierig, auch für die Frauen, die gut verdienen, ein Zimmer zu finden. Bei manchen sind es aber auch schwierige Familienverhältnisse, die sie gezwungen haben, von zu Hause fortzugehen (...). In der Wärmehalle stehen den Frauen Koch-, Wasch-, Näh- und Plätteinrichtungen zur Verfügung, und alles wird auch fleißig benutzt. Die Reinigung des Raumes und der Geräte wird immer gerne freiwillig von den Frauen übernommen, wie denn überhaupt große Hilfsbereitschaft unter den Frauen herrscht (...). Die Aufsicht in der Wärmehalle wird durch zwei erwerbslose Frauen des Mittelstandes geführt (...). Die Hamburgische Frauenhilfe von 1923 hat durch die Einrichtung der Tagesräume unbedingt einem dringenden Bedürfnis abgeholfen, was der rege Besuch und die große Anerkennung, die sie überall finden, beweisen".[B]

Dora Hansen-Blancke leitete den Tagesraum. Täglich kam sie für zwei Stunden und regelte die Arbeit mit den aufsichtführenden Frauen.
1928 zog die Familie nach Berlin, 1934 kehrte sie nach Hamburg zurück und Dora Hansen-Blancke verbrachte die Zeit der NS-Herrschaft zurückgezogen im privaten Bereich. Ihre beiden Söhne wurden als Soldaten im Zweiten Weltkrieg getötet.
Nach 1945 war Dora Hansen-Blancke sofort wieder dabei, um in der Frauenbewegung und in der Sozialfürsorge tätig zu werden: „Sie baute 1946 den ‚Hamburger Frauenring e. V.' mit auf und arbeitete seit der Gründung im Jahre 1949 aktiv in der ‚Arbeitsgemeinschaft Hamburger Frauenorganisationen' mit. Lange Jahre war sie zudem als ehrenamtliche Pflegerin für das Wohlfahrtsamt tätig. Anfang der fünfziger Jahre gehörte sie zu den Gründerinnen der ‚Aktion Kinderparadies, Arbeitsgemeinschaft für Hamburger Kinderspielplätze', deren langjähriges Vorstandsmitglied sie war."[C]

Lit.:

A Erster Tätigkeitsbericht der Hamburgischen Frauenhilfe 1923, Hamburg 1925.
B Ebenda.
C Karen Hagemann/Jan Kolossa, a.a.O., S. 147f.

Waschraum der Jugendherberge Böhmkenstraße 15, ca. 1925

*Fortsetzung von S. 175*

Die ahf hatte eine „offene Organisationsform". „Die Leitung der Sitzungen wechselte monatlich und die Leiterin des jeweiligen Monats zeichnete auch noch nach der Bildung eines geschäftsführenden Ausschusses für Eingaben usw. verantwortlich. Bis 1956 gab es auch keine feste Anschrift der ahf. (…)
Da im rechtlichen Sinne eine Arbeitsgemeinschaft keine juristische Person ist, wie z. B. ein eingetragener Verein, mußte für die ahf ein juristischer Träger gefunden werden. 1957 wurde deshalb der ‚Hamburger Verband für Fraueninteressen e. V.' gegründet. Die ahf schuf sich [damit] einen juristischen Träger, der als eingetragener Verein verantwortlich alle Rechtsgeschäfte der ahf durchführt."[23]
Einen eindrucksvollen Einblick in die Aktivitäten der Hamburger Frauenverbände der 1950er Jahre gab ***Friederike Kardel,*** die Vorsitzende der Frauengruppe in der „Europa-Union", in ihrem Bericht vom 3.11.1969 an die ahf: „Wiederholt wurde die Forderung nach Teilzeitarbeit erhoben, insbesondere auch für Beamtinnen. Auch für die stärkere Berücksichtigung von Frauen in den kirchlichen Gemeindevertretungen hat sich die Arbeitsgemeinschaft eingesetzt. Insbesondere wurden die Parteien vor den politischen Wahlen aufgefordert, weibliche Kandidaten an aussichtsreicher Stelle auf ihren Listen zu benennen. Viele öffentliche Veranstaltungen mit prominenten Politikerinnen sind durchgeführt worden, um die Frauen zu informieren und an ihre politische Verantwortung zu appellieren. Ich darf Sie erinnern an die Großkundgebung am 26. März 1953 in der Universität mit den beiden Berliner Referenten: ***Annedore Leber (1904–1968)*** und Prof. Dr. Köhler. Wir haben uns nicht gescheut, auf die Straße zu gehen und selbst die Handzettel zu verteilen. Ich denke noch an die eisige Kälte im März 53.
Wir haben ja in jenen ersten Jahren bewußt und in voller Absicht keine Protokolle über unsere Arbeit geführt. Obwohl es nichts zu verheimlichen gab, bestand noch dies Gefühl der Unsicherheit und die Befürchtung, daß möglicherweise politische Äußerungen mißdeutet und zur Gefahr werden könnten.
Bei unseren Sitzungen nahmen selbstverständlich Probleme aus dem sozialen Bereich einen besonders breiten Raum ein. Dabei ging es nicht nur um die Fragen der Sozialversicherung, der Krankenversicherung und der Mutterschaftshilfe. Wir bemühten uns, Abhilfe zu schaffen, wo soziale Mißstände und Nöte bekannt wurden.
Auch die Betreuung der Studenten, vor allem der ausländischen Studenten und Arbeiter, sah die Arbeitsgemeinschaft als ihr Anliegen an. Die Errichtung von Beratungsstellen und der Bau der Studentenheime gehen wesentlich auf die Initiative von Frauen und Verbänden der Arbeitsgemeinschaft zurück. Bei der Einrichtung der Bundeswehr hatten wir ein Gespräch mit dem Standortkommandanten, um festzustellen, ob die kulturelle und soziale Betreuung der jungen Menschen ausreichend gesichert sei.
Wir setzten uns für den Ausweis für werdende Mütter ein, gaben Empfehlungen an die Industrie für Kinderspielzeug, forderten Abschaffung des verkaufsfreien Sonntags vor Weihnachten."[24]
Vehement vertraten die Frauenverbände auch die Bemühungen um die Völkerverständigung und die Deutsche Einheit. Verbandsfrauen

Auch solche harmlosen Tauschbilder – ein beliebtes Mädchenspiel in den 1950er Jahren – mussten zur Einübung in Geschlechtsrollenmuster herhalten

Frauen in so genannten Männerberufen.Teilzeitarbeit nicht möglich

links: Weiblicher Polizist, Hella Lanka, Polizeiwachtmeisterin am Dammtor, 1952
rechts: Fernfahrerin in ihrem LKW an den Elbbrücken im Fahrerstand, 1953

unternahmen Studienfahrten ins europäische Ausland, besonders nach Frankreich und nach Israel. Frauen aus dem außereuropäischen Ausland (z. B. Tunesien) erhielten Einladungen nach Hamburg.
Auch widmeten sich die Frauenverbände der Deutsch-Amerikanischen Freundschaft. So gründete sich 1956 der „American women's club of Hamburg e. V." (Mitglied der ahf) – ein Zusammenschluss von US-Frauen, die seit 1956 und früher aus familiären oder beruflichen Gründen in Hamburg lebten. Sie verfolgten den Zweck der Förderung der amerikanisch-deutschen Verständigung und Unterstützung in allen täglichen Belangen sowie der beruflichen Weiterentwicklung unter den erschwerten Bedingungen in einem fremden Land. Ebenso war das Thema „Europa bietet Chancen für Frauen" schon in den 1950er Jahren fester Bestandteil der Politik der Frauenverbände.
Um ihre Interessen als berufstätige Frauen zu vertreten, gründete sich 1956 in Hamburg der „Soroptimist Club Hamburg". Er gehört der „Soroptimist International Association" an, einer Vereinigung berufstätiger Frauen in der westlichen Welt. Deren Ziele sind: das Berufsethos zu wahren, die Menschenrechte und im besonderen die Stellung der Frau in Beruf und Gesellschaft zu fördern, Bereitschaft zum

Dienst am anderen wachzuhalten, zur internationalen Verständigung beizutragen und Freundschaft und Zusammenarbeit mit den Clubs anderer Länder zu pflegen.

Zum Thema Berufstätigkeit von Frauen trat bereits in den 1950er Jahren die Forderung der Teilzeitbeschäftigung von Frauen mit Familienpflichten. So überlegte der Akademikerinnenbund „seit Anfang der fünfziger Jahre, wie Frauen Mutterpflichten und Beruf besser vereinbaren könnten. 1954 führte der Akademikerinnenbund Hamburg eine Fragebogenaktion bei 200 verheirateten und verheiratet gewesenen Frauen durch, um ihre Einstellung zur Berufstätigkeit zu erfahren. Die überwiegende Mehrzahl wünschte schon damals, nach einigen Jahren wieder in den Beruf zurückzukehren. (…) auf Grund der Diskussion des Umfrageergebnisses wurde eine Resolution zur Einführung von Teilzeitarbeit veröffentlicht und bundesweit verschickt“.[25]

Wie zäh und nachhaltig bestimmte Themen immer wieder aufs Tapet gebracht werden müssen, zeigt sich an den ebenfalls heute noch aktuellen Forderungen nach mehr Frauen in Führungspositionen und in Politikbereichen. 1952 forderten die Hamburger Frauenverbände die Berücksichtigung von Frauen in Gremien und Organen, so z. B. bei der Neubesetzung der Verwaltungsausschüsse der Arbeitsämter und Landesarbeitsämter. Doch erst 1996 wurde in der Hamburgischen Verfassung festgeschrieben, dass Frauen und Männer „in kollegialen öffentlich-rechtlichen Beschluss- und Beratungsorganen gleichberechtigt zu vertreten“ seien.

*1952 forderten die Hamburger Frauenverbände die Berücksichtigung von Frauen in Gremien und Organen. Erst seit 1996 steht in der Hamburgischen Verfassung, dass Frauen und Männer „in kollegialen öffentlich-rechtlichen Beschluss- und Beratungsorganenen gleichberechtigt zu vertreten“ seien.*

Immer wieder wandte sich die ahf vor Bürgerschafts- und Bundestagswahlen auch an die Parteien und forderte mehr Politikerinnen auf aussichtsreichen Listenplätzen. So führte z. B. 1956 der „Akademikerinnenbund“ mit den weiblichen Mitgliedern der Hamburgischen Bürgerschaft und der Deputationen ein Gespräch über die Verpflichtung der Frauen, dafür Sorge zu tragen, dass auch in leitenden Stellen Frauen in angemessener Anzahl an der Verwaltung teilnehmen. „Gegenüber dem offenbar stärksten und häufigsten Argument, daß für einen zu besetzenden Posten keine geeignete Frau zur Verfügung gestanden bzw. sich zur Verfügung gestellt habe, habe man sich im Akademikerinnenbund Hamburg gefragt, ob nicht Tatsachen oder Möglichkeiten außer Betracht gelassen worden seien oder geschaffen werden können, die dieses Argument entkräften würden.“[26]

Weitere Schwerpunkte und Zielsetzungen der Frauenverbände in der ahf lagen in den 1950er Jahren im Familien- und Hausfrauenbereich sowie im Karitativen. Auf letzterem Gebiet war z. B. das 1951 gegründete „Hilfswerk der helfenden Hände“ sehr aktiv. Jährlich verschickte es Hunderte von Päckchen in die DDR, an Kriegsgefangene und an die Angehörigen von politischen Häftlingen, die in Haftanstalten der DDR saßen.

Der 1882 gegründete und 1940 verbotene „Verein Freundinnen junger Mädchen“, der 1950 in Hamburg eine Neugründung erfuhr, zählte zu seinen Aufgaben: den Schutz und die Betreuung junger Mädchen, vor allem ausländischer Au-pair-Mädchen, bot Stellenvermittlung sowie Auswandererfürsorge und in späteren Jahren auch die Vermittlung deutscher Au-pair-Mädchen ins Ausland.

Anzeige, vermutlich 1950er Jahre

Dieser Verein, der Wesentliches in der Bekämpfung des Mädchenhandels leistete, war aus der Bahnhofsmission hervorgegangen. Auf seiner Dienststelle im Wichernhaus am Holzdamm erhielten alle Auswanderungswilligen Adressen von ausländischen „Freundinnen", die die Interessen der Auswanderinnen vor Behörden und Arbeitgebern wahrnahmen und ihnen auch notfalls Geld für die Heimreise besorgten. Denn es kam vor, dass z. B. Tänzerinnen mit einem Engagement in Kairo in ein verkapptes Bordell gelockt wurden.

Die Mitglieder der ahf beschäftigten sich mit „sozial Schwachen", mit Kindern und Jugendlichen. Der 1951 gegründete „Deutsch-Amerikanische Frauenclub e. V.", dessen Zweck die Förderung der deutsch-amerikanischen Verständigung und die Erfüllung von Wohlfahrtsaufgaben war, richtete 1953 das erste Kinderspielplatzhaus auf einem Hamburger Spielplatz ein. Damit hatten die Kinder nun auch bei schlechtem Wetter eine Unterschlupfmöglichkeit.

Auch frauengerechtes Bauen war ein Thema der ahf. So bildete sich in der ahf 1959 ein Bauausschuss, der „auf der Messe ‚Du und Deine Welt' eine Wohnwertbefragung durchführte. Anlaß hierfür war, daß von den Mitgliedern der ahf beobachtet wurde, daß in den Neubauwohnungen viel zu kleine Schlafzimmer und unpraktische Kücheninstallationen vorherrschten und daß generell in Neubaugebieten Kinderspielplätze Mangelware waren. Weiterhin wurde diese Wohnwertbefragung durch einen entsprechenden Fragebogen dazu genutzt herauszufinden, welcher Wohnraumbedarf eigentlich bei alleinstehenden Frauen besteht. Dieses hatte nichts mit Anspruchsdenken im Zuge des ‚Wirtschaftswunders' zu tun, sondern berücksichtigte ganz einfach die veränderten Familienstrukturen durch die gefallenen Familienväter des 2. Weltkriegs. Zusammen mit dem Bauauschuß der Berliner Frauenverbände wandte sich der Hamburger Bauausschuß auch mit Eingaben zu diesem Thema an die Bundesregierung."[27]

Dreizehn Jahre nach dem Zweiten Weltkrieg knüpfte die ahf auch an die Tradition des „Bundes Hamburgischer Hausfrauen" an, der bereits in den 1920er Jahren an „Hauswirtschaftlichen Ausstellungen" mitgewirkt hatte, und beteiligte sich ab 1955 maßgeblich an der Verbraucherinnen- und Verbrauchermesse „Welt der Frau", die wenige Jahre später „Du und Deine Welt" heißen sollte und die bis 1974 im Zweijahresrhythmus, und seitdem jährlich stattfindet.

Messe „Du und Deine Welt", 1956. Hier sollte die Frau mit neuen technischen Errungenschaften vertraut gemacht werden, damit sie die Doppelbelastung ertrage und noch Zeit für Mann, Kinder und Schönheitspflege habe

Beschwerde- und Beratungsstelle für Verbraucher, 1959

Die von der ahf ausgewählten Ausstellungsthemen machen für die 1950er sichtbar, wo die Arbeitsschwerpunkte der ahf lagen: 1957 formulierte ***Gustl Kade,*** die maßgeblich an Planung und Aufbau der Ausstellung beteiligt gewesen war, in ihrer Eröffnungsrede für die Messe: „Diese Ausstellung soll keine der bisher üblichen sein. Sie soll nicht in erster Linie Auskunft darüber geben, welcher Kochtopf der 255 Größen und Formen, die am Markt sind, nun der beste ist. Wir wollen mehr. Wir möchten die Frauen darauf hinweisen, daß sie nicht nur berufstätig sind oder nicht allein einen Haushalt zu versorgen haben. Deshalb ist es keine Schau für die Hausfrau, sondern eine für die Frau, die erheblich mehr Aufgaben hat, als den Kochlöffel zu regieren. Hier soll die Frau Anregung finden, wie sie die notwendigen Arbeiten schnell verrichten kann, wie sie die Technik am besten nutzt, wie sie Geld spart, vor allem aber, wie sie Zeit spart, um diese Zeit dann für sich und die Familie zu haben. Sie braucht z. B. Zeit für ihren Mann, sie braucht Zeit für die Erziehung der Kinder, sie braucht Zeit, um sich auf die geistigen Anforderungen, die die Kinder heute stellen, vorzubereiten, und sie braucht Zeit für sich selbst, zur Pflege und zur Entspannung."[28]

Von der Verbrauchermesse „Du und Deine Welt" zur „Verbraucherzentrale" war es dann nur ein kleiner Schritt. Und so gründeten am 5. März 1957 zwölf Hamburgerinnen vom „Verein Hamburger Hausfrauen" den „Arbeitskreis für Verbraucherfragen e. V.", der später in „Verbraucherzentrale" umbenannt wurde. Frauen vom „Club berufstätiger Frauen" und der „Hanseatin" (alle Mitglieder der ahf) kamen dazu. Die „staatsbürgerliche Erziehung aller zu verantwortlichen Verbrauchern" war das entscheidende Argument für den Senat, den Arbeitskreis, dessen Vorsitzende ***Dr. Elsbeth Weichmann (1902–1988)*** war, finanziell zu unterstützen. Mit diesem Arbeitskreis „sollte die Gefahr abgewendet werden, daß ‚die Verbraucherinnen und Verbraucher durch die hysterischen Bedarfskampagnen von Industrie und Handel zu bloßen Konsumautomaten' gemacht würden".[29]

*Anliegen der Frauenverbände: Die Messe „Du und Deine Welt" sollte keine*

*„Schau für die Hausfrau [sein], sondern eine für die Frau, die erheblich mehr Aufgaben hat, als den Kochlöffel zu regieren. Hier soll die Frau Anregung finden, wie sie die notwendigen Arbeiten schnell verrichten kann."*

*Gustl Kade, 1957*

*weiter auf S. 191*

## Dr. Elsbeth Freya Weichmann, geb. Greisinger (20.6.1902, tatsächlich 1900 Brünn–10.7.1988 Bonn)

First Lady der Stadt Hamburg; Mitglied (SPD) der Hamburgischen Bürgerschaft von 1957 bis 1974

Der 20.6.1902 ist Elsbeth Weichmanns offizielles Geburtsdatum. In Wirklichkeit wurde sie jedoch bereits zwei Jahre zuvor geboren. Das falsche Geburtsjahr wurde versehentlich 1940, als sie sich auf der Flucht vor der Gestapo in Frankreich befand, bei der Ausstellung neuer Papiere eingetragen. Eine sofortige Korrektur hätte die tödliche Gefahr einer Verzögerung der Abreise gebracht und eine Richtigstellung in den USA die dortige Aufenthaltsgenehmigung gefährdet.

Die Tochter eines Sparkassendirektors wurde hauptsächlich von ihrer Mutter geprägt. 1927 promovierte Elsbeth Weichmann in Graz zur Volkswirtin. Ein Jahr später heiratete sie den promovierten Juristen *Herbert Weichmann (1896–1983)*, vormaliger Chefredakteur der „Kattowitzer Zeitung" und frischgebackener Staatssekretär des preußischen Ministerpräsidenten *Otto Braun (1872–1955)*.

1933 floh sie mit ihrem jüdischen Mann nach Paris und wurde Wirtschaftsjournalistin. Nach eigener Aussage lernte sie von Herbert Weichmann den Journalismus. 1940 ging die Flucht weiter über Spanien und Portugal in die USA, denn Präsident *Franklin Roosevelt (1882–1945)* hatte an besonders gefährdete Politiker Sondervisen erteilen lassen. Elsbeth Weichmann studierte Statistik an der New Yorker Universität. Ihren Lebensunterhalt bestritt sie mit dem Anfertigen von Stoffpuppen, die sie an Warenhäuser verkaufte. Herbert Weichmann arbeitete als Wirtschaftsprüfer. 1949 kehrte das Ehepaar nach Deutschland zurück und zog nach Hamburg. Max Brauer, der sich in New York mit dem Ehepaar befreundete, hatte sie nach Hamburg geholt.

Elsbeth Weichmann engagierte sich hauptsächlich im Verbraucherschutz. Unter ihrem Vorsitz entwickelte sich die Verbraucherzentrale Hamburg zu einer viele Bereiche umfassenden Institution. Elsbeth Weichmann wurde Vorstandsmitglied der „Arbeitsgemeinschaft der Verbraucherverbände" in Bonn und 1964 Präsidentin des Brüsseler Büros der Verbraucherverbände der EWG-Länder. Außerdem war sie zweite Vorsitzende des Bureau European des Consommateurs und Mitglied des mit den europäischen Behörden in Verbindung stehenden Kontaktkomitees der Verbraucherorganisation.

„Nachdem es für die Arbeitsgemeinschaft zunächst darum ging, wichtige praktische Aufgaben zu erfüllen, erkannte Frau Dr. Weichmann bald die Notwendigkeit, in einem Kulturbericht die Situation, Entwicklung und Problematik der Kulturarbeit und -politik in Hamburg aufzuzeichnen. Auf ihre Initiative hin wurde in Zusammenarbeit mit der Behörde für Wissenschaft und Kunst ein Studienkreis der ‚Arbeitsgemeinschaft zur Kulturförderung' gebildet, der 1975 eine Broschüre unter dem Titel ‚Zur Kulturpolitik in Hamburg – Anregungen und Empfehlungen eines unabhängigen Studienkreises' der Öffentlichkeit vorlegte. Diese Bestandsaufnahme stellte für alle am kulturellen Leben Hamburgs beteiligten Personen und Institutionen eine wichtige Diskussions- und Arbeitsgrundlage dar."[A]

Elsbeth Weichmann hatte den Kuratoriumsvorsitz im Pressezentrum, den Vorsitz des „neuen literarischen Vereins" und war im Aufsichtsrat des Deutschen Schauspielhauses tätig. Für ihre Verdienste auf dem Gebiet der Kultur erhielt sie 1978 die Senator-Biermann-Rathjen-Medaille und 1974 für ihre herausragenden Verdienste um Hamburg die Bürgermeister-Stolten-Medaille.

Sie agierte außerdem als Mitglied der Verwaltungsausschüsse des Amtes für Wirtschaft, des Amtes für Ernährungswirtschaft und des Amtes für Marktwesen. Darüber hinaus war sie Mitglied der Deputation der Behörde für Ernährung und Landwirtschaft, Vorsitzende des

Fachausschusses der Gesamtleitung „Programmausschuss“ der IGA (Internationale Gartenbauausstellung) 1973 und Aufsichtsratsmitglied der Hamburg-Altonaer-Fischmarkt GmbH; von 1957 bis 1974 übte sie das Amt einer Abgeordneten (SPD) der Hamburgischen Bürgerschaft aus. Dort beschäftigte sie sich hauptsächlich mit Kulturpolitik.
Während der Amtszeit ihres Mannes als Erster Bürgermeister von Hamburg fungierte sie sechs Jahre lang als First Lady. Sie begnügte sich nicht mit der Funktion der „Frau an seiner Seite“, sondern sah sich und ihren Mann als Team an: „Wir sind beide in einem Geschäft tätig gewesen. Mein Mann als Bürgermeister. Ich bin in der Bürgerschaft und in den Ausschüssen.“
Das Ehepaar Weichmann nahm Herbert Weichmanns Neffen als Adoptivsohn an. Seine Eltern waren im Konzentrationslager umgebracht worden, während er sich in Holland versteckt gehalten hatte. Er wurde später Professor für Physik in Kanada.[B]

Der Maler Oskar Kokoschka begrüßt Elsbeth Weichmann mit einem Handkuss. Im Hintergrund der Erste Bürgermeister Herbert Weichmann, 24. Juni 1970

Lit.:

A Mitteilung des Staatsarchives Hamburg anlässlich der Verleihung der Bürgermeister-Stolten-Medaille für Dr. Elsbeth Weichmann, 1984.

B Vgl. auch: elsbethweichmannges.de oder weichmann-stiftung.de

## Hanna Schüßler (23.5.1909 Rüstern/Liegnitz–26.6.1985 Hamburg)

**Leiterin des „Evangelischen Frauenwerkes Hamburg“, Gründerin der ersten Mütterschule in Hamburg; Begründerin der Familienbildungsstättenarbeit in Hamburg**

Hanna Schüßler entstammte einem Pastorenhaushalt – ihr Vater leitete eine Diakonissenanstalt – und wuchs in Breslau auf. Nach dem Abitur, welches sie in Frankenstein absolvierte, arbeitete sie in einer Kinderheilstätte im Riesengebirge und „begann anschließend ihre spezielle kirchliche Ausbildung im Burckhardthaus Berlin-Dahlem, von wo aus sie in verschiedene praktische Aufgaben entsandt wurde, unter anderem in Berliner und Lübecker Kirchengemeinden“.[A] Im Burckhardthaus arbeitete sie bis 1930 und lernte dort im Seminar die kirchliche Frauenarbeit intensiv kennen.

Von März 1933 bis Ende 1934 war sie dann als Pfarrgehilfin in einer Kirchengemeinde in Berlin-Tempelhof tätig, wo sie sich der Jugendarbeit widmete. Dazu schreibt sie in ihren unveröffentlichten Aufzeichnungen „Aus meiner Jugendarbeit im Dritten Reich", die im früheren „Haus der Frau" (jetzt Ev. Familienbildung Eppendorf) am Loogeplatz 16 aufbewahrt werden: „Vor meiner Anstellung wurde ich nach meiner Meinung über das Wirken der Deutschen Christen befragt. Meine eindeutige und vom Evangelium begründete Ablehnung wurde wohlwollend akzeptiert und als einzig mögliche Voraussetzung für eine Arbeit in dieser Berliner Gemeinde angesehen."

Die Deutschen Christen „waren eine rassistische, antisemitische und am Führerprinzip orientierte Strömung im deutschen Protestantismus, die diesen von 1932 bis 1945 an die Ideologie des Nationalsozialismus angleichen wollte. Sie wurden 1932 als eigene Kirchenpartei gegründet und gewannen 1933 die Leitung eigener Landeskirchen in der Deutschen Evangelischen Kirche".[B] „Als ich wenige Wochen später meinen Dienst begann, hatte sich das Blatt völlig gewendet. Die Pastoren waren bis auf einen Deutsche Christen geworden. Der neugewählte Kirchenvorstand war durch NS-Manipulation fast ausschließlich mit DC [Deutsche Christen]-Leuten besetzt, die auch äußerlich dafür sorgten, dass die Gemeinde als DC-Gemeinde kenntlich war: Die christlichen Symbole im obersten Abschnitt der Säulen wurden durch NS-Embleme ersetzt. Die Trau- und Taufhalle neben dem Kircheneingang wurde zu einer ‚Adolf-Hitler-Halle' umgewandelt. Bei einigen Konfirmationen mussten die Konfirmanden kniend vor dem Altar mit aufgehobener rechter Hand mit dem deutschen Gruß grüßen.

Ungeachtet der Grundstimmung der Gemeinde ließ man mich ohne Einmischung meine biblisch ausgerichtete Jugendarbeit in allen Altersstufen tun und war stolz auf die großen Zahlen der Besucher.

Eine Wende trat ein, als im November 1934 nach einer sehr großen Veranstaltung der Bekennenden Kirche, zu der ich allein und ohne Werbung in den Kreisen gegangen war, auf der Rückfahrt in der Hochbahn eine große Menge von Mädchen aus meinen Kreisen zu mir kam und sich in jugendlicher Begeisterung über das abendliche Erlebnis aussprach. Das hatte ein KV-[Kirchenvorstand] Mitglied beobachtet. Einen Abend später (vielleicht auch noch in der gleichen Nacht) trat der KV zusammen, um über diesen unerhörten Vorfall zu beraten. Ich wurde nachts in die Sitzung zitiert und musste Rede und Antwort stehen. Zwei Gedanken wurden vorausgeschickt. 1. Es wäre unmöglich, dass die Jugend der ‚deutsch-christlichsten Gemeinde' Berlins von einer Jugendleiterin geführt würde, die zur BK [Bekennenden Kirche] gehörte. 2. Sie möchten mich keinesfalls aus der Arbeit verlieren, darum wären sie einverstanden und würden alles beim Alten belassen, wenn ich meinen Namen in die Liste der DC eintrüge. Das konnte ich natürlich nicht."

Die Bekennende Kirche „war eine Oppositionsbewegung evangelischer Christen gegen Versuche einer Gleichschaltung von Lehre und Organisation der Deutschen Evangelischen Kirche (DEK) in der Zeit des Nationalsozialismus. Solche Versuche unternahmen bis 1934, die ‚Deutschen Christen', dann staatlich eingesetzte Kirchenausschüsse und teilweise direkte Staatskommissare, die die Kirchenvertreter absetzten.

Die BK reagierte darauf mit einer Abgrenzung ihrer Lehre, Organisation und Ausbildung, später auch mit politischen Protesten. Sie beanspruchte seit ihrer Gründung im Mai 1934 die einzige rechtmäßige Kirche zu sein, und schuf sich mit einem kirchlichen ‚Notrecht' seit Oktober 1934 eigene Leitungs- und Verwaltungsstrukturen. (...) Eine einheitliche Opposition gegen das NS-Regime bildete die BK nicht".[C]

„Die Sitzung endete damit, dass man mir für die Zukunft das Betreten des Gemeindehauses untersagte. Das hatte zur Folge, dass ich die längst vorbereiteten Adventfeiern notdürftig in einem Gasthaus durchführte.

Bis dahin hatte ich jede Kampfstimmung vermieden, weil ich die Jugendlichen nicht in Konflikte bringen wollte, denen sie noch nicht gewachsen sein konnten. Nun aber mischten sich die Eltern ein und wollten sich für mich einsetzen. Da bekam ich vom KV meine ‚fristlose Entlassung'."

Hanna Schüßler verließ Berlin und trat 1935 in Hamburg die Stelle als Leiterin der Landesstelle Hamburg des Burckhardthauses an, des größten deutschen Verbandes weiblicher Jugend. Diese Funktion hatte sie bis 1958 inne.

Aber auch in Hamburg hatte Hanna Schüßler in der NS-Zeit Repressalien zu ertragen. So schreibt sie in ihren unveröffentlichten Aufzeichnungen „Aus meiner Jugendarbeit im Dritten Reich" über die Zeit von 1935 bis 1945: „Auch in Hamburg gab es verschiedene Fronten und immer wieder Hindernisse von außen. Aber man brauchte nicht innerhalb einer Gemeinde unter der Jugend Kirchenpolitik in 2 verschiedenen Richtungen zu betreiben."

Seit 1943 war Hanna Schüßler hauptamtlich Mitarbeiterin des Landeskirchlichen Jugendpfarramtes. „Erstaunlicherweise konnte sie (...) in dieser Zeit Kreise von Mädchen – Schülerinnen, Konfirmandinnen, Heranwachsende – zur Bibelarbeit versammeln. Ihre schriftlichen Ausarbeitungen gingen von Hand zu Hand und führten mehrfach zu Verhören durch die Gestapo (...)"[D]

Hanna Schüßler selbst schreibt über diese Zeit in ihren unveröffentlichten Aufzeichnungen: „Mein einschneidendstes Erlebnis war, als wir nach der Hamburger Katastrophe [Bombardierung Hamburgs, „Operation Gomorrha" im Juli 1943] Ende 1943 durch *Herrn Herntrichs' [Volkmar, 1905–1958]* (später Bischof) [einer der Köpfe der Bekennenden Kirche während der NS-Zeit, ab 1940 Direktor des Evangelischen Reichsverbandes der Weiblichen Jugend Deutschlands, dem Burckhardthaus, ab 1942 Hauptpastor der St. Katharinenkirche in Hamburg, enge Verbundenheit zu *Friedrich von Bodelschwingh* durch seine Dozententätigkeit an der theologischen Hochschule in Bethel[E]] Vermittlung von unserm Burckhardthaus-Landesverband einen großen Gottesdienst mit P. D. von Bodelschwingh abhalten konnten. Pastor von Bodelschwingh fand die rechten Worte (z. B. Psalm 68,20: ‚Gott legt uns eine Last auf, aber er hilft uns auch.') für die beunruhigten Menschen in unserer zerstörten Stadt. Der Gottesdienst hatte eine große Ausstrahlungskraft. Unter Ausnutzung aller Beziehungen gelang es uns, die Predigt dieses GD [Gottesdienstes] zu vervielfältigen. Wir schickten sie an unsere Freunde, auch an uns nahe stehende Menschen an der Front. Einer dieser Briefe, der dem Ehemann und Vater einer lieben Familie gegolten hatte, die in Südhamm umgekommen war, fiel in die Hände der Feldpolizei. Der Fall wurde der Hamburger Gestapo übermittelt, die mich deswegen sehr hart und drohend verhörte. Als ich bei meinem Verhör diesen besonderen Fall schilderte und darstellte, wie trostlos die Situation dieses Soldaten war, der Frau, Kinder und Wohnung verloren hatte, bekam ich die Antwort: Für Trost braucht die Kirche nicht zu sorgen. Das können wir besser. Das Ende war dann eine Haussuchung in einem Zimmer, in dem ich nach der Zerstörung meiner dienstlichen und persönlichen Wohn-Etage Aufnahme gefunden hatte. [Hanna Schüßler wohnte von 1943 bis 1949 in der Straße Allee 96 in Hamburg-Altona]. Die Gestapoleute nahmen nach Belieben Akten, Schreibpapier und vor allem meine Schreibmaschine weg und machten mir Auflagen, um mich an weiterer Arbeit zu hindern. Die persönlichen Verbindungen zu Menschen, die in unserer Arbeit standen, konnten sie nicht beeinflussen. Wir haben weiter unseren Dienst in den üblichen Arbeitsformen durchgeführt und sogar ab und zu Freizeiten veranstaltet. Auf Störungen waren wir immer gefasst, aber das schmiedete die Kreise umso fester zusammen."

Gleich nach dem Ende des Zweiten Weltkriegs führte sie im Sommer wöchentlich stattfindende Treffen mit mehreren Hundert Kindern und Jugendlichen durch. Zwischen 1947 und 1956 leitete sie den Aufbau des Evangelischen Mädchenpfadfinderbundes (EMP) in der Bundesrepublik Deutschland. Hanna Schüßler war von 1949 bis 1953 die erste Vorsitzende dieses Bundes und von 1951 bis 1959 Mitglied des „Executive-Comitee of the YWCA". Dazu schrieb der „Hamburger Anzeiger"

Das Bundeszeichen des Evangelischen Mädchenpfadfinderbundes, die sog. Hungerlilie, aus den 1950er Jahren

am 8.8.1953 in einem Interview über Hanna Schüßler, welches er anlässlich des in Hamburg zu dieser Zeit stattfindenden Deutschen Evangelischen Kirchentages führte. Hanna Schüßler „war eine der ersten, die 1947 nach England geladen wurden, als das Executiv-Komitee des christlichen Weltbundes weiblicher Jugend, World's YWCA, dem nur 13 Frauen aus 64 Ländern angehörten, in London tagte. Sie hat in Amerika, Kanada, England, dem Libanon und den nordischen Staaten ihre Aufgabe vertreten und von jeder dieser Reisen Anregungen und neue Pläne für ihre christlich-soziale Arbeit in Hamburg mitgebracht".

Ab 1948 war Hanna Schüßler für 30 Jahre Kirchenvorsteherin in der Hauptkirche St. Katharinen.

1952 war sie federführend an der Eröffnung und Führung des „Hauses der Offenen Tür", eines kirchlichen Klubheimes für Jugendliche in der Sierichstraße 150, später Umzug nach Nr. 6, beteiligt. Mit dieser Einrichtung wurde im zerbombten Hamburg der frühen 1950er Jahre Raum für junge berufstätige Erwachsene, gleichgültig welcher Konfession, geschaffen, in dem die freie Zeit verbracht werden konnte.

Ebenfalls 1952 übernahm sie den Ausbau und die Leitung des „Evangelischen Frauenwerkes der Evangelisch-Lutherischen Kirche im Hamburgischen Staate". Diese Funktion behielt sie bis zum Eintritt in den Ruhestand 1974 inne. In einem Bericht über das Landeskirchliche Frauenwerk Hamburg, den Hanna Schüßler auf der Hamburger Landes-Synode am 6.12.1956 hielt, sprach sie über die Zielsetzung des Landeskirchlichen Frauenwerkes: „Die Tatsache, dass unsere Gottesdienste überwiegend von Frauen besucht werden, kann zu dem Schluß führen: Um Frauen braucht man sich nicht erst zu bemühen, Frauen sind sowieso da. Wer sich jedoch näher mit diesem Gedanken beschäftigt, wird sicher trotz der vielen Frauen im Gottesdienst einige beunruhigende Fragen stellen:

1. Sind diese Frauen wirklich ganz da? Wissen sie mit dem Evangelium zu leben? Reicht die Verkündigung hinein in ihre persönliche Lebensgestaltung, in die eigentlichen Probleme, Nöte und Unsicherheiten ihres Daseins?
2. Sind die Frauen nur treue Kirchgänger oder verstehen wir es, sie mit den ihnen eigenen Kräften und Gaben in den Aufbau des Gemeindelebens wirklich mit hineinzunehmen? Helfen wir, aus Mitläuferinnen verantwortliche Mit-

Hanna Schüßler war 30 Jahre lang Kirchenvorsteherin in der Hauptkirche St. Katharinen trägerinnen zu gewinnen?

3. Bilden die vielen Frauen in den Gottesdiensten nicht dennoch nur einen sehr schmalen Ausschnitt aus unserer Hamburger Frauenwelt, einen Ausschnitt, in dem eine bestimmte soziale Schichtung und die höheren Altersstufen vorherrschend sind? Wo sind die andern alle?

Damit sind die drei Aufgabenbereiche angesprochen, um die es im Wesentlichen in unserem evang. Frauendienst geht:

1. Die Konkretisierung der Verkündigung für das Leben der Frau – bis hin zur Einzelseelsorge.
2. Die Gewinnung und Zurüstung von Mitarbeiterinnen für Dienste im Raum der Kirche.
3. Der missionarische Auftrag an die Frauenwelt. (...)

*Ein Brückenschlagen zu kirchenfremden Frauen auf dem Boden der Gemeinde* ist für uns eine der liebsten Aufgaben. Sie hat sich am besten in der Form bewährt, dass zu einem Vortrag unserer Mitarbeiterinnen Einladungen an Frauen ergehen, die gerade aus einem besonderen Anlaß heraus leichter als gewöhnlich von der Gemeinde angesprochen werden können: Tauf- und Konfirmanden-Mütter oder auch Mütter von Schulanfängern. Bei der Aussprache nach solchem Vortrag zeigt es sich zumeist, wie sehr die Mütter – (oft sind auch die Väter dabei) – nach einer ganz konkreten Wegweisung verlangen. Sie sind dankbar, dass sie mit den Problemen, die ihnen durch die Kinder in den verschiedenen Altersstufen jeweils aufgegeben sind, nicht alleingelassen werden. Sie merken aber auch, dass ein einmaliges Gespräch nicht ausreicht, und bitten oft um weiterführende Abende. Das ist zuweilen der Beginn eines Mütterkreises und kann für die einzelnen Frauen zu einem lebendigen Kontrakt mit der Gemeinde werden.

Die *neuen Mütterkreise,* die wir – trotz aller berechtigten Angriffe gegen die ‚Verkreisung' des gemeindlichen Lebens – für sehr gut und nötig halten, können nur entstehen, wo sich Frauen dieser Aufgabe ganz besonders annehmen. Das Frauenwerk hat in den letzten Jahren, mehrmals *an 6 Vormittagen Einführungskurse in diesen Dienst an den Müttern* gehalten. Wege der Verkündigung, Lebensfragen im Mütterkreis, aber auch Methodisches zur Gesprächsführung, zum Aufbau und zur Gestaltung dieser Arbeit gehören zu den Themen der Kurse. Seit langem ist den Kursteilnehmerinnen ein *Aufbaukursus* versprochen, der zu Beginn des neuen Jahres stattfinden wird.

Die neugewonnenen Mitarbeiterinnen wachsen bald hinein in die *große Gemeinschaft der verantwortlichen Frauen* aus den Gemeinden, die monatlich einmal zur *Leiterinnenkonferenz* und ab und an zu besonderen *Rüstzeiten* zusammenkommt. Neben der biblischen Zurüstung und den Fragen des gemeindlichen Frauendienstes haben wir in diesem Kreis vor allem Themen, die uns den Blick weiten helfen für die Verantwortung der evangelischen Frau in der Kirche und Gemeinde, in der geistigen Auseinandersetzung der Gegenwart, im Volk und in den besonderen Lebensbereichen der Frau. Es ist uns sehr wichtig, dass durch die Arbeitsverbindungen mit der *ökumenischen Frauenarbeit* und mit den *gesamtkirchlichen Frauendiensten* immer wieder neue Impulse aus andern Ländern, Landeskirchen und kirchlichen Arbeitskreisen in unsern Dienst hineinkommen und uns vor einem Leben im Ghetto und vor einer Erstarrung bewahren.

Diese Hilfe von ‚draußen' kommt uns auch bei unseren *großen Frauenveranstaltungen* zugute, die wir in gewissen Abständen halten. Wir versuchen dabei, die Lebensthemen der modernen Frau anzusprechen, etwa: ‚Die moderne Frau in der Ruhelosigkeit ihres Lebens', ‚Berufstätigkeit der Frau – Erfüllung und Not', ‚Die Bewusstseinswandlung der Frau und die Ehe', ‚Wir christlichen Frauen in unserer Zeit'. (...)

In der Begegnung mit den *Frauen aus der Industrie* ist es ganz besonders nötig, dass wir sie zu *Erholungsfreizeiten* einladen können. Vieles lässt sich nicht durch ein abendliches Zusammensein darstellen, es muß einfach gelebt werden. Gerade bei den Frauen, die nicht an geistige Arbeit gewöhnt sind, ist das ein wesentlicher Faktor. Allein die Tatsache, dass sie in dem Freizeitkreis als einzelner Mensch ernstgenommen werden, dass sie einmal ihre Last abladen dürfen und dass sie ihr Leben mit anderen Augen ansehen lernen, schafft ein Vertrauen, das zu einem Neuanfang führen kann. Eine schlichte Teilnehmerin, die aus einem großen Betrieb zu uns kam, schreibt: Am vergangenen Freitag habe ich am offenen Abend von der Freizeit berichtet. Zum ersten Mal in meinem Leben habe ich gewagt, etwas von dem zu sagen, was mich bewegt und was ich einfach weitersagen muß. Ich hatte mir alles fein aufgeschrieben und wollte mich daran halten, aber als ich erst angefangen hatte, war ich so dabei, dass es nachher zu einem richtigen Gespräch kam. Eine Frau bat mich, doch mal zu ihr in die Wohnung zu kommen, sie kennt einige Frauen aus der Fischindustrie, und die möchte sie gerne zu einem Gespräch einladen. Natürlich habe ich zugesagt.“[F]

Bis 1958 war Hanna Schüßler gleichzeitig auch Leiterin des Evangelischen Jugendwerkes. Außerdem war sie von 1952 bis 1976 Synodale der Synode der Hamburgischen Landeskirche und ab 1953 Deputierte der Jugendbehörde Hamburgs.

Zwischen 1953 und 1958 amtierte Hanna Schüßler als Vorsitzende des Arbeitskreises für Jugendgildearbeit, welcher sich an Jugendliche wendete, die aus der sowjetisch besetzten Zone nach Hamburg kamen. In dieser Arbeit wurden zwischen 1953 und Ende 1958 ca. 7000 weibliche Jugendliche betreut, die legal über das zuständige Lager Westertimke bei Bremen kamen oder illegal in die BRD einwanderten. Den Schwerpunkt der Arbeit sah Hanna Schüßler in der geistig-seelischen Betreuung der Jugendlichen, in der unterschiedlichste Wege beschritten wurden: von Gesprächsangeboten über die private und berufliche Zukunft der Frauen bis zu unterstützender Kontaktaufnahme bei Behörden und Ämtern und dem Angebot von Freizeitaktivitäten wie Ausflügen, Wanderungen und Freizeiten. Auch erfolgten Näh- und Kochkurse, Vortrags- und Diskussionsabende zu Lebensfragen und staatsbürgerliche Erziehung.

Aus diesen Tätigkeiten heraus ergab sich der Bedarf für eine betreuende Institution: 1956 wurde am Hirschgraben 25 in Hamburg-Eilbek ein Mädchenwohnheim mit 60 Plätzen neu erbaut, um hier den Mädchen nicht nur ein Zimmer und ein Bett, sondern auch ein Zuhause zu bieten.

Auch übernahm Hanna Schüßler 1953 den Posten der Vorsitzenden des Frauenausschusses beim Hamburger Kirchentag; ein Amt, in dem sie Pionierarbeit leistete, denn diesen Arbeitsbereich gab es bei dem Kirchentag zum ersten Mal. So schrieb der Hamburger Anzeiger am 8.8.1953: „Als Hanna Schüßler darauf drängte, dass anlässlich des Kirchentages zum erstenmal auch ein Frauenausschuß eingesetzt wurde, sagten misstrauische Männer: Wozu? Und jetzt, da der Frauenausschuß mit fraulicher Intensität auf Lücken zeigte, die das Programm noch hier und da aufwies, auf all die Dinge, die der fraulichen Hand bedürfen, um den Hunderttausenden den Kirchentag zu einem wirklichen Fest zu gestalten, jetzt sagen sie: Wie sind wir bloß bisher ohne Frauenausschuß ausgekommen!“

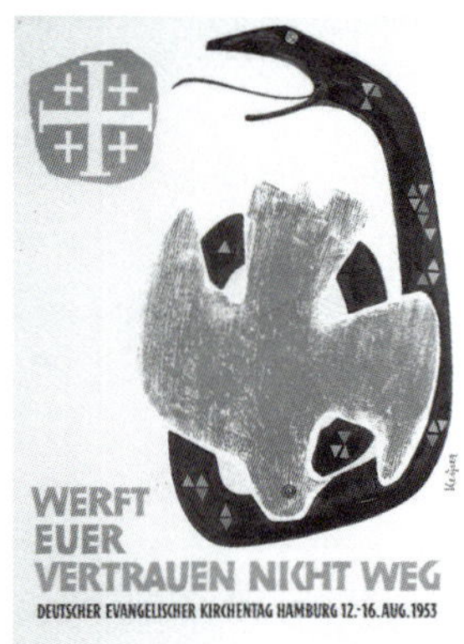

Plakat des 5. Evangelischer Kirchentags 1953 in Hamburg

Ein anderer ihrer Arbeitsbereiche war die Müttergenesungsarbeit: Hanna Schüßler pflegte die Kontakte zur Elly-Heuss-Knapp-Stiftung und deren leitender Geschäftsführerin, *Dr. Antonie Nopitzsch (1901–1975).*

*„Als Hanna Schüßler darauf drängte, dass anlässlich des Kirchentages zum erstenmal auch ein Frauenausschuß eingesetzt wurde, sagten misstrauische Männer: Wozu? Und jetzt, da der Frauenausschuß mit fraulicher Intensität auf Lücken zeigte, die das Programm noch hier und da aufwies, auf all die Dinge, die der fraulichen Hand bedürfen, um den Hunderttausenden den Kirchentag zu einem wirklichen Fest zu gestalten, jetzt sagen sie: Wie sind wir bloß bisher ohne Frauenausschuß ausgekommen!"*

*Hamburger Anzeiger, 1953*

Loogeplatz 16, Aufnahme 2012

Hanna Schüßler koordinierte und organisierte in Hamburg mit Mitarbeiterinnen die jährlich zum Muttertag stattfindenden Sammlungen. Auch war sie maßgeblich an der Einrichtung der Kurheime in Dahmenshöved an der Ostsee und Bispingen in der Lüneburger Heide, in denen Kuren für Mütter angeboten wurden, beteiligt.

1955 wurde im Frauenwerk das Referat für die berufstätige Frau gegründet. Diesen Tätigkeitsbereich übernahm *Charlotte Radek,* mit der Hanna Schüßler sehr erfolgreich zusammenarbeitete. Diesem Gebiet widmete Hanna Schüßler eine große Aufmerksamkeit. Ihr Fokus lag nicht nur auf den „Müttern", sondern auf der „Frau" an sich.

Zwischen 1958 und 1974 war Hanna Schüßler Delegierte des Ev. Frauenwerkes Hamburg bei der „Arbeitsgemeinschaft Hamburger Frauenorganisationen" (ahf).

Hanna Schüßler sorgte durch ihr ausgeprägtes kirchliches und politisches Engagement für eine sich immer weiterentwickelnde Vernetzung zwischen den Organisationen und Trägern, deren ehrenamtliches Mitglied, deren Leitung, Vorstand oder Präsidentin sie war oder für die sie sich haupt- oder ehrenamtlich betätigte und engagierte.

Alle diese Tätigkeiten Hanna Schüßlers wiesen auf ein Ziel hin, die Arbeitsbereiche der Frauen- und Jugendarbeit, an der sie beteiligt war, an einem Ort zusammenzuziehen, denn eine große Problematik bei all ihrem Engagement war die räumliche Beschränktheit. Auf der Landeskirchlichen Synode am 6.12.1956 forderte sie einen Raum für die Arbeit, um weiterhin vielfältige, qualitativ hochwertige und in die Zukunft gerichtete Arbeit leisten zu können. Als ein entscheidendes Ziel Hanna Schüßlers Arbeit kann die Eröffnung des „Hauses der Frau" im Mai 1959 gesehen werden. In dem von der Evangelischen Kirche erworbenen Haus am Loogeplatz 16 in Hamburg-Eppendorf erfolgte eine Zusammenführung und Zentralisierung aller Aktivitäten, Funktionen, Tätigkeiten und Ämter.

1974 ging Hanna Schüßler in den Ruhestand. Auf ihrer Verabschiedung wurden in einigen Ansprachen auch Hanna Schüßlers emanzipatorische Bestrebungen angesprochen und interpretiert. Pastor *Hans-Georg Schmidt,* damaliger Direktor der Alsterdorfer Anstalten und Referent des Kirchenrates für das Frauenwerk: „Als ich vor 9 Jahren in den Kirchenrat kam, da war ich der Youngster und bekam das Amt, Referent im Frauenwerk zu werden. (...) Und der junge Mann selbst, der damals dann das Amt übernahm, hier in den Beirat zu gehen und als Referent manches mitzuerleben, der war auch am Anfang, es war das Jahr 1965, sehr skeptisch, als er hier zum ersten Mal diese Räume betrat. Skeptisch, weil ich ein eigentlich geborener Feind von Emanzipationsgedanken war (…). Und nun habe ich im Laufe dieser 9 Jahre – es sind gar nicht 9 Jahre gewesen, es brauchte eigentlich nur zweier Jahre – völlig umgelernt und eine wahrhafte Metanoia [innere Umkehr] hier in diesem Haus erlebt. (…) Ich habe hier in diesem Hause gesehen, dass ja keineswegs irgendwie nur Gedanken aus der alten Women's Liberation Front auf dem Tisch des Hauses waren. Sondern dass dieses Werk der Hamburgischen Landeskirche eigentlich ein ungeheuer integratonisches Werk gewesen ist. Die Früchte dieser Arbeit und der Gedankengänge, die damals erwachsen sind in gemeinsamer Arbeit, die sind jetzt eigentlich zu spüren – in den letzten Jahren vor allem – in der Richtung der Ausweitung dieses Werkes. Ich denke nun in diesem Augenblick an das Stichwort ‚Familien-Bildungsstätte'. Es hat also nie eine rein emanzipatorische Haltung hier gegeben, sondern sie war immer aufs Ganze ausgerichtet."[G]

Laut Duden ist unter „Emanzipation" die Befreiung von Abhängigkeit, die Gleichstellung zu verstehen – nicht mehr und nicht weniger: Eine Forderung, die für alle human denkenden Menschen eine Selbstverständlichkeit sein sollte. In diesem Sinne argumentierte dann auch eine weitere Festrednerin: *Pastorin Dr. Elisabeth Haseloff (1914–1974)* aus Lübeck, die in Vertretung verschiedener Gruppen der Deutschen Evangelischen Frauenarbeit sprach: „Ich möchte jetzt aber noch ein anderes Wort gerne anfügen dürfen, Frau Schüßler, was mich nun ganz besonders im Blick auf Sie bewegt hat. Hier ist (…) des öfteren das Wort ‚Emanzipation' angeklungen; und Frauenarbeit kann es heute und wahrscheinlich noch sehr lange nicht ohne diese Grundfrage geben, ohne die Grundfrage nach der Stellung der Frau in Kirche und Gesellschaft. Und es wird Ihnen und mir immer schmerzlich bewusst bleiben, daß verständnisarmes Lächeln immer noch nicht ganz verschwunden ist, wenn dieses Thema dran ist. Aber das, was bei Ihnen von uns allen empfunden und bewundert worden ist, ist die Tatsache, dass Sie Emanzipation verstanden haben als die unerhört notwendige Schaffung des Lebensraumes für einzelne, die nur dadurch, dass man ihnen diesen Lebensraum schafft, auch in der Kirche, auch im Raum unserer Verkündigung,

*Pastorin Dr. Haseloff anlässlich der Verabschiedung Hanna Schüsslers in den Ruhestand 1974:*
*„Hier ist (...) des öfteren das Wort ‚Emanzipation' angeklungen; und Frauenarbeit kann es heute und wahrscheinlich noch sehr lange nicht ohne diese Grundfrage geben (...). Und es wird Ihnen und mir immer schmerzlich bewusst bleiben, daß verständnisarmes Lächeln immer noch nicht ganz verschwunden ist, wenn dieses Thema dran ist."*

zur Sprache kommen konnten. Sie sind nicht getrieben worden von der Emanzipation, sondern Sie sind getrieben worden von unserem Auftrag und sind von daher zur Emanzipation gekommen. Und das haben Sie in der Frauenarbeit vorgelebt, vorbildlich gezeigt und in Ihren Arbeitsplänen als entscheidenden Faktor entwickelt."[H] Ein Jahr später wurde Hanna Schüßler das Bundesverdienstkreuz überreicht.

Lit.:

A Brief des Kirchenkreises Alt-Hamburg vom 1.7.1985 an die Pastorinnen und Pastoren im Kirchenkreis anlässlich des Todes von Hanna Schüßler, in: Ordner 1: Historie Loogeplatz 14/16, Standort: ehemals „Haus der Frau", jetzt Evangelische Familienbildung Eppendorf.

B wikipedia.org/wiki/Deutsche_Christen. Stand: 9.3.2011.

C wikipedia.org/wiki/Bekennde_Kirche. Stand: 9.3.2011.

D Brief des Kirchenkreises Alt-Hamburg, a. a. O.

E Vgl: wikipedia.org/wiki/Volkmar_Herntrich. Stand 9.3.2011.

F Hanna Schüßler, Bericht über das Landeskirchliche Frauenwerk Hamburg, das Hanna Schüßler auf der Hamburger Landes-Synode am 6.12.1956 vertreten hat, in: Ordner 1: Historie Loogeplatz 14/16, Standort: wie Anm. A.

G Verabschiedung Frau Hanna Schüßler. Empfang im Haus der Frau am 23. Februar 1974, in: Ordner 1: Historie Loogeplatz 14/16, Standort: wie Anm. A.

H Verabschiedung Frau Hanna Schüßler, a. a. O.

Text: Heike Köster/Rita Bake

## Parlamentarische Frauenpolitik

*Fortsetzung von S. 181*

Wie wenig der gleichberechtigte Status der Frauen im öffentlichen Leben erreicht war, stellte die Bürgerschaftsabgeordnete Dr. Emmy Beckmann (FDP) 1950 mit einem „ungewöhnlichen Antrag" dem Plenum der Bürgerschaft vor Augen[30]: Am Schluss der Verhandlung über das Senatorengesetz forderte sie, diesem den Satz einzufügen: „Dem Senat müssen Frauen angehören." Bereits knapp dreißig Jahre zuvor, am 9. Februar 1921 hatte die damalige Bürgerschaftsabgeordnete Bertha Wendt vor der Bürgerschaft gefordert, auch Frauen in den Senat aufzunehmen. Die erste Senatorin wurde 1946 ernannt.

Im Verfassungsausschuss hatten schon alle gegen diesen Antrag gestimmt. Ein Ausschussmitglied meinte sogar, eine solche Bestimmung verstoße gegen das Grundgesetz, weil den Männern damit die Gleichberechtigung entzogen werde! Emmy Beckmann, die schon zu Zeiten der Weimarer Republik für die Gleichberechtigung der Frauen gekämpft hatte, rechnete der Bürgerschaft vor, dass Frauen hinsichtlich der staatsbürgerlichen Rechte 70 Jahre hinter den Männern zurückstanden. Sie appellierte an die Fairness der Männer, diese unterschiedlichen Startbedingungen auszugleichen, die „festgewurzelten Traditionen mit Bezug auf die politische Bevorrechtung des Mannes" zu durchbrechen und Frauen den Zugang zu leitenden Stellen in Verwaltung und Regierung zu erleichtern. Dem Spott über ihren Antrag begegnete Emmy Beckmann mit altem frauenkämpferischen Pathos: „Meine Herren und Damen! Ich habe mir vorgenommen, während des kurzen Restes meines Lebens in der

Portrait Emmy Beckmanns in ihrem Bürgerschaftsausweis

*DEBATTE IN DER HAMBURGISCHEN BÜRGERSCHAFT ÜBER DIE VERANKERUNG DES SATZES „DEM SENAT MÜSSEN FRAUEN ANGEHÖREN“:*

*„Meine Herren und Damen! Ich habe mir vorgenommen, während des kurzen Restes meines Lebens in der politischen Arbeit dafür zu kämpfen, daß (...) durch Einschaltung geschulter und arbeitsfähiger Frauen auch in den oberen Stellen, auch in unserer Regierung den Forderungen der Frauen Rechnung getragen wird.“*

*EMMY BECKMANN, 1950*

*DER ABGEORDNETE HEINRICH STEINFELDT (SPD), 1950 DAZU:*

*„Sie können sich darauf verlassen, daß wir in dem Augenblick darauf zurückgreifen werden, wie Sie es vorgeschlagen haben, eine oder zwei weitere Frauen in den Senat hineinzuwählen, wenn sie den Vergleich mit Männern einigermaßen aushalten (...).“*

politischen Arbeit dafür zu kämpfen, daß die staatsbürgerlichen Rechte der Frau voll verwirklicht werden, durch Erziehung, durch Weckung des staatsbürgerlichen Interesses (...), aber auch durch die immer erneute Forderung in den Gremien, die mir offen sind, daß durch Einschaltung geschulter und arbeitsfähiger Frauen auch in den oberen Stellen, auch in unserer Regierung den Forderungen der Frauen Rechnung getragen wird. Wenn es Ihnen auch lästig werden sollte, so komme ich immer wieder, wie der alte Cato mit dem ceterum censeo, denn ich bin der Meinung, daß dies nicht nur mein Recht als Bürgerin, sondern auch meine Pflicht ist, weil ich glaube, daß wir nur dann, wenn wir wirklich eine Volksvertretung werden, eine, die Männer und Frauen umschließt, die schweren Aufgaben unserer Zeit leisten können.“ Ihr Nachredner ***Heinrich Steinfeldt (SPD) (1892–1955)*** anerkannte die „warmherzigen Ausführungen“ von Frau Beckmann und pflichtete ihr bei mit Dank für die Leistungen der Frauen während der Abwesenheit der Männer. Am Ende seiner Rede zog er das schon aus ähnlichen Diskussionen der Weimarer Republik bekannte Fazit, das auf die Quotierungsängste der jüngsten Zeit vorausweist: Gleichberechtigung dürfe nicht zu einem Schematismus führen, nach dem in jedem Fall eine Frau zu wählen sei, sondern allein die objektive Qualifikation solle den Ausschlag geben. Ironisch klingt seine Versicherung: „Sie können sich darauf verlassen, daß wir in dem Augenblick darauf zurückgreifen werden, wie Sie es vorgeschlagen haben, eine oder zwei weitere Frauen in den Senat hineinzuwählen, wenn sie den Vergleich mit Männern einigermaßen aushalten, wir wollen es nicht völlig verlangen. Sie haben vollkommen recht, wenn man 70 Jahre Vorsprung in der Politik hat, sieht sich die Sache etwas anders an.“ Wie vorauszusehen, wurde der Antrag von Emmy Beckmann abgelehnt.

1952 wiederholte Emmy Beckmann ihre Forderung nach weiblichen Senatoren in der Debatte um halbamtliche Senatoren. Der Bürgerschaftspräsident antwortete daraufhin mit einem Männerscherz: „Dem Senat müssen auch Männer angehören!“

Das Abstimmungsergebnis über den Antrag von Emmy Beckmann schlug einen letzten ernstgemeinten Versuch nieder, in die Hamburgische Verfassung eine Bestimmung einzubringen, die den Leistungen von Frauen in den Nachkriegsjahren eine politisch relevante Anerkennung gebracht hätte.

Hatte sich Emmy Beckmann mit ihrer Forderung noch deutlich im Parlament der Frage der Gleichberechtigung der Frau zugewandt, waren die anderen weiblichen Bürgerschaftsabgeordneten mehr hinter die Kulissen getreten, als

sich im Plenum deutlich zu profilieren. Ein Grund hierfür lag in der Abnahme der gesellschaftlichen Bedeutung der Hausfrauenarbeit und der Frau als Arbeitskraft. Frauenfragen standen nicht mehr im Zentrum der allgemeinen Aufmerksamkeit, hatten nun doch alle wieder etwas zu essen, ein Dach über dem Kopf, so dass mann nun der Bedeutung der alltäglichen so genannten Frauenhausarbeit keine Beachtung mehr zu schenken brauchte. Die Lage der Frau in der Gesellschaft schien konsolidiert.

Vom überparteilichen „Nachkriegsfeminismus“ war in den 1950er Jahren in der Hamburgischen Bürgerschaft nicht mehr viel zu spüren, die Frauenfrage hatte keine klare Kontur und verflüchtigte sich in punktuelle Kundgebungen frauenpolitischer Ansätze.

Die Parlamentarierinnen wandten, wie schon in der Weimarer Republik, ihre Tätigkeit mehr der Parteipolitik zu. Konsequente Frauenpolitik wurde am ehesten von den Angehörigen der bürgerlichen Parteien CDU und FDP verfolgt, von der alten Streiterin ***Dr. Emmy Beckmann (FDP)*** und von ihrer jüngeren Mitstreiterin ***Dr. Emilie Kiep-Altenloh (FDP)***. Die Frauen der FDP hatten den Traditionszusammenhang mit der bürgerlichen Frauenbewegung nicht verlassen und waren entschlossen, die alten Ziele der jungen Generation weiterzuvermitteln. Auch die Vertreterin der CDU, ***Else Kesting (1883–?),*** sah ihren Auftrag in erster Linie darin, jungen Mädchen eine Ausbildung zu verschaffen, die ihre als spezifisch weiblich geltenden Fähigkeiten förderte und sie auf ihre Rolle in der Gesellschaft entsprechend vorbereitete.

***Die 1950er Jahre im Parlament:***
***Die Frauenfrage hatte keine klare Kontur und verflüchtigte sich in punktuelle Kundgebungen frauenpolitischer Ansätze.***

*weiter auf S. 196*

## Dr. Emilie Kiep-Altenloh (30.7.1888 Voerde/Ennepetal–22.2.1985 Hamburg)

Mitglied (FDP) der Hamburgischen Bürgerschaft von 1949 bis 1954; Senatorin der Sozialbehörde von 1954 bis 1957; Senatorin der Jugendbehörde von Juli 1957 bis November 1957; Senatorin der Behörde für Ernährung und Landwirtschaft sowie der Gefängnisbehörde von 1957 bis 1961; Abgeordnete des Bundestages von 1961 bis 1965

Die „große alte Dame des Liberalismus“, wie sie oft genannt wurde, Tante des Politikers und ehemaligen CDU-Schatzmeisters *Walther Leisler Kiep,* war gemeinsam mit ihrer Schwester in Voerde aufgewachsen, wo ihr Vater und sein Bruder seit 1825 eine Schraubenfabrik besaßen. Ihr Vater betrieb daneben eine Brauerei, und zu allem hatte die Großmutter eine Salzfabrik in die Familie eingebracht. Im Anschluss an den Besuch der Volksschule erhielt

Dr. Emilie Kiep-Altenloh mit Nerzstola bei einem Empfang, distanziert dem Gespräch ihrer Tischherren folgend, die sich an Getränken und Häppchen gütlich tun

Emilie Kiep-Altenloh Privatunterricht und besuchte ein Internat in der Schweiz. Nach dem Abitur studierte sie Nationalökonomie und Jura mit dem Abschluss Promotion. Ihre Dissertation behandelte die Sozialgeschichte des Kinos.

Während des Ersten Weltkrieges leitete sie das von ihr aufgebaute Kreisernährungsamt im Kreis Schwelm in Westfalen. Nach einer kurzen Tätigkeit als Arbeiterin in einer Herdfabrik wurde sie 1919 Leiterin des Provinzialwohlfahrtsamtes Schleswig-Holstein. In dieser Zeit war sie auch an der Gründung der Sozialen Frauenschule in Kiel beteiligt. 1923 heiratete sie Nikolaus Johann Kiep, Industriedirektor und Ingenieur der Hamburger Vulkanwerft. Die Ehe blieb kinderlos. 1922 gründete und leitete Dr. Emilie Kiep-Altenloh einen Anstalten Verband, nachmals Paritätischer Wohlfahrtsverband. Sie war bis 1933 Mitglied des Reichsvorstandes dieses Verbandes und geschäftsführende Vorsitzende des Landesverbandes Schleswig-Holstein. Sie gründete zwei Heilstätten und eine Fürsorgeerziehungsanstalt. Von 1929 bis 1933 war sie Mitglied der DDP (Deutsche Demokratische Partei) bzw. DStP (Deutsche Staatspartei), Stadtverordnete in Altona und von 1930 bis 1933 Abgeordnete des Reichstages. Ab 1934 studierte sie Zoologie und Biologie. Von 1943 bis 1947 leitete sie das Institut für Umweltforschung der Universität Hamburg, gründete die Blindenführerhundeschule und war außerdem geschäftsführende Vorsitzende der orthopädischen Kinderheilstätte „Haus Eiderstedt“. Nach dem Zweiten Weltkrieg gehörte sie zu den Gründungsmitgliedern der FDP in Hamburg. Bis 1972 war sie Mitglied des FDP-Parteivorstandes. Auf dem 1. Parteikongress der FDP in Bad Pyrmont, der vom 18. bis 20. Mai 1946 tagte, hielt sie eine Rede zum Thema „Die Frau im demokratischen Staat“. Darin äußerte sie sich auch zu den Entnazifizierungsausschüssen, in denen viele Frauen tätig waren: „Es ist klar und begreiflich, daß gefordert wird, und auch wir müssen es fordern, das öffentliche Leben von denen zu bereinigen, die durch schwere Irreführung das deutsche Volk ins Unglück gebracht haben. (...) Aber (...) wir leben in einem sehr schnellen Tempo, daß wir selbst schon nicht mehr genau wissen, was wir vor einem halben Jahr gedacht haben, so schnell kamen die Ereignisse herein. Wir sind bestimmt keine Nazis gewesen, und doch sind wir geformt durch diese 12 Jahre, sei es in der Opposition, sei es in der Aktivierung derjenigen Dinge, die in diesen 12 Jahren gut gewesen sind, und es sind manche Dinge gut gewesen, die wir uns noch als solche ruhig vor Augen halten können. Es bedarf eines gründlichen Nachdenkens, wenn man sich dieser Selbstkritik aussetzt. Es ist die Aufgabe der Entnazifizierungsausschüsse außerordentlich schwierig. Nochmals möchte ich betonen, es handelt sich nicht um die Leute, die von alters her bekannt waren, die große Schieber waren, Denunzianten waren, es handelt sich um einen großen Teil des deutschen Volkes, der von den besten Voraussetzungen ausging und geglaubt hat, es bräche nun nicht nur für Deutschland ein Machtstaat herein, sondern der wirklich geglaubt hat, die Welt würde besser, wenn der Nationalsozialismus – d. h. wie sie ihn sehen – zum Siege käme. Diesen Leuten kann man eins vorhalten: Ihr habt mal wieder nicht politisch gesehen, sondern habt aus irgendwelchen Büchern und Zeitungsartikeln euch die Unwahrheit verzapfen lassen, habt nicht um euch gesehen, was links und rechts um euch geschah und nicht die Schlußfolgerung gezogen. Dies kann man ihnen zum Vorwurf machen und muß es machen, denn das ist nun einmal die Voraussetzung des deutschen Unglücks gewesen, daß wir die Wirklichkeit nicht erkannt und die Schlußfolgerungen nicht gezogen haben. (...) Aber wir müssen uns auch noch eins klar machen: Wenn wir in diesen Ausschüssen sitzen – und es sitzt eine Reihe Frauen darin – dann kommt es nicht darauf an, die Leute, kleine Naziwürstchen, auszutilgen. Da wollen wir den Gesichtspunkt des Menschlichen über den des alttestamentarischen Auge um Auge, Zahn um Zahn stellen. Es ist besser, daß ein Kleiner mal durchschlüpft, als daß zwei Unschuldige in eine Situation des Lebens kommen, daß sie zeitlebens verbittert und unglücklich werden. Das muß ich besonders den Frauen zurufen."

Ab 1949 saß Dr. Emilie Kiep-Altenloh für die FDP in der Hamburgischen Bürgerschaft, deren Vizepräsidentin sie von 1951 bis 1953 war. Von 1953 bis 1957 gehörte sie dem Hamburg Block an, von November 1957 bis Dezember 1957 der FDP. Von 1954 bis 1957 war sie Senatorin der Sozialbehörde, von Juli 1957 bis November 1957 Senatorin der Jugendbehörde und von 1957 bis 1961 Senatorin der Behörde für Ernährung und Landwirtschaft sowie der Gefängnisbehörde. Von 1961 bis 1965 war sie Abgeordnete der FDP im Deutschen Bundestag.

## Else Kesting
## (28.11.1883 Berlin–?)

Mitglied der Hamburgischen Bürgerschaft (CDU) von 1949 bis 1953

Bis 1933 arbeitete Else Kesting als kaufmännische Angestellte und Geschäftsführerin im Verlagsbuchhandel, war Vorsitzende der Berufskrankenkasse der weiblichen Angestellten und Vorstandsmitglied des „Verbandes der weiblichen Handels- und Büroangestellten" (VWA). Nach 1933 arbeitete sie als Referentin in der Deutschen Angestellten Krankenkasse. 1950 wurde sie Ortsgruppenvorsitzende des VWA. Als Nachfolgerin von Adolf Petersen war sie von 1949 bis 1953 Bürgerschaftsabgeordnete. In dieser Funktion forderte sie bessere Aufstiegsmöglichkeiten für Beamtinnen und weibliche Angestellte der Sozialbehörde und sprach sich als Sprecherin der CDU Fraktion gegen die Koedukation aus. Sie war der Überzeugung, dass Mädchen den Jungen entwicklungsmäßig weit voraus seien und deshalb bei einer gemeinschaftlichen Schulerziehung zu kurz kämen.

## für alleinstehende erwerbstätige Frauen sowie Familienmütter

Wie die Mutter so die Tochter 1955. Die kleine Tochter hat als Spielzeug einen Puppenwagen geschenkt bekommen – aber sie spielt viel lieber mit dem Nachbarjungen und dessen Spielzeuglaster, dafür wird der Puppenwagen am Straßenrand abgestellt

*Fortsetzung von S. 193*

*Die Parlamentarierinnen konzentrierten ihr Interesse auf die Familie, denn nach ihrer Auffassung konnte nur eine die Familie stützende Politik die ihnen bedrohlich erscheinenden gesellschaftlichen Veränderungen in einem positiven Sinne lenken. Mit dieser Zielsetzung zementierten die Parlamentarierinnen die alte Frauenrolle mit ihrer Zuständigkeit für Heim und Herd.*

Das Hauptinteresse der Bürgerschaftsabgeordneten lag in den 1950er Jahren bei den Familienfragen. Seit den öffentlich wirksamen Diskussionen um das Familienanpassungsgesetz traten politisch aktive Frauen für die Gleichberechtigung der Frau in Ehe und Familie ein. Im Zusammenhang damit bemühten sie sich um Förderung und Stabilisierung der Familie, um ihren Schutz gegen die Auflösungstendenzen in der modernen Wohlstandsgesellschaft der Bundesrepublik. Indem sie so vermeintlich für „fortschrittliche" Ziele wirkten, zementierten sie die alte Frauenrolle mit ihrer Zuständigkeit für Heim und Herd. Die Frauen der „Adenauerzeit" waren überzeugt davon, dass nur eine die Familie stützende und wahrende Politik die ihnen bedrohlich erscheinenden gesellschaftlichen Veränderungen in einem positiven Sinne lenken könne. Deshalb konzentrierte sich auch das Interesse der Hamburger Parlamentarierinnen auf die Familie. Hier setzten sie ihre gestalterischen Energien ein.

Eine Voraussetzung für effektive Familienpolitik sah die damalige Jugendsenatorin Paula Karpinsksi (SPD) in der Vermehrung staatlicher Hilfsangebote für alleinstehende erwerbstätige Frauen sowie Familienmütter, die in einem Arbeitsverhältnis standen. Die Frauen aus der Bevölkerung mussten über die ihnen zu Gebote stehenden Möglichkeiten informiert werden und sie auch in Anspruch nehmen. Deshalb beabsichtigte Frau Karpinski, in ihrer Behörde ein eigenes Referat „Frau und Familie" einzurichten, das auch den Kontakt zu Hamburger Frauenverbänden und zu Gewerkschaften herstellen sollte. Diese Einrichtung war Resultat eines intensiven frauenpolitischen Austausches zwischen den Bürgerschaftsabgeordneten und der ahf.

1958 nahm das Referat „Frau und Familie“ in der Ernst-Merck-Straße als Referat der Jugendbehörde die Arbeit unter der Leitung der früheren Bürgerschaftsabgeordneten Marta Damkowski (SPD) wieder auf. „Das Referat veranstaltete Kurse zu Erziehungsfragen und Diskussionen zu Themen der Wirtschafts- und Haushaltsführung, aber auch der Gesundheits- und Schönheitspflege.“[31] Eine Forderung des Referates und der Gewerkschaften war die Einführung einer sozialen Versicherung für Hausfrauen, die als Lohn für die geleistete Hausarbeit verstanden werden sollte.

In Bezug auf so genannte spezielle Frauenthemen konnten sich die weiblichen Abgeordneten bisweilen in der Zielrichtung einigen, oft aber trennten sie parteipolitisch unterschiedliche Akzente. So wurde die Funktionsbestimmung des Referates „Frau und Familie“ zwischen den Polen „staatliche Eingriffe“ und „private Initiativen“ hin- und hergeschoben. Selbst die Familienplanung wurde unter diesem Gesichtspunkt von den Frauen kontrovers diskutiert.

Auch in der Bewertung weiblicher Erwerbsarbeit zeigten sich einschneidende Differenzen. Zwar standen grundsätzlich alle Bürgerschaftsfrauen positiv zur beruflichen Ausbildung und Berufsausübung von Frauen. Aber während die Sozialdemokratinnen sich mit den Nöten der vielen Familienmütter beschäftigten, die aus ökonomischen Gründen erwerbstätig sein mussten, stand bei den weiblichen Abgeordneten der bürgerlichen Parteien die Frage, inwieweit die Erwerbstätigkeit verheirateter Frauen von Wohlstandszwang zu Lasten der Familie motiviert war, im Mittelpunkt des Interesses.

An zwei Stellen entbrannten Wut und Mut der Parlamentarierinnen und rückten die Frage nach Gleichstellung von Mann und Frau in den Fokus einer parlamentarischen Diskussion. Im ersten Fall ging es um die Stellung der Frau in der Familie, im anderen um das Prinzip „Gleicher Lohn für gleiche Arbeit“, letzteres allerdings relativ unspektakulär in der Einzelfrage um Schwesternlöhne. Im Grundgesetz der Bundesrepublik, Artikel 3 Absatz 2 war 1949 die Gleichberechtigung von Mann und Frau verankert worden. Dem standen jedoch gewisse familienrechtliche Paragraphen des seit 1900 geltenden Bürgerlichen Gesetzbuches (BGB) entgegen, die in Fragen des Güterrechts und der Vermögensverwaltung dem Ehemann ein Vorrecht einräumten. Außerdem beinhaltete der § 1354 BGB das alleinige Entscheidungsrecht des Mannes in allen das eheliche Leben betreffenden Angelegenheiten (so genannter Stichentscheid des Mannes), und die Paragraphen 1628 und 1629 sprachen die elterliche Gewalt in Entscheidungen über gemeinsame Kinder vorrangig dem Vater zu. Der parlamentarische Rat hatte dem Gesetzgeber eine Frist bis zum 31. März 1953 gesetzt, um dem Gleichheitsgrundsatz entgegenstehendes Recht anzupassen. Bei Ablauf dieser Frist befand sich das

Familienanpassungsgesetz, das die Gleichstellung von Mann und Frau im Eheleben und in der Entscheidung über gemeinsame Kinder regeln sollte, noch in Vorbereitung. Eine Gesetzesvorlage, die am Stichentscheid des Mannes festhielt, hatte im ersten Durchgang den Bundesrat passiert, als in der Hamburgischen Bürgerschaft eine Große Anfrage der SPD zum Familienanpassungsgesetz zur Besprechung kam.[32] Hamburger sozialdemokratische Juristinnen, so auch ***Charlotte Walner-von Deuten,*** hatten sich mit diesen Fragen schon früher eingehend befasst und waren zu dem Ergebnis gekommen, dass die betreffenden Passagen des BGB eindeutig verfassungswidrig seien. Aber die Entscheidung einer Änderung lag nicht beim Hamburger Parlament, sondern beim Bund. Die Ländervertreter konnten nur über den Bundesrat ihre Meinung geltend machen, und der Hamburger Vertreter hatte in Bonn der Gesetzesvorlage widerspruchslos zugestimmt. Gegen dieses Verhalten richtete sich die Kritik der Sprecherin Charlotte Walner-von Deuten, denn ihrer Meinung nach hätte durchaus die Möglichkeit bestanden, durch Einspruch eine den Frauen gerecht werdende Textformulierung zu finden.

*weiter auf S. 199*

## Charlotte Walner-von Deuten (19.3.1906 Hamburg–7.11.1984 Hamburg)

Rechtsanwältin; Mitglied (SPD) der Hamburgischen Bürgerschaft von 1953 bis 1966

„Ihr Abitur war bereits eine Besonderheit", erklärt ihr Neffe Gerd Hagedorn. „Es war der erste Hamburger Arbeiter-Abiturienten-Kursus, den sie zusammen mit Paul Nevermann von 1923 bis 1926 absolvierte." Nach dem Abitur studierte Charlotte von Deuten Rechts- und Staatswissenschaften an den Universitäten Hamburg, Genf und Grenoble. 1929 absolvierte sie ihr erstes juristisches Staatsexamen, danach ging sie nach Hamburg in den Vorbereitungsdienst, legte 1932 ihre zweite juristische Staatsprüfung ab und begann 1933 als Rechtsanwältin zu arbeiten. 1936 heiratete sie den Maler und Grafiker Felix Walner und hieß von nun an Charlotte Walner-von Deuten.

Ihr gesellschaftspolitisches Engagement schlug sich in vielfältigen Aktivitäten nieder. So war sie von 1932 bis 1933 im „Paritätischen Wohlfahrtsverband" tätig, engagierte sich für Künstler und Künstlerinnen, so dass vor 1933 auf ihre Anregung hin die „Nothilfe für die bildenden Künstler Hamburgs" gegründet wurde.

Auch den Ideen und Zielen der bürgerlichen Frauenbewegung war sie zugetan. Von 1948 bis 1950 übte sie den Vorsitz im „Hamburger Frauenring" aus und war Mitglied im Vorstand des „Deutschen Frauenrings". Daneben nahm sie in wissenschafts- und rechtspolitischen Bereichen diverse Ämter an. So wurde sie Mitglied des Hochschulbeirates der Universität Hamburg, stellvertretendes Mitglied im Richterwahlausschuss Hamburg und Mitglied im rechtspolitischen Ausschuss beim Parteivorstand der SPD in Bonn. Als SPD-Mitglied übte sie von 1953 bis 1966 ein Abgeordnetenmandat in der Hamburgischen Bürgerschaft aus. Die dort kühl und sachlich auftretende Akademikerin konnte den Rechtsstandpunkt der Frauen sachkundig vertreten. Neben all ihren politischen und juristischen Aktivitäten schrieb Charlotte Walner-von Deuten 1966 ein Buch mit dem Titel: „Handbuch der privaten und öffentlichen Sozial-, Jugend- und Gesundheitseinrichtungen Hamburgs".

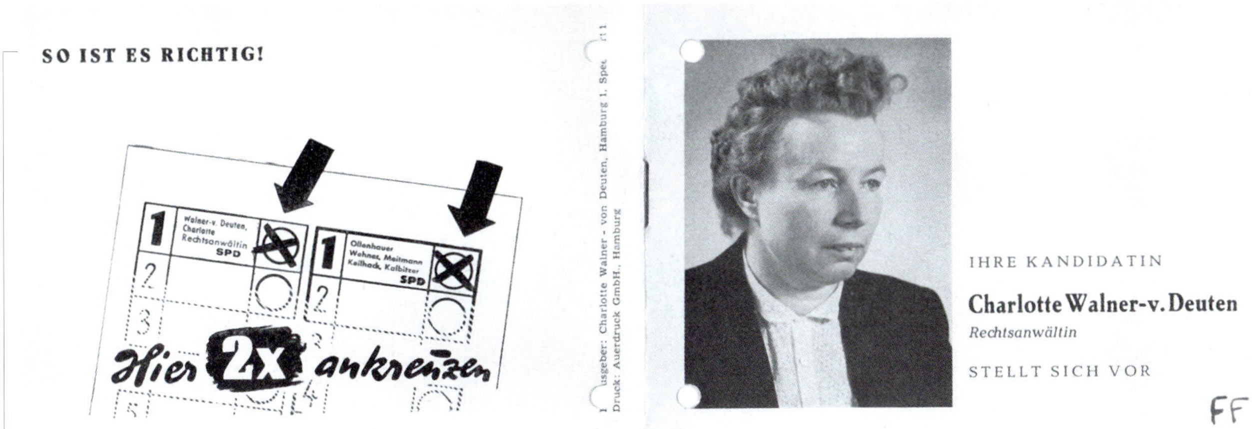


Wahlkampf-„Flyer" von Charlotte Walner-von Deuten

„Ihr letzter großer Plan, das Lebenswerk ihres Mannes (ca. 2000 Bilder, Gemälde, Grafiken und Holzschnitte) in geeigneter Weise der Nachwelt erhalten und präsentieren zu können, blieb ihr leider verwehrt", so Gerd Hagedorn. Charlotte Walner-von Deuten, die zuletzt am Osterkamp 3 im Stadtteil Marienthal wohnte, übertrug diesen Wunsch in ihrem Testament an ihren Neffen. Sie gründeten 1990 die Charlotte Walner-v. Deuten Stiftung. Der Zweck der Stiftung ist laut Satzung: „die Pflege und Dokumentation der Werke Wandsbeker Maler, insbesondere solcher, die zu Lebzeiten nicht selbst dafür sorgen konnten, sowie der Werke von Felix Walner. Dabei werden Maßnahmen wie Information, Kommunikation, Austausch und Präsentation von Werken Wandsbeker Maler angestrebt".

*Fortsetzung von S. 198*

Erst das „Gleichberechtigungsgesetz", das am 1. Juli 1958 in Kraft trat, beseitigte einige der gröbsten Verstöße gegen den Gleichberechtigungsartikel des Grundgesetzes:

- Die ehelichen Pflichten wurden wie folgt aufgeteilt: Die Frau blieb nach wie vor für den Haushalt zuständig, den sie nun zwar in eigener Verantwortung führen durfte, allerdings ausgestattet mit einer den Mann verpflichtenden Schlüsselgewalt. D. h., die Frau durfte nun Geschäfte, die innerhalb ihres häuslichen Wirkungskreises lagen, mit Wirkung für den Mann eigenverantwortlich besorgen. Allerdings konnte diese Schlüsselgewalt vom Ehemann eingeschränkt werden.
- Der Ehemann durfte nun zwar nicht mehr eigenmächtig ein von seiner Frau eingegangenes Dienstverhältnis kündigen. Doch die Ehefrau durfte nur dann einer eigenen Erwerbsarbeit nachgehen, wenn sie dabei nicht ihre Pflichten in Ehe und Familie vernachlässigte. Gleichzeitig hatte die Ehefrau aber die Pflicht zur Erwerbstätigkeit, wenn das Einkommen des Ehemannes zum Unterhalt der Familie nicht ausreichte.

*1959 wurde der „Stichentscheid“ des Mannes und die alleinige gesetzliche Vertretung des Vaters für sein Kind für verfassungswidrig im Sinne des Grundgesetzes erklärt. Aber erst 1977 wurde die Hausfrauenehe gesetzlich abgelöst, jedoch unter einem gewissen Vorbehalt, der einem „Schematismus“ der Gleichbehandlung von Mann und Frau vorbeugen sollte: „Die Ehefrau hat in verstärktem Maße auf die Belange der Familie z. B. dann Rücksicht zu nehmen, wenn Kinder zu pflegen und zu erziehen sind.“*

- Der Geburtsname des Mannes blieb zwar weiterhin der Ehename. Frauen durften ihren Geburtsnamen nun aber dem Ehenamen hinzufügen.
- Haushaltsführung und Kinderbetreuung auf der einen und Erwerbsarbeit auf der anderen Seite wurden im Familienrecht nun als gleichwertige Beiträge zum Familienunterhalt begriffen.
- Die Eltern erhielten das gemeinsame Sorgerecht für ihr eheliches Kind. Aber: Gesetzlich wurde das Kind nach wie vor allein vom Vater vertreten. Außerdem hatte er weiterhin den „Stichentscheid“ bei Meinungsverschiedenheiten, außer das Vormundschaftsgericht mischte sich in die Streitigkeiten ein.
- Im Vermögensbereich erhielt die Ehefrau eine bessere Rechtsstellung: Es wurde die Zugewinngemeinschaft eingeführt. Damit war eine gleichberechtigte Teilhabe der Eheleute an dem in der Ehe erwirtschafteten Vermögen erreicht.
- Der Ehemann war nun nicht mehr berechtigt, den Wohnsitz seiner Frau zu bestimmen.

Die Ehefrau erhielt mit diesem Gesetz zwar eine Stärkung ihrer Position, aber von einer Gleichberechtigung der Geschlechter konnte bei Weitem noch nicht die Rede sein. Das Entscheidungs- und Vertretungsrecht des Vaters musste erst das Bundesverfassungsgericht durch Urteil aufheben. 1959 erklärte es den „Stichentscheid“ des Mannes und die alleinige gesetzliche Vertretung des Vaters für sein Kind für verfassungswidrig im Sinne des Gleichberechtigungsartikels des Grundgesetzes. Doch auch danach blieb die Ehefrau immer noch auf ihre Rolle als Hausfrau und Mutter festgelegt, bis 1977 die Hausfrauenehe gesetzlich abgelöst wurde, jedoch unter einem gewissen Vorbehalt, der einen „Schematismus“ der Gleichbehandlung von Mann und Frau vorbeugen sollte: „Die Ehefrau hat in verstärktem Maße auf die Belange der Familie z. B. dann Rücksicht zu nehmen, wenn Kinder zu pflegen und zu erziehen sind.“[33]

Die Anpassung an den Gleichberechtigungsgrundsatz warf auf vielen Gebieten Probleme auf und setzte einen langwierigen Prozess in Gang, der oftmals ins Stocken geriet und bis heute noch nicht abgeschlossen ist. In den 1950er Jahren waren die Frauen davon ausgegangen, dass verfassungsmäßige Grundsätze selbstverständlich eingelöst seien und nicht in jedem Einzelfall neu erkämpft werden mussten. Dieser Optimismus wurde durch die Erfahrungen, die Frauen in den folgenden Jahrzehnten mit der Umsetzung der Gleichberechtigung machten, gründlich zerrieben.

Besonders auf dem Gebiet des Arbeitsrechts wird deutlich, dass nur mit kleinen Schritten etwas zu erreichen war. Die alte Generalforderung „Gleicher Lohn für gleiche Leistung“ kam keinen Schritt vorwärts. Ein Beispiel dafür war in Hamburg der Rechtsstreit um die Gleichstellung des weiblichen Pflegepersonals: Mit Wirkung vom 1. Mai 1955 wurden durch Tarifvertrag zwischen der Tarifgemeinschaft deutscher Länder und den Gewerkschaften die Gehälter der Krankenschwestern an diejenigen der männlichen Pfleger angepasst. Für zurückliegende Gehaltsverluste sollten die Schwestern eine einmalige Abfindung erhalten. Dagegen erhoben die Schwestern Klage, sie forderten eine rückwirkende Ausgleichszahlung ab Inkrafttreten des Gleichheitsgrundsatzes im Grundgesetz.

Das Hamburger Arbeitsgericht hatte in zwei Musterprozessen den Schwestern gegen die Freie und Hansestadt Hamburg recht gegeben. Damit schien der Kampf um gleichen Lohn gewonnen. Aber die Stadt legte Berufung ein. Dies führte zu einer lebhaften Debatte in der Bürgerschaft, in welcher sich ***Clémence Budow (HB [Hamburg Block]/DP [Deutsche Partei])*** stark für die Schwestern engagierte.[34] Sie wollte erreichen, dass das Personalamt seinen Antrag auf kostenpflichtige Ablehnung der Klage zurücknahm. In diesem Schriftsatz war die Tätigkeit männlicher und weiblicher Pfleger als nicht gleichwertig bezeichnet und behauptet worden, die Angleichung sei lediglich aus marktpolitischen Gründen erfolgt. „Gegen diese offizielle Äußerung der Behörde unserer Stadt protestieren wir“, erklärte Frau Budow und zog einen Vergleich: Im hamburgischen Staatsdienst arbeiteten Pfleger 48 Stunden, Schwestern 58 bis 60 Stunden wöchentlich. Abgesehen von der Arbeitszeitregelung: Waren denn Geduld und Einsatzbereitschaft von Schwestern geringer zu werten als die physischen Leistungen männlicher Pfleger, die für ihren Einsatz in der Anatomie immerhin eine Sondervergütung erhielten?

***Dr. Carl Sieveking (CDU)*** versuchte, die aufgebrachte Streiterin zu besänftigen, wobei seine versöhnlich gemeinte Geste ziemlich herablassend geriet: „Frau Budow hat sich mit warmem Herzen für die Interessen der Schwestern eingesetzt. Das ist das Vorrecht der Damen, es wird ihnen nicht nur die Sympathie der Frauen, sondern auch der Männer einbringen.“ Die nachträgliche Regelung einer Gehaltsfrage sei aber ein weit schwierigeres Problem, „als daß man es hier mit einem Gefühl für die Schwestern, mit einer freundlichen Empfehlung an den Senat erledigen könnte“.

Das Schema war eingefahren: Frauen erweckten mit „warmem Herzen“ Sympathie, Männer lösten schwierige Probleme.

*„Frau Budow hat sich mit warmem Herzen für die Interessen der Schwestern eingesetzt. Das ist das Vorrecht der Damen, es wird ihnen nicht nur die Sympathie der Frauen, sondern auch der Männer einbringen.“ Die nachträgliche Regelung einer Gehaltsfrage sei aber ein weit schwierigeres Problem, „als daß man es hier mit einem Gefühl für die Schwestern, mit einer freundlichen Empfehlung an den Senat erledigen könnte.“*

*DR. CARL SIEVEKING, 1956*

*weiter auf S. 203*

## Clémence Budow
## (25.11.1908 Riga–10.5.1995 Hamburg)

Frauenrechtlerin; Mitglied (Hamburg Block/Deutsche Partei) der Hamburgischen Bürgerschaft von 1953 bis 1957

Clémence Budows politischer Werdegang war eng verknüpft mit ihren Erfahrungen im Berufs- und Privatleben. „Mein politisches Leben begann Anfang der 30er Jahre mit meiner Laufbahn als Privatsekretärin beim ersten Hamburger Rundfunkintendanten Hans Bodenstedt“, erzählte sie in einem Interview, das Rita Bake wenige Jahre vor Clémence Budows Tod mit ihr führte. Als *Hans Bodenstedt (1887–1958)* bei den Nationalsozialisten in Ungnade fiel und seine Position verlor, stellte sein Schwager Clémence Budow bei sich ein. Er besaß die Verlagsrechte der „Hausfrauenzeitung“, die von den Hausfrauenverbänden Hamburg, Bremen, Mecklenburg und Lübeck herausgegeben wurde. Doch schon bald wurden die Hausfrauenverbände aufgelöst, und Clémence Budow musste sich einen neuen Wirkungskreis suchen. Sie begann „Bunte Nachmittage“ zu organisieren. Ihre Klientel waren hauptsächlich die ehemaligen Mitglieder der Hausfrauenverbände. Die „Bunten Nachmittage“ fanden im Deutschlandhaus in der Dammtorstraße statt, finanziert wurden sie durch Werbevorträge für Markenartikelfirmen, die an diesen „Bunten Nachmittagen“ veranstaltet wurden. Einen ihrer Vertreter – den Chef der Hamburg Vertretung für Rosenthalporzellan – heiratete Clémence Budow. „Da war ich gar nicht mehr so jung – so ungefähr um die 30 Jahre alt.“ Sie gab ihre Arbeit auf und wollte nur noch Hausfrau sein. Doch das Arbeitsamt zwang sie, eine der ihr angebotenen fünf Stellen zu nehmen – „alles Parteidienststellen“. „Mein Mann diktierte, dass ich zur NSV [Nationalsozialistische Volkswohlfahrt] zu gehen hätte, da sei ich bei ‚Mutter und Kind‘ am besten aufgehoben.“ So wurde Clémence Budow als Fürsorgerin auf dem Hamburger Hauptbahnhof eingestellt. Ihr Mann zog an die Front und wurde getötet.

Nach Kriegsende erhielt sie wegen ihrer Arbeit für die NSV keine Anstellung bei der Sozialbehörde. An dem Tag, als sie die abschlägige Antwort bekommen hatte und das Bieberhaus am Hamburger Hauptbahnhof verließ, in dem die Sozialbehörde untergebracht war, wurde sie auf dem Bahnhofsvorplatz von einigen ehemaligen Soldaten angesprochen, die Clémence Budow

Clémence Budow organisierte in den 1940er Jahren im „Deutschlandhaus“ an der Dammtorstraße „Bunte Nachmittage“ für Hausfrauen

erkannt und sich daran erinnert hatten, wie sie ihnen auf dem Hauptbahnhof als letzte nachgewunken hatte, als sie an die Front hatten fahren müssen. Die Soldaten warben Clémence Budow für die Deutsche Partei mit den Worten: „Frau Budow, Sie wissen doch, dass wir Soldaten nicht alle Verbrecher waren. Kommen Sie zu uns zur Deutschen Partei (DP). Helfen Sie uns, dass wir alle wieder rehabilitiert werden.“

Clémence Budow wurde Mitglied der DP und übernahm dort das Frauenreferat. 1953 zog sie für die DP in den Bürgerschaftswahlkampf, wurde Bürgerschaftsabgeordnete der DP im Hamburg Block und bekam 1954 eine Anstellung in der Freien Wohlfahrtspflege. Sie wurde Leiterin der Fürsorgeabteilung und des Jugenderholungswerkes der Deutschen Hilfsgemeinschaft Hamburg.

Nach ihrer Abgeordnetenzeit war sie von 1961 bis 1973 Öffentlichkeitsreferentin im Volksbund Deutsche Kriegsgräberfürsorge Hamburg. Hier beschäftigte sie sich eingehend mit den Frauengräbern auf Soldatenfriedhöfen. In dem Interview sagte sie dazu: „Die Menschen wissen gar nicht, wie viel Frauengräber es auf den deutschen Kriegsfriedhöfen im Ausland gibt. Ich ließ früher in der Kriegsgräberfürsorge Listen anfertigen von den deutschen Friedhöfen, wo Frauengräber sind. (…) Auf den vielen Soldatengräbern lagen Blumen von Angehörigen. Aber bei den Frauengräbern waren keine Angehörigen gewesen. Solange ich bei der Kriegsgräberfürsorge war (…), nie erlebte ich in der Dienststelle, dass nach einem Frauengrab geforscht wurde. Die Frauen waren vergessen. Meistens sind es ledige Frauen, die im Ausland begraben sind. Aber auch die Geschwister und Eltern kümmerten sich nicht um die Gräber. Die Familienangehörigen trauern wohl. Aber die Familie empfindet den Verlust einer Frau nicht so stark – immer im allgemeinen gesprochen – und deswegen bin ich so sehr gegen ‚Frauen in der Bundeswehr‘.“

Deutscher Soldatenfriedhof in Andilly, Frankreich. Auf Soldatenfriedhöfen wurden auch Frauen beerdigt, die im Krieg „eingesetzt“ waren

Clémence Budow engagierte sich für Fraueninteressen und war Mitbegründerin der „Arbeitsgemeinschaft Hamburger Frauenorganisationen“. Sie erhielt viele Auszeichnungen, so die Goldene Nadel und andere Ehrungen des „Verbandes der Heimkehrer“, die Goldene Nadel vom „Reichsbund der Kriegsopfer“, die Ehrennadel vom „Verband der weiblichen Arbeitnehmer“, das Bundesverdienstkreuz am Bande, das Bundesverdienstkreuz 1. Klasse und die Ehrennadel der Hamburger Frauenorganisationen.

*Fortsetzung von S. 201*

Ein weiterer bundesweiter Streitpunkt, der aber nicht zu Debatten in der Hamburgischen Bürgerschaft führte, waren die Frauenlöhne. Im gewerkschaftlichen Kampf um die Abschaffung der Frauenlohngruppen entschied zwar 1955 das Bundesarbeitsgericht: Frauenlohngruppen verstoßen gegen das verfassungsmäßige Gleichberechtigungsgebot. Lohn- und Gehaltsgruppen sollten deshalb fortan nach Tätigkeitsmerkmalen und nicht nach dem Ge-

Frauen-Leichtlohngruppe: Fließbandarbeit in einer Fleischwarenfabrik, 1950er Jahre

*Rechtfertigung des Bundesarbeitsgerichtes bezüglich Leichtlohngruppen:*

*„Sollte eine solche Methode der Tarifangleichung dazu führen, dass Frauen alsdann geringer entlohnt werden, weil gerade sie es sind, die die leichtere Arbeit leisten, so bestehen dagegen keine rechtlichen Bedenken."*

*Erst 1973 wurden die Leichtlohngruppen abgeschafft.*

schlecht festgelegt werden. Das bedeutete konkret: Für die unteren Lohngruppen wurden nun „leichte" und „einfache" Arbeiten als Merkmale festgesetzt. Damit waren die Leichtlohngruppen ins Leben gerufen. In diesen Lohngruppen waren meist Frauen zu finden. Dies war kein Wunder, wurden doch seit Jahrhunderten so genannte typische Frauenarbeiten als „leichte" Tätigkeiten deklariert und deshalb entsprechend geringer entlohnt als so genannte typische Männerarbeit, die stets als „schwere" Arbeit angesehen wurde. Der Manteltarif der hessischen metallverarbeitenden Industrie bezeichnete diese Arbeiten im unteren Lohngefälle sogar als typisch weibliche Tätigkeiten aufgrund biologischer Fähigkeiten. Das Bundesarbeitsgericht rechtfertigte damals die Leichtlohngruppen mit folgender Begründung: „Sollte eine solche Methode der Tarifangleichung dazu führen, dass Frauen alsdann geringer entlohnt werden, weil gerade sie es sind, die die leichtere Arbeit leisten, so bestehen dagegen keine rechtlichen Bedenken." Es musste noch bis 1973 dauern, bis auch in den letzten Tarifverträgen die Frauenlohngruppen außer Kraft gesetzt wurden.

Ebenfalls 1955 verabschiedete der Deutsche Bundestag einstimmig das „Übereinkommen 100 der Internationalen Arbeitsorganisation" vom 29. Juni 1951 über die Gleichheit des Entgelts männlicher und weiblicher Arbeitskräfte für gleichwertige Arbeit. Zwei Jahre später, 1957 verpflichtete die Europäische Wirtschaftsgemeinschaft mit Artikel 119 ihres Gründungsvertrages die Mitgliedstaaten innerhalb von vier Jahren den Grundsatz des gleichen Entgelts für gleiche Leistung von Männern und Frauen zu verwirklichen. 1961 wurde diese Frist noch einmal bis 1964 verlängert. Heute, im Jahre 2012 erhalten Frauen für gleiche und gleichwertige Arbeit oftmals immer noch weniger Lohn als Männer.

Plakat der Westdeutschen Frauenfriedensbewegung gegen die Wiederbewaffnung 1951–1955

## Die Frauenfriedensbewegung

Neben dem Teil der Frauenbewegung, der sich in der ahf organisiert hatte, existierte nach wie vor die Frauen-Ausschuss-Bewegung. 1952 löste sich zwar der „Frauen-Ausschuss Hamburg e. V." auf, aber zwei Jahre zuvor, 1950 hatte sich auf Vorbereitungstreffen zum Internationalen Frauentag, der in vielen Städten der Bundesrepublik Deutschland begangen wurde, der „Demokratische Frauenbund Deutschlands" (DFD) gegründet – so auch der Hamburger Zweig. In seinem Statut hieß es: „Im Ringen um einen dauerhaften Frieden und die Gleichberechtigung der Frauen auf allen Gebieten des Lebens verkörpert der DFD die besten Traditionen der bürgerlichen und sozialistischen Frauenorganisationen."[35] Dazu schreibt ***Florence Hervé*** weiter: „Es ging ihnen [dem DFD] darum, den Frauen die Zusammenhänge zwischen der sogenannten großen Politik und ihrer persönlichen Lage aufzuzeigen. (...) Die Frauen des DFD (...) sammelten Unterschriften gegen die Wiederaufrüstung, gegen Strompreiserhöhungen, organisierten Kundgebungen und Demonstrationen gegen die Lebensmittelpreiserhöhungen (...)."[36]

1951 gründete die Hamburger Gruppe des DFD die Hamburg Gruppe der „Westdeutschen Frauenfriedensbewegung" (WFFB). Diese Frauenorganisationen sahen ihre Hauptschwerpunkte im Kampf gegen die Wiederaufrüstung, Einführung der Wehrpflicht, Atomversuche und für Frieden. Dies erschien diesen Frauen angesichts der praktizierten Wiederaufrüstung der Bundesrepublik eine der dringlichsten Aufgaben zu sein. So stand 1951 zum ersten Mal nach dem Zweiten Weltkrieg der Internationale Frauentag unter dem Motto „Frauen

*„Statt Wehrpflicht und Kasernen, Schulen zum Lernen. Statt Stahlhelme für unsere Söhne, höhere Löhne."*
*INTERNATIONALER FRAUENTAG 1951*

kämpfen für Frieden und Freiheit". Tausende Frauen demonstrierten in Deutschland – so auch in Hamburg unter der Losung: „Statt Wehrpflicht und Kasernen, Schulen zum Lernen. Statt Stahlhelme für unsere Söhne, höhere Löhne." Und auch ein Jahr später, 1952, hatte sich der Internationale Frauentag das Thema Frieden auf seine Fahnen geschrieben. Rund 6000 Frauen nahmen daran teil und forderten den baldigen Abschluss eines Friedensvertrages mit den vier Großmächten.

Mit dem hessischen Kirchenpräsidenten ***Martin Niemöller (1892–1984)*** und dem vormaligen Bundesinnenminister ***Gustav Heinemann (1899–1976)*** entwickelte sich bundesweit eine starke Kampagne gegen Remilitarisierung. Nachdem 1955 die Pariser Verträge ratifiziert worden und die Bundesrepublik Deutschland der NATO beigetreten war, protestieren die „Westdeutsche Frauenfriedensbewegung" (WFFB), die „Internationale Frauenliga für Frieden und Freiheit" (IFFF) und der „Deutsche Frauenrat" mit einem Schweigemarsch durch Hamburg gegen die Remilitarisierung der Bundesrepublik Deutschland, denn mit der Ratifizierung der Pariser Verträge im Mai 1955 und der damit verbundenen Eingliederung in die NATO konnten nun auch die NATO-Truppen die atomare Bewaffnung in der Bundesrepublik vollziehen. Als drei Jahre später, 1958 rund 100 000 Menschen in Hamburg ihre Zustimmung zu einer bundesweiten Volksbefragung gegen die geplante atomare Aufrüstung der Bundeswehr gaben, gingen unter der Parole „Mütter gegen Atombombenversuche" sehr viele Frauen auf die Straße.

In der „Westdeutschen Frauenfriedensbewegung" und bei der Durchführung des „Internationalen Frauentags" waren auch Kommunistinnen mit aktiv. Und so kam es, dass bereits 1950 durch den so genannten Adenauer-Erlass (Beschluss zur Verfassungstreue der öffentlich Bediensteten in der BRD. Es war diesen Personen verboten, Mitglied in Organisationen zu sein, die die Bundesregierung als verfassungsfeindlich einstufte. Im Zeichen des „Kalten Krieges" waren dies in erster Linie Kommunistinnen und Kommunisten) alle Personen aus dem öffentlichen Dienst entlassen wurden, die dem DFD angehörten. 1957 wurde der DFD als „verfassungswidrige und staatsgefährdende Organisation" verboten. Die WFFB wurde zwar nicht verboten, und so war sie auch noch in den 1960er Jahren aktiv, in denen ihre Hauptaktivitäten auf die Proteste gegen den Vietnamkrieg konzentriert waren. Ihre Mitglieder wurden jedoch als „Handlanger Moskaus" bezeichnet und die im öffentlichen Dienst tätigen WFFB-Mitglieder bekamen ebenfalls den so genannten Adenauer-Erlass zu spüren. Die Folge war: Viele weibliche Mitglieder, die aus gewerkschafts-, SPD-, CDU-, christlichen und humanistischen Kreisen kamen, blieben der WFFB fern und organisierten sich vielfach in den Frauenverbänden der bürgerlichen Frauenbewegung, wo sie sich ebenfalls für Frieden und Abrüstung einsetzten.

Die Abgrenzung von der so genannten kommunistischen Frauenbewegung wird auch in einem Rundbrief der „Arbeitsgemeinschaft Hamburger Frauenverbände" (ahf) vom Februar 1952 deutlich:

„Liebes Mitglied,

die führenden Frauenverbände, Frauengruppen politischer Parteien und der Gewerkschaften

Hamburgs möchten die Aufmerksamkeit ihrer Mitglieder auf folgenden Tatbestand richten:
Der sichtbare Einfluß der Kommunisten ist in den letzten Jahren zurückgegangen. Dafür wird der unsichtbare Einfluß mit geradezu raffinierten Mitteln vorangetrieben. Auch die neofaschistischen Ideen fangen an, sich mit erschreckender Schnelligkeit auszubreiten. Erfolgreich – nicht zuletzt deswegen, weil man sich hauptsächlich an Frauen wendet.
Jede Frau, insbesondere jede Mutter, sucht das ihr anvertraute Leben zu bewahren, vor der Vernichtung zu schützen. So ist es kein Wunder, daß die Frau für das, was ihr unter dem Wort ‚Frieden', ‚Friedenskonferenzen' geboten wird, ein offenes Ohr hat. Die politisch ungeschulte Frau vermag nicht zu durchschauen, daß das Wort ‚Frieden' nur ein Lockmittel ist, um Gutgläubige für radikale Zwecke zu mißbrauchen.
Wie aber geschieht das? Wie geht die Infiltration, d. h. das Einflößen solcher zersetzenden Ideen vor sich? Es werden einmal die bestehenden Frauenorganisationen ‚unterlaufen', d. h. man schickt geschulte Rednerinnen in die Versammlungen der Vereine, die dort unauffällig ihre Arbeit leisten. Unauffällig – weil es ihnen nicht auf die offene Werbung für ihre Parteien oder Ideen ankommt. Sie wollen vielmehr durch Zersetzung aller Begriffe, wie eben ‚Frieden' und ‚Freiheit', Verwirrung anrichten, sie wollen Mißtrauen säen zwischen Regierung und Volk, gegen die demokratischen Parteien, gegen die freie Welt. Das kann nicht genug betont werden.
Ein zweiter Weg diese Ziele voranzutreiben ist die Gründung getarnter Organisationen. Es hat keinen Zweck, diese hier aufzuzählen, da sie verschwinden, sowie ihre Drahtzieher erkannt sind, um anderen mit neuen Namen, aber gleichen Zielen Platz zu machen. So wird im Augenblick die ‚Gemeinschaft zum Schutz der Kinder' herausgestellt. Es ist erklärlich, daß Mütter und Erzieher sich von dieser Idee angesprochen fühlen und sich aus diesem Grund zur Mitarbeit bereit erklären, ohne zu ahnen, daß sie sich damit für radikale Zwecke mißbrauchen lassen.
Wir werden die weitere Entwicklung aufmerksam beobachten und Sie weiterhin unterrichten. Bitte wenden Sie sich auch an uns, wenn Sie irgendwelche Auskunft über getarnte Organisationen, Veranstaltungen, Schriften haben möchten. Aber es genügt heute nicht mehr, nur die Tatbestände festzustellen. Es geht heute darum, sich gegen die zersetzenden Einflüsse zu wehren, damit Schlimmeres verhütet wird. Benützen Sie jede Gelegenheit, sei es im Kreise Ihrer Bekannten, beim Kaufmann oder auf dem Wochenmarkt, aufklärend zu wirken.
Setzen Sie alle Ihre Kräfte ein, um zu verhindern, daß die Begriffe ‚Frieden' und ‚Freiheit' nicht demagogischer Zersetzung und Verdrehung preisgegeben werden! Bewahren und verteidigen Sie die heiligsten Güter der Menschheit, den Frieden, die Freiheit!"[37]

Der in der Öffentlichkeit zunehmende Einfluss der „Arbeitsgemeinschaft Hamburger Frauenverbände" (ahf) „ging einher mit einer immer stärkeren Ausgrenzung (...) der ‚kommunistischen Frauenbewegung', der im Zuge des schnell entbrennenden ‚Kalten Krieges' neben kommunistischen auch alle radikaldemokratischen und sozialistischen Fraueninitiativen undifferenziert zugerechnet wurden. Die Abgrenzung nach ‚links' war sehr viel stärker ausgeprägt als in der Weimarer Zeit und betraf mit der ‚Internationalen Frauenliga für Frieden und Freiheit' auch den sogenannten radikalen Flügel der alten Frauenbewegung. Folge dieser Entwicklung war nicht nur ein schnell schwindender Einfluß der antifaschistischen Frauenausschüsse, aus denen sich nach und nach christlich-konservative, sozialdemokratische und liberale Frauen zurückzogen, sondern auch die bis in die Gegenwart anhaltende geringe Beachtung der radikaldemokratischen und pazifistischen Frauenaktivitäten gegen die Wiederbewaffnung der Bundesrepublik Deutschland in den fünfziger Jahren".[38]

Der DFB im Westen, die Frauen-Ausschüsse und auch die „Westdeutsche Frauenfriedensbewegung" – letztere propagierte, als 1956 die Wehrpflicht für Männer ab dem 18. Lebensjahr eingeführt wurde, die gemeinsame Kriegsdienstverweigerung von Mutter und Sohn – orientierten sich an den Inhalten, die sie auch in der Weimarer Republik vertreten hatten. „Als ‚politische' Frauenzusammenschlüsse wollten sie Frauen aus allen Schichten und Kreisen am ‚demokratischen Neuaufbau' beteiligen, dessen Ziel entsprechend den Vorgaben der ‚Potsdamer Beschlüsse' nach ihrem Verständnis nur ein sozialistisches Deutschland sein konnte."[39]

**1. April 1956: Die ersten Wehrpflichtigen rücken in Hamburgs Kasernen ein. Auf dem Bild: Achim Reichel, Rock-Idol der 1960er Jahre, geht zur Bundeswehr**

Auch die 1948 von der Hamburger Märchenerzählerin ***Vilma Mönckeberg-Kollmar*** und den Frauen der Europa-Union in Hamburg gegründete Deutschlandzentrale der Frauenorganisation „Weltorganisation der Mütter aller Nationen" (W.O.M.A.N.) war Diskriminierungen hinsichtlich ihrer „Linkslastigkeit" ausgesetzt. Die W.O.M.A.N., gegründet von der amerikanischen Publizistin ***Dorothy Thompson (1894–1961, Frau des Literatur-Nobelpreisträgers Sinclair Lewis)*** aus Sorge vor neuen Kriegen, war eine Mütterbewegung, die sich als Weckruf für die Mütter in der ganzen Welt verstand, Mütterpolitik betrieb und sich mit ihren Aktionen für Frieden und Völkerfreundschaft einsetzte. So hatte W.O.M.A.N. 1950 zum Muttertag vor dem Hamburger Barlachdenkmal eine Kundgebung für die Opfer aller Nationen veranstaltet. Da das Barlachdenkmal in der Nähe des Rathauses steht, wurde für die Mütter die Bannmeile aufgehoben. Um 12 Uhr erklangen alle Kirchenglocken Hamburgs zum Gedenken an die Opfer aller Nationen. An dieser Kundgebung nahmen auch jüdische Frauen teil, da ein Jahr zuvor die Mitglieder der W.O.M.A.N. am jüdischen Friedhof einen Kranz niedergelegt hatten.

Ihre konsequente Ablehnung von Kriegen brachte der W.O.M.A.N. in den 1950er Jahren große Schwierigkeiten. Dazu schreibt ***Dr. Dorothea Eckardt,*** Gründungsmitglied und Erste Vorsitzende des Akademikerinnenbundes Hamburg 1964–1968: „Schon bald erhob die große Angst vor dem ‚anderen' wieder ihr Haupt. ‚Wir wollen ja nur den Frieden, aber der andere …' und dann begann statt der erhofften weiteren Abrüstung ein neues Wettrüsten, natürlich von allen Seiten verbrämt mit Beteuerung der Friedensliebe. Es wurde so schlimm, daß das Wort Frieden schon fast als anstößig galt (…). Wehe, wenn man zu sagen wagte, auch der andere wolle den Frieden – stattdessen gab es den Kalten Krieg. (…) auch in der Bundesrepublik war das Wort Frieden mittlerweile anrüchig geworden, wer es brauchte, wurde sogleich als dem Osten nahestehend verketzert. (…) Die konsequente Haltung der WOMAN, die sich dem Westen zugehörig fühlt ohne deswegen den Osten zu verketzern, brachte ihr schließlich doch wieder Anerkennung von den verschiedensten Seiten ein."[40] Gegen Ende der 1960er Jahre war die W.O.M.A.N. wieder akzeptiert und wurde von der ahf aufgenommen.

## Vilma Mönckeberg-Kollmar, geb. Pratl (29.7.1892 Wien–4.4.1985 Hamburg)

**Gründerin der „W.O.M.A.N."; Schauspielerin; Rezitatorin**

Vilma Mönckeberg-Kollmar war die Tochter eines österreichischen Beamten. Ihre schulische Ausbildung erhielt sie in Deutschland, wo sie von 1909 bis 1910 in Berlin die Schauspielschule besuchte. Zwischen 1910 bis 1913 hatte sie Engagements in Lüneburg und am Hamburger Schauspielhaus. Doch ihr wurde kein Talent bescheinigt. 1913 heiratete sie den Juristen Dr. Dr. Adolf Mönckeberg, den Sohn von Bürgermeister Johann Georg Mönckeberg, und entdeckte das Märchenerzählen. Wie sie dazu kam, beschrieb sie im Schlusskapitel ihres Buches „Das Märchen und unsere Zeit": „Auch ich hatte keine Beziehung zum Märchen. Aber da erschien im Eugen-Diederichs-Verlag die große Märchensammlung ‚Märchen der Weltliteratur' und mein Mann, der viel gebildeter als ich war, machte mir klar, daß Märchen nicht Kindergeschichten sondern Menschheitsgeschichte seien, wohl wert, sich dahinein zu

Buchcover

vertiefen. Darum schenkte ich ihm zu unserem ersten Weihnachten die ersten beiden Bände der Diederichschen Sammlung. Es war unser erstes und auch letztes Weihnachtsfest, denn dann kam der Krieg, und die Männer fielen – auch mein Mann fiel. Ihm zum Gedenken sammelte ich die Märchen weiter. Ihm zum Gedenken las ich sie – immer wieder. Eines Tages bekam ich Lust, eines der Märchen – es war die ‚Jungfrau Marleen' – laut zu lesen. Das klang wie Musik, und darum las ich es immer wieder laut – bis ich das Buch nicht mehr brauchte. Da bekam ich Lust, das Märchen jemandem zu erzählen, aber da war niemand. Ich ging vor einen Spiegel und erzählte es mir selber. Dabei bemerkte ich, daß das Märchen nicht nur die Stimme, sondern auch die Gestik und Mimik des Erzählers brauchte – also die ganze Person. Und noch mehr Personen: die Zuhörer."[A]

Sieben Monate nach dem Tod ihres Ehemannes kam der Sohn Jasper Adolf auf die Welt. Von 1917 bis 1919 studierte Vilma Mönckeberg-Kollmar an den Universitäten Berlin und Hamburg Phonetik, Sprecherziehung und Literatur. 1918 heiratete sie den holsteinischen Kaufmann Kollmar. Ein Jahr später erhielt sie an der Universität Hamburg eine Anstellung als Lektorin für Sprecherziehung und Vortragskunst. Im selben Jahr begannen ihre Vortragsabende mit Volksmärchen der Weltliteratur, die sie in viele europäische Länder führten. Ab 1923 rezitierte sie auch Hölderlin und Rilke und war von 1921 bis 1934 in der Sprechchorarbeit und im Laienspiel tätig. Zwischen 1923 und 1924 arbeitete sie mit *Rudolf von Laban (1879–1958)* in dessen Sprech- und Bewegungschören mit und von 1924 bis 1932 in der Jugendmusikbewegung, führte in dieser Zeit Lehrgänge am Zentralinstitut für Erziehung und Unterricht in Berlin mit Junglehrerinnen und -lehrern und Erzieherinnen durch, war von 1925 bis 1933 für verschiedene Rundfunksender tätig, führte von 1925 bis 1927 die Meisterklasse für Sprechgestaltung an der Schule für Bewegung, Sprache und Musik in Münster. Von 1924 bis 1932 arbeitete sie mit der freideutschen, sozialistischen, christlichen Jugendbewegung, führte von 1929 bis 1932 Lehrgänge am Hamburger Institut für Lehrerfortbildung und von 1930 bis 1933 an der pädagogischen Akademie in Altona durch und war von 1930 bis 1933 Dozentin an der Staatlichen Schauspielschule in Berlin und Fachberaterin für Sprechbildungsfragen am Berliner Zentralinstitut für Erziehung.

1933 wurde ihr an der Hamburger Universität gekündigt: „Ich galt den neuen Herren als radikales Frauenzimmer. Radikal war ich, aber nur beruflich, das wußte die neue Obrigkeit nicht. Doch die Studenten wußten es, und sie setzten sich für mich ein, sowohl die Bürgerlichen wie die Roten (...) – aber auch die Braunen. Die letzteren waren Liebkind bei den neuen Herren, sie setzten es durch, daß meine Kündigung wieder zurückgenommen wurde."[A] Vilma Mönckeberg-Kollmar verlor auch ihre Ämter in Berlin. 1939 erfolgte die endgültige Kündigung. Im selben Jahr zog sie zu ihrem in der Niederlausitz tätigen Mann und widmete sich der Schriftstellerei. Dank des Feuilletonchefs des „gleichgeschalteten" „Hamburger Anzeigers", *Hugo Sieker (1903–1979)*, konnten Vilma Mönckeberg-Kollmar wie andere, die bereits auf der Goebbelsschen Schwarzen Liste standen, auch während der NS-Zeit für die Zeitung veröffentlichen, denn Hugo Sieker ließ sie unter einem Pseudonym schreiben.

Über das mutige Auftreten Vilma Mönckeberg-Kollmars in dieser Zeit äußerte Hugo Sieker: „In dem Netz, das in den ‚zwölf Jahren' immer feinmaschiger von eifrigen Mitläufern, Spitzeln und NS-Sektierern gesponnen wurde, erwies sich manchmal das offene Bekenntnis zu den gefährdeten alten Kulturgütern als sehr nützlich. Oftmals waren es Frauen, die den Mut zum freimütigen Bekenntnis aufbrachten – zu ihnen gehörte besonders Vilma Mönckeberg. Von ihr erhielten gelegentlich auch wir Artikel oder Briefe von einer Unverblümtheit, dass dem Redakteur der Atem stocken konnte."[B]

Vilma Mönckeberg-Kollmars Sohn wurde als Soldat im Zweiten Weltkrieg getötet. 1945 flüchtete sie nach Hamburg zurück. Ihren Besitz musste sie zurücklassen. Sie erhielt 1946 einen Lehrauftrag für Sprecherziehung an der Universität Hamburg, jedoch ohne Vergütung. Zwei Jahre später widmete sie all ihre Kraft dem Aufbau der Deutschen Sektion der W.O.M.A.N., deren Bundesvorsitzende sie von 1948 bis 1958 war. Die W.O.M.A.N. hatte ihren Sitz in der ABC-Straße 46/47. Ihr Ziel war, alle Frauen und Mütter für den Friedensgedanken zu motivieren, um einen Dritten Weltkrieg verhindern zu helfen. Auch wollte die W.O.M.A.N. die Frauen zur größeren politischen und sozialen Mitverantwortung erziehen und die Begegnung mit Frauen und Müttern aller Länder unterstützen. Die W.O.M.A.N. initiierte den „Frauen-Dank" (Dank der Mütter für die Hilfstätigkeit des Auslandes) und an der Universität Hamburg den „Appell der Mütter an das Weltgewissen" mit vielen ausländischen Teilnehmerinnen zum Thema „Ehrfurcht vor dem Leben". Unter dem Motto „Frauen helfen Frauen" wurden amerikanische Patenschaften für Kinder deutscher Familien vermittelt, aus Schweden kamen in der unmittelbaren Nachkriegszeit die „begehrten" Hilfspakete.

Doch bereits einige Jahre nach ihrer Gründung war die W.O.M.A.N. starken Repressalien ausgesetzt. Im Zeichen des „Kalten Krieges" und des Antikommunismus' der 1950er Jahre wurde die W.O.M.A.N. als kommunistisch unterwandert diffamiert.

Nach ihrem Rücktritt als Vorsitzende wurde Vilma Mönckeberg-Kollmar in den internationalen Mütterrat der W.O.M.A.N. gewählt und übernahm 1961 als Bundesvorsitzende erneut die Deutschlandzentrale der W.O.M.A.N. „Dann resignierte ich, denn ich mußte einsehen, daß die Mütter in der Welt durchaus nicht bereit waren, ihre Kräfte für eine friedliche Zukunft voll einzusetzen. Sie überließen wieder alles den Männern, und so kehrte ich reumütig von den Müttern der Welt zu den Märchen der Welt zurück."[A]

1972 verlieh ihr der Hamburger Senat den Titel „Professor".

Lit.:

A Vilma Mönckeberg-Kollmar: Das Märchen und unsere Zeit (Manuskript).

B Hugo Sieker: Kulturarbeit im Widerstandsgeist, hrsg. von der Lichtwark-Stiftung zu Ehren des siebzigjährigen Hugo Sieker, Hamburg 1973.

## Die Ersten und das erste Mal

### 1950
### Die Erste

am 15.10.1950 erhielt Dr. Annemarie Pönitz als erste Frau in Hamburg ihre Zulassung als Notarin.

### Die Erste

Heike Schilling begann als erste Frau in Hamburg eine Maurerlehre, die sie 1953 erfolgreich mit dem Gesellenbrief abschloss.

### Das erste Mal

Die Deutsche Angestellten Gewerkschaft (DAG)-Hamburg stellte erstmalig eine hauptamtliche Gewerkschaftsfrau für den Bereich „Frauen" ein.
Seit 1948 forderten die Frauen der DAG u. a.: Gleichen Lohn für gleiche Arbeit, bei Befähigung Aufstiegsmöglichkeiten für Frauen bis in die höchsten Wirtschaftspositionen, Hinzuziehung der Frauen zu Beratungen und deren Entsendung in öffentliche Deputationen und Ausschüsse, Schutz der älteren weiblichen Angestellten, kein Höchstalter bei Einstellungen, keine Kündigungen und Einschränkungen auf Kosten verheirateter Frauen, Entlassungen müssen nach sozialen Gesichtspunkten vorgenommen werden, unbedingte Einhaltung und Ausbau der Mutter- und Frauenschutzbestimmungen usw.

### Das erste Mal

Die Rechtsschutzstelle der DAG Hamburg gewann beim Arbeitsgericht Hamburg einen Prozess gegen die Entlassung einer Frau. Ihr war gekündigt worden, weil ihr Ehemann über ein geregeltes Einkommen verfügte.

### Das erste Mal

Im Hamburger Schulgesetz wurde verankert: „Die Schulbehörde bestimmt, an welchen Schulen die gemeinsame Erziehung der Geschlechter eingeführt" werden soll.

### 1952
### Die Erste

Die erste Frau als Fernsehansagerin des NWDR: Irene Koss.

Irene Koss

### Bundesweit das erste Mal

1952 trat das Gesetz zum Schutz der erwerbstätigen Mutter in Kraft. Darin verankert war: der Kündigungsschutz unter bestimmten Voraussetzungen für werdende berufstätige Mütter, Beschäftigungsverbot für die letzten sechs Wochen vor der Entbindung (bei Hausgehilfinnen vier Wochen vor der Niederkunft) und die ersten acht (bei stillenden Müttern) oder sechs Wochen (für nicht stillende Mütter) nach der Entbindung des Kindes.

### Das erste Mal

Die Hamburger Frauenverbände erhoben den Anspruch auf Berücksichtigung von Frauen in Gremien, Organen etc. Außerdem forderten sie, dass bei der Neubesetzung der Verwaltungsausschüsse der Arbeitsämter und Landesarbeitsämter dem Paragraphen 9 des Gesetzes (von 1952) über die Errichtung einer Bundesanstalt für Arbeitsvermittlung und Arbeitslosenversicherung Anwendung finde und Frauen in diesen Organen angemessen berücksichtigt werden. Erst 1996 wurde in die Hamburgische Verfassung festschreiben, dass Frauen und Männer „in kollegialen öffentlich-rechtlichen Beschluss- und Beratungsorganen gleichberechtigt vertreten“ sein sollen.

## 1953

### Die Erste

Am 1.4.1953 begann Hamburgs erster weiblicher Bäckerlehrling mit seiner Ausbildung.

### Die Erste

Dr. Emmy Beckmann erhielt als erste Hamburgerin das Große Bundesverdienstkreuz. Es wurden ihre Verdienste in der Frauen- und Mädchenbildung geehrt.

### Die Erste

Dr. Margareta Gröwel (CDU) ging als erste Frau in den deutschen Konsulardienst als Konsulin nach Houston im US-Bundesstaat Texas.

### Die Erste

Beim öffentlichen Unternehmen „Strom- und Hafenbau“ wurde der erste weibliche Baureferendar Deutschlands eingestellt: Ilse Siem.

## 1954

### Zum ersten Mal

erhielt die erste Frau ein Patent zur Kapitänin auf großer Fahrt (A6). Allerdings stellte keine Reederei sie als Kapitänin ein. Deshalb fuhr sie bis 1968 als 1. Offizierin auf Handelsschiffen.
Ebenfalls 1954 wurden in der Seefahrt erstmals auch Frauen als Funkerinnen eingestellt.

**Das erste Mal**
Nun durften in der Seefahrt auch Frauen Funkerinnen werden.

**Das erste Mal**
Die dritte ordentliche Landesbezirkskonferenz des DGB Nordmark in Hamburg „anerkennt die Notwendigkeit der gleichberechtigten verantwortlichen Mitarbeit der organisierten Frauen bei der Wahrnehmung der Interessen aller Arbeitnehmer im Rahmen der Institution der Gewerkschaften und des DGB. Der Landesbezirksvorstand soll auf die Gewerkschaften dahingehend einwirken, daß ungleiche Löhne bei Männern und Frauen beseitigt werden. Zustimmung zur Nachtarbeit von Frauen soll von den Gewerbeaufsichtsämtern nur noch in ganz besonderen Ausnahmefällen erteilt werden“. (Hans Dieter Baroth/Dieter Schuster: Wir bauten Deiche für die Schwachen. Geschichten aus 50 Jahren DGB Nordmark. Hamburg 1996.)

**Das erste Mal**
Wie können Frauen Mutterpflichten und Beruf besser vereinbaren? Dazu führte der „Akademikerinnenbund“ eine Fragebogenaktion bei zweihundert verheirateten und verheiratet gewesenen Frauen durch. Ergebnis: Die Mehrzahl wollte nach einigen Jahren Mütterarbeit zurück in den Beruf. Deshalb forderte der „Akademikerinnenbund“ Teilzeitarbeitsmöglichkeiten für Frauen.

**Das erste Mal**
Die „Westdeutsche Frauenfriedensbewegung Hamburg“ (WFFB) eröffnete in den Colonnaden 49, 4. Stock, ein Beratungsbüro für die Frauen von Kriegsopfern. Die Beratung stand unter dem Motto: Weniger Geld für Rüstung, dafür Erhöhung der Grundrente für Frauen von Kriegsopfern.

Colonnaden 49

**1956**
**Das erste Mal**
Die ahf beabsichtigte einen Brief an den Ersten Bürgermeister und die sieben Bezirksausschüsse zu schreiben, um auf die Notwendigkeit der Mitgliedschaft von Frauen in den Kriegsdienstverweigerungsausschüssen hinzuweisen.

**Das erste Mal**
Die ahf lud Kinder und deren Mütter aus der DDR zu einem mehrwöchigen Erholungsaufenthalt nach Hamburg ein.

**1957**
**Bundesweit**
Der Vertrag über die Gründung der Europäischen Wirtschaftsgemeinschaft verpflichtete in Artikel 119 die Mitgliedstaaten, innerhalb von vier Jahren den Grundsatz des gleichen Entgelts für gleiche Leistung von Männern und Frauen zu verwirkli-

chen. 1961 wurde diese Frist noch einmal bis 1964 verlängert.

**Die Erste**

Helga Diercks-Norden war die erste Frau beim Norddeutschen Rundfunk, die das Programmbüro des „Zeitgeschehens" für das Erste Fernsehprogramm und das Fernseh-Regionalprogramm leitete. Bereits 1946 war sie die erste Reporterin in der Abteilung Zeitfunk des NWDR geworden.

Helga Diercks-Norden

**Die Erste**

Am 16.1.1957 wurde Annemarie Wiese Hamburgs erste Wirtschaftsprüferin.

**Die Erste**

Senatorin der Behörde für Ernährung und Landwirtschaft: Dr. Emilie Kiep-Altenloh (FDP). (Amtszeit: Dez. 1957–Dez. 1961.)

**Die Erste**

Senatorin/Präses der Gefängnisbehörde: Dr. Emilie Kiep-Altenloh (FDP). (Amtszeit Dez. 1957–Dez. 1961.)

**Das erste Mal**

Es gründete sich der „Frauenarbeitskreis der Hamburger CDU", der 1959 in „Vereinigung der Frauen in der CDU" umbenannt wurde. Erste Vorsitzende wurde Charlotte Fera.

Charlotte Fera

**Das erste Mal**

Die ahf richtete ein Schreiben an die Hamburger Hochbahn mit der Forderung, Schwangeren einen Ausweis auszuhändigen, ähnlich dem für Kriegsgeschädigte, damit die Frauen einen Anspruch auf einen Sitzplatz in den meist überfüllten Bahnen geltend machen können.

## 1958

**Das erste Mal**

30 Jahre nach der ersten Verleihung der Johannes Brahms-Medaille wurde sie an eine Frau vergeben: Henny Wolff (1896–1965), Konzert- und Oratoriensängerin und Gesangspädagogin.

Henny Wolff

**Das erste Mal**
gründete sich die „Stiftung Hamburger Studentinnenheime“. Ihre Initiatorin war Dr. Dorothea Eckardt vom „Akademikerinnenbund“. Bereits 1945 hatte Frau Anna Derzewsky der Universität Hamburg ein Haus in der Bornstraße vermacht, mit der Auflage, es als Studentinnenwohnheim herzurichten. Die Universität nahm das Vermächtnis an, ohne es aber der testamentarischen Bestimmung entsprechend als Studentinnenheim zu nutzen. Auf Initiative des „Akademikerinnenbundes“ konnte ab 1957 das Vermächtnis eingelöst werden.

Bornstraße 2

**1959**
**Bundesweit: Zur Reform des BGB**
Das Bundesverfassungsgericht erklärte den „Stichentscheid“ des Mannes und die alleinige gesetzliche Vertretung des Vaters für sein Kind für verfassungswidrig im Sinne des Gleichberechtigungsartikels des Grundgesetzes. Es musste allerdings noch 20 Jahre dauern, bis der Gesetzgeber die verfassungsgemäße Rechtslage in die Gesetzesform brachte.

**Das erste Mal**
Angesichts der viel zu kleinen Schlafzimmer, der nicht immer praktischen Kücheninstallationen in Neubauwohnungen und des Fehlens von Kinderspielplätzen in Neubaugebieten führte die ahf eine Wohnwertbefragung und eine Fragebogenaktion durch, um festzustellen, welcher Wohnraumbedarf bei alleinstehenden Frauen bestand.

**Das erste Mal**
In der ahf bildete sich ein Hamburger Bauausschuss. Als Vorbild diente der Berliner Bauausschuss der dortigen Frauenverbände. Allerdings machte es Schwierigkeiten, Architektinnen zu finden, die in diesem Ausschuss mitarbeiten wollten. Deshalb wurden alle Damen der ahf, besonders diejenigen, die mit Behörden zu tun hatten, gebeten, nach erfahrenen Frauen für den Hamburger Bauausschuss zu suchen.

**Das erste Mal**
Die ahf richtete ein Schreiben an alle Kirchengemeinden mit der Empfehlung, weibliche Gemeindemitglieder in die Synode zu delegieren.

**Das erste Mal**
29 Jahre nachdem der Lessing-Preis zum ersten Mal vergeben wurde, erhielt nun auch eine Frau diese Auszeichnung: Die Philosophin Hannah Arendt.

**Das erste Mal**
Ebenfalls 1959 eröffnete die Evangelische Bildungsstätte das „Haus der Frau" am Loogeplatz.

# Die 1960er Jahre

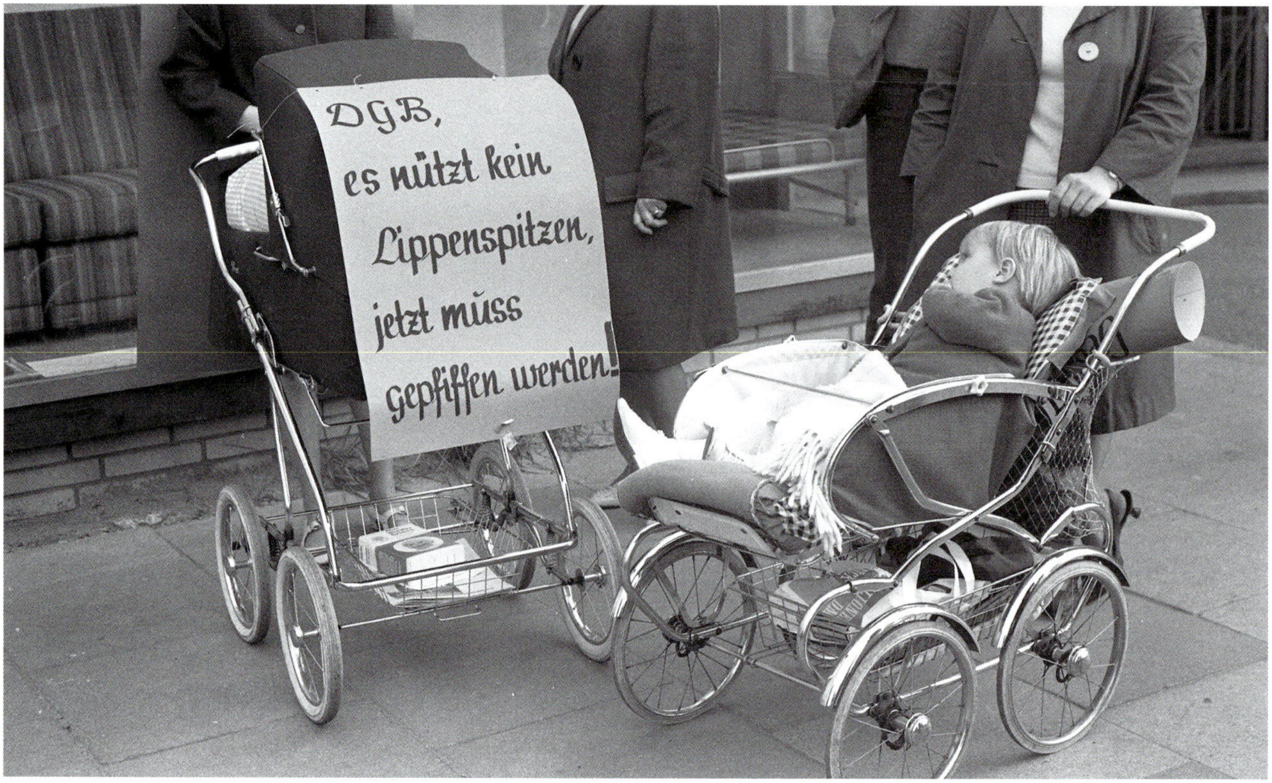


Deutschlandweite Demonstrationen gegen die Notstandsgesetze. Auch Mütter mit Kindern machten mit

Die zweite Hälfte der 1960er Jahre war auch die Zeit des Aufbruchs der jungen Generation: Kleinfamilie und Kommune; sexuelle Befreiung; Weiblichkeitswahn und Selbstbestimmung

Auch in den 1960er Jahren herrschte noch das idyllisierte Frauenbild der treusorgenden Familienmutter vor. Das war kein Wunder. „In der Bundesrepublik waren Frauen in besonderem Maße vom Ende der ‚Wirtschaftswunderjahre' und der zweiten Rezession betroffen. Ganze Branchen, in denen überwiegend Frauen beschäftigt waren, verlagerten ihre Produktion in Billiglohnländer. (…)

Mit der wachsenden Diskriminierung von Frauen in der Erwerbsarbeitswelt ging einher die Aufpolierung des traditionellen Geschlechterrollenbildes (…). 1966 legte die Bundesregierung einen ‚Bericht zur Situation der Frauen' vor, in dem es heißt: ‚Angesichts der Vielfalt geistiger und körperlicher Leistungen, die von der Hausfrau verlangt werden, erscheint es nicht verwunderlich, daß auch heute noch die Mehrzahl aller Frauen ihre Tätigkeit in Haushalt und Familie als Lebensaufgabe und Berufung ansehen.“[41]

„So tendierte auch die Mädchenerziehung noch im wesentlichen dahin, dem Ideal der nicht berufstätigen Hausfrau gerecht zu werden. (…) Nach einer Untersuchung von Inge Sollwedel über Leitbilder in hessischen Schulbüchern aus dem Jahre 1967 wurden den Schulkindern die folgenden geschlechtsspezifischen Aufgaben und Tugenden als selbstverständlich nahegelegt: ‚Jungen müssen in die Welt hinaus, um Abenteuer und Lebenserfahrung zu sammeln, und Mädchen haben ihre Aktivitäten auf das Spiel mit Puppen, die Küche und den Haushaltsbereich zu beschränken, um einmal dienende und opferbereite Mütter zu werden. Als Tugenden werden den Mädchen Leidensfähigkeit, Selbstlosigkeit und Opferbereitschaft vermittelt. Selbständigkeit und Urteilsfähigkeit sind Eigenschaften der männlichen Welt.“[42]

*Bundesrepublik Deutschland: Wahlperiode V, 1960–1961: CDU/CSU*

*Wahlperiode VI, 1961–1966: CDU/CSU, Koalition mit FDP*

*Wahlperiode VII, 1966–1969: CDU/CSU, Große Koalition mit SPD*

*Hamburg: Wahlperiode V, November 1961–März 1966: SPD in Koalition mit FDP*

*Wahlperiode VI, März 1966–März 1970: SPD*

Idyllisiertes Familienbild der 1960er Jahre

Junge Frauen im Aufbruch

Gleichzeitig entwickelte sich gegen Ende der 1960er Jahre unter der Jugend eine Protestbewegung gegen konservative Denk- und Handlungsmuster. Ein Teil der Frauen in den 1960er Jahren befand sich „im Zwiespalt zwischen Konservativismus, Weiblichkeitswahn und Selbstbestimmung, Schweigen und sexueller Befreiung, Hausfrauenideologie und Revolte, Puddingabitur und Bildungsnotstand, Kleinfamilie und Kommune, Mini und Maxi, Ideal und Qual. Es war eine Zeit umwälzender sozialer und politischer Bewegungen in aller Welt, eine Zeit der neuen Maßstäbe in Gesellschaft, Familie, Moral, Kunst und Kultur, die insbesondere den Frauen einschneidende Veränderungen ihrer Lebensbedingungen brachte.“[43]

## Die Hamburger Frauenverbände

*Die Ziele der Frauenemanzipation und der Gleichstellung schienen in den späten 1950er und frühen 1960er Jahren so weit erreicht, dass es scheinbar keiner besonderen Aktionen mehr bedurfte und die Organisationen der Frauenbewegung für die Bürgerinnen nunmehr wenig attraktiv waren.*

Die aus der Frauenbewegung hervorgegangenen Frauenvereine und -verbände – inzwischen 38 an der Zahl – die der Reihe der freien Träger angegliedert waren, taten sich immer schwerer. Als Organe einer eigenständigen Frauenbewegung hatten sie im Bewusstsein der Öffentlichkeit und der Frauen selbst an Bedeutung verloren. Die Ziele der Frauenemanzipation und der Gleichstellung schienen in den späten 1950er und frühen 1960er Jahren so weit erreicht, dass es scheinbar keiner besonderen Aktionen mehr bedurfte und die Organisationen der Frauenbewegung für die Bürgerinnen nunmehr wenig attraktiv waren. Kein Wunder, dass die Arbeitsbedingungen der Frauenverbände zu wünschen übrig ließen. Für ihre zentralen Veranstaltungen besaßen sie keinen eigenen Raum, sondern mussten von einem angemieteten Lokal in das nächste ziehen, was kostenaufwändig, mühselig und zeitraubend war. Der schon seit langem bestehende Wunsch nach einem eigenen Clubhaus wurde immer lauter. Über Spenden konnte solch ein Unterfangen jedoch nicht realisiert werden. Hier kam der gute Kontakt zu den Parlamentarierinnen zum Tragen. Sie wussten die unabhängigen Frauenorgane wohl zu schätzen, trugen diese doch die von den Parlamentarierinnen in der damaligen Zeit verstandenen frauenpolitischen Maßnahmen und Forderungen in die einzelnen Frauenverbände. So war ein erklärtes Ziel der Jugendbehörde der bessere Kontakt zwischen allen Frauen, die sich für Familienhilfe einsetzten und die waren in erster Linie in den in der ahf zusammengeschlossenen Frauenverbänden organisiert. Deshalb unterstützte die sozialdemokratische Abgeordnete Charlotte Walner-von Deuten in der Bürgerschaft einen interfraktionellen Antrag auf Verwendung eines Hauses der Jugendbehörde für ein Versammlungszentrum der Frauenorganisationen.[44] Deren Funktionen würdigte sie so: „Die Frauenorganisationen haben einen nicht unerheblichen Anteil an unserem gesellschaftlichen Zusammenleben. Sie führen auf breiter Basis die Frauen an die staatsbürgerlichen Aufgaben heran. Sie sind sozusagen die Eingangsstelle für die staatsbürgerliche Betätigung der Frau. Andererseits sind diese Organisationen aber auch wesentlich Helfer bei der Durchführung und der Propagierung staatlicher Maßnahmen, insbesondere auch kommunalpolitischer Anliegen. Endlich geht von diesen Vereinen und Verbänden auch ein besonderer Einfluß auf die Familie aus, deren Erhaltung und Stärkung insbesondere die Aufgabe unserer Zeit ist."

Mit dem interfraktionellen Antrag wurde erreicht, „daß der ahf das ‚Haus Wedells' in der Rabenstraße 31, ein ehemaliges Gästehaus des Senats, zur Verfügung gestellt wurde".[45]

Am 10. Januar 1966 übergab die damalige Jugendsenatorin Irma Keilhack (SPD) den Frauenverbänden das „Haus Wedells" als „Clubhaus der Frauenverbände". Bereits zwei Jahre später eröffnete die ahf in den Räumen des Clubhauses ein Informationszentrum, das einmal im Monat kostenlos zu Wohnungs-, Jugend-, Frauen- und Sozialfragen Beratungen durchführte.

Mit Hilfe eines interfraktionellen Antrags der weiblichen Bürgerschaftsabgeordneten erhielten die Hamburger Frauenverbände das „Haus Wedells" in der Rabenstraße 31 als Clubhaus

Wie wichtig dem Senat die Frauenverbände im Hinblick auf deren großes Wählerinnenpotenzial war, zeigt sich auch daran, dass ab 1961 der jeweils amtierende Erste Bürgermeister die Verbandsvorsitzendendelegierten der ahf jährlich zu einer „Teestunde" ins Rathaus einlud, um sich über die Arbeit der Frauenverbände zu informieren. (Heute heißen diese Treffen „Bürgermeistergespräch".)

Auch wenn die Frauenverbände im Bewusstsein der Bevölkerung an Bedeutung verloren zu haben schienen, gründeten sich in den 1960er Jahren weitere Frauenverbände und -vereine. So rief z. B. 1960 die Hamburger Frauengruppe der Europa-Union den „Deutschen Staatsbürgerinnen-Verband e. V. Landesgruppe Hamburg" ins Leben, Nachfolger des „Allgemeinen Deutschen Frauenvereins", dem ältesten Frauenverband Deutschlands (gegr. 1865), der sich 1933 selbst aufgelöst hatte. 1964 gründete sich aus dem „Verein Hamburger Hausfrauen" und einzelnen Hamburger hauswirtschaftlich- und verbraucherorientierten Ortsverbänden der „Deutsche Hausfrauen-Bund, Landesverband Hamburg e. V.". 1966 legten deutsche und britische Frauen den Grundstein für den „Deutsch-Englischen Frauenclub e. V.", dessen Ziel es war, die deutsch-englische Freundschaft und das gegenseitige Verständnis durch gemeinsame Arbeit zu fördern und zu vertiefen. Ein Jahr später erfuhr der „Stadtverband der Katholischen Frauengemeinschaft Deutschlands" (kfd) eine Neugründung (Erstgründung 1929, Auflösung 1933). Seine Aufgaben waren: Aktive Arbeit in Gemeinden, Bildung, Weiterbil-

*Die Parlamentarierinnen wussten die unabhängigen Frauenorganisationen wohl zu schätzen, trugen diese doch die frauenpolitischen Maßnahmen und ihre Forderungen der damaligen Zeit in die einzelnen Frauenverbände.*

*„Dein Beruf – Freude und Erfolg."*
*Motto der Messe „Du und Deine Welt" 1965*

dung der Frauen für ihre Aufgaben in Ehe, Familie, Beruf, Kirche und Staat. Ebenfalls 1967 gründete sich der „Verband evangelischer Arbeitnehmerinnen in Hamburg e. V.", der evangelischen Frauen helfen wollte, sich über die Situation der Frauen in der heutigen Gesellschaft, in Beruf und Familie zu orientieren. Und 1969 schlossen sich Frauen zu dem „Frauenhilfswerk in Hamburg e. V. zur Förderung des MAGEN DAVID ADOM in Israel" zusammen. Magen David Adom bedeutet: Roter Davidschild. Es ist sowohl der Name als auch das Emblem der Gesellschaft in Israel, deren Aufgaben mit denen des Deutschen Roten Kreuzes in Deutschland übereinstimmen.

Das Dauerthema der Frauenbewegung „Frau und Beruf" wurde auch in den 1960er Jahren von der ahf angegangen. Auf ihrer jährlich stattfindenden Messe „Du und Deine Welt" widmeten sich die frauenbewegten Frauen stets diesem Bereich. So gab es Infostände zu den Themen: Beruf und Kinder zu Haus / Aus einer kleinen Liebe wird ein großer Beruf / Welcher Beruf passt zu mir? / Berufe der modernen Frau / So kommt man weiter im Beruf. 1965 stand für die ahf die Messe unter dem Motto: „Dein Beruf – Freude und Erfolg". Ganz in der Tradition der Vertreterinnen der alten Frauenbewegung des 19. und des frühen 20. Jahrhunderts forderte Senatorin Irma Keilhack (SPD) in ihrem Grußwort die Frauen auf, einen qualifizierten Beruf zu erlernen und zu ergreifen.

Zu dieser alten, aber immer noch gültigen Forderung, kam ein neuer Aspekt der Frauenbewegung im Bereich Frauenerwerbsarbeit hinzu: die Forderung nach Frauen in technischen Berufen. Irma Keilhack dazu: „Die ahf hat für ihre vielseitige Sonderschau das Thema ‚Dein Beruf – Freude und Erfolg' gewählt. In lebendiger Anschauung stellen Großbetriebe, Behör-

Das Bild von der modernen Hausfrau. Die neuen elektronischen Küchengeräte lassen ihr Zeit zum Pralinenessen und Zigarette rauchen

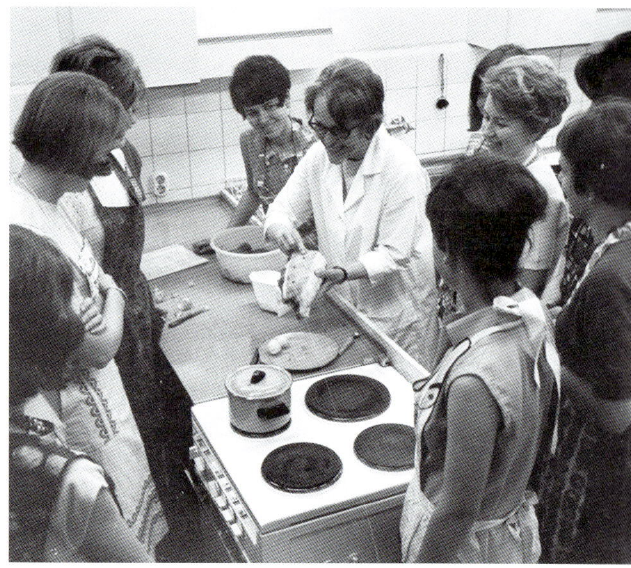

Rechts: Hauswirtschaftsunterricht im „Haus der Frau" am Loogeplatz

den, Gewerkschaften und andere Berufsorganisationen interessante oder neue und noch weithin in der Bevölkerung unbekannte Arbeitsplätze für Mädchen und Frauen dar, die uns der technische Fortschritt gebracht hat. (…)
So erfreulich die Tatsache ist, daß die Zahl der Lehrverhältnisse für Mädchen seit 1950 um 80 % gestiegen ist, kann die Tatsache nicht übersehen werden, daß die Berufswahl der Mädchen immer noch recht einseitig ist, und die große Mehrzahl der Frauen auf einfachen und mittleren Stellen arbeiten und auch in der Lohn- und Gehaltsstatistik den mittleren und unteren Tarifgruppen angehören. Die Ursachen für die geringen Aufstiegschancen und die mindere Einstufung der Frauenarbeit sind vielfältig. Unbestritten ist, daß die Entwicklungsmöglichkeiten der Frau durch die zwei Lebensbereiche – Beruf und Familie – eine gewisse Begrenzung finden. Der entscheidende Grund liegt jedoch in einem Ressentiment der öffentlichen Meinung, gefördert durch ein Jahrhunderte vorgeprägtes Bild von der Rolle der Frau in der Gesellschaft. Hier liegen die Widerstände – die Frau ist selbst wesentlich mitbeteiligt – gegen eine qualifizierte Ausbildung der Mädchen und ebenso gegen die Vermittlung einer gewissen politisch sozialen Erziehung als Hilfe für die Einordnung des eigenen Lebensbereiches in den gesellschaftlichen Raum. Die uralte vererbte Wunschvorstellung der Frau, ihr Leben nur in der Geborgenheit von Ehe und Familie leben zu können, ist Selbsttäuschung und Gartenlaubenromantik."
Die Einschätzung, dass junge Mädchen immer noch die traditionellen so genannten Frauenberufe präferierten, war Ergebnis eines vom „Akademikerinnenbund" 1960 vergebenen Forschungsauftrags zu „spezifischen Fragen der

Links: Auch wenn Frauen in der Zigarettenproduktion an technisch ausgeklügelten Geräten arbeiteten, wurde ihre Arbeit dort als minder eingestuft und deshalb auch minder/gering entlohnt

„Mutter erholt sich" – und arbeitet schon wieder, 1960er Jahre

Bürotätigkeit: Eine standesgemäße Berufsausübung junger Frauen vor ihrem eigentlichen Berufszeil: Hausfrau und Mutter

Mädchenbildung". „Untersucht wurden die Motive vorzeitiger Schulabbrüche, die Rolle der Schule bei der Berufswahl und die soziale Struktur an hundert Gymnasien mit und ohne Koedukation. Es zeigte sich, daß die Berufserwartungen der Mädchen, ihrer Familien und der beratenden Lehrer noch immer geprägt waren durch das Ziel der Eheschließung und die Vorrangstellung der Familie vor dem Beruf. Die Berufsausübung wurde folglich vielfach noch als Übergangslösung und Beschäftigung neben Haushalt und Kindererziehung geplant und entsprechend wenig aufwendig angelegt."[46]

Außer den traditionellen Berufen wurden auf der Messe „Du und Deine Welt" vorgestellt: Werbekaufmann, Speditionskaufmann, Cutterin, Tontechnikerin, Programmiererin, Physiklaborantin, Röhren- und Halbleitermontageschweißerin, Setzerin, Siebdruckerin.

Die Presse reagierte prompt mit Schlagzeilen wie: „Karriere oder Hochzeitskleid – schwere Entscheidung für berufstätige Frauen"; „Wie tüchtig darf die Frau im Beruf sein – Karriere und Ehe".[47]

*„Wie tüchtig darf die Frau im Beruf sein – Karriere und Ehe."*
*Schlagzeile in der Presse der 1960er Jahre*

*1968 durften Pastorinnen erstmals von der Kanzel predigen.*

Schon seit den 1950er Jahren setzte sich die ahf für ein „Pastorinnengesetz" ein, d. h. für die Zulassung von Frauen zum Pfarramt. Auch die CDU-Bürgerschaftsabgeordnete ***Charlotte Fera (1905–1998)*** hatte sich dafür stark gemacht. 1968 war es dann so weit. In diesem Jahr entschloss sich nun auch die Hamburger Landeskirche, Frauen zum Pfarramt zuzulassen. Bis zu diesem Zeitpunkt waren Theologinnen in Hamburg ausgeschlossen worden von der Mitarbeit in allen führenden und leitenden Gremien der Landeskirche wie Synoden und Kirchenrat. Die Theologinnen hatten nur in einem Sonderpfarramt wie Krankenhaus, Gefängnis etc. arbeiten und Gottesdienste nur innerhalb ihres durch ihren Auftrag bestimmten, räumlich begrenzten Arbeitsgebietes abhalten dürfen. Ab 1969 durften dann auch verheiratete Theologinnen weiter im Dienst bleiben, allerdings nur soweit es der Stellenplan zuließ. Nur dann stand es ihnen frei, nach eigenem Ermessen teilweise oder für eine Zeit ganz aus dem Amt auszuscheiden und später voll oder auch teilweise wieder einzusteigen.

Entsprach in den 1960er Jahren eine erwerbstätige verheiratete Frau nicht dem vorherrschenden bürgerlichem Rollenbild, passte eine erwerbstätige verheiratete Mutter schon gar nicht ins bürgerliche Geschlechts-Rollenklischee. Doch es gab sie, die verheirateten erwerbstätigen Mütter. Ganz

im Sinne der damals und vielfach auch heute noch vorherrschenden Auffassung, dass in erster Linie Mütter für die Erziehung der Kinder zuständig sind, setzte sich der „Akademikerinnenbund" auch in den 1960er Jahren für die Möglichkeit der Teilzeitarbeit ein. 1964/65 forderte der „Akademikerinnenbund" auch eine zeitlich begrenzte Beurlaubung für Beamtinnen mit Mutterpflichten unter Erhaltung ihres Beamtenstatus. Mit einer Eingabe an Senat und Bürgerschaft forderte er hierfür die Schaffung von gesetzlichen Grundlagen. Zwei Jahre später lehnte das Personalamt für den öffentlichen Dienst die Eingabe ab mit der Begründung, die jungen Beamtinnen „wollten mit der bei ihrem Ausscheiden fälligen Gehaltsabfindung ihren Haushalt einrichten und dächten nicht an eine Rückkehr in den Beruf".[48] Doch weitere zwei Jahre später, im Jahre 1968 hatte die Hamburgerin und damalige Landgerichtsrätin ***Dr. Lore Maria Peschel-Gutzeit*** mit dem „Juristinnenbund" und dem „Akademikerinnenbund" einen „Gesetzentwurf zur Änderung des Bundesbeamtengesetzes" ausgearbeitet, worin Teilzeitarbeit und Beurlaubung für Beamtinnen und Richterinnen mit Familienpflichten festgeschrieben wurde. Gleichzeitig machte die Vorsitzende des „Deutschen Akademikerinnenbundes", ***Dr. jur. Erna Scheffler (1893–1983),*** Bundesverfassungsrichterin im Ruhestand, eine Eingabe an den Bundestag mit der Forderung einer entsprechenden Änderung des Beamtengesetzes. Der Bundestag reagierte und verabschiedete ein entsprechendes Rahmengesetz, dem die Länderparlamente folgen mussten. Und so wurden die Vorschläge von Dr. Lore Maria Peschel-Gutzeit und ihren Mitstreiterinnen ein Jahr später, 1969 im Hamburgischen Beamtengesetz aufgenommen.

Ein neuer Schwerpunkt im Zuge der Völkerverständigung nach dem Zweiten Weltkrieg waren für die ahf die Kontakte zu anderen Frauenverbänden in europäischen und außereuropäischen Ländern und besonders auch zu Israel. So lud die ahf 1963 eine die Bundesrepublik bereisende israelische Frauengruppe als Gäste in die Familien ihrer Mitglieder ein. Da damals noch keine diplomatischen Beziehungen zwischen Deutschland und Israel bestanden, wurde dieser Vorgang in Israel stark beachtet.

Außerdem gab es Freundschaften zu und Treffen mit französischen Frauenorganisationen. Im Oktober und November 1963 kamen auf Einladung der in der Öffentlichkeit vielfach als „linkslastig" diffamierten W.O.M.A.N. vier Frauen aus der Sowjetunion in die Bundesrepublik Deutschland. Die Frauen bereisten mehrere westdeutsche Städte. Als sie in Hamburg ankamen, wurde ihnen zu Ehren ein Empfang mit Politikerinnen und Vertreterinnen der Frauenverbände gegeben.

Ein Thema, das die ahf beschäftigte – auch vor dem Hintergrund, dass den Parlamentarierinnen dieser Bereich besonders am Herzen lag – war die politische Bildung der Frauen. Als 1964 die Broschüre „Keiner lebt für sich allein. Die Mitarbeit des Bürgers in der Gemeinde", herausgegeben von der Bundeszentrale für politische Bildung, erschien, protestierten die Hamburger Frauenverbände bei der Bundeszentrale für politische Bildung gegen das in der Broschüre vermittelte Frauenbild. Die Frauen wurden in erster Linie als

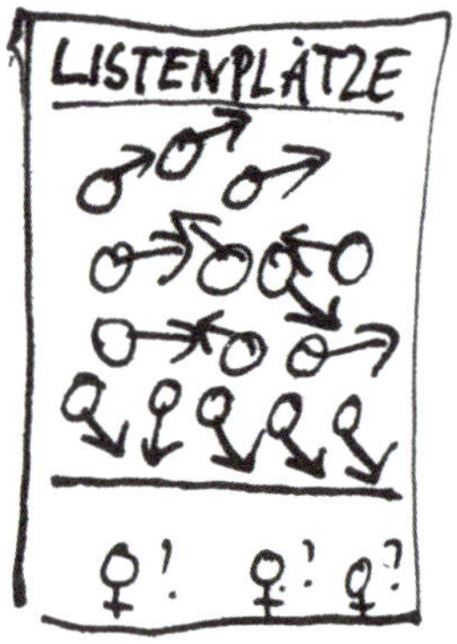


passive Politikempfängerinnen dargestellt. Sie fungierten nur als Zuhörerinnen, Betrachterinnen und Wählerinnen, nicht aber als aktive Gestalterin politischer Arbeit. In diesem Zusammenhang wurde für die ahf die Forderung an die Parteien, bei Bürgerschafts- und Bundestagswahlen mehr Frauen auf aussichtsreiche Listenplätze zu setzen, zu einem jahrzehntelangen Dauerthema.

## Parlamentarische Frauenpolitik

Auch die Parlamentarierinnen der 1960er Jahre sahen ihre Schwerpunkte der Frauenpolitik im Sozialen und in der Familienpolitik. Bei den Bemühungen um eine Stabilisierung der Familienverhältnisse hätte es jedoch nahegelegen, auch der Frage nach ungewollter Schwangerschaft und deren Abbruch nachzugehen, schließlich war das Thema Paragraph 218 seit der Weimarer Zeit auf der Agenda der Frauenverbände und eine Lösung im Sinne der Frau war noch immer nicht in Sicht.

*Ungewollte Schwangerschaft war kein Thema, das die Bürgerschaft unmittelbar interessierte. Auch weibliche Abgeordnete behandelten es in der Folge nur im Zusammenhang mit „Sittlichkeitsverbrechen" und sahen in der Großen Strafrechtsreform eine Handhabe, um besseren Schutz für Frauen gegen sexuelle Belästigungen zu erwirken.*

In der unmittelbaren Nachkriegszeit war die Freigabe des Schwangerschaftsabbruchs bei sozialer, durch materielle Not begründete Indikation diskutiert und teilweise realisiert worden. In der restaurativen Atmosphäre der „Adenauerära", wurde dieses Problem verdrängt. Die Hamburgische Bürgerschaft erwähnte dieses Thema erst wieder 1962 im Zusammenhang mit der in Vorbereitung befindlichen Großen Strafrechtsreform.[49] Die ahf hatte die weiblichen Abgeordneten der Bürgerschaft dazu veranlasst, einen interfraktionellen Antrag zu stellen, der Senat möge über den Bundesrat darauf hinwirken, dass bei der Ausarbeitung des Gesetzeswerkes die Frage des Schwangerschaftsabbruchs bevorzugt behandelt werden sollte. Es ging dabei jedoch lediglich um Abbruch der Schwangerschaft nach vorausgegangener Vergewaltigung, bei „ethischer Indikation". Charlotte Walner-von Deuten (SPD) unterstützte den Antrag nicht ohne Skrupel, hatte sie doch Bedenken: „keimendes Leben nicht zum Menschwerden kommen zu lassen". Wenn aber der Staat nicht in der Lage sei, die Frauen vor dem Verbrechen einer Vergewaltigung zu schützen, dann dürfe er ihrer Meinung nach nicht mit Strafe reagieren, wenn die Folgen dieser kriminellen Tat beseitigt wurden.

Der Beitrag von Frau Walner-von Deuten wurde in der Bürgerschaft nicht aufgegriffen. ***Carl Gustav Schiefler (CDU)*** stellte fest, dass Diskussionen um kommende Bundesgesetze reine Zeitverschwendung seien und dass sich die Abgeordneten „auf Dinge, die uns hier etwas mehr bedrücken", konzentrieren sollten.[50] Ungewollte Schwangerschaft war kein Thema, das die Bürgerschaft unmittelbar interessierte. Auch weibliche Abgeordnete behandelten es in der Folge nur im Zusammenhang mit „Sittlichkeitsverbrechen" und sahen in der Großen Strafrechtsreform eine Handhabe, um besseren Schutz für Frauen gegen sexuelle Belästigungen zu erwirken.

Unter Heiterkeit wurde in der Bürgerschaft ein weiteres sozialpolitisches Thema, ein „heikles", „dubioses" Thema, eingeführt.[51] Wieder half ein Scherz den Männern über ihre Verlegenheit hinweg, ernsthaft öffentlich über eine so genannte Frauenfrage reden zu sollen:

„Selbstverständlich, verehrte Frau Roß, stimmen wir dem Antrag ihrer Freunde (...) zu. Letztlich ist ja dieser Antrag, der die Mütterberatungsstelle in Rahlstedt betrifft, mit unser gemeinsames Kind. (Heiterkeit – Dr. Wilhelm Witten CDU: ‚Familienplanung!') (...) Familienplanung kommt etwas später."

Die männlichen Abgeordneten waren nicht an diesem Thema interessiert. Dabei lag den weiblichen Abgeordneten sehr daran, die strittigen Hintergründe der Frage aufzudecken, denn die seit 1956 existierende Beratungsstelle für Familienplanung galt als unseriös, obwohl die Jugendbehörde sie finanziell bezuschusste.

Gemeinhin wurde der Begriff „Familienplanung" mit der neu entwickelten Antibabypille in Verbindung gebracht. Im Parlament gab es entschiedene Gegner dieser Antikonzeptionsmethode. ***Marlise Nicolaysen (FDP) (1909–1991)*** und Frieda Roß (SPD) wehrten sich gegen die Auffassung, Familienplanung bedeute nichts als Geburtenbeschränkung. Sie gaben zu bedenken, dass gegenwärtig auf eine Geburt zwei Abtreibungen kamen. Die Fürsprecherinnen der Familienplanung wollten nicht moralgetragene Antworten geben, sondern in jungen Menschen ein Verantwortungsgefühl gegenüber Kindern wecken.

Gegen Ende der 1960er Jahre nahmen die Reden der Parlamentarierinnen in „ihrem" Sozialressort mehr kämpferischen Charakter an. Bei der Beratung des Sozialhaushaltes wies Marlise Nicolaysen auf ein Problem hin, das bis dahin wenig beachtet worden war:[52] Was passiert, wenn in einer Familie der Vater sich davongemacht hat oder wenn er seinen Pflichten nicht nachkommt? Wie sind solche Fälle, in denen Frauen und Kinder in Not geraten, überhaupt zu erfassen? Und wer tritt für sie ein? Im Rahmen des Bundeshilfegesetzes sei es nicht möglich, Hilfen für versteckte Not zu leisten. Unzulänglich sei auch die Fürsorge für werdende Mütter als Arbeitnehmerinnen, monierte ***Elisabeth Ostermeier (SPD) (1913–2002)***. Ihnen gegenüber werde in den Betrieben gegen die Arbeitszeitverordnung verstoßen, die Bestimmungen des Mutterschutzgesetzes würden in Hamburg nicht eingehalten. Alle diese Punkte waren aus früheren Debatten bekannt. Nicht der Inhalt der Forderungen hatte sich geändert, wohl aber der Ton, in dem sie nun von den Bürgerschaftsfrauen vorgebracht wurden.

Die neu entwickelte Antibabypille

*Ein Männerscherz eines Abgeordneten zum Thema Beratungszentrum für Geburtenregelung auf der Bürgerschaftssitzung vom 11. April 1967:*

*„Selbstverständlich, verehrte Frau Roß, stimmen wir dem Antrag ihrer Freunde außerordentlich, ich möchte sagen, begeistert zu. Letztlich ist ja dieser Antrag, der die Mütterberatungsstelle in Rahlstedt betrifft, mit unser gemeinsames Kind."*

## Marlise Nicolaysen (19.11.1909 Rendsburg–27.5.1991)

Mitglied der Hamburgischen Bürgerschaft (FDP) von 1966 bis 1970

Die Hausfrau und Mutter zweier Kinder war vor ihrer Heirat als Lehrerin tätig gewesen. Nachdem sie 1928 ihr Handarbeitslehrerinnen-Examen absolviert hatte, begann sie in Potsdam als Gewerbelehrerin in den Fächern Kunsthandarbeiten, Zeichnen und Schneidern zu arbeiten. Von 1933 bis 1937 war sie in der Fabrikfürsorge und 1938 als Lehrerin an der Oberschule Hamburg-Blankenese tätig. Ab 1945 arbeitete sie in verschiedenen Gremien im Sozial- und Jugendbereich mit. Lange Jahre war sie Vorsitzende der Ehrenamtlichen Wohlfahrtspflege in Blankenese. Circa zehn Jahre arbeitete sie als Schöffin, zwei Jahre in der Jugendstrafkammer. Außerdem war sie in vielen Frauenverbänden tätig. 1946 wurde sie Mitglied der FDP. Von 1946 bis 1961 war sie Deputierte der Sozialbehörde, 1961 Mitglied der Verwaltungsausschüsse der Behörde für Wirtschaft und Verkehr, Amt für Marktwesen, Amt für Wirtschaftsförderung und Mitglied des Verbraucherausschusses der Behörde für Ernährung, außerdem Vorsitzende des FDP-Arbeitskreises für Verbraucherfragen. Ab 1958 war sie Vorsitzende der Landesfrauengruppe der FDP sowie Mitglied des FDP-Landesvorstandes. Von 1966 bis 1970 amtierte sie als Mitglied der Hamburgischen Bürgerschaft.

## Die Frauenfriedensbewegung

Die „Westdeutsche Frauenfriedensbewegung“ (WFFB) legte ihre Hauptaktivitäten auf die Proteste gegen den Vietnamkrieg. Um den vietnamesischen Frauen zu helfen, sammelten sie Spenden und verkauften Handarbeiten.
In einem wesentlichen Punkt waren sich die beiden Frauen„lager“, d. h. die „Westdeutsche Friedensbewegung“ und die ahf einig. Beide übten Kritik an den Notstandsgesetzen. So reichte 1960 die ahf beim Bundesrat eine Änderung des Notstandsgesetzes ein. Sie forderte eine Befreiung vom Zivildienst für Frau-

Oben: Friedensbewegte Frauen beteiligten sich am Ostermarsch 1960 von Hamburg zum Truppenübungsplatz Bergen-Höhne. Die Ostermarschteilnehmenden demonstrierten gegen atomare Kampfmittel jeder Art und jeder Nation

Unten: Straßenkreuzung Stephansplatz, Demonstration gegen die Notstandsgesetze, 1960er Jahre

en ab dem 55. Lebensjahr und die Möglichkeit der Zivildienstverweigerung für Frauen. Auch die WFFB reagierte mit Protestaktionen auf die von der Bundesregierung vorgelegten Notstandsgesetze.
1968 beteiligten sich dann viele Hamburgerinnen an einem Sternmarsch nach Bonn, um gegen die Verabschiedung der Notstandsgesetze zu protestieren. Sie wehrten sich gegen die Verplanung von Frauen z. B. im Sanitätsdienst oder in den Lazarettorganisationen. Am 30. Mai 1968 wurden in der Zeit der großen Koalition die Notstandsgesetze vom Deutschen Bundestag verabschiedet.

Oben: Sternmarsch nach Bonn am 11. Mai 1968
Mitte: Demonstration gegen Notstandsgesetze
Unten: Junge und alte Frauen gegen Notstandsgesetze bei einer Kundgebung im Audimax der Universität Hamburg

Oben: Junge Frauen machten auch bei Anti-Springer Demonstrationen mit
Unten: während eines Sit-In

## Anfänge der Neuen Frauenbewegung

In den 1960er Jahren zeigte sich immer deutlicher, dass der Versuch der Frauenverbände und derjenigen Parlamentarierinnen, die sich der Frauenpolitik verschrieben hatten, „mittels einer organisatorischen und politischen Anpassung an das herrschende System von Männerparteien, Männerverbänden und Männerpolitik Fraueninteressen durchzusetzen, scheiterte. In letzter Konsequenz führte er zur Verfestigung der bestehenden Geschlechterverhältnisse, die erst durch die neue Frauenbewegung wieder radikal in Frage gestellt wurden“.[53]

Obwohl die etablierten Frauenverbände ganz moderne Forderungen im Sinne der Gleichberechtigung der Frau aufstellten, mussten sie sich mit Nachwuchssorgen plagen. Vielen jungen Frauen, die durch die Aktionen gegen den Vietnamkrieg und die 68er Studentenrevolution politisiert worden waren, schienen die Frauenverbände nicht das geeignete Betätigungsfeld zu sein. Zu sehr empfanden sie diese Verbände als staatstragend und in ihren Strukturen zu hierarchisch. Ebenso reagierten sie allergisch auf die „bürgerlichen“ Verhaltens- und Lebensweisen der Frauenverbandsdamen.

Während der Studenten(!)bewegung Ende der 1960er Jahre gründete sich 1968 der erste „Weiberrat“ in Frankfurt am Main. Das war die Geburtsstunde der „Neuen Frauenbewegung“. Im studentischen Bereich begannen nun Studentinnen mit antiautoritären Aktionen gegen den „Muff der 1000 Jahre“ anzukämpfen. „Engagierte Frauen erkennen aber bald, daß sie bei Aktionen zuarbeiten, an zentralen Entscheidungen nicht beteiligt sind, weil sie kochen, Kinder betreuen, Küchen und Klos putzen. Das soll sich im ‚Aktionsrat zur Befreiung der Frauen‘ oder im ‚Sozialistischen Frauenbund‘ ändern. Sie rebellieren laut und leise, privat und öffentlich, bewerfen die Genossen Großtheoretiker des Sozialistischen Deutschen Studentenbundes (SDS) mit Tomaten und Parolen wie: ‚Befreit die sozialistischen Eminenzen von ihren bürgerlichen Schwänzen‘. Die Frauen bilden Lesezirkel zur Lektüre von Bebel, Zetkin, Luxemburg,

Kollontai, Arendt und schieben Paragraph 218-Kampagnen. Das ent-setzt Männer, entmachtet sie, ent-geistert stürzen sie sich auf die Feministinnen, Hexen. Die lachen, lästern laut, launig, lustig und listig. Das ist ihre Kür."[54]

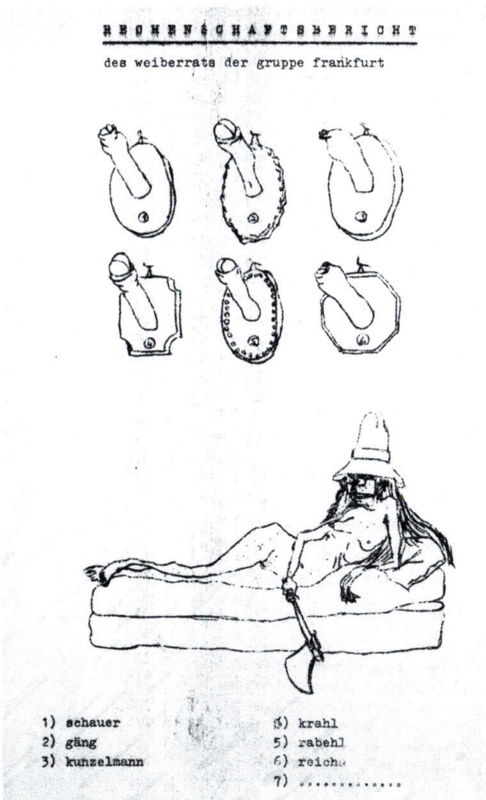


Der Frankfurter Weiberrat verteilte auf der 24. Delegiertenkonferenz des SDS im November 1968 in Hannover ein Flugblatt mit dem Titel „Rechenschaftsbericht" und der Forderung: „Befreit die sozialistischen Eminenzen von ihren bürgerlichen Schwänzen." Damit antworteten sie auf den Slogan der Herren Genossen „Wer zweimal mit derselben pennt, gehört schon zum Etablishment."

1969 gründete sich aus Wut und Enttäuschung über die patriarchalen Strukturen innerhalb des „Sozialistischen Deutschen Studentenbundes" (SDS) die „SDS-Frauengruppe Hamburg". Sie machte mit dem „Busen-Prozeß" Schlagzeilen: Während einer Prozessverhandlung wegen Hausfriedensbruchs gegen eine Studentin, die einen Prozessverlauf gegen einen Anti-Springer-Demonstranten gestört hatte, ließen die Angeklagte und acht weitere Kommilitoninnen den Mantel fallen und zeigten den Richtern ihre entblößten Brüste, dazu sangen sie:
„Meine Herren, heute sehen Sie uns nackt hier stehen, / Und wir zeigen unsere Brüste für jeden. / Ihr, die Ihr voll Verdrängung und Komplexen seid, / Wisst, dass, wer'n Weib sieht, schon verschoben ist. / Ihr haltet Euch bei Tage an die Bibel / Und streichelt lüstern höchstens mal das BGB. / Wir wissen's ein für alle Mal: / Es stinkt in diesem Staat. / Für uns gibt's Knast – für Euch heißt das Moral."

Im Amtsgericht Hamburg am 12. Dezember 1968

# Die Ersten und das erste Mal

## 1960

### Die Erste

Sieben Jahre nachdem die „Medaille für treue Arbeit im Dienste des Volkes“ in Silber erstmals vergeben wurde, (damit ehrt der Senat Personen, die sich durch besondere hervorragende Leistungen zum Besten des Gemeinwohls ausgezeichnet haben) wurde die Medaille erstmals an Frauen verliehen: Emmy Beckmann und Elisabeth Pape. Elisabeth Pape: Lehrerin, engagiert in der Abteilung „Jugendschutz“ des „Allgemeinen Deutschen Frauenverbandes“, ehrenamtliche Waisenpflegerin und Vormund, Bürgerschaftsabgeordnete der Deutschen Volkspartei. Nach dieser Verleihung musste es weitere fünf Jahre dauern, bis die Medaille wieder an Frauen vergeben wurde.

### Die Erste

Zum ersten Mal wurde eine Frau Chefärztin einer radiologischen Abteilung: Dr. Maria Hertz (Allgemeines Krankenhaus Ochsenzoll).

### Das erste Mal

Marta Damkowski, die Leiterin des Referates „Frau und Familie“ der Jugendbehörde, gab eine Stellungnahme zu einem bundesweiten Gesetzentwurf bezüglich gewerbepolizeilicher Ausnahmebestimmungen ab. Es handelte sich hierbei um Fragen, die sich im Zusammenhang mit der Beschäftigung von Frauen als Praktikantinnen auf Baustellen ergeben hatten. Hamburg hatte empfohlen, die Baustellen sorgfältig auf die Einhaltung hygienischer Vorschriften zu überwachen, besondere Umkleideräume für die Frauen zu fordern und zu verhindern, dass den Frauen übermäßig schwere Arbeiten übertragen wurden.

### Die Erste

Zum ersten Mal wurde eine Frau erste Vorsitzende Richterin am Landgericht Hamburg (Landgerichtsdirektorin): Alice Praußnitz.

## 1961

### Die Erste

Die Romanistin Prof. Dr. Margot Kruse wurde die erste Extraordinaria (planmäßige außerordentliche) Professorin in der Wirtschafts- und Sozialwissenschaftlichen Fakultät der Universität Hamburg (ordentliche Professorin ab 1962).

### Die Erste

36 Jahre nachdem zum ersten Mal die Bürgermeister-Stolten-Medaille verliehen wurde, wurde nun auch einer Frau diese Ehre zuteil: Emmy Beckmann.
Mit dieser Medaille werden Personen geehrte, die sich durch ihr öffentli-

ches Wirken bleibende Verdienste um Hamburg erworben haben.

### Die Erste

Erstmals wurde eine Frau in den CDU-Fraktionsvorstand der Hamburgischen Bürgerschaft gewählt: Charlotte Fera.

### Die Erste

Frau, die den Ehrentitel „Kammersänger/in" erhielt und dies bereits im selben Jahre, in dem der Titel erstmals vergeben wurde, war Gisela Litz.

### Das erste Mal

Erstmals wurden in der Seefahrt Messestewardessen eingestellt.

## 1962

### Die Erste

Zum ersten Mal wurde eine Frau in Hamburg Direktorin eines staatlichen Museums: Dr. Liselotte Möller am Museum für Kunst und Gewerbe (1962–1971).

## 1963

### Die Erste

Maria-Ida Kloppenburg-Santini wurde Deutschlands erster weiblicher Meister im Beton-, Stein- und Terrazzoherstellerhandwerk.

### Die Erste

Prof. Dr. Marie-Louise Henry wurde erste außerplanmäßige Professorin an der theologischen Fakultät der Universität Hamburg.

Prof. Dr. Marie-Louise Henry

### Die Erste

Gertrud Wrage wurde Hamburgs erste Meisterin im Fleischerhandwerk.

### Die Erste

Eleonore Partey bestand als erste Frau die Gesellenprüfung der Bildhauer- und Steinmetz-Innung.

## 1964

### Bundesweit das erste Mal

Nachdem das Bundesverfassungsgericht 1964 entschieden hatte, dass der Vorrang des männlichen Geschlechts bei der gesetzlichen Hoferbfolge dem Gleichberechtigungsartikel des Grundgesetzes widerspricht, wurde das Erste Änderungsgesetz zur Höfeordnung entsprechend geändert.
Bereits fünf Jahre zuvor hatte der „Juristinnenbund" auf seiner in Hamburg durchgeführten Mitgliederversammlung festgestellt, dass in den

Ländern Hamburg, Niedersachsen, Nordrhein-Westfalen und Schleswig-Holstein das Höferecht in der gesetzlichen Hoferbfolge nicht dem Grundsatz der Gleichberechtigung von Frau und Mann entspräche. Der Bundesgerichtshof war damals jedoch ganz anderer Meinung gewesen. Nach seiner Auffassung war die Bevorzugung des männlichen Geschlechts in der Hoferbfolge rechtens, weil die Zurücksetzung der Frau auf sachlichen, in der natürlichen bäuerlichen Lebensordnung zu erblickenden Verhältnissen liege. Diese Auffassung wurde 1964 durch das Bundesverfassungsgericht revidiert.

### Die Erste

Als erste Frau gründete Prof. Dr. Hedwig Wallis die Psychosomatische Abteilung der Kinderklinik des Universitätskrankenhauses Hamburg Eppendorf und wurde ihre erste Professorin und Direktorin.

Prof. Dr. Hedwig Wallis

### Das erste Mal

Nachdem der Bundestag die Bundesregierung im Dezember beauftragt hatte, einen Bericht zur Lage der Frauen in Beruf, Familie und Gesellschaft zu erarbeiten, initiierte die Hamburger Gruppe der weiblichen Angestellten in der DAG eine große Umfrage.

### Das erste Mal

Die von der ahf 1957 geforderten Ausweise für schwangere Frauen, damit diese einen Anspruch auf einen Sitzplatz in öffentlichen Verkehrsmitteln erhalten, wurde nun realisiert. Schwangere konnten nun vom 5. Schwangerschaftsmonat an einen Ausweis erhalten.

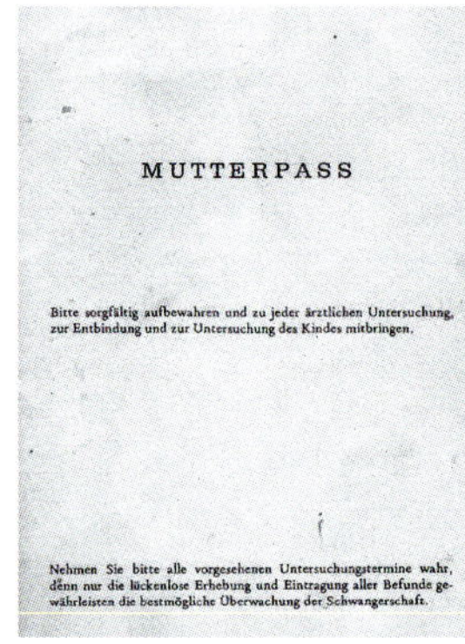

MUTTERPASS

Bitte sorgfältig aufbewahren und zu jeder ärztlichen Untersuchung, zur Entbindung und zur Untersuchung des Kindes mitbringen.

Nehmen Sie bitte alle vorgesehenen Untersuchungstermine wahr, denn nur die lückenlose Erhebung und Eintragung aller Befunde gewährleisten die bestmögliche Überwachung der Schwangerschaft.

Mutterpass 1960er Jahre

### Das erste Mal

Die ahf erwog, zwei christliche arabische Mädchen zur Ausbildung nach Hamburg zu holen. Ein Arbeitsschwerpunkt der ahf war, Frauen aus „Entwicklungsländern“, die nach Hamburg kamen, Zwischenhilfe zu bieten.

### 1965
### Die Erste

Ilse Siem wurde als erste Frau bei „Strom-und Hafenbau“ Leiterin des Wasserbezirks. Ihr waren 300 Handwerker und Arbeiter unterstellt.

### Das erste Mal

Dr. Ingrid Seeler führte in der Volkshochschule den ersten Mütterkurs durch. Er fand alle 14 Tage nachmittags statt und bot gleichzeitig Kinderbetreuung an.

### 1966
### Die Erste

Clara Klabunde war die erste Frau in Deutschland, die zur Präsidentin eines Landesarbeitsgerichts (in Hamburg) ernannt wurde.

Clara Klabunde

### 1967
### Die Erste

Helga Bauer wurde im Sommersemester 1967 als erste Frau zur AStA-Vorsitzenden gewählt (Allgemeiner Deutscher Studentenausschuss).

### Die Erste

Zum ersten Mal wurde eine Frau auf den neu geschaffenen Lehrstuhl für Allgemeine Sprachwissenschaften der Universität Hamburg berufen: Prof. Dr. Els Oksaar.

### 1968
### Bundesweit das erste Mal

In diesem Jahr wurde das Gesetz zum Schutz der erwerbstätigen Mutter novelliert. Seitdem gibt es für die Mutter eine generelle Schutzfrist von acht Wochen nach der Entbindung. Das Gesetz sah auch vor, dass nach Ablauf des fünften Schwangerschaftsmonats eine erwerbstätige Frau nicht länger als vier Stunden am Tag im Stehen zu arbeiten brauche. Verboten sind auch Akkord- und Fließbandarbeit, Nacht-, Feiertags- und Mehrarbeit. (1979 wurde ein verbesserter Mutterschutz„urlaub“ verabschiedet.)

### Die Erste

13 Jahre nachdem der Edwin-Scharff-Preis zum ersten Mal vergeben wurde, erhielt ihn erstmals auch eine Frau: die Bildende Künstlerin Gisela Bührmann.

### 1969
### Bundesweit zum ersten Mal

Das „Gesetz über die rechtliche Stellung der nichtehelichen Kinder“ gab nun der Mutter das alleinige Sorgerecht und die gesetzliche Vertretung für ihr nichteheliches Kind. Die gesetzliche Vertretung wurde jedoch durch das Jugendamt eingeschränkt, das sich bei Status- und Namensangelegenheiten, Unterhaltsansprüchen und Erbschaftssachen einschaltete.

### Die Erste
1969 wurde erstmals eine ordentliche Professorin am Fachbereich Volkswirtschaft der Universität Hamburg ernannt: Prof. Dr. Eva Bössmann.

### Die Erste
Marianne Timm wurde Hamburgs erste praktizierende Pastorin der evangelisch-lutherischen Kirche.

### Die Erste
Zum ersten Mal wurde bei „Strom- und Hafenbau" eine Frau Leiterin der Abteilung Konstruktion und Ausführung von Tief-, Stahl- und Brückenbauten: Ilse Siem.

### Das erste Mal
Das Hamburgische Beamtengesetz sah die Möglichkeit der Teilzeitarbeit für Beamtinnen wegen familiärer Gründe (Betreuung von Kindern und anderer Familienangehörigen) vor. Ab 1974 durften auch männliche Beamte aus diesen Gründen Teilzeitarbeit verrichten. Ab 1980 wurde es beiden Geschlechtern ermöglicht, neben familiären Gründen auch aus arbeitsmarktpolitischen Erwägungen Teilzeitarbeit zu verrichten.

### Das erste Mal
Die „katholische Frauengemeinschaft Deutschland – kfd – Stadtverband Hamburg" bot Vormittagskurse für Mütter schulpflichtiger Kinder an. Schwerpunkte der Kurse: Politik, Kunst, Literatur, Staatsbürgerkunde.

## Abkürzungsverzeichnis

| | |
|---|---|
| Drs. | Drucksache (Anträge, Große und Kleine Anfragen) |
| Gr. Anfr.: | Große Anfrage |
| HA: | Hamburger Abendblatt |
| HR: | Hamburger Rundschau |
| Pl. Pr.: | Plenarprotokolle |
| Schr. Kl. Anfr.: | Schriftliche Kleine Anfrage |
| STA Hbg.: | Staatsarchiv Hamburg |
| St.B.B.: | Stenographische Berichte der Bürgerschaft bis 1970 |
| WP und W: | Wahlperiode |

## Anmerkungen für Teil 1: Vom Ende des 18. Jahrhunderts bis 1933

1 Mary Wollstonecraft: Verteidigung der Rechte des Weibes (1792), in: Ute Gerhard, Petra Pommerenke, Ulla Wischermann (Hrsg.): Klassikerinnen feministischer Theorie. Grundlagentexte, Bd. 1: 1789–1919, Königstein/Taunus 2008, S. 31 u. 37.

2 Theodor Gottlieb von Hippel: Über die Ehe, Königsberg 1793, S. 264.

3 Meyers Großes Konservationslexikon 1908, zit. nach Karin Hausen: Einleitung, in: dies. (Hrsg): Frauen suchen ihre Geschichte, München 1983, S. 8.

4 Olympe de Gouges: Erklärung der Rechte der Frau und Bürgerin (1791), in: Ute Gerhard, Petra Pommerenke, Ulla Wischermann (Hrsg.), a. a. O., S. 20.

5 Wilhelm Heinrich Riehl: Die Familie, 4. unveränd. Aufl., Stuttgart 1856, S. VI.

6 Wilhelm Heinrich Riehl, S. 10.

7 Georg Wilhelm Friedrich Hegel: Grundlinien der Philosophie des Rechts, Berlin 1821, § 166 .

8 Wilhelm Heinrich Riehl, S. 70.

9 Ute Gerhard: Über die Anfänge der deutschen Frauenbewegung um 1848. Frauenpresse, Frauenpolitik und Frauenvereine, in: Karin Hausen (Hrsg.): Frauen suchen ihre Geschichte, München 1983, S. 196–220. Für Hamburg vgl.: Sylvia Paletschek: Sozialgeschichte der Frauen in Hamburg im revolutionären Zeitalter (1840er und 1850er Jahre), in: Barbara Vogel, Ulrike Weckel (Hrsg.): Frauen in der Ständegesellschaft, Hamburg 1991, S. 285–306. Vgl. auch: Rita Bake, Brita Reimers: So lebten sie! Spazieren auf den Wegen von Frauen in Hamburgs Alt- und Neustadt, Hamburg 2003.

10 Zit. nach: „Allgemeiner Deutscher Frauenverein", in: Lexikon zur Parteiengeschichte, Bd. 1, Köln 1983, S. 48–53, hier S. 49, dort zit. nach: Adresse eines Mädchens, in: Leipziger Arbeiterzeitung Nr. 4 v. 26.5.1848.

11 Vgl. dazu: Carola Lipp (Hrsg.): Schimpfende Weiber und patriotische Jungfrauen. Frauen im Vormärz und in der Revolution 1848/49, Baden-Baden 1986.

12 Ute Frevert: Frauen-Geschichte. Zwischen Bürgerlicher Verbesserung und Neuer Weiblichkeit, Frankfurt a. M. 1986, S. 73. Sylvia Paletschek: Frauen und Dissens. Frauen im Deutschkatholizismus und in den freien Gemeinden 1841–1852, Göttingen 1990.

13 Inge Grolle: Wüstenfeld, Emilie, in: Hamburgische Biografie. Personenlexikon, hrsg. v. Franklin Kopitzsch u. Dirk Brietzke, Bd. 1, Hamburg 2001, S. 343–344.

14 Inge Grolle: „Auch Frauen sind zulässig". Die Frauensäule in der Hamburger Rathausdiele, in: Rita Bake, Birgit Kiupel: Auf den zweiten Blick. Das Hamburger Rathaus, Hamburg 1997, S. 86ff.

15 Inge Grolle: Goldschmidt, Johanna, in: Hamburgische Biografie, Bd. 1, a. a. O., S. 109–110.

16 Jahresbericht des Frauenvereins zur Unterstützung der Deutsch-Katholiken 1849, zit. nach: Inge Grolle: Demokratie ohne Frauen? In Hamburg um 1848, Hamburg 1988, S. 14.

17 Inge Grolle: Paulsen, Charlotte, in: Hamburgische Biografie, Bd. 1, a. a. O., S. 229–231.

18 Emma Ihrer: Die Organisationen der Arbeiterinnen Deutschlands, ihre Entstehung und Entwickelung, Berlin 1893, S. 4. Zur Biographie Emma Ihrers vgl.: Dieter Schneider: Emma Ihrer. Gegen Rückständigkeit und Unverstand, in: ders. (Hrsg.): Sie waren die ersten. Frauen in der Arbeiterbewegung, Frankfurt am Main 1988, S. 77–90.

19 Für die Frauenpolitik der SPD siehe das grundlegende Werk von Karen Hagemann: Frauenalltag und Männerpolitik. Alltagsleben und gesellschaftliches Handeln von Arbeiterfrauen in der Weimarer Republik, Bonn 1990 sowie dies./Jan Kolossa: Gleiche Rechte – Gleiche Pflichten? Ein Bilder-Lese-Buch zu Frauenalltag und Frauenbewegung in Hamburg, Hamburg 1990.

20 Resolution der vierten Konferenz sozialistischer Frauen zu Mannheim, das Frauenwahlrecht betreffend, abgedruckt in: Clara Zetkin: Zur Frage des Frauenwahlrecht. Berlin 1907, S. 12.

21 Die II. Sozialistische Internationale hatte 1910 einen entsprechenden Antrag der deutschen Vertreter angenommen, vgl. Karen Hagemann/Jan Kolossa: Gleiche Rechte – Gleiche Pflichten? a. a. O., S. 36f.

22 Louise Otto-Peters: Das Recht der Frauen auf Erwerb. Wiederveröffentlichung der Erstausgabe aus dem Jahre 1866, Leipzig 1997, S. 33.

23 Adolf Lette: Denkschrift zur Förderung der Erwerbsfähigkeit des weiblichen Geschlechts, in: Der Arbeiterfreund 3 (1865), S. 352, zit. nach: Ulrike Bussemer: Bürgerliche und proletarische Frauenbewegung (1865–1914), in: Annette Kuhn, Gerhard Schneider (Hrsg.): Frauen in der Geschichte, Düsseldorf 1979, S. 34–55, hier S. 54, Anm. 59.

24 Die folgende Darstellung für die Zeit des Kaiserreiches ist eine Zusammenfassung von Kirsten Heinsohn: Politik und Geschlecht. Zur Politischen Kultur bürgerlicher Frauenvereine in Hamburg 1871–1918, Hamburg 1997, S. 197–360. Genauere Nachweise für Archivmaterial aus dem Staatsarchiv Hamburg, weiterführende Literatur und Zitate siehe dort.

25 Dieses Ergebnis spricht gegen die These, dass die Frauenbewegung in Hamburg erst „verspätet", nämlich 1896 mit der Gründung der Ortsgruppe des ADF begonnen habe. Vgl. dazu Mechthild Deutelmoser, Birgit Ebert: „Leichte Mädchen", hohe Herren und energische Frauen. Die Hamburger Frauenbewegung im Kampf gegen Prostitution und Doppelmoral 1896–1908, in: Jörg Berlin (Hrsg.): Das andere Hamburg. Freiheitliche Bestrebungen in der Hansestadt seit dem Spätmittelalter, Köln 1982? S. 140–161, hier S. 141.

26 Marie Kortmann: Emilie Wüstenfeld. Eine Hamburger Bürgerin, Hamburg 1927, S. 131.

27 Herrad-Ulrike Bussemer: Frauenemanzipation und Bildungsbürgertum. Sozialgeschichte der Frauenbewegung in der Reichsgründungszeit, Weinheim-Basel 1985, Anm. 216, S. 314. Der „Verein zur Förderung weiblicher Erwerbsthätigkeit" war offenbar Mitglied im ADF.

28 Rita Bake: Bonfort, Helene, in: Hamburgische Biografie, a. a. O., Bd. 3, Göttingen 2006, S. 53–54.

29 Marie Kortmann, a. a. O., 135.

30 Sabine Hoffkamp: Heymann, Lida Gustava, in: Hamburgische Biografie, a. a. O., Bd. 5, Göttingen 2010, S. 188–190.

31 Kirsten Heinsohn: Radel, Frieda, in: Hamburgische Biografie, a. a. O., Bd. 5, Göttingen 2010, S. 297–298.

32 Zu ihrer Biographie vgl. Helmut Stubbe-da Luz, Helmut: Die Stadtmütter Ida Dehmel, Emma Ender, Margarete Treuge, Hamburg 1994, S. 39–62.

33 Helmut Stubbe-da Luz: Emmy Beckmann (1880–1967), Hamburgs einflussreichste Frauenrechtlerin, in: Zeitschrift des Vereins für Hamburgische Geschichte 73 (1987), S. 97–138.

34 Kirsten Heinsohn: Eichholz, Julie, in: Hamburgische Biografie, a. a. O., Bd. 5, Göttingen 2010, S. 102–103.

35 Leben ist Streben. Bericht der Ortsgruppe Hamburg des ADF, 1896–1907, Hamburg 1907, S. 7.

36 Hamburgischer Corréspondent 10.11.1901: Zur Frauenfrage. Einst und jetzt, von Helene Bonfort.

37 Ebd.

38 Lida Gustava Heymann: Erlebtes – Erschautes, Deutsche Frauen kämpfen für Freiheit, Recht und Frieden 1850–1940, Meisenheim am Glan 1972/Frankfurt a. M. 1992, S. 71–72.

39 Vgl. dazu Irene Stoehr: Emanzipation zum Staat? Der Allgemeine Deutsche Frauenverein – Deutscher Staatsbürgerinnenverband (1893–1933), Pfaffenweiler 1990, S. 25–27.

40 Barbara Greven-Aschoff: Die bürgerliche Frauenbewegung in Deutschland 1894–1933, Göttingen 1981, S. 90–107.

41 Lida Gustava Heymann, a. a. O., S. 68.

42 Staatsarchiv Hamburg, Politische Polizei, S 5466, Bd. I: Frauen Hamburgs! Frauen Altonas! Flugblatt des Vereins „Frauenwohl" Hamburg-Altona, 1906.

43 Staatsarchiv Hamburg, Politische Polizei, S 5466, Bd. I: Aufruf! ca. 1901.

44 Staatsarchiv Hamburg, Politische Polizei, S 5466, Bd. II: GA 18.4.1909: Das Schicksal von Frauenvereinen.

45 Staatsarchiv Hamburg, Politische Polizei, SA 1901: Hamburger Hausfrau 8.11.1912.

46 Bericht über die in Hamburg während der Jahre 1914–15 von Frauen geleistete Kriegshilfe, Hamburg 1916, S. 5/6.

47 Vgl. Werner Jochmann: Handelsmetropole des Deutschen Reiches, in: ders.; Loose, Hans-Dieter (Hrsg.): Hamburg. Geschichte der Stadt und ihrer Bewohner, Bd. II: Vom Kaiserreich bis zur Gegenwart, Hamburg 1986, S. 15–130.

48 Barbara Dünkel: Die bürgerliche Frauenbewegung im Ersten Weltkrieg. Nationalistische und pazifistische Tendenzen bürgerlicher Frauenvereine am Beispiel Hamburgs, Magisterarbeit Hamburg 1993, S. 65–75. Allgemein zur Frauenfriedensbewegung: Sabine Hering, Cornelia Wenzel: Frauen riefen, aber man hörte sie nicht. Die Rolle der deutschen Frauen in der internationalen Frauenfriedensbewegung zwischen 1892 und 1933, Bd. 1, Kassel 1986.

49 Hamburger Adreßbuch 1917–1918. Vgl. auch Karen Hagemann/Jan Kolossa: Gleiche Rechte – Gleiche Pflichten? a. a. O., S. 26–28, S. 44/45 u. S. 129–137.

50 Staatsarchiv Hamburg, Politische Polizei S 2476: Satzungen § 2.

51 Werner Jochmann, a. a. O., S. 119.

52 Karen Hagemann/Jan Kolossa: Gleiche Rechte – Gleiche Pflichten? a. a. O., S. 44.

53 Staatsarchiv Hamburg, Politische Polizei S 2476: Hamburger Fremdenblatt 3.11.1918. Dies war eine reichsweit durchgeführte Aktion, die u. a. vom „Deutschen Reichsverband für Frauenstimmrecht", dem „Deutschen Frauenstimmrechtsbund", dem BDF, dem „Deutschen Frauenausschuß für dauernden Frieden" und einer Anzahl sozialdemokratischer Vereine organisiert worden war.

54 Hans-Wilhelm Eckardt: Privilegien und Parlament. Die Auseinandersetzungen um das allgemeine und gleiche Wahlrecht in Hamburg, Hamburg 1980, S. 55.

55 Ansprache der Alterspräsidentin Helene Lange in der 1. Sitzung der Bürgerschaft am Montag, 24. März 1919, abgedruckt in: Ursula Büttner: Politischer Neubeginn in schwieriger Zeit: Wahl und Arbeit der ersten demokratischen Bürgerschaft 1919–21, Hamburg 1994, S. 78–79, hier S. 79.

56 Für die konservativen Parteien: Kirsten Heinsohn: Konservative Parteien in Deutschland 1912 bis 1933. Demokratisierung und Partizipation in geschlechterhistorischer Perspektive, Düsseldorf 2010.

57 Rita Bake: Seifarth, Elisabeth, in: Hamburgische Biografie. a. a. O., Bd. 4, Göttingen 2008, S. 323.

58 Vgl. dazu auch Karen Hagemann/Jan Kolossa: Gleiche Rechte – Gleiche Pflichten? a. a. O., S. 71–74.

59 Karen Hagemann/Jan Kolossa: Gleiche Rechte – Gleiche Pflichten? a. a. O., S. 66.

60 Johanna Piiper: Die Frauenpolitik der KPD in Hamburg 1928 bis 1933, Köln 1988.

61 Karen Hagemann/Jan Kolossa: Gleiche Rechte – Gleiche Pflichten? a. a. O., S. 72.

62 Ina Lorenz: Werner, Sidonie, in: Hamburgische Biografie. a. a. O., Bd. 1, Hamburg 2001, S. 343–344.
63 Rita Bake: Fricke, Klara, in: Hamburgische Biografie. a. a. O., Bd. 4, Göttingen 2008, S. 104/105.
64 Rita Bake: Hoppstock-Huth, Madga, in: Hamburgische Biografie. a. a. O., Bd. 2, Hamburg 2003, S. 197–198.
65 Karen Hagemann, Jan Kolossa, Gleiche Rechte – Gleiche Pflichten? a. a. O., S. 167.
66 Das Protokoll der Sitzung ist abgedruckt in: Angelika Schaser: Frauenbewegung in Deutschland 1848–1933, Darmstadt 2006, S. 118–119.

## Anmerkungen zu Teil 2: Von 1945 bis Ende der 1960er Jahre

* Die folgende Darstellung für die Zeit von 1945 bis Ende der 1960er Jahre ist eine Zusammenfassung aus den Publikationen: Inge Grolle, Rita Bake: „Ich habe jonglieren mit drei Bällen geübt". Frauen in der Hamburgischen Bürgerschaft 1946 bis 1993, Hamburg 1995 und Rita Bake: Die Ersten und das erste Mal … Zum 50. Geburtstag des Gleichberechtigungsartikels im Grundgesetz. Was hat er Hamburgs Frauen gebracht? Hamburg 1999. Genaue Nachweise für Archivmaterial, weiterführende Literatur und Zitate dort.
1 Karen Hagemann/Jan Kolossa: „Gleiche Rechte – gleiche Pflichten?". Hamburg 1990, S. 208.
2 Aus: Protokoll der Mitgliederversammlung des Hamburger Frauenringes vom 26. November 1946.
3 STA Hbg: Staatliche Pressestelle V 135-1, I b1 b4 Bd.1. Gespräche über den Wiederaufbau Hamburgs und die Frauen, Protokoll vom 28.6.1946; und STA Hbg.: Staatliche Pressestelle V, II V Frauenverbände.
4 Karen Hagemann/Jan Kolossa, a. a. O., S. 216.
5 50 Jahre „Hamburger Frauenring" 1946–1996. Hamburg 1996.
6 50 Jahre Hamburger Frauenring, a. a. O., S. 10f.
7 Karen Hagemann/Jan Kolossa, a. a. O., S. 220.
8 Beate Görig: 50 Jahre Landesfrauenrat Hamburg. Hamburg 1999, S. 16.
9 Protokoll über die Gründungsversammlung des Vereins Hamburger Hausfrauen am 17.7.1946. Kopie in Privatbesitz.
10 Stenographische Berichte der Bürgerschaft (im Folgenden abgekürzt: St.B.B.), 12. Sitzung vom 27.7.1946, S. 241.
11 St.B.B., 6. Sitzung vom 15.4.1946, S. 100.
12 St.B.B., 18. Sitzung vom 7.10.1946, S. 427f.
13 St.B.B., 10. Sitzung vom 26.6.1946, S. 174ff.
14 St.B.B., 17. Sitzung vom 13.7.1949, S. 583–594.
15 St.B.B., 22. Sitzung vom 26.11.1947, S. 307.
16 St.B.B., 19. Sitzung vom 13.10.1948; 22. Sitzung vom 15.12.1948, S. 649.
17 Staatsarchiv Hamburg: Staatliche Pressestelle V 135-1, I D1 b4 Bd. 1. „Gespräche über den Wiederaufbau …"
18 Kontrollratsgesetz Nr. 32 vom 10.7.1946.
19 St.B.B., 20. Sitzung vom 10.11.1948, S. 589ff.
20 Elke Schüller: Frauen und Männer sind gleichberechtigt. in: Dossier Frauenbewegung der Bundeszentrale für politische Bildung, 8.9.2008. www.bpb.de/gesellschaft/gender/frauenbewegung/35275/neuanfang-im-westen
21 50 Jahre Hamburger Frauenring, a. a. O., S. 4.
22 Karen Hagemann/Jan Kolossa, a. a. O., S. 243.
23 Beate Görig, a. a. O., S. 16f.
24 Bericht von Friederike Kardel vom 3.11.1969 an die ahf als Kopie in Privatbesitz.
25 40 Jahre Akademikerinnenbund Hamburg e. V. 1948–1988. Hamburg o. J., S. 9.
26 Protokoll des Akademikerinnenbundes vom 9. Juni 1956.
27 Beate Görig, a. a. O., S. 21.
28 Zit. nach: Vera Rüchel: Dokumentation über alle ahf-Ausstellungen. Hamburg, September 1979.
29 Beate Görig, a. a. O., S. 20.
30 Antrag: St.B.B., 24. Sitzung vom 29.11.1950, S. 977. Wiederholung: St. B.B.,12. Sitzung vom 28.5.1952, S. 717ff.
31 Beate Görig, a. a. O., S. 18.
32 St.B.B., 5. Sitzung vom 17.3.1954, S. 140–151.
33 Johannes Münder: Familien- und Jugendrecht. Weinheim und Basel 1985, S. 34.
34 St.B.B., 16. Sitzung vom 13.6.1956, S. 690ff.
35 Florence Hervé: „Wir fühlten uns wieder stark." Die demokratische Frauenbewegung. In: FrauenBilderLeseBuch. Hrsg. Von der Elefanten Press. Frankfurt a. M., Wien, Zürich 1980, S. 70f.
36 Florence Hervé, a. a. O., 70f.
37 Rundbrief der ahf vom Februar 1952, Kopie in Privatbesitz.
38 Karen Hagemann/Jan Kolossa, a. a. O., S. 242.
39 Karen Hagemann/Jan Kolossa, a. a. O., S. 219.
40 20 Jahre WOMAN 1948–1968. Rückblick und Ausblick., o. J., o. O.
41 Politeia – Szenarien aus der Deutschen Geschichte nach 1945 aus Frauensicht. Hrsg. Von Annette Kuhn, Marianne Pitzen, Marianne Hochgeschurz. Bonn 1998, S. 157.
42 Elefanten Press und Bärbel Becker (Hrsg.): Frauen in den 60er Jahren. Unbekannte Wesen. Berlin 1987, S. 53f.
43 Elefantenpress und Bärbel Becker, a. a. O. Klappentext.
44 St.B.B., 27. Sitzung vom 15.12.1960, S. 1065.
45 Beate Görig, a. a. O., S. 22f.
46 40 Jahre Akademikerinnenbund, a. a. O., S. 10.
47 Vera Rüchel, a. a. O., 1979.
48 40 Jahre Akademikerinnenbund, a. a. O., S. 9.
49 St.B.B., 20. Sitzung vom 6.12.1962, S. 650f.
50 St.B.B., 23. Sitzung vom 10.12.1963, S. 860.
51 St.B.B., 25. Sitzung vom 11.4.1967, S. 1078.
52 St.B.B., 70. Sitzung vom 6.12.1968, S. 3141.
53 Karen Hagemann/Jan Kolossa, 1990, S. 243.
54 Frauen an Hamburger Hochschulen, hrsg. von der Landeskonferenz der Frauenbeauftragten und -referentinnen an Hamburger Hochschulen – LaKoF –. Hamburg 1998, S. 8f.

## Literaturverzeichnis

„Allgemeiner Deutscher Frauenverein", in: Lexikon zur Parteiengeschichte, Bd. 1, Köln 1983, S. 48–53.

Ansprache der Alterspräsidentin Helene Lange in der 1. Sitzung der Bürgerschaft am Montag, 24. März 1919, abgedruckt in: Ursula Büttner: Politischer Neubeginn in schwieriger Zeit: Wahl und Arbeit der ersten demokratischen Bürgerschaft 1919–21, Hamburg 1994, S. 78–79.

Ansprache von Anna Rieper anlässlich des Todes von Magda Hoppstock-Huth auf der Jahresmitgliederversammlung der IFFF Hamburg im September 1959, in: IFFF, Nachlass Magda Hoppstock-Huth.

Rita Bake: Bonfort, Helene, in: Hamburgische Biografie. Personenlexikon, hrsg. v. Franklin Kopitzsch u. Dirk Brietzke, Bd. 3, Göttingen 2006, S. 53–54.

Rita Bake: Dokumentation über den Garten der Frauen, Hamburg 2009.

Rita Bake: Die Ersten und das erste Mal … Zum 50. Geburtstag des Gleichberechtigungsartikels im Grundgesetz. Was hat er Hamburgs Frauen gebracht? Hamburg 1999.

Rita Bake: Fricke, Klara, in: Hamburgische Biografie. Personenlexikon, hrsg. v. Franklin Kopitzsch u. Dirk Brietzke, Bd. 4, Göttingen 2008, S. 104–105.

Rita Bake: Hoppstock-Huth, Madga, in: Hamburgische Biografie. Personenlexikon, hrsg. v. Franklin Kopitzsch u. Dirk Brietzke, Bd. 2, Hamburg 2003, S. 197–198.

Rita Bake: Seifarth, Elisabeth, in: Hamburgische Biografie. Personenlexikon, hrsg. v. Franklin Kopitzsch u. Dirk Brietzke, Bd. 3, Göttingen 2006, S. 323.

Rita Bake, Brita Reimers: So lebten sie! Spazieren auf den Wegen von Frauen in Hamburgs Alt- und Neustadt, Hamburg 2003.

Rita Bake, Brita Reimers: Stadt der toten Frauen. Der Hamburger Friedhof Ohlsdorf in 127 Frauenportraits, Hamburg 1997.

Bericht über die in Hamburg während der Jahre 1914–15 von Frauen geleistete Kriegshilfe, Hamburg 1916.

Helene Bonfort: Zur Frauenfrage einst und jetzt, in: Hamburgischer Correspondent vom 10.11.1900.

Brief des Kirchenkreises Alt-Hamburg vom 1.7.1985 an die Pastorinnen und Pastoren im Kirchenkreis anlässlich des Todes von Hanna Schüßler, in Ordner 1: Historie, Standort im früheren „Haus der Frau" Loogeplatz 14/16, jetzt Evangelische Familienbildung Eppendorf.

Herrad-Ulrike Bussemer: Frauenemanzipation und Bildungsbürgertum. Sozialgeschichte der Frauenbewegung in der Reichsgründungszeit, Weinheim-Basel 1985.

Mechthild Deutelmoser, Birgit Ebert: „Leichte Mädchen", hohe Herren und energische Frauen. Die Hamburger Frauenbewegung im Kampf gegen Prostitution und Doppelmoral 1896–1908, in: Jörg Berlin (Hrsg.): Das andere Hamburg. Freiheitliche Bestrebungen in der Hansestadt seit dem Spätmittelalter, Köln 1982, S. 140–161.

Barbara Dünkel: Die bürgerliche Frauenbewegung im Ersten Weltkrieg. Nationalistische und pazifistische Tendenzen bürgerlicher Frauenvereine am Beispiel Hamburgs, Magisterarbeit Hamburg 1993.

Hans-Wilhelm Eckardt: Privilegien und Parlament. Die Auseinandersetzungen um das allgemeine und gleiche Wahlrecht in Hamburg, Hamburg 1980.

Ein tapferes Leben ist erfüllt. Trauerfeierlichkeiten für Alice Wosikowsky, in: Hamburger Volkszeitung, April 1949.

Elefanten Press und Bärbel Becker (Hrsg.): Frauen in den 60er Jahren. Unbekannte Wesen, Berlin 1987.

elsbethweichmannges.de oder weichmann-stiftung.de

Erster Tätigkeitsbericht der Hamburgischen Frauenhilfe 1923, Hamburg 1925.

Eva und die Zukunft. Das Bild der Frau seit der Französischen Revolution. Hamburger Kunsthalle 11. Juli bis 14. September 1986. Hrsg. Werner Hofmann, Konzept und Katalog Sigrun Paas und Friedrich Gross, München 1986.

Frauen an Hamburger Hochschulen, hrsg. von der Landeskonferenz der Frauenbeauftragten und -referentinnen an Hamburger Hochschulen – LaKoF –, Hamburg 1998.

Frauen im Faschismus. Frauen im Widerstand – Hamburger Sozialdemokratinnen berichten. Hrsg. von der Arbeitsgemeinschaft sozialdemokratischer Frauen Hamburg, Hamburg 1983.

Ute Frevert: Frauen-Geschichte. Zwischen Bürgerlicher Verbesserung und Neuer Weiblichkeit, Frankfurt a. M. 1986.

Klara Fricke zum 4. Februar 1941. Festschrift anlässlich ihres siebzigsten Geburtstags, Hamburg 1941.

50 Jahre „Hamburger Frauenring" 1946–1996, Hamburg 1996.

Ute Gerhard: Über die Anfänge der deutschen Frauenbewegung um 1848. Frauenpresse, Frauenpolitik und Frauenvereine, in: Karin Hausen (Hrsg.): Frauen suchen ihre Geschichte, München 1983, S. 196–220.

Marie Glinzer: Unveröffentlichtes Manuskript über ihr Leben in Privatbesitz.

Beate Görig: 50 Jahre Landesfrauenrat Hamburg, Hamburg 1999.

Olympe de Gouges: Erklärung der Rechte der Frau und Bürgerin (1791), in: Ute Gerhard, Petra Pommerenke, Ulla Wischermann (Hrsg.): Klassikerinnen feministischer Theorie. Grundlagentexte, Bd. 1: 1789–1919, Königstein/Taunus 2008.

Barbara Greven-Aschoff: Die bürgerliche Frauenbewegung in Deutschland 1894–1933, Göttingen 1981.

Inge Grolle: „Auch Frauen seien zulässig". Die Frauensäule im Hamburger Rathaus, in: Rita Bake, Birgit Kiupel: Auf den zweiten Blick. Das Hamburger Rathaus. Hamburg 1997.

Ingeborg Grolle: Demokratie ohne Frauen in Hamburg um 1848? Hamburg 1988.

Ingeborg Grolle: Demokratie ohne Frauen? Fraueninitiativen in Hamburg um 1848, in: Inge Stephan, Hans-Gerd Winter (Hrsg.): Heil über Dir, Hammonia, Hamburg 1992, S. 319–344.

Inge Grolle: Goldschmidt, Johanna, in: Hamburgische Biografie. Personenlexikon, hrsg. v. Franklin Kopitzsch u. Dirk Brietzke, Bd. 1, Hamburg 2001, S. 109–110.

Inge Grolle, Rita Bake: „Ich habe jonglieren mit drei Bällen geübt". Frauen in der Hamburgischen Bürgerschaft 1946 bis 1993, Hamburg 1995.

Inge Grolle: Paulsen, Charlotte, in: Hamburgische Biografie. Personenlexikon, hrsg. v. Franklin Kopitzsch u. Dirk Brietzke, Bd. 1, Hamburg 2001, S. 229–231.

Inge Grolle: Die Schule des Paulsen-Stifts – ein Denkmal für Charlotte Paulsen – ein Erbe der Frauenbewegung, in: Charlotte Paulsen Gymnasium, Hamburg Wandsbek, 125 Jahre Schule des Paulsen-Stifts, 75 Jahre Lyzeum Wandsbek, Hamburg 1991.

Inge Grolle: Wüstenfeld, Emilie, in: Hamburgische Biografie. Personenlexikon, hrsg. v. Franklin Kopitzsch u. Dirk Brietzke, Bd. 1, Hamburg 2001, S. 343–344.

Karen Hagemann: Frauenalltag und Männerpolitik. Alltagsleben und gesellschaftliches Handeln von Arbeiterfrauen in der Weimarer Republik, Bonn 1990.

Karen Hagemann/Jan Kolossa: Gleiche Rechte – Gleiche Pflichten? Ein Bilder-Lese-Buch zu Frauenalltag und Frauenbewegung in Hamburg, Hamburg 1990.

Hamburger Adreßbuch 1917–1918.

Renate Hauschild-Thiessen: Agnes Wolffson. In: Hamburgische Geschichts- und Heimatblätter, Bd. 10, H. 9, Hamburg 1980/81.

Georg Wilhelm Friedrich Hegel: Grundlinien der Philosophie des Rechts, Berlin 1821, § 166.

Kirsten Heinsohn: Eichholz, Julie, in: Hamburgische Biografie, Personenlexikon, hrsg. v. Franklin Kopitzsch u. Dirk Brietzke, Bd. 5, Göttingen 2010, S. 102–103.

Kirsten Heinsohn: Konservative Parteien in Deutschland 1912 bis 1933. Demokratisierung und Partizipation in geschlechterhistorischer Perspektive, Düsseldorf 2010.

Kirsten Heinsohn: Politik und Geschlecht. Zur Politischen Kultur bürgerlicher Frauenvereine in Hamburg 1871–1918, Hamburg 1997, S. 197–360.

Kirsten Heinsohn: Radel, Frieda, in: Hamburgische Biografie. Personenlexikon, hrsg. v. Franklin Kopitzsch u. Dirk Brietzke, Bd. 5, Göttingen 2010, S. 297–298.

Sabine Hering, Cornelia Wenzel: Frauen riefen, aber man hörte sie nicht. Die Rolle der deutschen Frauen in der internationalen Frauenfriedensbewegung zwischen 1892 und 1933, Bd. 1, Kassel 1986.

Florence Hervé: „Wir fühlten uns wieder stark.“ Die demokratische Frauenbewegung, in: FrauenBilderLeseBuch, hrsg. von der Elefanten Press. Frankfurt a. M., Wien, Zürich 1980.

Lida Gustava Heymann: Erlebtes – Erschautes, Deutsche Frauen kämpfen für Freiheit, Recht und Frieden 1850–1940, Meisenheim am Glan 1972/Frankfurt a. M. 1992.

Lida Gustava Heymann: Die weiblichen Abgeordneten im neuen Reichstag, in: Die Frau im Staat. Jg. 6, 1924, H. 4/5.

Theodor Gottlieb von Hippel: Über die Ehe, Königsberg 1793.

Ursel Hochmuth, Gertrud Meyer: Streiflichter aus dem Hamburger Widerstand 1933–1945, Frankfurt a. M. 1969.

Sabine Hoffkamp: Heymann, Lida Gustava, in: Hamburgische Biografie, Personenlexikon, hrsg. v. Franklin Kopitzsch u. Dirk Brietzke, Bd. 5, Göttingen 2010, S. 188–190.

Traute Hoffmann: Der erste deutsche ZONTA-Club. Auf den Spuren außergewöhnlicher Frauen, Hamburg 2002.

Emma Ihrer: Die Organisationen der Arbeiterinnen Deutschlands, ihre Entstehung und Entwickelung, Berlin 1893.

Jahresbericht des Frauenvereins zur Unterstützung der Deutsch-Katholiken 1849, zit. nach: Inge Grolle: Demokratie ohne Frauen? In Hamburg um 1848, Hamburg 1988.

Werner Jochmann: Handelsmetropole des Deutschen Reiches, in: ders.; Loose, Hans-Dieter (Hrsg.): Hamburg. Geschichte der Stadt und ihrer Bewohner, Bd. II: Vom Kaiserreich bis zur Gegenwart, Hamburg 1986, S. 15–130.

Kontrollratsgesetz Nr. 32 vom 10.7.1946.

Marie Kortmann: Emilie Wüstenfeld. Eine Hamburger Bürgerin, Hamburg 1927.

Magda Langhans. Die erste vor dem Tribunal, in: *Die Welt* vom 15.1.1949.

Leben ist Streben. Bericht der Ortsgruppe Hamburg des ADF, 1896–1907, Hamburg 1907.

Adolf Lette: Denkschrift zur Förderung der Erwerbsfähigkeit des weiblichen Geschlechts, in: Der Arbeiterfreund 3 (1865), S. 352, zit. nach: Ulrike Bussemer: Bürgerliche und proletarische Frauenbewegung (1865–1914), in: Annette Kuhn, Gerhard Schneider (Hrsg.): Frauen in der Geschichte, Düsseldorf 1979, S. 34–55.

Hilde Lion: Zur Problematik einer Frauenquote, in: Die Frau. Jg. 32, H. 5, 1925.

Carola Lipp (Hrsg.): Schimpfende Weiber und patriotische Jungfrauen. Frauen im Vormärz und in der Revolution 1848/49, Baden-Baden 1986.

Ina Lorenz: Werner, Sidonie, in: Hamburgische Biografie. Personenlexikon, hrsg. v. Franklin Kopitzsch u. Dirk Brietzke, Bd. 1, Hamburg 2001, S. 343–344.

Ulla Manz: Fröbels Schülerin Amalie Krüger und ihr Wirken in Hamburg, Maschinenschriftliches, Staatsarchiv Hamburg, o. O. o. J.

Meyers Großes Konservationslexikon 1908, zit. nach: Karin Hausen: Einleitung, in: dies. (Hrsg): Frauen suchen ihre Geschichte, München 1983.

Mitteilung des Staatsarchives Hamburg anlässlich der Verleihung der Bürgermeister-Stolten-Medaille für Dr. Elsbeth Weichmann, 1984.

Vilma Mönckeberg-Kollmar: Das Märchen und unsere Zeit (Manuskript), o. O., o. J.

Johannes Münder: Familien- und Jugendrecht. Weinheim und Basel 1985.

Louise Otto-Peters: Das Recht der Frauen auf Erwerb. Wiederveröffentlichung der Erstausgabe aus dem Jahre 1866, Leipzig 1997.

Sylvia Paletschek: Frauen und Dissens. Frauen im Deutschkatholizismus und in den freien Gemeinden 1841–1852, Göttingen 1990.

Sylvia Paletschek: Sozialgeschichte der Frauen in Hamburg im revolutionären Zeitalter (1840er und 1850er Jahre), in: Barbara Vogel, Ulrike Weckel (Hrsg.): Frauen in der Ständegesellschaft, Hamburg 1991, S. 285–306.

Johanna Piiper: Die Frauenpolitik der KPD in Hamburg 1928 bis 1933, Köln 1988.

Politeia – Szenarien aus der Deutschen Geschichte nach 1945 aus Frauensicht. Hrsg. von Annette Kuhn, Marianne Pitzen, Marianne Hochgeschurz, Bonn 1998.

Protokoll der Mitgliederversammlung des Hamburger Frauenringes vom 26. November 1946.

Protokoll des Akademikerinnenbundes vom 9. Juni 1956.

Ursula Randt: Die Erinnerungen der Emma Isler, in: Bulletin des Leo Baeck Instituts, 1986, 75, S. 55–99.

Resolution der vierten Konferenz sozialistischer Frauen zu Mannheim, das Frauenwahlrecht betreffend, abgedruckt in: Clara Zetkin: Zur Frage des Frauenwahlrechts. Berlin 1907, S. 12.

Wilhelm Heinrich Riehl: Die Familie, 4. unveränd. Aufl., Stuttgart 1856, S. VI.

Vera Rüchel: Dokumentation über alle ahf-Ausstellungen. Hamburg, September 1979.

Angelika Schaser: Frauenbewegung in Deutschland 1848–1933, Darmstadt 2006, S. 118/119.

Dieter Schneider: Emma Ihrer. Gegen Rückständigkeit und Unverstand, in: ders. (Hrsg.): Sie waren die ersten. Frauen in der Arbeiterbewegung, Frankfurt am Main 1988, S. 77–90.

Hanna Schüßler: Bericht über das Landeskirchliche Frauenwerk Hamburg, das Hanna Schüßler auf der Hamburger Landes-Synode am 6.12.1956 vertreten hat, in: Ordner 1: Historie, Standort im früheren „Haus der Frau" Loogeplatz 14/16, jetzt Evangelische Familienbildung Eppendorf.

Elke Schüller: Frauen und Männer sind gleichberechtigt. Die Frauenbewegung in der BRD, in: Dossier Frauenbewegung der Bundeszentrale für politische Bildung 8.9.2008 www.bpb.de/gesellschaft/gender/frauenbewegung/35275/neuanfang-im-westen.

Hugo Sieker: Kulturarbeit im Widerstandsgeist, hrsg. von der Lichtwark-Stiftung zu Ehren des siebzigjährigen Hugo Sieker, Hamburg 1973.

Staatsarchiv Hamburg, Politische Polizei, SA 1901: Hamburger Hausfrau 8.11.1912.

Staatsarchiv Hamburg, Politische Polizei S 2476: Hamburger Fremdenblatt 3.11.1918.

Staatsarchiv Hamburg, Politische Polizei S 2476: Satzungen § 2.

Staatsarchiv Hamburg, Politische Polizei, S 5466, Bd. I: Aufruf! ca. 1901.

Staatsarchiv Hamburg, Politische Polizei, S 5466, Bd. I: Frauen Hamburgs! Frauen Altonas! Flugblatt des Vereins „Frauenwohl" Hamburg-Altona, 1906.

Staatsarchiv Hamburg, Politische Polizei, S 5466, Bd. II: GA 18.4.1909: Das Schicksal von Frauenvereinen.

Staatsarchiv Hamburg: Staatliche Pressestelle V 135-1, I D1 b4 Bd. 1. „Gespräche über den Wiederaufbau …"

Stenographische Berichte der Bürgerschaft, 6. Sitzung vom 15.4.1946, S. 100.

Stenographische Berichte der Bürgerschaft, 10. Sitzung vom 26.6.1946, S. 174 ff.

Stenographische Berichte der Bürgerschaft,17. Sitzung vom 13.7.1949, S. 583–594.

Stenographische Berichte der Bürgerschaft, 12. Sitzung vom 27.7.1946, S. 241.

Stenographische Berichte der Bürgerschaft, 18. Sitzung vom 7.10.1946, S. 427 f.

Stenographische Berichte der Bürgerschaft, 22. Sitzung vom 26.11.1947, S. 307.

Stenographische Berichte der Bürgerschaft, 19. Sitzung vom 13.10.1948; 22. Sitzung vom 15.12.1948, S. 649.

Stenographische Berichte der Bürgerschaft, 20. Sitzung vom 10.11.1948, S. 589 ff.

Antrag: Stenographische Berichte der Bürgerschaft, 24. Sitzung vom 29.11.1950, S. 977. Wiederholung: St. B.B.,12. Sitzung vom 28.5.1952, S. 717 ff.

Stenographische Berichte der Bürgerschaft, 5. Sitzung vom 17.3.1954, S. 140–151.

Stenographische Berichte der Bürgerschaft, 16. Sitzung vom 13.6.1956, S. 690 ff.

Stenographische Berichte der Bürgerschaft, 27. Sitzung vom 15.12.1960, S. 1065.

Stenographische Berichte der Bürgerschaft, 20. Sitzung vom 6.12.1962, S. 650 f.

Stenographische Berichte der Bürgerschaft, 23. Sitzung vom 10.12.1963, S. 860.

Stenographische Berichte der Bürgerschaft, 25. Sitzung vom 11.4.1967, S. 1078.

Stenographische Berichte der Bürgerschaft, 70. Sitzung vom 6.12.1968, S. 3141.

Irene Stoehr: Emanzipation zum Staat? Der Allgemeine Deutsche Frauenverein – Deutscher Staatsbürgerinnenverband (1893–1933), Pfaffenweiler 1990.

Helmut Stubbe-da Luz: Emmy Beckmann (1880–1967), Hamburgs einflussreichste Frauenrechtlerin, in: Zeitschrift des Vereins für Hamburgische Geschichte 73 (1987), S. 97–138.

Helmut Stubbe-da Luz: Die Stadtmütter Ida Dehmel, Emma Ender, Margarete Treuge, Hamburg 1994, S. 39–62.

Verabschiedung Frau Hanna Schüßler. Empfang im Haus der Frau am 23. Februar 1974, in: Ordner 1: Historie Loogeplatz 14/16, Standort: „Haus der Frau".

40 Jahre Akademikerinnenbund Hamburg e. V. 1948–1988, Hamburg o. J.

wikipedia.org/wiki/Bekennde_Kirche. Stand 9.3.2011.

wikipedia.org/wiki/Deutsche_Christen. Stand 9.3.2011.

wikipedia.org/wiki/Margarete Gröwel 20.5.2012.

wikipedia.org/wiki/Volkmar_Herntrich. Stand 9.3.2011.

Mary Wollstonecraft: Verteidigung der Rechte des Weibes (1792), in: Ute Gerhard, Petra Pommerenke, Ulla Wischermann (Hrsg.): Klassikerinnen feministischer Theorie. Grundlagentexte, Bd. 1: 1789–1919, Königstein/Taunus 2008.

20 Jahre WOMAN 1948–1968. Rückblick und Ausblick., o.J.

# Personenregister

## Bildnachweis

S. 9: Portrait Senatorin Jana Schiedek, Photo: Michael Zapf.

S. 14–15: Die Vorhut der Frauen auf dem Marsch nach Versaille, anonym 1789. Radierung, koloriert. ullstein bild – Roger Viollet.

S. 21: Die Deutsche Nationalversammlung in der Paulskirche, Paul Bürde (1819–1874), 1848, Lithographie. historisches museum frankfurt, Foto: Horst Ziegenfusz.

S. 22: Katharinenkirchhof, Zeichnung von Ebba Tesdorpf, 1885, aus: Gisela Jaacks: Mit Ebba Tesdorpf durch Alt-Hamburg, Hamburg 1978.

S. 23: Karikatur auf 1848 „Politischer Damenclubb" Wilhelm Völker (1812–1873), 1848, Lithographie. historisches museum frankfurt, Foto: Horst Ziegenfusz.

S. 24: Portrait Amalie Sieveking, Museum für Hamburgische Geschichte.

S. 25: Portrait Malwida von Meysenbug, wikipedia.org.; Lehrplan der Hochschulen für Mädchen, aus: Das Berufsbildende Schulwesen der Freien und Hansestadt Hamburg. Eine Festschrift zu seiner Hundertjahrfeier 1965 von Otto Wagner. Hrsg. von der Gesellschaft der Freunde des vaterländischen Schul- und Erziehungswesens Gewerkschaft Erziehung und Wissenschaft Landesverband Hamburg. O. O., o. J.

S. 26: Holländischer Brook, Zeichnung 1884, aus: Gisela Jaacks: Mit Ebba Tesdorpf durch Alt-Hamburg, Hamburg 1978.

S. 27: Portrait Emilie Wüstenfeld, aus: Marie Kortmann; Emilie Wüstenfeld Hamburg 1927.

S. 28: Portrait Emilie Wüstenfeld, Landeszentrale für politische Bildung.

S. 30: Die Mädchen-Gewerbeschule in der Brennerstraße (1867), aus: Das Berufsbildende Schulwesen der Freien und Hansestadt Hamburg. Eine Festschrift zu seiner Hundertjahrfeier 1965 von Otto Wagner. Hrsg. von der Gesellschaft der Freunde des vaterländischen Schul- und Erziehungswesens Gewerkschaft Erziehung und Wissenschaft Landesverband Hamburg. O. O., o. J.

S. 31: Grundriss der Gewerbeschule für Mädchen und Schülerin der Gewerbeschule für Mädchen (1870), aus: Das Berufsbildende Schulwesen der Freien und Hansestadt Hamburg. Eine Festschrift zu seiner Hundertjahrfeier 1965 von Otto Wagner. Hrsg. von der Gesellschaft der Freunde des vaterländischen Schul- und Erziehungswesens Gewerkschaft Erziehung und Wissenschaft Landesverband Hamburg. O. O., o. J.

S. 34: Grabstein von Bertha Ronge, aus: Gerd Stolz: Heinrich Adolph Meyer und sein „Haus Forsteck" in Kiel, Husum 2004.

S. 35: Revolutionsszene 1896, Ernst Barlach (1870–1938), Kohlezeichnung. Ernst Barlach Haus Hamburg, Foto: H.-P. Cordes.

S. 37: Portrait Charlotte Paulsen, aus: Festschrift zur Hundertjahrfeier der Charlotte-Paulsen-Schule, o. J.

S. 38: Bei den Pumpen, 19. Jhd. Bildarchiv Hamburg.

S. 39: Schule des Paulsenstifts Bülaustraße, Postkarte.

S. 40–41: Portraits von Marie Glinzer geb. Hartner, Photos: privat.

S. 42: Alsterarkaden, Photo: Andrea Orth.

S. 45: Familie Glinzer im Juratenweg, Photo: privat.

S. 46: Portrait Anna Wohlwill, aus: Festschrift zur Hundertjahrfeier der Charlotte-Paulsen-Schule, o. J.

S. 48: Grabstein von Anna Wohlwill, Photo: privat.

S. 52: Die Polizei Behörde (Politische Polizei), 6.12.1900, Staatsarchiv Hamburg.

S. 53: Portrait Luise Zietz, AdsD/Friedrich-Ebert-Stiftung (Archiv der sozialen Demokratie), Bonn; Fröbel-Seminar, Photo: Andrea Orth.

S. 54: Grabstein von Luise Zietz, Photo: Jakob Michelsen; Ankündigung einer Frauenversammlung am 25.10.1912, Staatsarchiv Hamburg.

S. 55: Clara Zetkin, aus: wikipedia.org., Montage: Birgit Kiupel.

S. 55: Portrait Johanne Reitze, AdsD/Friedrich-Ebert-Stiftung (Archiv der sozialen Demokratie), Bonn.

S. 56: Grabstein von Johanne Reitze, Photo: Andrea Orth.

S. 59: Ansichten vom Lette-Verein, aus: Allgemeine Illustrierte Zeitung Nr. 50, 1887.

S. 60: Internationaler Frauenkongress 1904, The International Council of Women. Reports and addresses given at the thirs Quinquennial reunion held in Berlin, June 1904, 2. Ausg., Boston 1909, nach S. 146; Bestand Stiftung Archiv der deutschen Frauenbewegung.

S. 62: Portrait Helene Bonfort, Staatsarchiv Hamburg Zeitungsausschnittsammlung.

S. 63: Wohnhaus Beselerstraße 6, Photo: Andrea Orth.

S. 64: Portrait Marie Kortmann, Staatsarchiv Hamburg.

S. 66: Heimhuderstraße 27, Photo: Andrea Orth.

S. 68: Badestraße 27, Photo: Andrea Orth.

S. 71: Zeitungsausschnitt aus dem Jahr 1900, Staatsarchiv Hamburg.

S. 74: Einladung zur Dritten Generalversammlung des Bundes deutscher Frauenvereine, Staatsarchiv Hamburg.

S. 76: Wilhelm-Gymnasium, Photo: Andrea Orth.

S. 77: Einladung des Vereins Frauenwohl zu öffentlichen Versammlungen 1901, Staatsarchiv Hamburg.

S. 78: Zeitungsausschnitt zur Eröffnung der Mädchen-Reformschule des Vereins Frauenwohl, 1. Oktober 1901, Staatsarchiv Hamburg; Handzettel: Einladung des Hamburg-Altonaer-Vereins für Frauenstimmrecht am 22.10.1912, Staatsarchiv Hamburg.

S. 82: Portrait Lida Gustava Heymann, Bundesarchiv, Bild 146-1987-143-05, Fotograf: unbekannt.

S. 83: Europa Passage, Photo: Andrea Orth.

S. 84: Plakat: Hamburg-Altonaer Verein für Frauenstimmrecht lädt ein zur öffentlichen Versammlung am 11. Mai 1911, Staatsarchiv Hamburg 243-20/123; Gebäude der Patriotischen Gesellschaft, Photo: Andrea Orth.

S. 85: Einladungskarte des Frauenklubs Hamburg aus dem Jahre 1936, privat.

S. 86–87: Vortrag-Anzeiger für Frauenvereine von Hamburg , Nr. 6, 2. Jg., März 1914. Staatsarchiv Hamburg.

S. 88: Internationales Frauenkomitee für dauernden Frieden (Hg.): Bericht. Internationaler Frauenkongress Haag – vom 28. April bis 1. Mai 1915 , Amsterdam 1915, nach S. 68; Bestand Stiftung Archiv der deutschen Frauenbewegung.

S. 91: Portrait Grete Zabe, aus: Karen Hagemann/Jan Kolossa: Gleiche Rechte – Gleiche Pflichten, Hamburg 1990.

S. 93: Portrait Emma Ender, Zentrales Bildarchiv Verlag Axel Springer, 1928.

S. 94: Stadtbund-Anzeiger 1917. Staatsarchiv Hamburg.

S. 96: Anzeige im Stadtbund-Anzeiger, Oktober 1916, Staatsarchiv Hamburg.

S. 98: Frauenversammlung im Curio-Haus 1919, Landesarchiv Berlin, Photo: L & A Schaul, Hamburg.

S. 99: Paragraph 218, Alice Lex-Nerlinger (Berlin 1893–1975 Berlin DDR), Spritztechnik auf Leinwand; ullstein bild – Hermann Boll.

S. 101: Flugblatt III des Wahlwerbeausschusses Hamburgische Frauenvereine, Staatsarchiv Hamburg.

S. 102: Portrait Emmy Beckmann, Landesarchiv Berlin, Photo: Atelier E. Bieber.

S. 103: Helene-Lange-Gymnasium; Oberstraße 68, Photos: Andrea Orth.

S. 106: Portrait Frieda Radel, Staatsarchiv Hamburg Zeitungsausschnittsammlung; Ausschnitt aus „Hamburger Frauen=Zeitung" 1914, Staatsarchiv Hamburg.

S. 107: Portrait Elisabeth Seifahrt, Landesarchiv Berlin, Photo: Atelier E. Bieber; Ausschnitt aus Hamburger Frauenzeitung, 1980er Jahre mit Zeichnungen von Birgit Kiupel, privat.

S. 110: Portrait Elisabeth Pape, Staatsarchiv Hamburg Zeitungsausschnittsammlung.

S. 111: Postkarte vom Hamburgischen Seehospital Nordheim-Stiftung Sahlenburg.

S. 112: Portrait Bertha Wendt, Staatsarchiv Hamburg Zeitungsausschnittsammlung: Werbepostkarte des Bundes abstinenter Frauen, ca. 1925.

S. 114: Portrait Alice Wosikowsky, Staatsarchiv Hamburg.

S. 115: Emblem: Roter Frauen und Mädchenbund, privat.

S. 118: Portrait Sidonie Werner, aus: Hamburgische Biografie. Personenlexikon, hrsg. v. Franklin Kopitzsch u. Dirk Brietzke, Bd. 1, Göttingen 2001.

S. 120: Portrait Margarete Treuge, aus: Helmut Stubbe-da Luz: Die Stadtmütter, Hamburg 1994.

S. 121: Portrait Dorothy Thompson, ca. 1920, Wikipedia.org.

S. 122: Portrait Klara Fricke, Staatsarchiv Hamburg Zeitungsausschnittsammlung.

S. 123: Moorweidenstraße 4, Photo: Andrea Orth.

S. 124: Anzeige der Hamburger Ortsgruppe des Deutschen Bundes für Mutterschutz e. V.: Sexualberatungsstellen, aus: Karen Hagemann/Jan Kolossa: Gleiche Rechte – Gleiche Pflichten, Hamburg 1990.

S. 125: Portrait Paula Henningsen, Parlamentarischer Informationsdienst; KPD-Plakat zum § 218, 18.4.1930, Staatsarchiv Hamburg.

S. 126: Verhütungsmittel der 1920er–1930er Jahre, Elefanten Press.

S. 127: Portrait Magda Hoppstock-Huth, Photo: privat.

S. 129: 25 Jahrfeier der Ortsgruppe Hamburg des Verbandes der weiblichen Angestellten, 21.9.1930, Landesarchiv Berlin, Photo: Benque & Kindermann.

S. 130: Flugblatt der NSDAP zur Bürgerschaftswahl im September 1931, Staatsarchiv Hamburg.

S. 131: Flugblatt der Frauenfront 1932, Staatsarchiv Hamburg.

S. 133: Handzettel der SPD vom Juli 1932, Staatsarchiv Hamburg.

S. 134: Die Mütter des Grundgesetzes September 1948, ullstein bild – HDG Bonn.

S. 135: „Sich an den Händen Haltende II", 1968, Zeichnung: Bleistift und Feder von Renato Guttuso, Hamburger Kunsthalle, Kupferstichkabinett.

S. 136: Ausgebombte in Hamburg 1945, Bildarchiv Hamburg.

S. 137: Care-Pakete, Zint-Panfoto; Lebensmittelmarken, wikipedia.org.

S. 138: Abzeichen des DFD, privat.

S. 139: Gründungsversammlung „Hamburger Frauenring", Staatsarchiv Hamburg.

S. 139: Portrait Dr. Olga Essig, Staatsarchiv Hamburg.

S. 141: Portrait Dr. Margarete Gröwel, aus: Karen Hagemann/Jan Kolossa: Gleiche Rechte – Gleiche Pflichten, Hamburg 1990; Bibliothek des Völkerkundemuseums, 1920, Museum für Völkerkunde Hamburg.

S. 142: Portrait Irma Keilhack, Photo: Gisela Floto.

S. 143: Irma Kelhack mit SPD-Senat, 1996, Bildarchiv Hamburg.

S. 144: Irma Keilhack bei einem Empfang, Bildarchiv Hamburg.

S. 150: Die Gegend beim Rathaus kurz nach dem Zweiten Weltkrieg. Bildarchiv Hamburg.

S. 151: Portrait Magda Langhans, Staatsarchiv Hamburg.

S. 153: Portrait Frieda Roß, Staatsarchiv Hamburg; Hamstertour, 1949, Staatsarchiv Hamburg.

S. 154: Portrait Harriet Wegener, aus: Traute Hoffmann: Der erste deutsche ZONTA-Club. Auf den Spuren außergewöhnlicher Frauen, Hamburg 2002; Portrait Betty Gosau, Parlamentarische Informationsdienste.

S. 158: Portrait Paula Karpinski, Staatsarchiv Hamburg; Wahlplakat der SPD zur Bürgerschaftswahl 1946, Staatsarchiv Hamburg.

S. 159: Paula Karpinski und Max Brauer, Bildarchiv Hamburg.

S. 161: Portrait Paula Karpinski, Photo: Uli Niebel.

S. 162: Portrait Paula Westendorf, Staatsarchiv Hamburg.

S. 164: „Gib acht mein Freund, hier wird gebaut", Zint-Panfoto, Foto: Germin.

S. 165: In der Krebsforschung; In der Konservendosenfabrik, Zint-Panfoto, Fotos: Germin.

S. 167: Portrait Marta Damkowski, Staatsarchiv Hamburg.

S. 168: Die Mütter des Grundgesetzes, Haus der Geschichte Bonn.

S. 172: Selbstbedienungsladen, Zint-Panfoto.

S. 173: Modenschau auf dem Jungfernstieg, Zint-Panfoto.

S. 174: Ehemann hilft beim Ausfüllen, 1956, Staatsarchiv Hamburg, Conti-Press.

S. 175: Portrait Dora Hansen-Blancke, aus: Karen Hagemann/Jan Kolossa: Gleiche Rechte – Gleiche Pflichten, Hamburg 1990.

S. 176: Postkarte von der Jugendherberge Böhmkenstraße 15.

S. 177: Tauschbilder, privat.

S. 178: Polizistin, 1952; Fernfahrerin, 1953, Staatsarchiv Hamburg, Conti-Press.

S. 180: Deutscher Verein der Freundinnen junger Mädchen, Diakonie Verein für Internationale Jugendarbeit Bundesverein e. V.

S. 181: Schulungen auf der Messe „Du und Deine Welt", Zint-Panfoto; Beschwerde- und Beratungsstelle für Verbraucher, 1959, Staatsarchiv Hamburg, Conti-Press.

S. 183: Elsbeth Weichmann und Oskar Kokoschka 1970, ullstein bild – du Vinage; Portrait Hanna Schüßler, privat.

S. 186: St. Katharinenkirche, Photo: Andrea Orth.

S. 188: Plakat vom Kirchentag 1953, www.kirchentag.de

S. 189: Loogeplatz 16, Photo: Andrea Orth.

S. 191: Portrait Emmy Beckmann, Parlamentarische Informationsdienste.

S. 193: Portrait Emilie Kiep-Altenloh, aus: Abgeordnete des Deutschen Bundestages, Bd. 1, Boppard am Rhein, o. J.

S. 194: Emilie Kiep-Altenloh bei einem Empfang, Staatsarchiv Hamburg.

S. 195: Portrait Else Kesting, Parlamentarische Informationsdienste.

S. 196: Die Rolle der Hausfrau und Mutter und die Erziehung der kleinen Mädchen, Photos: privat.

S. 199: Wahlkampf-„Flyer" von Charlotte Walner-von Deuten, privat.

S. 202: Portrait: Clémence Budow, 1957, Photo: privat; „Deutschlandhaus" an der Dammtorstraße, Staatsarchiv Hamburg.

S. 203: Deutscher Soldatenfriedhof in Andilly, wikipedia.org/F5ZV.

S. 204: Fließbandarbeit in einer Fleischwarenfabrik, 1950er Jahre, Zint-Panfoto.

S. 205: Plakat „Frauen und Mütter denkt an die Schrecken des vergangenen Krieges!" gegen die Wiederbewaffnung, Westdeutsche Frauenfriedenbewegung, Haus der Geschichte, Bonn.

S. 208: Achim Reichel als Wehrpflichtiger, 1956, Zint-Panfoto.

S. 209: Portrait: Vilma Mönckeberg-Kollmar, aus: 20 Jahre W.O.M.A.N. 1948–1968, Rückblick und Ausblick.

S. 210: Cover des Märchenbuches „Die Erzählung von der Weihnachtskrippe" von Vilma Mönckeberg-Kollmar, privat.

S. 212: Portrait Irene Koss, Staatsarchiv Hamburg, Signatur: 720-1_CP = 37383.

S. 214: Colonnaden 49, Photo: Andrea Orth.

S. 215: Portrait Helga Diercks-Norden, Photo: privat; Portrait Charlotte Fera, Bildarchiv Hamburg; Portrait Henny Wolff, ullstein bild – Rosemarie Clausen

S. 216: Bornstraße, Photo: Andrea Orth.

S. 218: Demonstrationen gegen die Notstandsgesetze, 1960er Jahre, Zint-Panfoto; junge Frauen im Aufbruch, Zint-Panfoto.

S. 219: idyllisiertes Familienbild der 1960er Jahre, Staatsarchiv Hamburg, Conti-Press.

S. 220: Junge Frau im Aufbruch, Zint-Panfoto.

S. 221: Haus Wedells, Photo: Andrea Orth.

S. 222: Hausfrau der 1960er Jahre und Hauswirtschaftsunterricht im „Haus der Frau" Logeplatz 16, Zint-Panfoto.

S. 223: Frauen in der Zigarettenproduktion und Mutter erholt sich" 1960er Jahre, Zint-Panfoto.

S. 224: Frauen im Büro 1960er Jahre, Zint-Panfoto.

S. 227: Antibabypille, Photo: Corbis.

S. 228: Ostermarsch 1960, Photo: Konrad Tempel; Demonstration gegen die Notstandsgesetze, Zint-Panfoto.

S. 229: Sternmarsch nach Bonn am 11. Mai 1968; Demonstrantin; Frauen im Audimax der Universität Hamburg, Photos: Zint-Panfoto.

S. 230: Demonstration 1960er Jahre; Sit-In, Photos: Zint-Panfoto.

S. 231: „Busenprozess", 1968, Photo: Kai Greiser.

S. 233: Portrait: Marie-Louise Henry, Photo: Chris Loll.

S. 234: Portrait Hedwig Wallis, Parlamentarische Informationsdienste.

S. 235: Portrait Clara Klabunde, Photo: privat.

## An diesem Buch wirkten mit

### Rita Bake

Dr. phil., Historikerin, Dipl.-Bibliothekarin, Studium an der Fachhochschule Hamburg FB Bibliothekswesen. Studium der Sozial- und Wirtschaftsgeschichte, der deutschen Altertums- und Volkskunde, der Vor- und Frühgeschichte. Mitarbeit an Ausstellungen, Vorträge und Veröffentlichungen zu Themen von „Gala" bis „Kapital". Gründerin des Gartens der Frauen auf dem Ohlsdorfer Friedhof und Vorsitzende des Vereins Garten der Frauen, stellvertretende Leiterin der Landeszentrale für politische Bildung Hamburg und der Abteilung Allgemeine Weiterbildung der Behörde für Schule und Berufsbildung.

### Kirsten Heinsohn

Historikerin, wissenschaftliche Mitarbeiterin im Institut für die Geschichte der deutschen Juden (Hamburg), Privatdozentin im Historischen Seminar der Universität Hamburg, zurzeit Vertretung der Professur für Zeitgeschichte an der Universität Hamburg. Publikationen (in Auswahl): Konservative Parteien in Deutschland 1912 bis 1933. Demokratisierung und Partizipation in geschlechterhistorischer Perspektive, Düsseldorf 2010 (Beiträge zur Geschichte des Parlamentarismus und der politischen Parteien 155). Kirsten Heinsohn, Stefanie Schüler-Springorum (Hrsg.): Deutsch-Jüdische Geschichte als Geschlechtergeschichte. Eine Zwischenbilanz, Göttingen 2006. Politik und Geschlecht. Zur Politischen Kultur bürgerlicher Frauenvereine in Hamburg 1871–1918, Hamburg 1997 (Beiträge zur Geschichte Hamburgs Bd. 52, hrsg. vom Verein für Hamburgische Geschichte).

### Birgit Kiupel

Dr. phil.; Studium der Geschichte, Literaturwissenschaften und Philosophie an der Universität Hamburg und Studium der Visuellen Kommunikation an der Hochschule für Bildende Künste in Hamburg, Rundfunkautorin (NDR, wdr3, mdr-figaro, hr2). Lehrbeauftragte an Musikhochschulen und musikwissenschaftlichen Instituten. Vorträge und Veröffentlichungen u. a. zur Geschlechter- und Kulturgeschichte in Vergangenheit und Gegenwart; Zeichnerin; Musik & Bilder-Schauen mit Beamer oder Dia-Projektor.